日本大败局 I

当关东军遇上苏联红军

关河五十州 著

中国出版集团 现代出版社

图书在版编目（CIP）数据

日本大败局．1，当关东军遇上苏联红军 / 关河五十州著．-- 北京：现代出版社，2019.3

ISBN 978-7-5143-7526-8

Ⅰ．①日… Ⅱ．①关… Ⅲ．①第二次世界大战—史料—日本 Ⅳ．①K313.46

中国版本图书馆CIP数据核字(2018)第264370号

日本大败局1：当关东军遇上苏联红军

作　　者：关河五十州
责任编辑：张　霆
出版发行：现代出版社
通信地址：北京市安定门外安华里504号
邮政编码：100011
电　　话：010-64267325　64245264（传真）
网　　址：www.1980xd.com
电子邮箱：xiandai@vip.sina.com
印　　刷：三河市南阳印刷有限公司

开　　本：710mm×1000mm　1/16
印　　张：23.5
字　　数：379千
版　　次：2019年3月第1版
印　　次：2019年3月第1次印刷
书　　号：ISBN 978-7-5143-7526-8
定　　价：49.80元

目录

1939 年 6 月底，一支神秘而又诡异的日军特种部队来到了诺蒙坎。这支部队从军服颜色到袖章，都跟普通日军完全不同，而且他们的驻营地戒备森严，就连日军的野战部队都不准轻易接近。臭名昭著的黑太阳“七三一”部队出场了。

当时苏军对坦克的运用，仅仅局限于步车协同，也就是让它对步兵进行掩护。但是朱可夫越来越相信，坦克作为一种强有力的新武器，在现代战场上所能扮演的角色，绝不仅仅是助手。按照朱可夫的想法，坦克应该用于独立作战。

朱可夫忽然安静了下来，或许他心里很着急，急于反攻，急于取胜，但在行动上却一点看不出来。胸有全局的大将，与有勇无谋的战将的区别，往往不是体现在战争进行的过程之中，而是在战争爆发之前。朱可夫以性格火暴著称，然而他同样能耐得住性子。

关东军的参谋个个都被娇惯成了少爷，一封“隐忍”电报都可以让他们受不了，别说是人盯人的监视，这回可真是弄到了“三尸神暴跳，五脏气冲天”的境地。你不相信我们，没关系，我们也不理你！关东军原先还收敛一些，现在索性放开来，该说的说，该做的做。

崛荣三慢慢地从股票价格波动的消息中发现了玄机：只要罐头公司和制药厂的股价上涨，太平洋上的美军铁定就要开始启动下一轮进攻。崛

第一章 / 来得早不如来得巧

当日本驻苏联大使重光葵接到交涉训令时，苏军已经登上了张鼓峰。

张鼓峰位于邻近朝鲜的中苏边境，因峰顶有一块形状如刀的岩石，因此又名刀山。它的海拔仅有一百多米，但在20世纪30年代，这座不起眼的小丘陵却被迅速推到了风口浪尖。

围绕张鼓峰的归属，“满洲国”和苏联展开了激烈争执。“满洲国”不过是站在前台的木偶，在后面拎着线操控的是日本。日本依据清末时的中俄条约，认为张鼓峰整个属于“满洲国”，国境线应在山峰的东面。

都是板上钉钉、无可辩驳的事实，可是事实有时就是政客们手里烙的大饼，想怎么翻就怎么翻。同是一份条约，苏联人做出了完全不同的解读，他们在俄文文本上要了花样，并且拿着这份文本，言之凿凿地声称国境线应在张鼓峰的峰巅，也就是各据一半。

起先大家只是打嘴仗，不久之后，因为一个苏联人的叛逃，嘴仗终于有了演变成大阵仗的可能。

这个苏联人名叫留希科夫，身份为克格勃远东区部长。他以视察为名，越过边境逃亡到了“满洲国”。日本方面不仅大肆宣传，专门为此刊出“号外”，登载《留希科夫亡命记》等文章，参谋本部还以上宾待遇，敲锣打鼓地把留希科夫迎进了日本国内。

留希科夫无疑是个重量级的政治人物，他的反水，立即让苏联高层陷入恐慌之中。

1938年7月7日，日本参谋本部截获并成功破译出一份密电，内容是苏军将向张鼓峰一带部署兵力。日方由此判断，这是留希科夫叛逃后，苏联重新调整边防部署的一个前兆。

果不其然，7月9日，十几名苏联士兵登上张鼓峰，挖出战壕，拉起铁丝网。

两天后，张鼓峰上的苏军增至四十人左右。

苏方的边防调整具有相当的针对性，情报提供者是德国人佐尔格。

火力试探

佐尔格的公开身份是德国新闻记者和德国驻日使馆顾问，但他实际上是苏联间谍，并被称为20世纪最出色的间谍之一。

佐尔格作为柏林特别调查组的成员，参加了对留希科夫的秘密审讯，审讯一结束，他立即向莫斯科发出一份密电："熊已被解剖，兽医掌握了它的神经脉络和五脏器官位置。"

莫斯科接到电文，便知道留希科夫已将苏军在远东的部署情况完整地吐露给了日方，于是立即着手对防御体系进行全面调整，其中，占领张鼓峰并以张鼓峰为战略据点，便是这一调整计划中的一项重要内容。

此前苏军从未单方面向张鼓峰派过一兵一卒，这一动向足以对日本人的神经造成刺激，日本国内媒体在报道时更是运用了（苏军）"侵入满洲领土""占据军事要地"等触目惊心的字眼。

1938年7月15日，日本国境守备队的几名士兵化装成朝鲜族农民，偷偷地登上张鼓峰的几座山头，分头绘制苏军边境军事设施图。苏军发现后，立即开枪射击，一名叫松岛的士兵当场中弹毙命。

事情闹大了，重光葵被匆匆召唤出场。

战乱年代，外交官的日子也不好过。重光葵从前是驻华公使，"一·二八"淞沪会战结束前，他在上海的虹口公园被朝鲜刺客的一颗炸弹炸成重伤，差点因此丢了小命。

尚没有完全脱离危险状态，重光葵就伏在床头签下了有关停战协定的一堆文件，签完之后才进手术室。手术结束，重光葵告别了他的一条腿，成了拄着拐杖走路的瘸子。

中国生涯固然不乏凶险，可跟在莫斯科的日子一比，还算是轻松的。由于国力对比悬殊，在跟中国人谈判时，重光葵始终处于主动地位，而这种感觉，苏联外交官绝对不可能恩赐给他。

重光葵先是向苏联递交照会，以松岛之死为由，要求苏军撤出张鼓峰。可是苏联不吃这一套，说松岛“侵犯苏联领土”，咎由自取，死了等于白死。

在谁也说服不了谁的情况下，重光葵不得不放低身段，提出“退一步说”——退一步说，就算国界经过张鼓峰山顶，苏军单方面设防也不合适，应该先撤兵恢复原状，然后商定国界。

苏方负责交涉的是苏联外交部部长李维诺夫，他并不打算“退一步”。

重光葵急了起来：“必须恢复原状，否则产生的一切后果概由苏方负责。”

这是外交场合能让人听得耳朵生茧的一句老话。李维诺夫也把脸一板：“任何威胁都吓不倒莫斯科！”

重光葵铩羽而归，东京炸开了。李维诺夫的那一巴掌，看似只扇了重光葵一人，可是参谋本部从上到下，都感觉脸上火辣辣的。

莫斯科吓不倒，难道我们东京就是被吓大的？

参谋本部作战课长稻田正纯中佐起头喊了一嗓子：打！

稻田所谓的打，并不是和苏联全面开战，而是进行有限的火力试探。在稻田看来，侵华战争之所以始终不能得到彻底解决，就是因为背后有苏联威胁，使得日本不得不分出相当兵力来对其警戒，但问题是苏联究竟有没有威胁，有多大威胁，始终得不到确凿证明。

要是能够在某一地点试着打一下，就能解出这道题，知道苏联的威胁究竟有多大。

稻田认定张鼓峰正是能用于试验的“某一地点”。因为地形所限，这里兵力最多也只能用到三个至四个师团，不太可能扩大为全面战争。即便搞糟了，输掉一个小山丘也没什么了不得，再糟一点，无非是报销一个师团。

还要再糟一点——不可能再糟下去了，张鼓峰西面还有图们江作为屏障，残局是一定可以收拾的。

搞糟只是做坏的打算，还有好的方面。想想看，假如苏联不动手或动手后不堪一击，日本不仅可以挽回面子，更重要的是，还能从此放心大胆地将警戒兵力大批调入中国关内，到那时，侵华战争绝对有望迅速取胜。

稻田“打打看看”的胆子或者说是创意，仍然来自那个叛逃的留希科夫。

没有苏联的肃反运动，留希科夫不会被迫来东京。作为苏联在远东的特务头目，留希科夫同时也是远东地区肃反工作的总负责人。在他任职的短短一年时间里，远东有二十万人遭逮捕，其中被处决者超过七千。

留希科夫在莫斯科的朋友给他通风报信，提醒他“注意安全”，留希科夫马上意识到自己即将被送上断头台，于是慌忙出逃。

连肃反工作的负责人都要被迫亡命海外，可见肃反运动是何等冷酷无情。这一期间最常见的现象是：人们提心吊胆地等待那个恐怖的敲门声，最后门没有被敲响，他们惊喜地发现，原来是邻居一家从此消失了。

经过肃反，远东地区已经人心惶惶，内部出现极度不稳的迹象，稻田认为，这正是出手试探的绝好机会。

1910 年日本发行的一张明信片，远处即为当时的参谋本部。在日本军部内部的分工上，参谋本部掌管陆军军令，陆军省负责陆军行政事务。说得更简单一点，参谋本部管打仗，陆军省管后勤。

稻田一言既出，作战课掌声雷动。那些年轻好战的作战参谋，瞬间都像稻田一样，有了种被注射鸡血之后，马上手握键盘，准备继续打怪升级的冲动。

“稻田计划”很快就引起了参谋本部和陆军省（二者合称军部）高层的兴趣。

1938 年 7 月 16 日，参谋本部向“朝鲜军”下达命令，要求调兵向张鼓峰集结。

“朝鲜军”是驻于朝鲜的日本军队，具体来说就是第十九、二十两师团。第二十师团早就到中国关内参战去了，“朝鲜军”只有第十九师团可以调遣。

第十九师团成立于 1915 年，已有二十多年的建军史，属于常设老师团，训练素质很高，此前也一直担任对苏的第一线防务。尽管如此，“朝鲜军”司令官中村孝太郎中将仍不敢冒失，他将第十九师团集结于图们江，但严禁其擅自出战。

从“朝鲜军”司令部到第十九师团，等的就是一纸正式命令。

最后一道关

针对“稻田计划”，各部门开始坐下来进行商谈。外务大臣（外相）宇垣一成首先表示反对，他顾虑的主要是国际形势，觉得边境纠纷终究还得靠双边谈判来解决。

军部向来是擦屁股时才会想到外务省，所以宇垣的想法完全可以忽略不计，但是接下来一个人的意见却不得不姑且一听。

这个人是海军大臣（海相）米内光政。米内担心，武汉会战在即，长江上的登陆作战需要大批军舰护卫，以保证武器和兵员的运输，到时大部分小型舰艇都要拿去使用，万一再同苏联开战，海军将无法确保图们江及朝鲜海峡的交通安全。

海相的不同意见很快就被稻田给顶了回去：放心，苏联不会动手，我们陆军正是要取得苏联不动手的确证，所以才要打这一仗，你们海军就放一百个心吧。

这一似是而非的说法很难让米内信服，但军部这些人却都很听得进去。

据史学家研究，武汉会战前，正是日本战时经济得以顺利维持的顶峰，也就是说，战争消耗和生产力水平恰好维持住了平衡，这也是稻田的理论能够在军部大行其道的一个重要物质条件。

眼看作战命令即将下达，只剩最后一道关了。

这道关本来不过是一个形式主义的过场，让军部意想不到的是，到头来它却成了一道无法逾越的难关。

在张鼓峰行使武力，以及进行必要的动员，必须取得裕仁天皇的准许。

参谋总长载仁亲王是裕仁的叔叔，关系自然非同一般，他预先进宫跟裕仁打了个招呼：“必须以武力夺取那个有争议的地区（张鼓峰）。”

见裕仁没反应，载仁察言观色，赶紧补上一句：“陛下如不批准，当然不能行动。”

裕仁回头召见了自己的心腹、内大臣汤浅仓平，问他怎么看，汤浅直言不讳：“从大局来看，目前不应同苏联交战。”

裕仁沉吟半晌，忽然问：“即使我不同意，他们（军部）仍要独断专行，怎么办？”

汤浅的回答是："如果任由他们独断专行，今后就无法控制陆军了。若引起对苏战争，不知日本的命运将会如何，实在令人担忧。"

裕仁恨恨地说："人概不到这种地步，陆军是不会醒悟的。"

元老西园寺公望听到这番宫中对话后，显得很是忧虑。因为此时裕仁已挂着陆军大元帅的头衔，陆军全是他的部下，现在眼看着部下可能将国家拖入危险境地，他自己却摆出一副瞧热闹的旁观者姿态，实在是不负责任。

西园寺对他的秘书说："陛下的看法似乎很不对头。对陛下来说，眼下需要的是坚决不予批准。万一对苏联使用武力而引起战争的话，近卫首相也负有责任，他最好辞职！"

西园寺是三朝重臣，从裕仁的爷爷明治天皇开始，就享誉朝野，虽已不当政，但他的话对裕仁和近卫内阁多少都有一些影响力，所以当陆军大臣（陆相）板垣征四郎、参谋总长载仁亲王，代表军部正式进宫请示时，裕仁不予接见。

裕仁之所以拒绝接见，除了有汤浅和西园寺相谏的原因外，实际上他还想借这个机会摆摆架子，给给脸子，因为裕仁虽自恃陆军大元帅、军队统帅大权的掌握者，但在一些具体环节上，却常常被陆军绕开。他认为自己受到了陆军的漠视，内心感到很是恼怒，一有机会就想给军部大臣穿小鞋，以便让这些人更加俯首帖耳，唯命是从。

裕仁没有露脸，露脸的是侍从武官长，他传达了天皇的旨意："如果你们是请求允许行使武力，朕不想批准，也不必为此觐见。"

一听这话，板垣和载仁都愣住了。

1938年7月20日，经过板垣等人的再三恳求，天皇心里舒服了，这才答应接见。

见面时，裕仁当场问道："这件事同有关大臣联系过了吗？"

板垣顺口答道："外务大臣、海军大臣都表示赞成。"

板垣是在扯谎，不幸的是天皇还知道他在扯谎。裕仁看上去大门不出，二门不迈，整天坐在家里，一副痴痴呆呆的样，其实骨子里是个精到内伤的人。他早就征询过外相和海相的态度，知道那二位都不同意张鼓峰行使武力，于是大为震怒，他声色俱厉地斥责道："陆军的做法根本不像话！"

板垣、载仁一听就知道露了馅儿，顿时尴尬到无地自容。裕仁仍然不依不饶地进行数落："陆军不是第一次这样了，'满洲事变'的柳条沟（指九一八事变）也好，这件事件之前的卢沟桥（指七七事变）的做法也好，都完全不服从中央的命令，在当地独断专行，甚至多次使用卑劣的手法，这是朕的军队所不应该的……"

裕仁摆出陈年老账，并不是说他当初不想发动侵华战争，或者真的大权旁落了。其实所谓统帅权，始终都在他手里牢牢攥着，只是他会根据自己的利益得失来做出决定，有时故意放松，有时又格外收紧，比如"九一八"前，裕仁明明知道关东军"独断专行"的气氛，但他想从中渔利，便故意放松统帅权。到七七事变也一样，从某种程度上来说，日本陆军的"独断专行"，恰恰是裕仁故意纵容的结果。

如今他又像祥林嫂一般地婆婆妈妈，无非是因为侵华战争搁浅在了那里，让他左右为难，只有摆脱自己在其中的干系，才能继续显示出天皇的永远英明。

裕仁最后扔下话来："今后没有朕的命令，一兵一卒也不许动用。"

板垣和载仁听得虚汗直冒，十分惶恐，退出后两人便表示了辞职之意。

军部大臣举足轻重，可不是一般角色。参谋本部满腹委屈地嘟哝："如果大元帅陛下对陆军不信任的话……"

陆军省方面，则由首相近卫文麿居间进行调停。侍从武官长也在宫里劝裕仁："希望陛下对军部大臣以温言相加。"

见戏的确演得有些过了，裕仁又重新换上了一副新的脸孔，对板垣和载仁进行挽留。

经过这番折腾，"稻田计划"算是彻底夭折了。军部声明："对张鼓峰中止行使武力，着重于通过外交途径解决。"

相关命令随即传至第十九师团。第十九师团枕戈待旦，盼星星盼月亮，结果盼来的却是取消作战命令，师团长尾高龟藏中将恼火透了。

坏人也要坏到不像人

尾高毕业于陆军士官学校第十六期，这一期在士官学校的历史上被称为"荣耀的第十六期”，日本陆军中的冈村宁次、土肥原贤二、板垣征四郎都是尾高的同学。

有这样显赫的学历背景，尾高向来自命不凡，动不动就喊打喊杀，只可惜他分在了第十九师团，有那心也没那机会。

同属“朝鲜军”，第二十师团早在九一八事变时就进入了东北，此后一直在中国关内作战，第十九师团不一样，它有一个固定任务，那就是一旦日苏正式开战，就必须出兵攻占海参崴。因为负有这一特殊使命，第十九师团不得不整天待在家里，眼睛一眨不眨地死盯着苏联，等于哪儿也去不了。

日苏什么时候开战呢？鬼才知道。第十九师团自成立后，一次都没有出动过。尾高上任后，也始终看不到和冈村等人并驾齐驱的可能，他常对此抱怨不已，多次请求“朝鲜军”司令部给予第十九师团出兵的机会，以便增加师团的“光荣传统”。

现在机会终于上了门，可是突然又失之交臂，能不让人打心眼里感到郁闷吗？

当年的日本陆军将校里，像尾高这样心比天高、命比纸薄的人还有很多，由于实在找不到“立功”的机会，他们甚至不得不铤而走险。

比如一个叫长勇的家伙，曾是参谋本部的参谋。1931 年 10 月，参谋本部的一批少壮军官阴谋发动政变，建立军人内阁。长勇赫然就在其中，他不仅是指挥者之一，预设的军人内阁里还有他的席位，乃“警视厅总监”。

政变不幸中途流产，沦落为“十月事件”，长勇受到审查，并被从参谋本部驱逐出去，下放到了部队。

又如田中隆吉，没他煽风点火，“一・二八”淞沪会战恐怕还打不起来。那时田中是驻上海的副武官，为了给陆军找到出兵上海的借口，他不惜使出各种下三烂手段，什么打伤自家的日本僧人，焚烧工厂，无所不为。之后的绥远战役，在满蒙军背后摇头晃脑、指手画脚的也是这位仁兄。

长勇、田中都在第十九师团，前者为步兵联队长，后者为山炮兵联队长。除此之外，还有一个名叫佐藤幸德的联队长，最受尾高信任和器重，而且同样属于冲动型。

可以这样说，第十九师团就是日本军人中不得志者和冒险家的乐园。这群渣渣聚一堆，就跟干柴似的，全仰着脖子等火星上身呢。

如果军部高层铁板一块，纵使他们等到心焦掉也无济于事，问题在于，军部根本就不是一块铁板。

主张息事宁人的主要是板垣征四郎、载仁这些军队高层，所谓“既得利益者”，做什么都瞻前顾后，现在既遭天皇斥责，差点丢掉乌纱帽，也就不愿再去冒险了。稻田等处于中低层的少壮派可不一样，对他们来说，冒险就有机会，不冒险就一点机会没有。

稻田改变不了高层的决定，但没人能堵得了他的一张嘴。他一直在背后唠唠叨叨，闲话一大堆，其主旨自然还是论证作战有理。

论据之一，不打仗还能成名，此事古难全。第十九师团长驻朝鲜，缺少实战经验，正好利用这次机会，让第十九师团接受锻炼，从而一夜成名，把它打造成对苏作战的第一兵团。

论据之二，好人要好到不像人，坏人也要坏到不像人。不给苏军一点苦头吃吃，以后边境事件还会有增无减，而第十九师团的将佐们正是“坏到不像人”，可以痛扁苏联老毛子的最佳人选，如果说他们还完不成对苏作战的任务，日军里面就再也找不出更合适的了。

一百个人眼中有一百个哈姆雷特，所以稻田的“坏”不是指缺点，而是优点。别人说尾高鲁莽，稻田就说他大胆果断，敢做敢当，乃最可贵的“纯武人性格”。对尾高以下的长勇、田中、佐藤，稻田也是赞不绝口，称为豪气干云。

稻田的言论是朝着高层发的，可惜上面不屑一顾。比如板垣，当初就是靠策划“九一八”冒险上位的，也正因为如此，他比较能看穿稻田等人的用心，无非“来说是非者，便是是非人”，想靠冒险一夜走红而已。

板垣属于过来人，持的就是过来人心态：你们的心情完全可以理解，但是你们得明白一个道理，钻石恒久远，多了不值钱，第一个冒险成功了，不等于第二个、第三个就能复制成功。

稻田的话触动不了高层，然而当传到第十九师团耳朵里时，效果却完全两样。

参谋本部有一个作战参谋到张鼓峰视察，把前后经过，特别是稻田对作战的支持，一五一十地透露给了尾高。尾高如遇知音，腰杆一下子硬了起来。

按照“朝鲜军”中村司令官的命令，第十九师团主力应于 7 月 28 日前返回原驻地朝鲜罗南，尾高却迟迟不愿回撤，一直拖到7月29日，实在拖不下去了，他才被迫下令撤兵。

主力走了，就连师团部也回了罗南，只有作为师团长的尾高还留在最初部署的位置上，仿佛在等待着什么意外发生似的。

功夫不负有心人。就在这天早上，尾高突然接到侦察报告，约有十名苏联兵开始在沙草峰南面构筑工事。

沙草峰是位于张鼓峰以北两公里的一座隆起山峰，高度尚不及张鼓峰，但张鼓峰属于“界线不明地区”，沙草峰则是苏方承认的“满洲国”领土。

尾高眼前一亮，立刻来了精神：真是来得早不如来得巧哇，干它！

边斩边奏

中村在下令第十九师团回撤时，曾让尾高留下少部分兵力，以加强国境守备队。尾高便以此为由，认为自己也拥有边境管辖权，他下令守备队出兵，将沙草峰的苏军驱逐出去。

当天下午，守备队派出两个小队，分路向沙草峰进击。沙草峰上的苏军一看这么多日本兵涌了过来，赶紧溜之大吉。

守备队完成任务后，即返回驻地进行监视。隔了一个半小时，又有八十名苏联兵在坦克的掩护下重新回到了沙草峰。

阵势越来越大，守备队不敢再随意进击，双方形成对峙，你望我、我望你地僵持到了晚上。

那边厢，“朝鲜军”司令部已接到尾高的报告。中村及其幕僚们熬了一整夜，推敲来推敲去，迟迟难以做出决断。到30日凌晨，中村终于得出结论：不能扩大。

下午，参谋本部的回复电报也来了，与中村不谋而合。

两份命令都到了尾高手上，却是负负得正：不能扩大加不能扩大，等于扩大。

尾高并不是无脑，知道违抗上级命令是什么后果。不过他同样清楚另一个历史经验，那就是如果你赢了，即便背道而驰也没什么了不得，相反，一不留神还有成为英雄的可能。

比如驻东北的关东军就是个再好不过的例子。一直以来，关东军始终我行我素，也没见上面拿它怎样，反而是“九一八”的冒险成功，使这个原本只属于警备性质的驻屯军炒热了名气，并一步步走向“辉煌”。

显然，赢才是关键，抗命是其次。

可是苏军毕竟不同于张学良的东北军，中村为此焦虑了一夜，尾高也思考了一天一夜，都在想有没有赢的可能。中村认为没有，尾高则认为有，让他坚定信心的事例，是发生在 1937 年 6 月的“干岔子岛事件”。

时间往回倒转一年，同样的情景曾经出现过一次。这个干岔子岛也属于“界线不明地区”，苏联国境警备队的士兵率先在岛上登陆，将其据为己有。

关东军所属第一师团奉命前往。三艘苏联炮艇见到后高速逆流而上，对着岸上的日军进行猛烈射击。日军立即还击，当场击沉击伤炮艇各一艘。

事后，第一师团连岛都不用登，苏联就同意“恢复原状”，并撤走了部队和炮艇。

苏联人为什么会如此服软？日本军部对此做出的解释十分简单明了：被打疼了呗。一共三艘炮艇，一沉一伤，你想他们还能怎么办？

自从日俄战争之后，日苏基本没有什么直接过招的机会，“干岔子岛事件”给日军留了一个教案，这个教案上说，苏军其实没有想象中那么强大，一旦出现边境纠纷，只要你果断出手，它就必然会乖乖地缩回去。

早在重光葵出面与李维诺夫交涉的时候，日军内部就议论纷纷，认为单纯交涉不会有结果，必须得像“干岔子岛事件”那样，先打到苏联人疼，李维诺夫才会做出让步。

重光葵的交涉失败，似乎进一步验证了教案，即“外交途径总不如使用武力解决收效快”。

尾高正是这一教案熏陶出来的孩子，那种急功近利对极了他的胃口，而相对于第一师团，第十九师团在训练中一直以苏军为假想敌，都练这么多年了，若是比画比画，怎么也不可能被第一师团给甩下去。稻田说第十九师团是与苏军作战的最佳种子选手，并非信口乱捧，其中有着一定的事实依据。

尾高拳头一握：“必须趁此机会给苏军一次打击，让它尝到日本军的威力！”

尾高把正回撤的部队召回一部分，并且决定当晚就部署进攻，他让作战参谋通过电话向中村做了汇报。

中村当然不同意，可他同意不同意并不重要，尾高已经来了个边斩边奏。

在第十九师团内，尾高另有一支亲信系统，那就是佐藤联队，指挥起来最为得心应手。他打破常规，超越旅团，直接在电话里给佐藤下达了进攻命令。

佐藤联队依令渡过图们江，向张鼓峰两端开去。图们江流速缓慢，河床宽仅百米，所以渡河行动并不困难。过河之后，佐藤将联队指挥所设于沙草峰东南的将军峰，随即展开了作战部署。

调兵遣将的时候，尾高给人一副义无反顾、天塌下来也要一肩扛起的气势，可是佐藤一走，他却又有些心虚起来。

在后方坐不住，下午尾高便渡江来到将军峰，想再探一探虚实。

国境守备队队长千田贞季中佐也在指挥所，他向尾高报告了苏军的最新动向。据千田观察，沙草峰除了那八十名苏军士兵外，另有坦克战车十一辆，从早晨开始，活动就非常频繁。

言者无心，听者有意，“活动频繁”四个字一下子触动了尾高。他从身上掏出名片，把这些话唰唰地写在了上面，然后交给佐藤。

在名片上，尾高还加了一句话：“贵官（指佐藤）如察知敌之进攻企图，应断然彻底地加以反击。”

作为尾高长期的亲信部属，佐藤对上司的一举一动皆心领神会。简单说来，这张名片不是给他看的，是为了战后给“朝鲜军”和参谋本部看，当然是在事情搞砸的情况下。其逻辑关系为：敌人早有“进攻企图”，我佐藤认为他们要进攻，所以先发制人，以免部队受到损失。

尾高的名片，不过是一张堵人嘴巴的护身符而已。

先制攻击

尾高说先发制人，只是要找出避祸的借口和凭据，可是就用兵而言，佐藤却真的需要这么做。

沙草峰只驻扎苏军的一部分，包括张鼓峰、沙草峰在内，整个张鼓峰地区的苏军已达到七个营，并有火炮三十六门，战车十一辆。无论是人数还是装备，都超过佐藤联队，加上又是占据两座高地，易守难攻。佐藤同时还预计到，只要战斗打响，苏军一定会继续向张鼓峰增兵，到时极有可能形成骑虎难下的局面。

佐藤是冒险家，冒险家自有冒险家的行事法则，他决定发起偷袭，其战术名称就叫“先制攻击”，也就是先发制人的意思。

1938 年 7 月 31 日凌晨 2 点，佐藤联队所属第一大队沿坡对张鼓峰发动攻击。

此时是苏军的入睡时间，对外部的监视较为松弛。第一大队很轻易地就得以越过地雷和障碍区，在破坏多道铁丝网后，迅速接近苏军的前沿阵地。

苏军猛然惊觉，照明弹纷纷飞上天空，各种轻重武器齐开。日军则早已做好准备，端着刺刀不顾一切地向上冲锋。

佐藤在将军峰听到喊杀声大作，知道已经短兵相接，马上下令其余部队配合进攻。

东北时值雨季，加之张鼓峰离日本海较近，经常产生浓雾。大雾连着大雨，导致能见度极差，苏军增援的火炮射击被迫中断，反而是日军士兵在肉搏中的疯狂使他们占据了上风。

拂晓时，佐藤联队分别占领了张鼓峰和沙草峰。在战斗中，苏军伤亡超过四百人，坦克大多被速射炮所炸毁。日军伤亡不到两百人，但有一名大队长和两名中队长阵亡。

说是要驱走沙草峰的苏军，结果却把计划外的张鼓峰也抄了下来。尾高和佐藤为此提供的说法是：张鼓峰与沙草峰互为支援，欲夺沙草峰，必先取张鼓峰。

第十九师团在张鼓峰初战告捷，图中两名日军士兵正在摆弄已经被打烂了的苏军重机枪。

得知张鼓峰之战打响，“朝鲜军”和参谋本部一干人等的心情可以说是又惊又喜。惊的是在三令五申要求“不扩大”的情况下，尾高竟然仍敢于抗命不遵，喜的是前线打了胜仗，注意，这可是跟苏联人作战，而且其规模远非“干岔子岛事件”时可比。

如此重大的情况是没法瞒住天皇的。

军部范围内主要由参谋次长具体主管作战，自然这次也得由他来给裕仁作交代。

在觐见天皇时，参谋次长多田骏诚惶诚恐，就怕裕仁像对待板垣和载仁那样龙颜大怒，暴跳如雷，没承想天皇神情愉悦，对他的态度也出奇的好，不仅追认了事态，而且还给予口头嘉奖："朕甚为满意。"

裕仁满意，是因为听到"朕的军队"击退了宿敌苏联的军队。他乐还乐不过来呢，那句"今后没有朕的命令，一兵一卒也不许动用"早就抛到了九霄云外。

裕仁具体指示："事已至此，无可奈何，望前线将士坚守边界，切忌越轨行动！"

那意思，反正仗也打了，便宜也占了，现在要紧的是捂着嘴在家偷乐，不要让苏联老毛子再找补回去。

多田次长进宫后，参谋本部的人员都在提心吊胆地等候消息，然而最终，喜压过了惊。

这里面心情最复杂的应数稻田，他记述道："十月怀胎，一朝分娩。次长喜形于色地回来了。"

由于天皇震怒，"稻田计划"曾遭到扼杀，现在随着天皇态度的改变，它的价值又重新得到了承认。

天皇的口头嘉勉，很快被多田骏传达给了"朝鲜军"和第十九师团。尾高和他的那些部下幕僚一听，眼泪哗哗往下淌：看看天皇和次长多么信任我们哪！

天皇都嘉勉了，当然没人再冒着傻气去追究尾高、佐藤的抗命责任，稻田更是公开说："只要陛下没有表示不满意，那就万事大吉。第一线的师团长出于一时想不开的专断，恰恰符合了上司的意图，打开了僵局。"

稻田认为尾高干得好极了，至此，"稻田计划"似乎也可以完美落幕。从参谋本部到中村的"朝鲜军"司令部，都已做出决定，即准备像"干岔子岛事件"那样，在打疼苏联人后，不再扩大事态，而是通过外交途径寻求解决。

这个时候，尾高倒也想见好就收，反正天皇都夸奖了，以后还怕没有飞黄腾达的机会吗？可事到如今，局势已不是他想收就收得住的了，苏联得同意啊！

果然，苏联不同意。1938 年 8 月 1 日，进入张鼓峰战场的苏军步兵已增至十个营，日军用于应战的只有四个步兵大队。日军大队在编制上大约接近于加强营，可就算是放大一倍，至多不过八个营，兵力上也还不及苏军。

再看特种部队配置。苏军有坦克战车一百五十辆，火炮六十门，飞机先后出动一百三十架。日军那边，因为参谋本部不肯“扩大”，飞机坦克均未参战，只有一共十七门火炮在张鼓峰撑门面。

力量对比这叫一个悬殊。尾高想自力更生，将第十九师团留守罗南的第七十三、七十六联队及部分特种部队也调过来。当增兵计划上报到“朝鲜军”司令部时，被中村司令官一口否决。

“朝鲜军”参谋长北野宪造少将此时正在第十九师团视察，看了实在于心不忍。

都是武士，不能见死不救，北野便想了个变通办法，他向中村发去电报，提出可以不以增兵的名义，就说是第十九师团内部的“外地演习”，这样一方面可缓第十九师团之急，另一方面也能免除参谋本部的追责。

有参谋长说情，中村考虑再三，终于同意了增兵方案，不过还是附加了前提，要求尾高尽量不再扩大事态云云，其实尾高哪儿还有力气去扩大事态，他能保住高地一线就不错了。

方案批下来，已是 8 月 1 日晚上，援兵到达张鼓峰，最快也得天亮以后。可是在白天的战斗中，苏军竟未能占得分毫便宜。

归根结底，前线苏军不缺人，不缺武器，缺的是一位可以心无旁骛坐下来指挥打仗的核心。

小报告之王

苏联远东方面军司令是布柳赫尔，中国名字叫加伦。他是苏联建军时第一批授衔的五大元帅之一，红旗勋章和红星勋章的获得者。“九一八”前，加伦在中苏同江之战中，曾指挥远东苏军击败张学良的东北军，并俘虏上万名中国官兵，由此被苏联人誉为“远东军魂”。

当张鼓峰战斗打响时，加伦的心思却并不在战场上，因为他已经自身难保。

加伦是苏联国内战争时崛起的名将，这一批将领与斯大林几乎同时出道。

最初接到秘密指令，被派到远东去清查加伦的正是留希科夫，但是加伦处事十分谨慎小心，在肃反运动蔓延远东、告密风无处不在的情况下，留希科夫竟然难以抓到他的把柄，而加伦也想方设法不让留希科夫靠近自己。

一番暗斗下来，留希科夫落败，直到叛逃前，他都没能逮捕加伦，只将空军部长抓了起来，后者是加伦的得力助手。

苏联高层接着派出苏军总政治部主任麦赫利斯，以接替留希科夫的使命。

身为总政治部主任，麦赫利斯的文化程度和政治理论水平却并不高。据说有一次斯大林送给他一本论列宁的书，麦赫利斯拿到后恭恭敬敬地请对方在书上题词留念，可即便是这样的“御批书”，他也从未翻开看过其中的任何一页！

麦赫利斯讲的是另一种“政治”。这厮最擅长的本事，就是告密和打小报告，这些小报告里面，除了极少数苏联高层可以豁免外，从“敌人”到同事，无所不包，因此有“小报告之王”的称谓。

麦赫利斯把更为冷酷无情的“肃反风暴”带到了远东。他在远东太平洋舰队“抓间谍”，不过二十天时间，就从舰队高层挖出六十六名“敌人的奸细和帮凶”。当然，这些还都是小喽啰，他要抓的，其实还是加伦。

留希科夫挖空心思都没能完成的活，“小报告之王”也感到棘手。为了保护自己，加伦几乎已在日常生活中练就了一身金钟罩铁布衫的功夫，别人很难从他的只言片语中找到“罪证”。

麦赫利斯久攻不破，便采取突然袭击的心理战术，鬼魅一样地现身加伦家中，对加伦进行旁敲侧击。加伦自始至终不动声色，在麦赫利斯怏怏而去后，他对妻子说：“想要吃掉我的豺狼来了。我不知道是他们吃掉我，还是我吃掉他们，但是我吃掉他们是不可能的。”

面对随时会从黑暗角落里蹿出来咬自己脖子的豺狼，苏军元帅只能以静制动，随对方去瞎折腾，最终麦赫利斯以“钦差大臣”的身份，在张鼓峰之战中成为了主角。

豺狼终究不能代替猛虎，麦赫利斯说到底是个阴谋家和打手，并不是军事家，而就过往履历来看，他仅在营级单位担任过政委，没有丝毫指挥大兵团作战的能力和经验。他一上阵，就弄得前线一片混乱：步炮协同、步车协同根本无从谈起，步兵和坦克不知哪里才是突破的重点，炮兵糊里糊涂地瞎轰了一天，也没能给步兵帮

日军军官正在察看被击落的苏军飞机残骸。在“小报告之王”的指挥下，苏军在占有空中优势等有利条件下，仍然打得一塌糊涂。

上多少忙。

在日军战机未能参战的情况下，苏军的一百多架战机本来大有可为，可是因天气情况糟糕，仅仅出动了三十架次，中间还被日军用高射炮击落了三架。

麦赫利斯不得不向斯大林报告：“在作战地区，需要一位名副其实的能够统率一切的总指挥。”

得知前线战况紧急，斯大林直接给加伦打去电话，命令他立即赶往张鼓峰，以便“真正同日本人作战”。

1938 年 8 月 2 日，加伦赶到前线，亲自指挥对日作战。当加伦赶到时，麦赫利斯还在瞎指挥，他下令一个步兵师沿着张鼓峰和沙草峰之间的凹地，向日军发动正面进攻。

一个单兵突进的步兵师对尾高来说，正好是主动送上门的猎物，他求之不得。幸好加伦及时赶到，一看就知道这是臭不可闻的烂招，急忙喊停，苏军才没有被包饺子。

小巫见大巫

加伦对前线战场进行了观察，他发现张鼓峰东南方向的 52 高地上只有日军一个中队，显然这是防守上的最大薄弱点，于是决定用两个营的步兵，从 52 高地进行突破。

就在日军防线摇摇欲坠之际，日军援兵的先行部队恰好到达张鼓峰，使尾高的可控兵力一下子多出两个大队，他赶紧全部派往 52 高地。

两个大队对两个营，苏军在局部处于劣势，激战到下午只得后撤，双方形成近距离对峙。

加伦指挥经验十分丰富，初步接触和试探下来，他对日军的防御能力已经心中有数。尽管从兵力和火力上看，苏军的确要超过日军，但日军在张鼓峰构筑了较完备的防御工事，加上所使用的步兵又是日军精锐部队，作战十分顽强，所以防线并不是一天两天就能攻破的。

加伦是一个慢工出细活的将领。他擅长在对峙中创造战机，比如过去的中苏同江之战，加伦就一直等了两个多月，最终找到东北军海军的破绽，从而得以完成致命一击。

这一次，他也打算等一等，不用两个月，也许几天就成。

加伦能等，不等于苏联高层也有同样的耐心。仅隔一天，远东军事高层再次出现令人匪夷所思的人事大调整。

1938 年 8 月 3 日，在苏联高层的授意下，远东方面军编成了步兵第三十九军，直接负责张鼓峰之战。不过指挥第三十九军的，不是加伦，而是原远东方面军参谋长施特恩，后者被任命为第三十九军军长，全权指挥张鼓峰一役，加伦转瞬之间便被抛于局外。

施特恩接到的绝密命令是："实施猛烈的全线打击。"远东方面军及后贝加尔军区的所有苏军进入了完全战斗准备状态。

日军方面，通过不断升级的作战规模，尾高终于知道自己这娄子捅得有多大了。自个儿捅的娄子，还得自个儿给糊上，尾高想来想去，决定使出日军的看家绝招：大规模的迂回进攻。

迂回进攻战术，是包括陆军士官学校、陆军大学在内的日本军校的主课程。军校老师们会告诉自己的学生：在实施正面进攻后，一定要辅之以侧翼包围，而且用于包围的兵力越多越强，时机越出其不意，歼灭敌人的效果就会越明显。

迂回进攻最初只是日军中流行的一种战术理论，但后来却编入作战条令，成为一种神圣不可侵犯的教义，以至于一谈到进攻，如果没有实施迂回包围，几乎是完全不可想象的。

在这一思维的影响下，当战场上的任何一个日军指挥官被问及，进攻的目的是什么时，他都会根据条令回答你："包围敌人并将之歼灭！"

尾高一遇到坎，本能地便想到了迂回，他准备等援兵主力一到，即派一个联队绕到苏军后方。

和尾高一样，参谋本部和“朝鲜军”高层的脑袋里，也无一例外地灌满了迂回战术。在这些人的概念里，进攻等于迂回，迂回等于进攻，此外别无分店。尾高把方案往上一报，他们立马跳了起来：什么，你要进攻？这不摆明是要“扩大事态”吗？绝对不行！

尾高其实不是要进攻，他只是要更好地防守，可惜无人能予以理解。方案驳回后，他只得老老实实重回原点。

第十九师团被固定在张鼓峰的山脊上，进退不得，等于是自己将自己绑在板凳上挨揍。在援兵到达战场后，尾高据此做出了新的部署，但仍感相当吃紧，于是要求将留在朝鲜的最后一个联队编制——长勇联队也调过来。

“朝鲜军”中村司令官又是一番扭扭捏捏，装腔作势，不过尾高费尽周折，总算拿到了调兵令。至此，第十九师团已大部分集结于张鼓峰。

都是在增兵添将，跟苏联人一比，日军只是小巫见大巫。苏军新成立的第三十九军共拥有兵力 2.3 万人，机关枪有一千多挺，坦克、火炮、飞机的数量均在两百以上。这些数据里面，仅步兵和坦克，参战苏军就是日军的三倍。

有加伦的前车之鉴，新任军长施特恩哪敢懈怠，他一边继续对张鼓峰发动攻势和战术侦察，一边大规模调兵遣将，以便发动总攻。

人还没见，嗓门已经先从门外传了过来。施特恩的动作让尾高心惊肉跳，步兵是不可能多出来了，他就向参谋本部讨要航空部队。

这时日苏已重开谈判，重光葵和李维诺夫又念起了停战经，而在中国关内战场上，侵华日军已踏上了进攻武汉和广州的行程。参谋本部多一事不如少一事，根本不想再跟苏联发生纠纷，因此他们既不允许尾高迂回出击，也不肯投入航空部队，以免飞机飞来飞去，造成越境作战的嫌疑。

专守防御

眼看苏军即将发动大反击，军部内部开始出现主动撤兵论，陆军省次官东条英机以下都持这个观点，认为不如让第十九师团主动撤离张鼓峰，如此要进就进，要退就退，比死守张鼓峰要强得多。

这是个好建议，可是刚一提出来，便遭到参谋本部的激烈反对，其中嗓门最响的是作战课长稻田正纯。

在稻田看来，前面一场胜仗，已经让第十九师团扬了名，说明第十九师团确实是对苏作战的第一精锐师团。要是就此不声不响地撤出张鼓峰，外面知道的说是主动撤离，不知道的，准以为是打了败仗，那怎么能成？

稻田大叫："不光彩的撤退，不仅玷污皇国军队传统，还将受到苏联的侮辱。"

参谋次长多田骏虽然不会像稻田这样扯着喉咙乱嚷嚷，但也觉得撤出张鼓峰便等于没了面子，遂对稻田的意见采取了默认态度。

陆军省和参谋本部相持不下，该天皇出来裁断了，可是裕仁一言不发。

此一时彼一时，此时的尾高早就不像原来那么气壮如牛了。对他来说，名也有了，继续在张鼓峰守下去，可以预见的是，绝不会再有什么好果子吃。

尾高就巴望着上头赶紧下个撤退令，他好马上屁颠儿屁颠儿地离开这个是非之地。偏偏人怕出名猪怕肥，一个似有似无的"大胜仗"，以及臆想中对苏作战"红旗标兵"的树立，就把第十九师团给活活钉在了张鼓峰，使他们处于前进不能、后退不准的尴尬境地。

就算是死守，也得守得下去才行。尾高把住在军营的"朝鲜军"北野参谋长找来，现场指给他看：每天飞机炸，大炮轰，你觉得我应该怎么办？

要飞机绝对不可能，北野便通过"朝鲜军"向参谋本部申请大炮。好说歹说之下，参谋本部终于松了口，答应拨出一批炮兵部队，专归尾高调度。

在长勇联队和炮兵部队正式到达前线之前，还有一段足够尾高煎熬的日子。

1938 年 8 月 6 日，第三十九军用于张鼓峰的兵力集结完毕，在施特恩的指挥下，按计划对张鼓峰实施总攻。

张鼓峰是被河流相夹的一个狭长地带，西面是图们江，东面是哈桑湖，要从陆路登上张鼓峰，只能从北面的沙草峰和南面的 52 高地进出。施特恩以一个师搭配一个坦克营，分别从南北两面发动进攻。

苏军使用的坦克为 T-26 轻型坦克，这种坦克因防护能力较差，所以一般不单独行动，主要用于支援步兵作战，中国在抗战中购买过一批，由此成立的机械化部队在昆仑关战役中曾给日军以重创。

平原战是坦克的最佳舞台。张鼓峰虽是丘陵，但坡度不大，坦克车辆在行驶中障碍很少，这使得 T-26 火力强、速度快的优点得到了充分发挥，日军前沿阵地的胸墙因此被坦克炮打成了锯齿形状。

继坦克之后，飞机也找到了机会。到下午 4 点，连日罩于张鼓峰一带的浓雾逐渐消散，苏联空军趁机对张鼓峰和沙草峰进行反复轰炸，重型轰炸机出动超过两百架次，到最后，连张鼓峰峰顶上那块著名的刀形岩石都被炸得粉碎。

防御张鼓峰的日军承受了极大压力。在日本陆军的辞典上，关于防御有两种军事用语，一种叫作攻势防御，或称决战防御，是以攻为守，逼迫对方进行决战，但是尾高的大规模迂回计划遭弃，也就意味着攻势防御没了可能。

第二种就是专守防御，说得难听一点，等于缩在乌龟壳里被人揍。要是第十九师团有乌龟壳就好了，不幸的是他们根本没有。士兵穷极之下，连手榴弹和石块都用上了，仍然无法阻止苏军的突进。

夜幕降临后，苏军的飞机坦克作用减弱，尾高急调两个大队至山顶增援，通过发动夜袭，才把已进至山顶的苏军驱走。

加伦打了一天没结果，“下课”，施特恩新官上任，一天之内同样是两手空空。想到麦赫利斯那阴森森的目光，他的脊背立刻起了丝丝凉意。

施特恩发去了一份捷报——不是战报，是捷报，上面说：“日军残余分子已被清除出我境内，所有的边防站都被我红军牢牢控制。”

在一切不切实际的要求面前，就算是原来不擅说谎的人都被迫无师自通。施特恩对迅速取胜尚无把握，但他知道自己除了搪塞，已别无他法。

经过第一天的较量，施特恩初步尝到了机械化密集打击的甜头。张鼓峰的陆地面积南北相加，总共不过三公里，一弹丸之地耳，这么多大炮、坦克和飞机投入进去，可以轻易形成遮天盖地一般的火力优势。

1938 年 8 月 7 日，施特恩如法炮制，在飞机大炮的轮番轰炸下，日军损失比第一天更为严重。

苏军炮火覆盖面很广。张鼓峰以北有一座伪满军哨所，伪满士兵将生火的炉子搁在哨所附近，被苏军炮兵发现，以为是什么新式武器，立即延伸射击，直到将炉子炸飞为止。

轰炸刚刚告一段落，苏军即以坦克为先导，步兵随后，向日军守备阵地发起包围攻击。T–26 坦克一马当先，扮演了战场清道夫角色：工事压塌，暗堡击毁，电话线碾断，日军阵地内被冲得人仰马翻。

日军用以对付坦克的是速射炮和炸药包，只是坦克太多，一时难以应付，速射炮也接连被苏军击毁。所有阵地之中，最危险的仍然是 52 高地。

52 高地与张鼓峰山顶血脉相连，一失全失。尾高急调预备队增援，意识到使命艰巨，行前预备队专门举行了简短仪式，匆匆忙忙地表达了“必死报国”的决心，然后才急速向 52 高地赶去。

苏军 T–26 坦克的防护能力较弱。图为飞入草丛之中的炮塔，其坦克车身已被击毁。

知道残酷，到了现场一看，比想象中还要残酷：守卫 52 高地的日军伤亡惨重，大队长和几个中队长非死即伤，阵地已经面目全非。

预备队毕竟是生力军，一番死拼，高地总算没有易手。

螳臂当车

一天鏖战下来，拍着胸口喊庆幸的是尾高，深感失望的则是施特恩，因为他的网里仍然找不到大鱼的影子，张鼓峰和沙草峰的山顶还在日军掌握之中。

对施特恩来说，唯一能聊以自慰和庆幸的是，他总算捡到了一条“小虾”：苏军以舟艇横渡哈桑湖，控制住了张鼓峰东坡。

两轮较量结束，难分胜负，尽管尾高和施特恩的出发点各不相同，但那种焦灼不安的心情却是一模一样的。

施特恩等不得正式开场，就策划对张鼓峰山顶的日军进行夜袭。既然是夜袭，参与的人数就不能太多，又估计到白天日军遭到极大消耗，防守力量薄弱，施特恩只派了一个营。

然而他错了。山顶尚有两个日军大队的编制，每个大队的人数再嫌不足，凑起来还足以应付一个营。

施特恩的夜袭以失败收场，他只能在天亮后再开“高压锅”。让他料想不到的是，天亮之后，尾高变得更为坚挺。

1938年8月8日，长勇联队、关东军增援的野炮高炮部队，全都到达了战区，日军的防御力量得以进一步加强。施特恩的“高压锅”光听见动静，却无法将对手蒸熟蒸烂。

气粗了一点的尾高研究战况后，意识到东坡的失守终究是个大麻烦。此处虽非山顶，但被苏军卡住位置后，52高地与张鼓峰山顶将在防御上失去有机联系。

为了抢回东坡，尾高也组织了一次夜袭。施特恩千争万争，就争到这么一个落脚点，哪里肯舍，而且东坡已经集结了大量苏军士兵和坦克。双方的夜袭最终都是兴致勃勃而来，垂头丧气而去。

这一天，施特恩发送的“捷报”戏剧性地登上了苏联中央报刊的头条位置。类似的假消息已经见怪不怪，不过它确实救了施特恩一命，按照“捷报”的说法，这时苏军已经控制住张鼓峰和沙草峰，施特恩的任务变成了“击退日军的反扑”。

作为加伦的参谋长，施特恩在步炮、步车以及陆空配合上，都显得十分熟练，其中最出彩的一笔，是横渡哈桑湖，抢占东坡。它的作用不仅是切断52高地和张鼓峰的联系，更重要的是可以利用这一制高点，向炮群指示集中攻击的目标，苏军的火炮攻击由此变得更准更狠。

但是，再好的幕僚长也难以完全代替主帅。施特恩细节上抠得不错，对战局的整体把握却难以与加伦相提并论。加伦是集中兵力对日军据点进行逐个拔除，看上去速度虽慢，但能收稳扎稳打之效，施特恩急于求成，他来了个处处撒网，普遍攻击，52高地、张鼓峰东坡、张鼓峰山顶、沙草峰全是均衡用兵，反而欲速不达。

施特恩望山顶而兴叹，他不知道，占据山顶的日军也已到了强弩之末。

从7月31日起，第十九师团在张鼓峰鏖战九天，作战兵员每一天都在缩水。尤其在施特恩对张鼓峰实施机械化密集打击之后，日军损失更为严重，每天都要倒下两百人。一线大队的步兵为此平均减少一半，其中佐藤联队的情况最糟糕，作为占领张鼓峰“首功之臣”的第一大队仅剩三十人左右，还没一个小队的人多。

假如这些伤亡，都是在对射或白刃战中产生的倒也罢了，让尾高感到格外惊恐的是，火炮造成的死伤超过了子弹和刺刀!

除了关东军增援的炮兵部队外，第十九师团的编制里本身也有山炮联队，联队长是田中隆吉，但所有的这些炮根本就不是苏联人的个儿，既掩护不了步兵，也保护不了自己。田中隆吉战后尚心有余悸，在分析败因时引用了一句中国成语："螳臂当车。"

什么都能瞒，伤亡不能瞒。当触目惊心的数字报到"朝鲜军"司令部时，中村司令官再也无法安之若素，他主动将第十九师团留在朝鲜的最后一个大队也调至战场。

从 8 月 9 日到 10 日，张鼓峰之战继续。苏军以张鼓峰东坡为基地，通过舟艇不断向张鼓峰运送部队、装备和物资，同时指引炮火进行攻击，第十九师团没有飞机助战，只能眼睁睁地看着对方移过来移过去。

战前日本海军曾担心的一幕也接踵而至。由于连日暴雨，洪水猛涨，使得日军从图们江南岸到达张鼓峰，必须使用舟艇，然而图们江面已被苏联太平洋舰队控制和封锁，军令部调来的几艘战艇都被击沉，后继援兵和补给只能通过一座庆兴桥提供，而这座桥后来也处于半瘫痪状态。

在"高压锅"的猛蒸猛煮下，第十九师团虽然尚未烂，但也快了。

尾高的"亲信部队"佐藤联队包括联队长佐藤在内，仅剩三名军官，其他在前线作战的联队也是伤亡枕藉，整个师团差不多被打成了空壳。尾高明知必须留下预备队，到这一步也顾不得了，他把作为预备队的长勇联队全都部署到了第一线——不管怎么说，打满补丁的裤子总比光屁股强吧。

当着部下的面，尾高鼓动残余官兵们继续在张鼓峰死守下去，哪怕是战斗到最后一人，为此他还搬出了一段"七生报国"的典故。

全被出卖了

所谓"七生报国"，说的是日本古代的两名兄弟武士，战败后弟弟问哥哥："你死后的愿望是什么？"

哥哥说："我的愿望是轮回七次（即七生），再回人间消灭敌人。"

两兄弟商量妥当，便互刺自尽。尾高说到这段著名典故的时候，脸上仍然是一副抱着垃圾股还死不肯割肉的倔强样，可是一转身一回头，他那惨白惨白的脸色足以吓死人。

尾高以师团参谋长的名义，向已离开前线的"朝鲜军"北野参谋长发出电报，先将第十九师团所处险境描述一番，接着便老实承认"目前本师团的作战能力已到了最后的极限"，希望参谋本部能通过外交途径，尽快实行停战。

参谋本部闻讯，派一名高级参谋对张鼓峰进行了紧急视察。这名参谋飞回东京后，把战场的不利态势和惨烈战况如实进行了汇报，他告诉参谋次长多田骏等人："晚撤退不如早撤退，晚撤退的话，只会招致更多毫无意义的伤亡。"

参谋本部大惊失色，赶紧下令关东军做好应急准备，同时将原计划赶赴广东参战的一个师团抽回，作为第十九师团的预备队。

1938 年 8 月 10 日夜，苏军占领张鼓峰山顶的一角，但也正是在这天晚上，日苏的停战谈判终于取得了突破性进展。

日本方面，由于武汉会战打响，军备需求变得格外紧张，国内生产力也再次达到极限。据参谋本部测算，假如爆发对苏全面战争的话，其现存弹药不足十五个师团一次会战所需，所以军部虽然调兵遣将，但实际上并没有决心和准备进行两面作战。

8 月 10 日晚上 12 点，重光葵和李维诺夫分别代表本国在停战协定上签了字。停战协定并没有重新划定边界，只是规定日苏两军须双双撤离张鼓峰山顶。

日本政府自夸取得了"外交上的胜利"，军部则对外逞强说，张鼓峰战役是以少数兵力顶住了大敌，所以不是败仗。

为了进行宣传，日本报纸还特意避结果抓细节。长勇联队长作为第十九师团的军方代表参加了谈判，他在谈判现场故作姿态，来了个仰天大卧的睡佛造型，记者们如获至宝，对这一幕进行着力渲染，写出了一个纯属意淫的勇武故事。

结果却是真吃亏。军部将第十九师团撤到了图们江南岸，第十九师团固然战斗力已严重不足，可是军部也没有再增派其他部队去张鼓峰设防，理由是："边境上的几个丘陵没有任何留恋的必要，不应该继续近距离对峙，以免播下冲突的种子。"

苏联人对那几个丘陵却是很在意，在第十九师团撤离后，他们迅速控制住了张鼓峰和沙草峰，相对于以前的假消息，这次才是真正的占领。

四天后，苏联高层通过内部调查报告，得知了假消息的真相，不过随后的态度和做法却颇让人捉摸不透。

日本方面出版的“张鼓峰事件特辑”画报封面。张鼓峰一战被日本政府和军方视为大获全胜的一次战役，这些宣传品对此进行了单方面的竭力鼓吹。

苏联高层不仅未对假消息进行追查，还大摆庆功宴。所有参战将官和部队都获得了列宁勋章或红旗勋章，施特恩也不例外，唯一例外的是加伦，他并不在授奖名单之列。

1938 年 8 月 18 日，施特恩正式取代加伦，被任命为远东方面军司令。三年后他遭到处决，不过跟张鼓峰之战毫无关系，罪名是“暗藏的托洛斯基分子”。

加伦预感到灾祸来临。当他从张鼓峰前线被召回时，精神已极度紧张，返回途中，他和麦赫利斯坐在同一列车厢里，麦赫利斯对他冷嘲热讽，说他不应该穿白色制服去前线，尤其是去前沿阵地。

白这个颜色在苏共概念里绝对不是好词，它代表着与“苏联红军”相对的军政力量。加伦一生谨慎，此时也意识到自己忙中出错，给人找到了可攻击之处，可他已经不在乎了，因为他知道，与“白”相比，一定还有更大更可怕的罪状在前面迎候着他。

在前前后后想了一通之后，加伦逐渐意识到新的罪状会是什么，一时悲愤交加。当着妻子的面，他不停地嘟囔着：“全被出卖了，全被出卖了！”

1938 年 8 月 31 日，加伦奉召到莫斯科参加中央军事会议。会议的主要议程就是解决“哈桑湖事件”（苏方对张鼓峰事件的称谓）责任的追究。

张鼓峰一战，日军伤亡一千四百余人，苏军伤亡则达到四千多人，苏日伤亡对比接近三比一。内部数据一公开，举座皆惊。

三倍的兵力和武器对比，结果却是恰恰相反，这确实令人震骇。尽管加伦仅亲自指挥了一天，但加伦还是因指挥问题遭到了严厉批判，并被定性为导致这次“重大失误”的罪魁祸首。

如果只是就军事言军事，尚属正常，可是事情并没有到此为止。

在伏罗希洛夫的主持下，加伦被宣布为“人民的敌人”，军事会议当场撤销了加伦的所有职务。

不久，加伦被逮捕入狱，并遭拷打致死。在他死后四个月，法庭才以“日本间谍罪”追加宣判。

与加伦的遭遇形成强烈反差的，是第十九师团长尾高。他抗命在先，战败于后，但因参谋本部稻田等人一直予以支持，事后不仅未受追究，还带着“勇将”的名誉到关内做了军司令官。

第二章

卖金的撞着了买金的

张鼓峰一役前后，关东军领导层的不满情绪一直很大，不是对尾高独断专行不满，而是认为参谋本部不值得信任。

如果以根正苗红来衡量，关东军可比“朝鲜军”要牛多了。它直属天皇管辖，所辖师团都是日军中装备最好，训练最严，战斗力相对也最强的部队，因此号称“皇军之花”。

关东军的最大假想敌便是苏军。关东军对苏军的印象，还是“干岔子岛事件”中，不花多少力气便击沉苏军炮艇的记忆。张鼓峰战役结束后，尽管军部一再对外声称日军没有吃败仗，但在内部，大家都知道“朝鲜军”和第十九师团最后打得很惨。

关东军火大就火大在这里，在他们看来，如果参谋本部、“朝鲜军”司令部肯放手让尾高一搏，飞机坦克一齐参战，这场小小的边界战争绝不至于陷入被动。

关东军的判断，就此便被飞机坦克的缺席给纠缠住了，没几个人在乎苏军相对强大的综合实力，大家只是对苏军作战素质和技能的薄弱津津乐道。即便停战，还有人提出，应该由比“朝鲜军”更为精锐的关东军出面，把苏军赶到张鼓峰以外去。

张鼓峰毕竟是“朝鲜军”料理的范围，关东军再激昂再愤慨也插不上手，他们只能把力气用在自己那一摊子上。

关东军其实也有一个“张鼓峰”，这就是呼伦贝尔草原上的诺蒙坎。传说康熙年间，曾有一个叫诺蒙坎的喇嘛在此传经布道，诺蒙坎由此得名。它是一座半草原半沙漠的空旷荒原，淡水极为缺乏，唯一的淡水资源为哈拉哈河及其支流。

到了雍正时期，内外蒙就在哈拉哈河以东十五公里处划分界线，史称“雍正界线”。河西是沙丘绵延的不毛之地，河东沿岸地带均为水草肥美的湿地，外蒙士兵经常渡河到东岸放牧。

日本人以精细著称，“满洲国”成立后，内蒙事务实际由关东军所操纵。关东军在一张过去俄军的远东军事地图上发现了漏洞，在这张地图上，绘图人员按照

“有山以山为界，有河以河为界”的原则，想当然地将“国境线”定在了河流中线。

关东军立即指示“满洲国”修改地图，把边防巡逻线移到了哈拉哈河。随后蒙古也发现了这个问题，开始与“满洲国”及其背后的关东军争执不休。

眉毛出卖了眼睛

当时外蒙古在苏俄的暗中扶持下，宣布独立已有十年之久，但因为与大多数国家都未建交，外界对其政治内幕一直处于猜谜的状态，即便是关东军，也不知道外蒙古与苏联的真实关系如何。有人甚至提出，能不能采用离间计，拉拢外蒙古亲日反苏。

要刺探这样封闭型“国家”的情报，实在是太难。为了摸清对方的底牌，同时进行拉拢的尝试，关东军便授意“满洲国”与外蒙古在满洲里进行边界谈判，史称满洲里会议。

会议召开前，关东军特意安排往满洲里运送了大量日用商品，不是要繁荣当地市场，而是要给与会的外蒙方代表看一看，“日满提携”是何等的其乐融融，以便为“日蒙提携”制造机会。

关东军费尽心思，玩尽花样，可是事实胜于雄辩，会议召开那一天，外蒙方代表不用买商品，瞧瞧伪满代表，就明白“日满提携”到底是怎么一回事了。

与外蒙方代表身着统一民族服饰不同，伪满代表简直是个服装的大杂烩：有人穿长袍马褂，有人穿军装皮靴，还有人干脆身着和服木屐，完全是日本人的装扮。

伪满代表在谈判时根本不敢有自己的主张，全是哼哼哈哈，言不由衷。遇到重大问题，实在避不开，他们还得向自己的“日本随员”请示，而这几个参加谈判的“日本随员”，也俨然主宰着伪满代表团的一切。

眼睛出卖了心灵，眉毛又出卖了眼睛，关东军自己就把“日满提携”的美好形象给生生毁了。外蒙古代表团在谈判桌上丝毫不肯相让，担任团长的“外交部副部长”桑布更是极其强硬，让关东军大为头疼，就这样，满洲里会议断断续续开了一年多，最后什么结果也没谈出来，倒是引起了苏联和外蒙的共同警觉。

就在谈判谈到一半时，苏联和外蒙古签订了互助协议，在法理上确认了同盟关系，苏联明确宣称：“根据协议，任何一个国家进攻蒙古，将意味着对苏宣战。”

要说关东军在满洲里会议上一无所获，肯定是不对的，因为他们至少弄清了苏联与外蒙古的关系，用不着再疑神疑鬼，或做其他不切实际的幻想了。

自此，外蒙古被日本视为苏联的傀儡国，所有矛头都指向苏联。日本政府召开五相会议（五相为首相、陆相、海相、藏相、外相），正式制定了“北攻苏联，南下南洋”的所谓“国策”。

七七事变的爆发，打断了关东军“北攻苏联”的备战进程，之后日军在中国战场上越陷越深，不仅大部分侵华兵力被牵制于关内，关东军中许多训练有素的步兵联队还先后被抽入关内参战。

再怎么抽，关东军始终把包括七个常设师团在内的精锐部队留在建制内，以作为戒备乃至于未来进攻苏联的有生力量。

日本希望中国尽快投降，可惜事与愿违，中国军队在正面战场上的抵抗极其顽强，中日之战成了一场持久战。为了应付战争需要，参谋本部只好继续从关东军身上抽血，原驻海拉尔的一个骑兵集团被调到了华北。

骑兵集团在被调走前，主要任务就是负责处理诺蒙坎一带的边境纠纷，并曾多次与蒙古军发生冲突。它一调走便形成了力量真空，参谋本部拆东墙补西墙，用刚

“九一八”可以说是关东军走向“辉煌”的起点。左右照片均为九一八事变的第二天，刚从旅顺迁至沈阳的关东军司令部。右侧照片中站在最前列的，是春风满面、沾沾自喜的关东军司令官本庄繁。

组建的第二十三师团填补了这一空缺。

第二十三师团是特设师团，属甲种编制，部队里有很多退役老兵，这些老兵长期受到武士道精神灌输，又经过长年累月的艰苦训练，基本能够撑起整个师团的战斗力。

第二十三师团的兵员大部分来自北九州的熊本，这个地方的人又以凶悍好斗著称，在南京大屠杀中臭名昭著的第六师团便“产”自此处。虽然第二十三师团不及第六师团，但在日本陆军中也算是佼佼者，不然不可能归于关东军帐下。

第二十三师团长是小松原道太郎中将，他精通俄语，在驻苏联大使馆做过副武官，后又任哈尔滨特务机关长，专门从事苏联情报的收集和分析工作，在当时日本陆军将领中，是为数不多的苏联专家之一。

一支“凶兵”配上一个“苏联通”，往外蒙古边境一扎，那就是虎视的意味。苏联也毫不示弱，第二十三师团前脚刚进海拉尔，苏联后贝加尔军区所属的第五十七特别军后脚便跟入蒙古，其敌对目标就是第二十三师团。

一辈子都是参谋

“北攻苏联”是日本的“既定国策”之一，虽然因抗战爆发而被迫暂时搁置，但从参谋本部到关东军都对此念念不忘，相关作战方案也一直在秘密研讨和制订中。

对苏作战的主设计师是石原莞尔，时任参谋本部作战指导课长。就在张鼓峰之役结束不久，参谋本部作战课长稻田正纯等人，便根据石原的设想，提出了一个对苏作战的“八号作战计划”。

这一计划预计到1943年，日本便可以发展出对苏一击的能力。至于怎么击，稻田设计了两个方案，一为甲案，一为乙案，甲案是从苏联沿海边疆开始攻击，乙案是沿“满”蒙边境进行包抄。

关东军反复研究了两个方案，关东军司令官植田谦吉大将先是派出军事测绘队，秘密潜入两处边境绘图，继而又让高级作战参谋辻政信少佐组织人员调研。

在昭和时代的日军幕僚群里，辻政信的知名度非常高，远非稻田可及，跟他的名气处于同一档次的，陆军中有东条英机、石原莞尔，海军中有山本五十六、米内光政。

东条英机、山本五十六这些人无一不是职位很高的将军，石原莞尔虽是做幕僚出的名，但他后来也晋升到了关东军参谋长，唯有辻政信，一辈子都是参谋。

有人说，如果陆军中没有姓辻的这位参谋，日本所走的道路也许会大大不同，就这一点而言，他在昭和时代的实际作用和影响力并不亚于一个著名将军。

辻政信性格中的一大特点，就是极爱出风头。早在陆军士官学校读书时，学生们夜间集合行军，别人总是尽量减少辎重，他不仅身上一个家当不少，而且还要特意在铺盖里塞上几块砖头。教官检查时，看到了这几块砖头，当然要喜出望外加极力表扬，结果辻政信就成了“学生的榜样”。

实事求是地说，仅以军校表现而言，辻政信确实当得起这个榜样。他以第一名的成绩从士官学校毕业，为此还获得了天皇恩赐的银表，到部队实习后，又接着考入了日本陆军大学。陆军大学是日本陆军的最高学府，毕业时成绩排在前六名的，可由天皇授予军刀一把，称为“军刀组”。

辻政信在他那一期“军刀组”中排第三名。记者前来采访，辻政信很神秘地对记者说：“本来我应该是第一名，就因为对手是皇子殿下，所以才排到了第三。”

“皇子殿下”指的是裕仁天皇的弟弟秩父宫，当时也在陆军大学就读，与辻政信同期。辻政信认为他遭遇了“潜规则”，其实这是件没影的事，皇室子弟并不参加名次排列，只享受特别待遇。

辻政信自信心爆棚，本人也很能吹，但考试的本事还是有的，毕竟能进入“军刀组”，并坐到相当于探花的位置，本身就已经是件很了不起的事了。

成为“军刀组”成员，预示着今后将会有不错的前程。当然，预示还只是预示，要想真正混出头，修行的路还长得很。

从陆军大学毕业后，辻政信回到了原来实习的部队，这就是第九师团，师团长正是植田谦吉。

不久，第九师团参加了“一·二八”淞沪会战，担任中队长的辻政信第一次进入真正的战场。在上海战场上，他亲眼看到士兵们向中国军队驻守的庙行阵地发起冲锋，然后纷纷被打倒在地。在此之前，因为九一八事变，日本人想象中的中国兵就是东北军的长相，是裕仁天皇所称的“豆腐军”，但淞沪一战使辻政信改变了印象。

冲锋失败后，辻政信站起身，高举着双手向中国军队的阵地走去，一边走一边指着日军的死尸，意思是请求对方容许他收尸。中方看到后果真停止了开枪。

试想一下，如果不是把对方看成与自己对等的军队，辻政信又怎么肯用举手的方式去收尸呢？

最危险的一次，辻政信坐在装甲车里掩护步兵冲锋。原以为躲在铁皮壳子里再保险不过，没想到车子中途出了状况，竟然在中方阵地前熄了火。

这一惊非同小可，车里众人急忙跳车逃命。辻政信刚刚跳下车，左膝盖就挨了一枪，幸得部下用机枪掩护，才得以慢慢地爬了回来。

与辻政信一块坐在装甲车里的还有大队长空闲升少佐，这位没爬回来，被中国军队活捉了，释放后自杀于吴淞。此外，辻政信所在联队的联队长林大八大佐也中弹身亡。

“一·二八”淞沪会战让辻政信见识了真正的中国军人。后来他有了一个很特别的见解，说假如大家武器一样，单纯比较士兵优劣的话，最强的是日本兵，其次就是支那兵（中国兵）。

鬼中队长

辻政信在淞沪会战中吃足了苦头，但也正是在这次战役中，他得到了脱颖而出的机会。

毕竟是军校特优生，在第一线中队长中，辻政信的指挥才能显得相当突出。某次往前推进时，辻政信所率中队遭到中国军队的射击，士兵们赶紧卧倒，队形乱得不成样子。

辻政信不顾危险，站起来发号施令，他先把士兵们排成阅兵式的正规队形，然后又把队伍疏散开来，这样可以保证指挥命令的通畅，以便实施下一步作战行动。

当时一名大队副官看到后，大加赞赏，认为辻政信的临场布阵非常灵活和巧妙。

辻政信也不乏一般日本青年军官悍不畏死的作风。除了敢于举着双手跟中方交涉外，在几次作战中，他都挥舞着天皇御赐的军刀，一马当先地冲在队伍最前面。

其实日本陆军中向来讲究这个，几乎每个中队长都得事先做好第一个中弹的心理准备，但到辻政信身上就不一样了，他可是“士官状元”兼“陆大探花”呀，光环本来就够夺目了。

辻政信由此获得了“鬼中队长”的名声，所属旅团的旅团长给他颁发了感谢状，也就从这时候起，他引起了师团长植田的特别关注。

淞沪会战结束，第九师团返回日本国内，辻政信被植田选定为介绍实战情况的代表，巡回全国各地，专门向军队和教育界做励志讲演。

在海陆军参战部队中，被选为讲演代表的军官共有十二人，其中最拉风的就数辻政信，倒不一定是他的事迹最过硬——说句实话，最过硬的应该是那些闭着眼睛躺在战场上的人。

辻政信不是最过硬的，但他是活着的人里面最能讲的，尤其是左腿中弹那段经历，被他讲得如同战神现世。辻政信说，他中弹后，仍然不肯撤下阵地，只返回阵中做了简单处理，随后便奋不顾身地跛着腿，继续指挥本中队进行第二次、第三次总攻……

没有演绎过的不叫故事，经过辻政信夸张的演绎，这段战地故事让会场下的人们听得心惊肉跳，如临其境。报纸在刊登相关新闻时，特地加了辻政信的照片，称他是“军人的楷模”“阵中之花”“令阵中将士惊叹之猛将”。

“阵中之花”很快就红遍了日本，辻政信还因“重伤不下火线，且指挥有方”而获得军功章，并先后在参谋本部、士官学校任职。

参谋本部、士官学校等机构，别人想进都进不了，但对辻政信来说，却实在是件极其痛苦的事。他和许多青年军官一样，根本没那耐心在机关里慢慢熬资历，为了能早点出头，他曾频频卷入陆军内部的派系争斗，被称为“士官学校的纵火者”。

尽管辻政信上蹿下跳，忙得不亦乐乎，但他并没有因此受到高层的重视和青睐，反而又由士官学校降到了联队。辻政信一生中第一次受到如此沉重的打击，在大失所望的同时，他还感到分外屈辱，一度想脱去军装不干了，直到被调入关东军参谋部。

最初，辻政信担任的并不是作战参谋，而是第三课的兵站参谋。在日军参谋系统里，兵站参谋无足轻重，作用和影响都很小，这让辻政信颇感郁闷，觉得自己是不是来错了地方，从一个坑又掉进了另外一个坑。

不过很快，这个不甘平庸的苦命人就为自己找到了生活的动力。

第三课的作战主任是花谷正中佐，也是陆军大学毕业生，比辻政信高上两届。花谷在校期间的成绩和名气都不如辻政信，但他在九一八事变中靠蛮干混出了头，常常以此自诩。

见到刚分进课里来的辻政信，花谷便以一种前辈和过来人的口气，教训他说："你虽然在大学里学到了一些知识，可是别太骄傲了。与大学知识相比，懂得实战更重要。"

说到这里，花谷得意扬扬地提到了"九一八"："比如满洲事变（即九一八事变），如果只会纸上谈兵，就不可能取得成功，所以你要好好地学！"

学什么，花谷没有讲，这段话的重点其实也不在此处，但辻政信认真了。从那以后一个月内，只要有时间，他就钻在关东军的图书室里，埋头查阅有关九一八事变的档案资料。

辻政信把事变当天的原始记录从头翻了一遍，在掌握事变全貌的同时，他还在事变经过及战术运用方面发现了几处疑点。

辻政信带着疑点去问花谷。花谷虽参与了九一八事变，但整个事变并不是他策划的，面对这些疑点，他张口结舌，回答根本不得要领，最后实在招架不住，只好挠挠头皮，显得十分难堪。

从花谷的表情中，辻政信获得了极大满足，活力指数顿时上升了好几个百分点，他还由此产生出了寻根溯源，去东京拜见石原莞尔的想法。

石原是九一八事变的主要策动者，所谓一客不烦二主，走三家不如走一家，见到石原，自然就能解开所有疑问。

叶公好龙

此时的石原正如日中天，他被称为"'满洲国'诞生之父"，在日本是一个家喻户晓的民族英雄式人物。辻政信过去也见过石原，但因双方的名气和级别职务悬殊，不过是“在人群中多看了那么一眼”，从没有面对面接触过。

在辻政信的想象中，石原是战争之神，一个“连鬼都抓来吃”的人，他能不能接见自己，接见时态度会怎样，都是无法预料的。让他想不到的是，石原不仅欣然同意见面，还特意抽出时间，把辻政信叫到自己家里来恳谈。

辻政信那个感动和意外，高人就是高人哪，哪像花谷，只不过跟“九一八”沾了那么点边，就把谱摆到天那么大。

当着石原的面，辻政信鼓足勇气，一五一十地倒出了心中的那些疑问。之所以会产生这些疑问，大概在辻政信看来，“九一八”完全可以搞得更干脆更直接一些，为什么要花费那么长的时间做准备呢。

辻政信对“九一八”的考虑很简单，用他的话说就是：“要不奋起拿下满洲，把满洲地图涂上与日本相同的颜色，就对不起（在甲午战争和日俄战争中战死者的）英灵！”

石原微睁着眼睛，面带微笑，像是早就把眼前这个年轻参谋的心给看透了。针对辻政信提出的疑问，他一一做了解释，概括起来就是五个字：欲速则不达。

要拿下满洲不错，但关键是怎么拿，只有做好充分的思想和措施准备，才能确保行动成功。

听完石原的话，辻政信的脸腾地红了，感到“过去的想法该是多么幼稚，如果有洞真想钻进去”。

石原担任过关东军作战主任，他又给辻政信讲述了他的“满洲国建设思想”，手把手地教这位小参谋如何戴好“爱满洲人”的面具，以便更好地达到侵略和统治东北的目的。

这也是谋略，即不能把关东军的“权益思想”全部暴露出来，必要时候，还得装装好人，表现一点“道义思想”。

都是前辈高人所传的真经啊，辻政信听后顿有醍醐灌顶之感，他后来回忆这段经历时，说石原的一番言论，让他的思想出现了一百八十度的大转弯，原来“不同的见识，其力量竟是如此的可怕”。

在辻政信的一生中，这无疑是一次非常重要的见面和对话，石原说过的每一句话，都在辻政信的心里留下了深刻印象。从此他便奉石原为自己的精神导师，对他百般尊崇，并俨然以石原的传人自居。

辻政信后来做了一件让人刮目相看的事。张作霖在皇姑屯事件中被炸死后，其遗骨一直扔在沈阳郊外无人过问，他儿子张学良“九一八”前不过问，“九一八”后想过问也过问不了了。辻政信就举办了一个盛大葬礼，把张作霖埋葬在了张家墓地，这是张作霖死后九年的事，总计花了十万日元。

辻政信此举可谓是震惊四座，在一定程度上对关东军的形象也有所改善。时任“满洲国”经济大臣的韩云阶对辻政信说：“辻君，你仅以十万日元就办成了需要十亿多日元的事，真狡猾呀……”

辻政信笑而不语，就听韩云阶接着分析说：“整个满洲三千万民众，自九一八事变以来，这次才算笑逐颜开了。即使花上几亿日元进行宣传安抚，也根本不会有今天这十万日元的效果。”

韩云阶在伪满官吏中，是一个洞察力很敏锐的人，他一眼便看出辻政信如此处心积虑，是在收买人心。

似乎又一个石原要出现了，但接下来的事态发展表明，辻政信并不是石原，安葬张作霖这样的“妙笔”也不过是昙花一现。

七七事变爆发了。围绕这一事件，日本军部分成了两派：一派是扩大派；一派是不扩大派。不扩大派的代表就是石原，而石原坚持不扩大的原因，就包含在他与辻政信的东京对话中，也即“满洲国建设思想”。

别人都认为辻政信会坚定不移地支持自己的导师，可是出乎大多数人的意料，辻政信完全不管这些，他一屁股就坐在了扩大派的凳子上，而且在军部讨论尚未有结果的时候，就经常跑进“华北驻屯军”司令部煽风点火，说：“军部太软弱，我们要在卢沟桥拖着他们……”

时任“华北驻屯军”作战主任的池田纯久中佐属于不扩大派，他没理睬辻政信，结果有一天辻政信就跑来对他说：“明天关东军要用山海关的轰炸机去轰炸卢沟桥，我要坐战斗机去。”

池田吃了一惊，反问道：“你说的是真心话？”

辻政信把头一扬：“当然是真心话。”

池田见他并没有开玩笑的意思，立即表示反对："真是帮倒忙，这是在做为矫正牛角而杀牛的傻事！关东军要轰炸中国，军部同意了吗？恐怕不会同意吧，别那么干！"

辻政信气势汹汹："军部磨磨蹭蹭，所以要果断地去干。"

怎么劝都不听，池田也来了气："要是这样就没办法了。那你就去干吧，不过我们将用华北驻屯军的战斗机来击落关东军的战斗机，请明白这一点！你要回头再发牢骚，我可不管。"

辻政信愣住了："你是说友军互相攻击？"

池田毫不相让："是的，没错。由此产生的一切后果和责任，由我来负。"

池田当然不会真的这么做，但他的恫吓却成功地吓住了辻政信，后者乖乖地找台阶退了下去："既然主任参谋说到了这一步，那就算了吧。"

辻政信的狐狸尾巴终于露了出来。他对石原的思想其实纯属一知半解，所谓的服膺和崇拜也完全是叶公好龙，装模作样，换句话说，他真正从内心里羡慕的，是石原发动"九一八"所获得的好处和光环，一旦需要他熬的时候，他是根本憋不住的，所以类似于安葬张作霖那样的表演只能偶尔玩那么一次，所以他才会置精神导师于不顾，想要迫不及待地亲自驾战斗机去卢沟桥，哪怕那里并不属于关东军管辖的范围。

你们也是靠喝二锅头起家的搅局者，凭什么只有你们能干，我们不能干？不行，我们也要搅局，也要尝尝成功之后喝着红酒晃悠的滋味儿。这是"九一八"后，以辻政信为代表的关东军年青一代的普遍心理。

可是辻政信又是聪明的，因为他迎合了"潮流"，而石原已经不合"潮流"了。果然，以石原为首的不扩大派日渐式微，扩大派占到上风，在天皇裕仁的支持下，日本发动了全面侵华战争。辻政信正是搭乘这列快车，一跃成为"华北方面军"最年轻的参谋，而且还是他本人最热衷的作战参谋。

等到出口转内销，返回关东军司令部作战课时，辻政信的处境更是有了翻天覆地的变化。

出名得趁早

关东军已经进行了人事更换。辻政信过去在第九师团的老领导植田谦吉出任关东军司令官，新任参谋长矶谷廉介中将也曾是辻政信的上司，两人都很器重辻政信。

在作战课内，作战主任服部卓四郎中佐曾是陆军大学“军刀组”成员，在军校算是辻政信的学长。辻政信在参谋本部任职时，两人曾同在一课，而且关系好到能穿一条裤子。

辻政信的军衔并不高，少佐还是刚刚晋升的，课里的很多参谋不是中佐就是大佐，但在这些参谋里面，以辻政信来关东军的时间最早，资格也就最老。另外，辻政信还有一个别人比不了的强项，那就是他参加过“一·二八”淞沪会战，实实在在地扛过枪，打过仗，负过伤，不像其他参谋，都是从军校到办公室，再从办公室到办公室，所谓“桌子上打仗”，从没真刀真枪地历练过。

因为这些原因，辻政信在作战课拥有无与伦比的说服力和发言权，那些军衔比他高得多的同事常常只有洗耳恭听的份儿。

重回关东军，辻政信有一种如鱼得水的感觉，他自己颇为感慨地说：“通观前后，像当时关东军司令部那种上下一体、滴水不入的人际关系，是不曾有过的。”

辻政信天生就是一个没多少生活情趣的工作狂，这下干得更起劲了。同事形容他：精力旺盛，体力充沛，张起嘴来哇啦哇啦，做起事来风风火火，一时间，就好像整个司令部都在随着他一个人转一样。

在没情趣、有干劲方面，关东军司令官植田谦吉倒与辻政信十分相似。辻政信好歹还娶了老婆，植田为免后顾之忧，连老婆都不想要，在“一·二八”淞沪会战后期，他和重光葵一起挨了炸弹，并且都被截去一条腿，自那以后，便誓不婚娶，成了一个单身将军。

对辻政信，老植田是看在眼里，喜在心里，对他倍加赏识和信赖，称辻政信“言有说服力，动有实行力，是个杰出的人才”。

辻政信跟植田在一起，算是卖金的撞着了买金的。植田让他组织调研，他就不畏劳苦，亲自率领一支小部队到诺蒙坎进行了详细考察，从当地的气候土质，再到河流道路，一一进行分析记录。

在测绘队和辻政信所取得资料的基础上，植田和他的幕僚们重新对稻田的两个方案进行了对比，认为乙案要强过甲案。

苏军在沿海边疆构筑有纵深达二百公里的要塞阵地网，还有十几个步兵师，纵然能从此处突破，日军也需付出极大的代价，这是甲案最大的缺陷。

按照辻政信的考察，乙案不仅可以避开甲案的问题，而且从海拉尔到哈拉哈河的路线，正是当年成吉思汗远征中亚及欧洲的进兵路线，史有前例，在日本陆军中素有小老虎之称的关东军，完全有望成为日本的“成吉思汗”。

两碗迷魂汤一灌，植田顿时飘飘然，便铁了心支持乙案，并得到了参谋本部的认可。当时陆军省更倾向于甲案，双方在内部进行了辩论，最后二比一，甲案输给了乙案。

因为要靠关东军来执行乙案，参谋本部同意今后非特别需要，不再从关东军中抽调部队，以便关东军一心一意地进行备战。

假如只满足于乙案，那你就小看了辻政信。

一直以来，辻政信都是以纯粹功利的角度理解石原莞尔，他的人生理想，就是要像石原那样，争取在最短的时间内走红，红到底朝天，从而成为日本的“民族英雄”。

出名得趁早哇，来得太晚的话，快乐也不那么痛快了。稻田的作战方案，脱胎于石原的指导，石原一贯主张慢火炖汤，所以最后无论甲案，还是乙案，都把对苏作战的时间设计到了 1943 年，扳着指头数数，还有四五年哩，如何能等得及?

最好就是能出点事，然后以此为借口拨快时间表。

在日本陆军内部，无人不知辻政信喜欢制造事端的特点：一有什么事，他就会立即赶往现场，装作上级有命令，指挥这个驱使那个。

张鼓峰事件发生不久，辻政信就兴致勃勃地乘机飞往张鼓峰，在第十九师团一个参谋的陪同下，他察看了现场，并且特地鼓动那位参谋：“喂，把那座山（指张鼓峰）拿下来，关东军在必要时会支援你们的！”

“朝鲜军”司令官知道后，赶紧命令这个祸星退出了张鼓峰。

辻政信和关东军虽未能插足张鼓峰事件，也知道第十九师团在对苏作战中遭受了重创，但他们从中得到的不是教训，而是启发。1939 年 4 月，经关东军司令官植田谦吉大将签发，一份由辻政信草拟的“边界纠纷处理要纲”新鲜出炉。

对边境纠纷处理，辻政信的原则是“我不犯人，也不准人犯我”，为了突袭并歼灭越境苏军，哪怕暂时进入苏联境内也在所不惜。

他还通过“要纲”告诉驻边境的各师团长：当你们遇到与张鼓峰类似的问题时，用不着再瞻前顾后，完全可以自行划定边境线，然后决定是否要动用武力！

这哪里是处理纠纷的预案，根本是一份找机会打架的通告。它完全背离了军部在边境纠纷上暂时息事宁人的初衷，可当“要纲”被送交参谋本部时，却未遭到任何批驳。

关东军不是“朝鲜军”，在日本军界的地位非比寻常，一些高官显要，诸如板垣等人，最早皆服役于关东军。在参谋本部看来，关东军的方案再不妥，也绝不能轻易打压，以免影响“皇军之花”的士气。更有稻田等人，张鼓峰折戟之后，正急于寻找新的旗手，关东军的强硬姿态无疑投其所好，令他们击节叹赏，引为知音。

“要纲”下发到关东军各部队，部队长们对“要纲”的实质皆心领神会，认为这是关东军鼓励边境挑衅乃至大打的公开信号。

果然，“要纲”出台不到二十天，诺蒙坎便出事了。

燕子

诺蒙坎在蒙语中的意思是和平，实际上，在很长一段时间内，诺蒙坎的对峙并没有发展到剑拔弩张的程度。

在诺蒙坎巡逻的“满洲国”部队是兴安北警备军，这是一支由蒙古族士兵组成的伪军。不管内蒙古还是外蒙古，左右都是蒙古人，皆奉成吉思汗为老祖宗，所以当外蒙古边防军过河放牧时，北警备军一般都是睁一只眼闭一只眼，并不十分较真，可当贡布扎布换防上来，情况就不一样了。

贡布扎布只是个中尉骑兵连长，不过此君来头不小，乃是北警备军司令乌尔金中将的女婿。因为有这么一个背景和靠山，他一向目空一切，很把自己当个人物。

1939 年 5 月 4 日，蒙古边防军的士兵照常赶着马群过来放牧，旁若无人的样子顿时把贡布扎布给惹火了：怎么没人拦着，闹钟、公鸡都下岗啦？

贡布扎布二话不说，下令朝正在过河的人马开枪。外蒙古兵措手不及，丢下马群扭头就跑，一名少尉军官和士兵被俘虏。

外蒙古边防军的指挥官一听大怒，当即率兵过河反击。骑兵们你冲过来，我冲过去，越冲越上火，这下成了冤冤相报，没完没了。

1939 年 5 月 12 日，北警备军向海拉尔的关东军特务机关报告，说战斗已上升到团规模，总计有七百名外蒙古骑兵过河袭击，并占领了边防哨所。

机关一调查，外蒙古骑兵的确再次过河，但并没有所称的七百人，不过才六十人左右。很明显，这是伪军在变着法请求“皇军”上场助阵。

对诺蒙坎事件的处理，海拉尔特务机关内部也存在分歧。有人建议：“诺蒙坎这个地方一向平静，又无任何军事价值，没有小题大做的必要……”

有没有必要，也不是咱们说了算，海拉尔特务机关长未予理会，他将警备军的报告整理后，直接送呈第二十三师团处理。

1939 年 5 月 13 日，第二十三师团长小松原收到了报告，当时他正召集部下开会，会议的主旨就是研究贯彻关东军总部下发的“要纲”。列席会议的还有参谋本部的稻田正纯等人，他们在海拉尔是为了搜集对苏作战的情报，以便充实乙案内容。

看完报告，小松原等人皆喜出望外：说要落实上级精神，这不正用得上吗？

“要纲”上说，师团长可以自行划定国境线。小松原就把“满洲国”与外蒙古的疆界划在了哈拉哈河中线，以此作为标准，外蒙古军毫无疑问属于“侵入国境”，完全可以动用武力解决。

小松原即将派出的是搜索队。搜索队由骑兵和轻型坦克组成，相当于一个合成化的骑兵联队，此前搜索队曾在诺蒙坎进行过侦察，对地形比较熟悉。

小松原从搜索队拨出一部分骑兵，加上北警备军的一个骑兵团，总共集合了七百名骑兵，另外还配属了半个大队的日军步兵，从而组成搜索支队。为了保密，搜索支队于 13 日晚坐上汽车，悄悄地向诺蒙坎进发。

尽管知道上级一定会同意，小松原在部署完后还是做了汇报。

按照辻政信后来的记述，当关东军司令部接到小松原的紧急电报时，参谋们没人知道诺蒙坎的地名，他们瞪大眼睛，用放大镜才在边境附近找到了诺蒙坎。

诺蒙坎在地图上小到必须用放大镜去查，这或许是真的，但要说辻政信、服部这些人事前都不知道诺蒙坎，那基本上就是在欺骗外行了。

且不说辻政信曾亲自到诺蒙坎进行过详细考察，就说公开的新闻报道，日本报纸从 1939 年 1 月开始，便曾不止一次地对西部“满”蒙边境的纠纷进行过报道。关东军的幕僚，以辻政信为最，全跟工蚁似的勤劳，他们怎么可能一次都没查看过诺蒙坎在地图上的位置呢？

说不知道诺蒙坎，不过是欲盖弥彰，以便在事后做出一副比窦娥还冤的表情。

对小松原的出兵方案，关东军总部予以爽快批准，并立即决定调两个飞行战队、一百辆运输汽车归第二十三师团指挥和使用。那种慷慨和大气，直令小松原有热血沸腾之感，想到自己身在关东军，而不是那个窝囊到死的“朝鲜军”，真是太幸福了。

1939 年 5 月 15 日，在经过一番准备之后，由队长东八百藏中佐指挥，搜索支队向外蒙古军发起了进攻。

外蒙古军确实有七百人的规模。海拉尔特务机关“六十人”的调查结果，来自飞行侦察。在关东军航空兵中，有一个水平排序，战斗机和轰炸机飞行员的素质最高，里面藏龙卧虎，包括许多王牌级别的飞行员。侦察机飞行员的素质则被认为最差，很多侦察情报都得大打折扣。

情报不准的另外一个原因，是外蒙古军在河东的驻军并不固定，时常会返回河西后方。日军侦察机飞行员没有经过反复核实，偶然两次看到一群只有六十人的苏蒙军，便以偏概全，匆匆忙忙地拿去交了差。

不过究竟是六十人，还是七百人，对东八百藏来说问题都不大。外蒙古军被搜索支队冲得阵脚大乱，让他们乱成一团的，除了人数仍然占有优势的日伪骑兵外，还有坦克和轰炸机。

坦克是搜索队的，不多，只有几辆，但足以把外蒙古军的骑兵撵得到处跑。轰炸机隶属关东军总部，它们呼啸而来，一口气甩下六十枚炸弹，把缺少防空武器的蒙古军炸得连头都抬不起来，马匹受惊后狂嘶乱叫，已完全没了阵形。

外蒙古军毫无意外地向河西溃逃，东八百藏把失而复得的哨所交到北警备军手上，便率领搜索支队撤回了海拉尔。

初战告捷，把个小松原爽到要死。他认为外蒙军已经被吓破了胆，事情可以告一段落，倒是关东军总部的兴奋点比较持久，仍然坚持把两个飞行战队交给小松原指挥，并要求加强对诺蒙坎的空中侦察和警戒。

果然，外蒙古军并没有就此收手的意思，搜索支队一走，他们再次进驻东岸。小松原觉得颇为疑惑：难道这帮外蒙古人不怕坦克和飞机了？

侦察机率先揭晓了答案。通过空中侦察，航空兵发现，河西的坦克、飞机和汽车越来越多，似乎外蒙古军在用这些装备向对手示威，而随后的种种迹象表明，还有另外一股强大力量加入其中。

1939 年 5 月 20 日下午，四架日本战斗机在诺蒙坎上空巡逻，与外蒙古军的侦察机不期而遇，当即对侦察机展开围击。

侦察机本身防护能力薄弱，最终被击落，不过战斗过程还是显得有些惊心动魄，因为在侦察机旁边，还有一架护航的伊 –16 战斗机。

苏联伊 –16 战斗机为中国抗战做过很大贡献，图中是参加南京保卫战的伊 –16。

伊 –16 战斗机是苏联产品，俗名“燕子”，特点是速度快，类似战斗机。苏联曾作为军援卖给中国，到武汉会战前，中国空军的原有飞机基本被打光，真成了“空军”，就是靠购进“燕子”等苏制飞机才重新得以振作。

苏联能将飞机援助中国，自然更可以用来武装外蒙古军，可是从飞行员的表现来看，绝对不可能是外蒙古人：他的战斗动作极为熟练，摆脱日机攻击时十分利落，毫不拖泥带水。

只有苏军中的老飞行员才有这样的身手，这是一个苏军飞行员驾驶的苏联战斗机！

当天，北警备军在诺蒙坎俘获了一名苏军的卫生班长。这名班长证实，苏军确实已经介入战局，并在逐步增加兵力。

事情弄大了，但是第二十三师团从师团长到普通士兵，没人觉得害怕，他们反而有一种无比亢奋的感觉：这一天终于来了。

想要哪种名

处决加伦，把苏联的肃反推向了另一个高潮。在这场冷酷到底的运动中，包括加伦在内，苏军五大元帅中三位战术思想先进，且年富力强的元帅都已先后被杀。红军指挥官和政工人员有四万余人遭到逮捕，一万五千人被枪决，各大军区的现职司令员中，竟然只有一个人没有被捕。

可以这样说，肃反差不多“清”光了苏联红军的原有军官阶层，指挥系统因此瘫掉了一半，部队战斗力也急剧下降。

外蒙古的肃反比苏联有过之而无不及。在苏联政府的指使下，外蒙古军政官员被逮捕了一万多人，许多人遭到枪决。外交部副部长桑布刚刚还在满洲里会议上跟日本人争得面红耳赤，一回国就人头落地，让他的谈判对手瞠目结舌。

由于肃反的影响，外蒙古军民逐渐对扶植他们独立的苏联从亲近变为厌恶，外蒙古官兵也暗中转向崇拜自己的老祖宗——成吉思汗。那些才从军校毕业的青年军官，为了自保，表面上装作亲苏，实际与苏联军官们并不是一条心。

这样的内幕消息被一个接一个叛逃者带入“满洲国”，让关东军听了心花怒放。关东军各师团内部纷纷传说，苏军比张鼓峰时期还要不堪一击，关东军只消出动一个主力师团，就可以轻松拿下苏军的两个到三个步兵师。

类似的情绪也被传染给了基层官兵。在第二十三师团，几乎所有士兵都“热切盼望与苏军交手”。

现在，他们热切盼望的东西终于来了，有什么理由不开心，有什么理由不亢奋？

张鼓峰一役后，尽管第十九师团损兵折将，而且张鼓峰也丢了，但尾高和第十九师团却由此名扬军界，要不然尾高也不会那么快就升为军司令官，并离开原来那个无人问津的地方了。

想要哪种名，先表哪种情。小松原气宇轩昂，仿佛他也像尾高一样即将踏上成功的红地毯。

1939 年 5 月 21 日，小松原决定派山县联队和搜索队一齐去诺蒙坎会会苏联老毛子。

联队长山县武光大佐看过师团下发的敌情通报，认为使用整个联队都嫌浪费，带上一个主力大队，组成山县支队就够得不能再够了。看到山县如此气壮如牛，搜索队长东八百藏就像竞赛似的，也只带了骑兵和战车各一个中队，组成搜索支队随行。

小松原将作战计划上报关东军总部。得知苏军掺和了进来，关东军总部多少变得小心起来，植田司令官和一群幕僚研究了半天，向小松原提出，部队可以暂不出动，静待时机，等苏军逐渐失去防备，再进行突然袭击。

这条计策摆到小松原的案头时，作战程序已经启动。官兵们出去的时候一个个胸脯挺得老高，如果再喊他们回来，难免要疑神疑鬼，因此小松原并未撤销作战令，他让日军到诺蒙坎后，先别急着攻击，以便符合总部的偷袭意图。

当天晚上，第二十三师团卫生队接到命令，必须于第二天一早，随主力部队开赴诺蒙坎。之所以要提卫生队，是因为这里有一个我们以后需要时时提及的重要人物，他叫松本草平。

不是说松本对于战役本身有多么重要，而是他从头至尾参加了整个战役，并且在战后做了详尽记述，出了一本书。换句话说，他是诺蒙坎战役的亲历者和见证者。

松本毕业于九州医学专科学校，熬到三十多岁，终于开了一家自己的医院。作为一个有家有业的中等收入阶层，他当然不会像一般街头小混混儿那样热衷于喊打喊杀或浑水摸鱼。

这时陆军省发出了关于“全民总动员”的参军征召令。

第一次接触

中国的正面抗战对日军力量消耗极大，按照日本战史中已有所隐瞒的数字，日军仅在淞沪会战中的死伤就已接近十万，约合八个师团，这些死伤人员均为一线精锐师团里的老兵。以后虽然一次性伤亡再没有如此惨重，但到武汉会战结束，如果把历次战役中的伤亡加起来，也是一个让参谋本部坐立不安的数字。

一批死了，就得另一批上，“全民总动员”即缘于这一背景。松本的医院开业才不久，尚处于初创阶段，可是被“爱国”的宣传口号一鼓动，松本“一颗赤诚之心燃烧起来”，脑子一发热，立即报名加入了军医预备队。

几天以后松本才知道，附近报名的医生寥寥无几，加他一块儿，不过才四个人，而宣传上说“所有医生都有义务报名”，难道“所有医生”就只有四个？

都这个时候了，老实的还是老实，滑头的还是滑头。松本为此后悔不迭，有一种上当受骗后的失眠感觉。

松本被编入第二十三师团卫生队，并担任见习医官，随后便跟着师团前往海拉尔。因为是秘密行动，出发时连家属都不知道，这些人就匆匆地踏上了行程。

沿途“漫长而无聊”，师团官兵所乘坐的列车全挂着窗帘，基本与外界隔绝。士兵们只有趁带队军官疏忽之际，才能掀起窗帘偷偷地往外瞄上两眼。

当列车经过东北时，即便只能透过窗缝暗瞧，松本仍然被惊得目瞪口呆。车窗外，是一大片一大片一眼望不到头的高粱地，如此景观，在国土狭窄的日本难以看到。

其实好多年前，当石原莞尔第一次踏上东北土地时，他的那种惊异与激动，和松本别无二致，当然，除此之外，他的目光中还有更多属于强盗的贪婪。自此以后，就有了“九一八”，有了“七七”，军人们的欲望无穷无尽，且长江后浪推前浪，越来越难以遏制，连“老前辈”石原最后都落伍了。

可是强盗也不是那么好做的，还未到达目的地，松本就有了这种体会。

熊本气候温暖，与东北完全不同，第二十三师团的官兵大多不甚耐寒，但他们开赴东北时，正值寒冬，到处冰天雪地。士兵们靠近窗户呼出的气，马上就会冻成白冰，松本在观看窗外时，都不敢把脸靠车窗太近，唯恐鼻子被冻到玻璃上拔不下来。

到了海拉尔更要命，当地晚间气温常常低于零下四十摄氏度，师团的医务室天天“门庭若市”，被冻伤或因寒冷引发其他疾病的伤号络绎不绝。

由于伤号太多，屋外又过于寒冷，第二十三师团不得不推迟野外训练计划，就在这一时期，松本有了与诺蒙坎的第一次接触。

别的部队怕冷可以窝在屋子里，只有搜索队不行，外出侦察是他们的本分，哪怕被冻成一条条僵尸也得出行。因为哨所报告蒙古军时常“越界”，小松原便临时从搜索队抽了二十多人，前去诺蒙坎进行侦察。

松本作为军医随行，那次侦察行动让他遭了大罪。

去的时候是拂晓时分。海拉尔至诺蒙坎一带，昼夜温差极大，一早一晚的气温都低于零下四十摄氏度。松本跟侦察兵们挤一块儿，乘的是顶上没篷子的大卡车，这时天上下着大雪，地上刮着寒风，简直是在受酷刑。没过一会儿，松本就感觉全身都被冻僵。

偏偏目的地还不是一会儿就能到。诺蒙坎除了哈拉哈河东岸那一块湿地外，植被非常稀少，抬眼望去，全是一座座绵延起伏的小沙丘。这些沙丘千篇一律，很难作为自然地标，行军时，要保持一个易于确定的参照物或不迷失方向，是件十分困难的事。

整整颠簸了三个多小时，不知走了多少冤枉路，总算到了哈拉哈河附近。一些侦察兵拿着望远镜前去侦察，松本站在卡车上待命，可怜他已经被冻得迷迷糊糊，手脚麻木，连意识都有些模糊了。

那些侦察兵大概常年在外，挨冻受累惯了，竟然没有一个人叫苦。大家都不说，松本也不好意思再说受不了的话，他只好在卡车上一个劲跺脚，活动身体，同时不停地咀嚼冰糖，这才缓过劲来。

那是 3 月份的事。到了 4 月，第二十三师团真正开始进行野外训练，经过一个月的适应性训练和恢复，病号减少了三分之二，松本对严寒的承受能力，也比先前要好了许多，可是诺蒙坎仍让他心有余悸。

当进军诺蒙坎的动员令传到卫生队时，松本既紧张又不安，不知道这次诺蒙坎会给他什么苦头尝。

来者不善

1939 年 5 月 22 日，卫生队一大早便尾随山县支队出发。这支随军卫生队由卫生兵、担架兵、辎重兵组成，临时队长就是松本本人。

早上的呼伦贝尔草原天气晴朗，气候宜人，似乎突然换了一副面孔，卫生队成员们因此心情轻松，路上笑声不断，犹如小学生郊游一样。

野战部队均由师团汽车队负责运送，而卫生队全是跟着运输马车步行，因此前后很快拉开距离。5月22日午后，搜索支队、山县支队率先到达了诺蒙坎。

乘车抵达诺蒙坎的日军士兵。

按照小松原的要求，山县没有马上接战，而是一面隐蔽作战企图，一面进行地形和敌情的侦察。

在陆军按兵不动的同时，空战的锣梆已经提前敲响。继日军航空兵击落苏军侦察机后，双方战斗机面对面地展开了首次交锋。

当天，苏军出动了伊－16战斗机群，“燕子”们在诺蒙坎的上空比翼齐飞，日军应战的是九七式战斗机，代号Ki-27，简称九七战。

一场对攻下来，苏军落败，伊－16不是被击落，就是被击伤。意识到对手来者不善，苏军迅速将第二十二驱逐机团调到蒙古东面的图们机场，以与日军航空队相抗衡。

第二十二驱逐机团拥有二十八架伊－16和三十六架伊－15。伊－15俗称“黄莺”，这是一种老式的双翼机，但其优点是发动机功率很大，能在空中停留很长时间，理论上应该比“燕子”更适合空战。

可是理论只是理论，实战中，“黄莺”显得很是笨拙。在5月23日发生的新一轮空战中，苏军一个战斗机大队全军覆没。

通过空战和对地面机场的侦察，日军航空队发现了苏联空军的大幅度增兵趋向，并由此判断，当时苏联战机的数量已经超出日军。

关东军司令部真有个好婆婆的样，为了帮助第二十三师团取得制空权，植田第一时间便下令再增派一个飞行战队，在海拉尔组成第十二飞行团，其中第十战队为侦察和轻轰炸机战队，第十一、十二战队为战斗机战队。

5月24日，第十二飞行团长东荣治少将奉令从哈尔滨进驻海拉尔，对今后的空中作战进行统一指挥。

东荣治一到海拉尔，便着手建筑野战机场群，部署空、地勤部队，摆出了放手一搏的架势。5月24日这一天，日苏飞行员们再次在诺蒙坎的空中展开惊心动魄的大血拼。

苏联空军预定以战斗机大队的形式，组织“燕子”与“黄莺”联合作战。因伊 –15 飞行速度较慢，伊 –16 大队提前到达了集合空域，可是等了很长时间都不见伊 –15 大队的踪影。没有同伴联手，伊 –16 大队也少了底气，于是决定返航。

即便在返航途中，仍没有遇见一架伊 –15，飞行员们又惊又疑。直到回到机场，一查询他们才知道，伊 –15 大队在前往集合的路上，已遭到日机攻击，所有战斗机一架不剩，全部被击落！

苏军遭遇到了参战以来最为惨痛的一次失败。其实他们不是完全没有机会，日本航空兵原先只在关内与苏联志愿空军交过手，但当时的战斗规模很小，也因此对苏联空军的实际作战水平并不掌握。大动干戈的诺蒙坎空战，迫使双方都不得不使出浑身解数，航空兵们这才感到苏联空军不好对付。

苏联空军的失败，在相当大的程度上，并不是败给对手，而是败给了自己。空军系统中展开的肃反，包括苏联空军主任、副主任、远东地区空军主任在内，苏联空军中四分之三的高级将领遭到清查，最早一批掌握先进空战思想和指挥能力的人被扫荡一空。

到诺蒙坎空战爆发时，只好由一名少将临时主管空军。由于调配无方，空军上层机构重复而臃肿，指挥体系混乱，很多有经验的老飞行员被分配给各级陆军使用，没有能迅速集中起来。直接在前线作战的多位年轻飞行员，他们受到的飞行训练质量很差，缺乏这种高强度空战应具备的飞行技术和战斗技能。

反观日方参战的第十一、十二战队，航空兵们均是通过“精兵主义”训练出来的老手，飞行时间多在一千小时以上，同时还具备较为丰富的作战经验。

第十一战队参加了许多较大规模的侵华战役，从九一八事变开始，到长城抗战、七七事变，由此得以培养出一批以筱原弘道为代表的王牌飞行员。

筱原弘道的飞行和格斗技术熟练刁钻，在前两轮诺蒙坎空战中，他因一人击落九架伊 –15 而一举成名，是关东军直至日本陆军航空队的头号王牌。

第二十四战队的突出之处则是战队的指挥能力，其战队长原来供职于陆军航空本部，两个中队长也都是飞行教官出身，空中指挥游刃有余，特别善于抓住战机。伊 –15 大队还未到达集合空域，便遭到日机全歼，恰如其分地反映出双方在指挥能力和应变上的差距。

短短两天之内，两个战斗机大队先后覆没，给苏联空军造成了沉重打击，飞行员们的士气陷入低迷之中。

土豆坦克

5月24日，松本卫生队前往诺蒙坎的行程才进展到一半。

在被主力甩开后，已没人给卫生队带路或指引方向，他们只好硬着头皮，沿草原上留下的车轱辘印往前挪。

卫生兵不是野战兵，野外长途拉练并不是他们的强项。行军队伍中，笑声渐渐不见了，代之而起的是人人脚上磨出的水泡，以及背包的压力。这个时候，松本倒宁愿坐在卡车上冻一冻，毕竟三个小时的熬煎总好过三天的折磨。

看到运输卡车从身边不停掠过，却不能捎上自己一段，卫生兵们牢骚满腹，有人忍耐不住，朝着卡车的背影破口大骂："混账王八蛋！"

呼伦贝尔的气候开始慢慢显露出它的狰狞。中午气温超过三十摄氏度，士兵犹如在烈日下被烤人肉串，每个人都汗流浃背。卫生兵们所带的水壶摸上去滚烫，连壶里的水也跟烧开了差不多。可是到了晚上，气温还不到十摄氏度，大家又被冻到四肢僵直，早上起来便浑身酸痛，怎么爬也爬不起来。

一边是火焰，一边是冰窖，没有什么比这更让人难受的了。尤其是到最后两天，水壶已空空如也，士兵们一边走，一边朝着天大喘气，仿佛一群被冲到岸边脱离水面的鱼。

卫生队22日出发，26日才到达诺蒙坎，中间整整花了四天时间。在野外宿营地，他们意外发现了一条小河，众人也不管水能不能喝，就像牛一样趴在岸边，咕嘟咕嘟地把自己给灌了个饱。

松本感觉是小河挽救了他和整个卫生队，灌下肚子的水"从脑门顶一直甜到脚后跟"。

1939年5月26日，小松原师团长离开海拉尔，前往诺蒙坎进行检查。

这时关东军高级参谋辻政信已坐镇海拉尔。在小松原动身出发之前，辻政信亲自越境做了一次侦察，以避免再出现“六十人”那样的错误，回来后，他用肯定的语气告诉小松原，经过他的反复侦察，确定河东的苏蒙军只有四百人，而且没有什么重武器。

辻政信看得起中国兵，并不表明他就看得起苏联兵和外蒙古兵。他曾说过，假如持相同武器，日本兵排第一，中国兵排第二，苏联兵充其量位居第三。

按照辻政信的计算公式，日军只要派一个一百多人的中队，就能轻松搞定四百人的苏蒙军——老大打老三，那是十个指头捡田螺，十拿九稳的事。

听到这话，小松原更加信心满满，他派去打仗的可不止一个中队，如此说来，绝对干得过。

小松原到前线后，先是检查了备战情况，接着又听取了前敌总指挥山县联队队长的汇报。根据部队到达和准备的进程，山县把进攻时间确定在 28 日拂晓。

见已万事俱备，小松原当晚便放心地返回海拉尔。

1939 年 5 月 27 日晨，日军继续向被作为集结地域的将军庙前进。这时的日本兵个个精神抖擞，就连向来“胆子小、皮儿薄”的卫生队都端出了“皇军之花”的架势，大家根本就不把苏蒙军放在眼里。

卫生队队长松本也是如此，但当部队到达将军庙时，一幅情景令他大为震撼。

墙壁上有一个大窟窿，能分辨出那是炮弹打出的贯穿洞。显然这颗炮弹不可能来自日军，而只会出自哈拉哈河对岸的苏军。松本到底没经历过真刀实枪，一看到窟窿，浑身忽然止不住地颤抖起来。

日军有炮，苏军也有，而且可能更多更好……

5 月 27 日对日军而言，原本是个值得庆祝的好日子。三十多年前的这一天，日本海军以少胜多，击败了庞大的俄国舰队，为日本在日俄战争中取胜奠定了基础。

以少胜多，以弱胜强，谁都这么想，可并不是次次都能做到。将军庙的这个窟窿给松本造成了不祥的预感，让他重新陷入恐慌和不安之中。

野战部队可不在乎区区一个窟窿。通过这些天来的地面和空中侦察，山县得知，在哈拉哈河东岸仅进驻了两百名蒙军，而诺蒙坎集结的日伪军达两千多人，十比一，进攻优势十分明显。

在诺蒙坎与日军作战的外蒙军士兵。可以看到，外蒙军从服装到武器装备都沿袭苏军。事实上，其编制体制、教育训练、作战理论也都与苏军如出一辙。

一提到进攻，山县跟张鼓峰的尾高有着一样的思维定式，那就是要实施迂回，其战术部署是：搜索支队负责从侧后进行迂回，以阻断苏蒙军向河西的退路，然后山县支队从正面推进，双方合围后对苏蒙军予以全歼。

松本见到个窟窿就吓得直抖，山县的前方却已经是胜利在望——教科书和作战条令上都说："敌军只要后路被袭，马上就会全军崩溃。"

1939 年 5 月 27 日午夜，东八百藏率搜索支队率先向东岸的川叉进发，前为骑兵中队，后为战车中队。

日本受国力和资源条件，特别是缺乏优质钢材的制约，所制造的坦克战车数量有限，每个主力师团只能配属一个战车中队。各师团都把战车中队当宝贝疙瘩，可是到了战场上，又总也解决不好步车协同的问题。

在日本陆军中，奉行的是"大步兵主义"，步兵让坦克围着他们转，坦克兵则反过来抱怨步兵进攻时跟不上，或跟上了也对坦克保护不力。由于战车中队和步兵联队怎么也拧不到一块儿，第二十三师团便索性把战车中队编进了搜索队。

战车中队共有十二辆坦克，其型号为94式，属于轻战车范畴，被称为“土豆坦克”。让它担任机械化的轻骑角色，倒也算适合，尤其在侵华战场上，由于中国军队的反装甲火力十分薄弱，土豆坦克曾得以大行其道，从最早的淞沪会战到当时的武汉会战，都能见到它耀武扬威的身影。在那种几乎无敌的情况下，日军内部为节约子弹，甚至禁止使用车载机枪，坦克兵只好探出炮塔，用所携带的骑枪进行射击。

根据第一次出击的经验，外蒙军似乎也没有什么反坦克装备，区区几辆坦克，便把外蒙军冲得稀里哗啦，现在战车中队倾巢出动，还不得把他们给吓得尿炕。

东八百藏也得到情报，说在前线发现了苏军坦克活动的迹象。面对苏军坦克，战车中队自然就没那么欢腾和不可一世了，但东八百藏对此并不担心。

第三章 距离不是产生美

日本陆军中向来迷信“白兵主义”，认为刺刀和武士道精神才是战斗中的制胜之本，坦克之类不过是点缀品。除此之外，作为骑兵联队长的东八百藏还认为，他的骑兵比坦克要优越得多。

在东八百藏看来，诺蒙坎沙丘纵横，偶尔冒出几辆笨头笨脑的坦克，又哪及得上骑兵的灵活机动，而且搜索支队还准备了许多反坦克手雷，这几辆不中用的“铁皮罐头”不出现便罢，一出现正好给手雷找到用武之地。

连侦察带作战，搜索支队前后已来过诺蒙坎多次，可谓轻车熟路。东八百藏甚至都不用派前哨，他认为只要一交火，外蒙军必然会像上次那样抱头鼠窜，说不定山县支队还没从正面推进，外蒙古人早已经一个不剩。

不派前哨，行军的速度更快，搜索支队在黑夜里横穿长达二十七公里的沙丘，沿途既没有迷路，也未遇到任何阻拦，几乎算得上是个奇迹。

事实上，根本就没人拦他们。经过疯狂的肃反，苏蒙军内指挥经验丰富的第一代将佐纷纷人头落地，前线军官均为缺乏实战经验的毛头小伙。他们只知道在战场正面排列防线，却不懂得两翼也得设置警戒阵地。

1939 年 5 月 28 日凌晨两点半，搜索支队迂回至川叉，接着便一步步向东岸外蒙军阵地靠拢。

早上 5 点，搜索支队找到了外蒙古军骑兵第六师（骑六师）的指挥部。与正面布防一样，这里也是漏洞百出。在掩蔽部外，竖着长长的天线，似乎就怕别人不知道这是一个什么样的机构，此外，指挥部附近竟然没有部署警戒部队，仅有几个零星的哨兵在站岗。

眼前的情景令东八百藏呼吸急促，心跳加快，恨不得即刻上去将外蒙军的指挥部予以摧毁，但当他手中的望远镜移向外蒙军主阵地时，顿时惊住了。

猪突冲锋

在沙丘尽处，可以看到整齐的坦克装甲车，不是几辆，是一排排！

不是说只有四百人，没有什么重武器吗？这么多坦克究竟是从哪里冒出来的？白天侦察机飞来飞去，连关东军作战参谋都亲自参与侦察，为什么都没有发现？东八百藏纳闷极了。

现在最重要的不是解谜，而是怎样把这个至为关键的情报通知山县，以便让山县调整部署。

不幸的是，从海拉尔出发时，东八百藏把无线电通信小队留在了营房里，原因很简单，当时谁都不觉得有进行无线联系的必要。与山县约定的合击时间即将到来，如果派骑兵回去通知，显然也来不及了。

东八百藏禁不住悔恨交加，而当他看到下一幅画面的时候，这种感觉尤其强烈。

在望远镜的镜头里，出现了河西岸的外蒙古高台。上面，影影绰绰布列着苏军的炮兵阵地，长长的炮管斜指向天空，赫然都是威力极大的野炮和重炮。

就是说，西岸也有苏军的野战部队，而且早就做好了准备！

按照与山县的约定，山县在正面一打响，东八百藏就必须从侧面同时启动。如此一来，搜索队必然腹背受敌，还是大敌。

搜索支队的骑兵中队加坦克中队，不超过两百人，东八百藏开始心虚了：真应该把搜索队全带来呀。

如今跺脚也晚了。早上 5 点半，即搜索支队找到外蒙军指挥所后半个小时，东方响起了枪声，山县支队按原计划开始进攻。

东八百藏就像一个脸上涂了粉，然后被推上台的演员，他能做的就是硬着头皮下令向指挥所出击。

就偷袭指挥所而言，日军的这次出击相当成功。在战斗打响后，苏蒙军指挥官们的注意力全都集中在阵地前沿，完全想不到搜索队会摸到自己身后。

土豆坦克配有两挺轻机枪和一门机关炮，当它们冲上来时，把指挥所附近打得四处冒烟。外蒙军警卫排急忙趴在沙丘上进行还击，可是沙丘无遮无拦，根本挡不住子弹和炮火，没一会儿就全部被干掉了。

坦克一招得手，骑兵跟着挥刀杀了过来。西岸的苏军虽有炮兵阵地，但双方混战在一起，他们也不敢贸然开炮，唯有望河兴叹。

激战中，骑六师师长沙日布中弹身亡，日军一举占领外蒙军指挥所。

以为误入歧途，一不留神就走上了人生的正轨。突袭取胜，给了东八百藏一个满满当当的惊喜，他在指挥所里走来走去，猴子一样又蹦又跳，并马上派副官骑马去向山县报喜。

按照一般规律，一支军队只要指挥所被端掉，主将被杀，离全盘崩溃也就不远了。搜索支队稍加休整，即在东八百藏的指挥下，继续向苏军的主阵地扑去，以求从后方冲垮其防线。

但规律失效了，苏军并未崩溃。沙日布虽然身亡，但师政委和苏联顾问却得以带电台后撤。脱险后，他们立刻组成临时指挥所，使苏蒙军得以稳住阵脚。

事实上，在诺蒙坎前线共集结着苏蒙军一个骑兵师，外加一个装甲营、一个坦克连，人马和装备不少。日军的侦察情报之所以再次出现错误，是因为苏蒙军事先一直暗度陈仓。白天，他们以河西的炮兵阵地作为保障，到了晚上，便隐秘地将野战部队和坦克大批增派至东岸，拂晓时再撤回河西。

从诺蒙坎沙丘到哈拉哈河东岸，十五公里范围内，苏蒙军拥有骑兵和坦克装甲车组成的五道防线，足以应付日军的前后夹击。

1939 年 5 月 28 日上午 8 点以后，河西的炮兵阵地得以发威。苏军所控制的火炮众多，光 122 毫米的大口径榴弹炮就有四门，而且在地理位置上，也占有完全优势。

哈拉哈河的西岸是一面陡峭的断崖，东岸为湿地和沙丘，西岸比东岸总体上要高出十米，被苏军作为炮兵主阵地的外蒙古高台，是西岸的制高点，更比整个诺蒙坎地区要高出一百米。

站在蒙古高台上俯视，诺蒙坎就像一个沙盘，平平整整地摆在苏军或者说是苏联大炮面前，基本可以做到指哪儿打哪儿。

当炮弹铺天盖地地打到东岸时，挨了揍的日军都不知道炮弹究竟是从哪里飞来的。苏军依靠西岸的大炮，不仅成功阻断了搜索支队的前进，使其陷入单兵作战的困境，而且也挡住了山县支队的正面冲击。

山县与东八百藏原先曾商定在川叉附近会合，但这个方向上火力过猛，一看就过不去，于是山县只好临时把进攻方向换到 742 高地。

742 高地也不是那么好攻的，从河西的炮兵阵地开始，再到高地上的守军，一齐向山县支队发炮，无数炮弹被呼呼地甩到高地前沿，并且由远及近，形成了层次分明的三层弹雨：第一层是重炮，第二层是野炮，第三层是坦克炮。

山县支队为此寸步难进，在炮弹爆炸所引起的滚滚浓烟面前，士兵们的视野几乎已降为零。

山县红了眼，向部队下达命令："抓住时机，突击前进！"

往三层弹雨里硬闯，毫无疑问是冒死冲锋，不过日本陆军却有这个传统，他们称其为猪突冲锋，也就是像野猪一样不顾一切地低头猛冲。

卫生队刚刚才乘卡车到达战场，自然是野战部队到哪儿，他们就得跟到哪儿，哪怕是跟着一道送死。作为队长的松本无可奈何，拔出战刀大叫："突击前进！"

卡车一冲进弹雨区，除了冲天烟雾，就什么都看不到了。松本和他的卫生兵们进入了一个极其奇怪的状态，他们不仅看不清周围的状况，就连炮弹的爆炸声都听不到，响彻在耳边的只有机械的四个字：突击前进。

扬长避短

当松本睁开眼时，卡车已冲过弹雨区，到了 742 高地跟前。摸摸身上，毫发无损，其他人伤亡也很轻微。

三层炮击，都没能打到卡车，松本对此大为惊讶，认为是得到了神仙的保佑。其实是苏军集中火力，瞄准了更为活跃的野猪群——山县部队的野战主力。

当松本和他的卫生队从地狱边走过时，不知多少步兵被苏军烤成了熟透的山猪肉。

松本尚在庆幸，苏军的炮弹已经接连飞来。这是坦克炮弹，只有啤酒瓶大小，其中的一颗炮弹击中了松本身后的卡车，车上死伤枕藉。松本呼叫担架兵前去抢救，话音未落，又一颗炮弹飞来，正好落在松本所在卡车的旁边！

完了，松本眼睛一闭，以为自己将被轰上天。过了一会儿，没动静，探头一看，原来炮弹落在地上没有爆炸。

躲过弹雨区，那不叫运气好，炮弹没炸，才真的是额头高。松本擦擦冷汗，感到卡车目标太大，容易被炮弹轰击，若是再来一颗，也许就没这么走运了。于是他下令全体下车，在地上处置伤员。

正忙乎着，忽然有人惊叫起来："装甲车，装甲车冲过来啦！"

松本顾不得处置伤员，扔下手中的绷带，回头一看，一辆外蒙军装甲车正向他们驶来。

卫生队并无足够的野战能力，众人手忙脚乱。松本眼尖，发现这是轮式装甲车，忙喊："卧倒，打轮胎。"

他一边喊，一边抓起一支步枪，以单腿跪地的姿势向轮胎射击。其他卫生兵、担架兵像领到法旨一样，也学着哗啦哗啦开起了枪。

装甲车的下盘虽然是车轮，但这种车轮是用硬质橡胶做成的，没有内胎，橡胶成分里含加强筋和内衬物，一般的轻武器，比如"三八大盖"，最多给它造成一些小破损，难以将其击穿。

不过一群人齐射的场面，还是让外蒙军士兵产生了一点小紧张。在距离卫生队十几米的地方，因为自身故障，装甲车突然中途熄火停了下来，松本再次从地狱门口脱逃。

此后，外蒙军开始退却。山县支队一鼓作气，攻下了742高地。当松本率卫生队登上高地时，上面已经看不到一个外蒙古兵，曾激烈厮杀过的阵地变得空空荡荡。

陆军打得如火如荼的时候，飞行员们也正在蓝天上展开殊死角斗。

第十一、二十四战队在从野战机场起飞前，就听到前线传来连续不断的炮击声，而且声音大大盖过枪弹。如此猛烈的炮火却并未由日军阵地一侧发出，直觉告诉航空兵们，准备发动奇袭的山县支队很被动。

航空队十分着急，赶紧飞往诺蒙坎上空布阵，并一分为二，第二十四战队掩护地面战场，第十一战队负责空战。

屡战屡败的苏联空军这次豁了出去，尽遣战机出迎。第十一战队的战斗机总量不及苏军，但航空兵通过战术调整，却得以在局部建立起了数量优势，结果三架

伊 -15 被一群九七战包围，日机以多打少，几分钟内连中三元，上演了空中帽子戏法。

伊 -15 在近战格斗中机动不足的弱点至此暴露无遗，由于能达到的高度和速度相对不足，在遭到九七战的包围或偷袭时，立刻陷入前进不能、后退不得的绝境。

十八架九七战隐蔽在高空云层中，在看准十架伊 -15 进入视野后，忽然集体呼啸而下。“黄莺”措手不及，被当场击落六架，一架紧急迫降，但日机跟踪追击，连续俯冲，轮番扫射，将这架战斗机完全击毁。

剩余的三架伊 -15 中，两架严重受损，在前线机场迫降时已经残废了，最终只有一架侥幸生还。

给苏联人勉强挣了些脸面的是伊 -16 机群。该机群有一些老到的苏联飞行员，知道如何在空战中扬长避短，而日机在某些方面的设计缺陷也给他们创造了战机。

九七战仍然使用老式的固定起落架，在空中飞行时，起落架一直暴露在机身外。这样，当飞机加大油门后，因起落架受到空气阻力，使得速度提升较慢。

苏联飞行员们紧紧抓住对手的不足，首先把飞机拉到高空，看准日机位置，由上向下进行俯冲攻击，一击之后，马上又凭借相对更快的反应速度，迅速脱离战斗。如此保持循环往复，使得第十一战队也损失了多架战机。

尽管伊 -16 表现尚可，但伊 -15 输得实在太惨，加上前面几轮的连续败北，迫使在后方督战的伏罗希洛夫元帅不得不下令，暂停一切空中行动。

喷火坦克

不同于空战，除指挥所意外遭袭外，苏军始终牢牢地控制着地面战场的主动权。之所以退出 742 高地，并不是抵敌不住，而是山县支队与高地守军离得太近，西岸炮火有所顾忌，通过回撤，既避免了误伤自己，同时也可以将善于近战和白刃的日军进一步诱进炮火圈。

一天接触下来，苏军已完全掌握了日军在战场上的分布和动向。他们决定采取一守一攻策略，即对正面的山县支队取守势，对侧背的搜索支队取攻势。

1939 年 5 月 28 日晚 22 时，苏军在河西使用三台大型探照灯，把河东的搜索支队阵地照得如同白昼一般。接着，外蒙古高台上百炮齐发，迫击炮、速射炮以及各种大口径的野炮竞相出马，炮弹如狂风暴雨一般倾泻在阵地内。

天亮之后，正面防线的苏蒙军主力奉命回身川叉，向搜索支队包抄过来。

处于外围的日军骑兵首先中招。在装甲车的掩护下，苏蒙军调集了一个机枪连，共达十六挺重机关枪向骑兵中队进行横扫。骑兵们被打得人仰马翻，溃不成军。有的骑兵仗着马快，冲过了火力网，可是到了面前，他们反而傻了眼——装甲车挡在机枪连前面，人马过不去。

骑兵退无可退，只好一闭眼，挥着马刀朝装甲车乱砍，把装甲壳砍得叮当乱响。装甲车当然没事，而“日本堂吉诃德”们则相继中弹落马。

东八百藏见势头不对，慌忙下令骑兵向沙丘高地撤退。骑兵跑上了沙丘，居于沙丘背后的坦克中队却被苏军坦克连给包围了。

日军有坦克十二辆，苏军坦克连也是十二辆，看上去似乎势均力敌，然而坦克跟坦克不一样，苏军驾驶的是型号为 T-130 的特种坦克。

T-130 坦克由 T-26 坦克改装而成，但与 T-26 坦克不同的是，它装的不是加农炮，而是喷火器，俗称喷火坦克。

日军坦克兵愣住了，不知道该如何跟对方打交道，他们能做的，就是拼着命发射炮弹，指望能将这些口中喷火的钢铁怪兽给打趴下。

T-26 坦克系列属于轻战车，装甲厚度仅为 15 毫米，连苏军自己对其防护能力都不自信，作战时必须让步兵与其配合。可是 94 式坦克的小口径机关炮实在太弱，炮弹打到 T-130 身上，就跟骑兵马刀砍在装甲上的效果一样，至多留个痕迹，有时甚至连痕迹都留不下来。

喷火坦克，也称化学战坦克。T-130 坦克系以 T-26 坦克为基础，去除了原坦克上的左机枪塔，在右机枪塔内安装火焰喷射器，而左机枪塔下的空间则设置喷火燃料储罐。

在沙丘前面掩护机枪连的是一个外蒙军装甲营，这时也赶来助阵。外蒙军装甲营是一支由苏联军械武装出来的装甲部队，由 36 辆 BA-6 轮式装甲车组成。装甲车安装 T-26 坦克的炮塔，日军 94 式坦克的机关炮才 13 毫米口径，T-26 加农炮的口径是 45 毫米，火力之猛，让土豆坦克的炮看上去就跟玩具似的。

说 T-26 系列薄，其实还得看跟谁比，跟“土豆”比，它算厚的，94 式坦克的装甲厚度仅为 6 毫米，就是一层铁皮而已。

面对“铁皮”，装甲车用加农炮一打一个坑，没多长时间，八辆日军坦克就真的成了烂土豆。

还剩四辆。喷火坦克不慌不忙地开过来，而且“打不还手，骂不还口”，反正你开枪也好，发弹也罢，都奈不得它们分毫。

在将四个倒霉的家伙团团围住后，喷火坦克这才忽地喷出火龙，随着灼热的火焰席卷车顶，日军坦克车体由绿色变成灰白色，可怜的坦克兵们瞬间化为乌有。

仅仅两个回合过去，搜索支队已是一败涂地。沙丘外围都是死人死马，以及被击毁的坦克，除此之外，便是伤员的呻吟声。东八百藏的两名最重要的部下，骑兵中队长和坦克中队长均已毙命。

苏蒙军将沙丘包围起来，外蒙军骑兵下马，从四面八方对日军进行徒步冲锋，日军防了这里防不了那里，又伤亡了几十人。东八百藏赶紧下令自己的骑兵们也弃马步战，在沙丘上就地掘壕抵抗。没有挖掘工具，士兵们就把钢盔摘下，在松软的沙地上挖出了一个环形掩体。

残余的日军骑兵多为士官和老兵，单兵作战能力很强，又有“武士道”撑着，外蒙军骑兵愣是无法冲进掩体。

超越外蒙军骑兵，随后冲上来的是装甲营。日本骑兵的三八式骑枪打人行，在装甲面前却要不了流氓，而苏军钢铁怪兽之强悍，也差不多到了连自己都打不死自己的程度，日军对它们的阻击不过是隔靴搔痒，跟沙子吹上去差不多。

这个时候东八百藏终于想到了反坦克手雷。手雷不是炮弹，相距太远够不着，离近了又可能被坦克机枪击中或被履带碾死，东八百藏咬咬牙，开始组织敢死队，对苏军装甲部队实施“肉弹攻击”。

“肉弹攻击”和猪突冲锋同为日俄战争时代乃木希典的杰作，也是当时日军战胜俄军的必杀技，这种战法基本没有技术含量，都是拿士兵的肉体当武器，不计伤亡，不惜代价，直至把对手拱出阵地或吓退为止。

隔了这么多年，曾经制胜的法宝偶尔也可以拿来碰碰运气。被作为“肉弹”的敢死队员向阵地外扑去，他们利用装甲车的观察死角，把一捆捆集束手雷投向其油箱处。装甲车护甲相对薄弱的缺点由此暴露出来，多架轮式装甲车被炸起火，其余的急忙退了回去。

“肉弹攻击”虽然是扫地阿姨都能使出的烂招数，但开场时那种玩儿命的疯狂气势，还是把苏军给镇住了。在一时找不到有效解决办法的情况下，装甲营只好远远拉开距离，以机枪和火炮对日军阵地进行压制，免得僵尸一般的无脑“肉弹”们再跳出来害人。

好消息和坏消息

东八百藏所率孤军仍处于装甲部队的严密监视之中，既无法突围，又得不到援救——在苏军阵地前方，传来一阵紧似一阵的隆隆炮声，显示山县支队也正陷于水深火热之中。

山县甫一占领 742 高地，就立即下令开挖战壕。沙丘上挖战壕与别处不同，不可能挖得很深，最后形成了口小肚大的“章鱼罐”战壕：口小，可以防止炮弹碎片飞入，肚大，才能让人伸腿坐下。

阵地还没完全建好，苏军就开始对 742 高地进行连续不停的炮击。所谓 742 高地，其实也就是一座高度四十二米的馒头状沙丘，怎么也不及河西蒙古高台的高度，在苏军的炮兵阵地的视野里，它不过就是一碟开胃的小菜罢了。

当炮弹如雨而下，日军士兵们纷纷像狐狸一样钻进战壕。这种章鱼罐战壕简易实用，却有一个致命缺点，那就是容易因炮弹震动而塌方，一塌方，人就会被活埋在里面。

卫生队像野战部队一样，在高地上忍受着熬煎。到这个时候，最初的那一点点激昂，早已离松本远去，他除了双手合十，祈求自己所在的战壕别塌外，再无其他办法和念头。

突然之间，外蒙古高台上的火炮全都停了下来。在卫生队前方五百米处，出现了六辆坦克，炮火暂停，是为了不误伤坦克。

卫兵看到坦克群冲上来后大声示警，声音有如鬼嚎一般，让松本魂飞魄散。他浑身颤抖，勉强挣扎着从战壕里站起身，向卫生队下令："快，准备打坦克！"

卫生队哪有单挑坦克群的能力，所幸旁边的野战部队出击，用肉弹加手雷的方式，才使卫生队转危为安。

苏军见攻坚进入了僵持状态，便再次用炮火给742高地"洗刷刷"。

山县支队、搜索支队如今就像个跷跷板，山县支队苦不堪言，搜索支队就能稍微喘口气，但是好景不长，外蒙军骑兵团和装甲车又压了上来。

东八百藏准备继续采用"肉弹攻击"，但是这时苏军已找到了解决办法。苏军坦克连从上风头开来，一边前进，一边喷射火焰，"肉弹"们为火焰所阻，后面的机枪射来，可怜的"肉弹"全做了活靶子。

搜索支队熬到下午，连东八百藏在内，只剩几十个人。东八百藏有了将被全歼的预感，就在他心灰意懒之际，眼前突然一亮：浓烟中奇迹般地冒出了一支日军。

这支日军是山县支队的浅间小队。按照山县的作战计划，经过山县支队、搜索支队的前后夹击，苏蒙军必然会呈崩溃之状，然后关键就是要截断其退路，为此，山县分出多支部队执行该任务，浅间小队便是其中一支。

浅间小队原来分到的活，是负责把哈拉哈河上的浮桥炸掉。偏偏出发后迷失了方向，只好像土拨鼠似的乱跑乱窜。后来他们见川叉方向黑烟冲天，预料搜索支队正遭围困，小队长便自作主张，带着士兵们趁着浓烟冲进了沙丘。

浅间小队给东八百藏带来了一线希望和生机。尽管这个小队只有八十名步兵，而且缺乏反坦克武器，但对于兵员已屈指可数的搜索支队来说，还是有些雪中送炭的意思。

东八百藏喜出望外，急忙扩大掩体，让浅间小队进入防线一道死守。在死守的同时，他还不断派出联络兵潜出包围圈，向山县求援。

由于东八百藏未带通信设备，他不知道山县已经改换了会合地方，所以联络兵去的还是原先商定的老地方，结果就是没碰到日本兵，撞上的全是苏联兵。

东八百藏前后派出去七趟人，能乱摸一气摸到742高地的只是极少数。第一个找到的幸运儿给山县带来了两个消息：一个好消息，一个坏消息，你要先听哪一个？

先听好消息？——浅间小队误打误撞，已与搜索支队会合。

坏消息是，浅间小队就要跟搜索支队一起完蛋了！

山县侧耳听去，在联络兵所述方向，枪声之激烈，如同炒爆豆一般，便知道对方没有说谎或夸大其词。

现在最重要的事是得赶快把陷入重围的两支部队给捞出来，可是在苏军炮火的重锤打击下，捞人谈何容易。

时间一分一秒过去，又有一个东八百藏派出的联络兵冲出包围圈，来到了742高地。这哥们儿比头一个可狼狈多了，他浑身是血，连走路也踉踉跄跄、东倒西歪。

联络兵嘴里不住声地喊着："山县联队长，山县联队长！"他向山县报告，搜索支队伤亡惨重，死伤过半，面临着弹尽粮绝、全军覆灭的危险，必须予以紧急增援。

距离不是产生美，是产生可怕的伤亡。在742高地与川叉之间，炮火连天，看看那个联络兵的情形就知道，若是支队上去，肯定是有多少赔多少，这种情况下，还要奢谈什么"紧急增援"，几乎是在逆天行事。

但是山县又不能不表示一下。既然搜索支队缺子弹，那就送子弹过去吧，他派副官汤屋九八郎少尉组织一个小队，押着一卡车弹药向川叉出发。

汤屋小队出发没多久，就遭到外蒙军骑兵和装甲车的袭击，还没碰到包围圈，一个小队便嗷一家伙没了。

继汤屋小队被灭之后，山县再派一个步兵班，仍然是身负给搜索支队运送弹药的使命。这个班的运气比汤屋小队要强上一些，他们突击到了搜索支队身后七八百米的地方。

正是在那里，步兵班也遭到了包围。带队军官下令将弹药埋进土里，然后冲向苏军，结果当然只能是步汤屋小队的后尘——整班士兵一个不少，全部呜呼哀哉。

炮击靶场

随着噩耗接踵而至，山县像被人提着脚倒拎着浸到了冷水盆里，牙齿咯咯地打起了冷战，其他指挥官也个个面如土色，表情无比苦恼。

有人开始对山县的指挥提出异议，认为先派一个小队，再派一个步兵班，犹如在打发乞丐，是保全实力的自私表现——要派，你为什么不派一个中队去，那样小队和步兵班也不至于让苏蒙军轻而易举地给吃掉。

山县有苦难言。慷慨大方得有资本哪，仗打到这个份儿上，如果东八百藏是乞丐，他山县就是穷人，兜里哪儿还有什么大钱。

要说一点没有，那也是假的，在众人的议论之下，山县一跺脚，下决心遣出军旗中队。

日军联队的军旗名义上为天皇亲授，按照规定，军旗在则编制在，军旗丢则编制裁，因此各联队都把军旗看得如性命一般，通常情况下，都会由被认为最优秀的少尉军官担任旗手，并专设一个军旗中队来进行护卫，军旗中队在联队的地位可想而知。

日本陆军联队旗，也叫十六条旭日旗。与海军军舰旗图案大致相同，区别是太阳居中。军旗不容许老化及修理，因此平时都装在旗套中，即便是正式的操典，也只擎出象征军旗的旗杆、旗冠与流苏。

军旗中队走到半途，中队长就感到气氛不对：苏蒙军早将搜索支队包得有如铁桶一般，纵使军旗中队能冲进包围圈，也无法扭转局势，其命运很可能就像汤屋小队、步兵班那样，落得个飞蛾扑火、白白送命的下场。

军旗中队迟迟不敢上前，这时山县也猛醒过来，认识到一旦军旗中队再有闪失，整个山县支队就会失去基本战斗力，他也可能会像东八百藏一样陷入绝境。

山县赶紧发出命令，急召军旗中队返回，军旗中队顺水推舟，忙不迭地撤回了742 高地，拯救行动暂告中止。

好不容易等到天黑，苏军终于停止进攻，炮兵阵地似乎也进入了休息状态。紧张了一天的山县支队得以重整，重伤员运至后方，轻伤员得以裹伤止血，士兵们利用这一机会赶紧恢复和补充体力。

原先山县曾派第十一中队埋伏于苏蒙军主阵地之南，任务和浅间小队相似，为的是阻断苏蒙军向河西的退路，可是在主力进攻受挫后，这种策应实在已没什么必要，山县便又用无线电将第十一中队紧急召回。

半夜，第十一中队到达742高地，加入山县支队的作战行列，增加了防守力量，让山县难得地松了口气。

最痛苦的还是搜索支队，他们已经一天水米未进，士兵们刚想从战壕里探出身体透透气，突然之间，一场没有任何预告的大戏开了场——阵地被照得如同白昼一般，东八百藏还没明白是怎么一回事，炮弹便兜头砸了下来。

这是苏联人早就安排好的。外蒙古高台上的防空探照灯车，用强光将阵地牢牢罩住，然后展开狂轰滥炸。

火炮打了整整一夜，把东八百藏刚刚冒出的那点志气和希冀又给全部浇灭了。

1939年5月29日晨，苏军出动飞机进行空中侦察，以检查晚上“疲劳攻势”的成果。在发现搜索支队蔫掉大半后，苏军决定继续缩小包围圈，直至予以一举歼灭。

包围圈内枪炮声大作，苏蒙军“乌拉”“乌拉”的叫喊声如松涛卷起，连742高地这边也能隐约听到。

虽说山县昨天无力援救东八百藏，但唇不离腮，尤其作为前敌指挥，他不可能不担心搜索支队的安危，这些喊声把他弄得坐立不安。

生力军回归，又经过一晚上的休整，山县觉得无论如何要再尝试一次。他拔出战刀，指挥日军以猪突冲锋的方式，向苏军设在川叉的外层包围圈发起冲击。

扼守这一层的是蒙军骑兵十五团。面对日军一浪高过一浪的“人海战术”，蒙军眼看就要吃不消了，此时苏军指挥官传令：你且闪开，瞧我们的！

苏军不靠步骑兵，靠的还是大炮。山县其实也带来了炮，不过他的炮全打了酱油。

作为步兵的直接支援火力，每个日军联队都配属一个山炮中队，拥有四门四一式山炮，但与苏联火炮相比，四一式山炮的射程实在太短，根本就够不着对方，为免在这种极不对称的炮战中归于灭亡，山县只好让山炮中队不声不响地躲到了沙丘背后。

窝囊的日军山炮缺席战场，诺蒙坎便成了苏军一边倒的“炮击靶场”，密集的炮火就像一把梳子，任冲锋的日本兵再怎么怒目圆睁、大吼大叫，它都不慌不忙地一道道梳过去，梳过之后，地上全是死人和鲜血，再不见一个能喘气呼吸的了。

到了中午，山县支队不得不收兵回营。这时的山县异常焦虑，不光为东八百藏，还为他自己。

从苏军的作战规律来看，炮击之后，必然会继之以坦克攻击，而以日军冲锋失败后的这种沮丧士气，还不一定能挡得住坦克。

山县从战壕里爬出来，在阵地上巡视了一圈，这种预感越来越强烈。他狠狠心，让人从高地后坡把一门速射炮给推了出来。

这种速射炮又叫 37 毫米步兵狙击炮，在配合步兵作战时，可用以破坏对方机枪阵地及掩体，必要时，还能以发射穿甲爆破弹的方式，击穿坦克，日军没有专门的反坦克炮，这种步兵速射炮也就被拿来充了数。

速射炮。主要装备于日军精锐部队中的步兵中队，每个步兵中队装备一门到两门。在中国正面战场上，这种炮得到了大量运用，对中国军队的机枪火力点威胁很大。

显然，山县需要速射炮发挥出的作用，是后面那一种。

下午苏军果然出动了坦克。速射炮手瞄准其中的一辆射击，三发三中，苏军坦克冒着白烟燃烧起来，坦克攻击随即戛然而止。

这是日军火炮第一次冒出来露脸，炮手的射击技术和炮弹的精准程度，总算给山县支队带来了一丝心理安慰。当时松本正好趴在速射炮身后，整个射击过程让他的心怦怦直跳，就怕速射炮打不中坦克，让坦克冲进阵地。

直到坦克被摧毁，他才如释重负。不过好心情一共维持了不到十分钟，十分钟过后，一架苏军飞机从低空飞来。

“不好，要投弹！”松本急忙跳进战壕隐蔽。

飞机并没有投弹，只是从上空一掠而过。看来不是轰炸机，是侦察机，当意识到这一点时，松本的脸突然变得惨白，他大叫道：“危险！”

话音未落，苏军的一阵弹雨已经落进速射炮阵地。速射炮当场被炸毁，五名炮手一个不少，全部阵亡。

松本目睹的，是苏军一次完美的地空协同配合，在侦察机的指示下，地面火炮像长了眼睛一样，对敌方目标的打击极其准确有效。至此，山县再也不敢把任何一门炮搬出来现眼了。

不过他倒也不用过分担心自身安危，因为苏军已经把攻击重点集中于川叉，准备在那里完成最后的围歼。

活鬼

1939 年 5 月 29 日傍晚，天色渐暗。被折腾了一天的搜索支队精疲力竭，又累又饿又渴，他们人人大汗淋漓，血污满身，犹如从地狱爬出的活鬼一般。

在面临灭顶之灾的最后时刻，东八百藏仍没有完全放弃得救的希望，除让一个班乘隙突围外，他还向山县支队派出了一名联络兵。

这个联络兵足足花了两个小时，才找到 742 高地。向山县联队长报告完情况后，联络兵敬了个礼，就要转身离去。

山县突然问道："你现在去哪儿？"

联络兵不假思索地回答："回原阵地。"

山县说："你不要回去了，现在他们正在做最后的冲锋。"

这时联络兵才注意到，山县的眼睛一直凑在炮兵瞄准镜上——他不光是听，而且能依稀看到搜索支队的惨状。

你都看到了，为什么始终见死不救？联络兵悲愤莫名，他后来在日记中写道："不知道联队长说'他们正在做最后的冲锋'这句话时，会是什么样的心情。"

山县的心情可以用两个字来概括，那就是恐惧。正因为看得到，所以他根本就不敢跑去送死。

晚上 7 点，与昨晚几乎一模一样的场面再次在川叉上演：外蒙古高台上的探照灯一齐打开，随后百炮齐轰，无数道黑色烟柱冲天而起，大地在剧烈的爆炸声中颤抖不已。

有所不同的是，前晚属于折腾死你，今晚却是要做一个彻底的了断。

大炮摧毁了搜索支队在外围仅有的一点抵抗力，大炮一停，外蒙军骑兵十七团就在坦克装甲车的掩护下，冲入了内层。

到处是灼烈的气浪和焦煳味，到处是喊杀声，苏蒙军方面是“乌拉”“乌拉”的呐喊，那是在进行势不可当的冲锋，日军方面则是“呀”“呀”的嘶叫，其中透露出的是无限绝望和悲惨的心境。

沙丘上负责阻击主力的是浅间小队，但他们所剩不多的子弹很快就打光了，蒙军骑兵不见日军射击，便放心大胆地驰马冲上沙丘。这种情形下的战争已经跟屠杀没有两样，骑兵挥舞马刀，将浅间小队砍杀罄尽。

外蒙军骑兵。早在冷兵器时代，蒙古人就以骑射闻名，到了近现代，只是传统的弓箭被置换成了枪支。

东八百藏率领余下的十几名日军骑兵继续抵抗。躲在环形阵地里的这些人已状若疯狂，虽然他们的骑枪里早已空无一弹，但手上马刀的寒光和那种歇斯底里的状态，仍令外蒙军骑兵为之胆寒。

骑兵怕，T-130喷火坦克不怕。它们被调上来后，用烈火浓烟将环形阵地紧紧裹住。日军骑兵连呼吸都感到困难，终于被逼爬出阵地，向坦克发动自杀式冲锋，这就是山县透过瞄准镜所看到的“最后的冲锋”。

下面的情景，山县也看得到，但他不会告诉气得浑身发抖的联络兵：T-130正喷出一道道高温火焰，将垂死挣扎的东洋武士一焚了之。

对来自川又方向的动静，742高地上的士兵们和他们的联队长一样，只能远远地望着听着，他们能做的似乎也只有这些，直到那里的炮声、枪声、喊杀声全部归于沉寂。

搜索支队覆灭也罢，存活也好，山县除了听之任之，别无他法。连着两天的苦战，山县支队的官兵也已疲劳至极，为了让战斗兵好好休息，以便应付第二天苏军可能发起的进攻，山县干脆让松本从卫生队组织人手进行夜间巡逻。

这趟差使对松本来说，可谓惊魂。先是在巡逻中碰上并赶走了外蒙军侦察兵，接着又在月光下撞到了一名搜索支队的“活鬼”。

“活鬼”是名军曹，就是他奉东八百藏之命，率一个班的士兵乘隙实行突围。突围途中，这个班遭到苏军坦克的袭击，除该军曹外，所有士兵都已战死。“活鬼”军曹浑身是伤，他连滚带爬，急着返回原阵地，结果阴差阳错地进入了742高地。

山县联队长闻讯赶来，军曹已经神志不清，还以为来者是东八百藏。他推开周围搀扶他的士兵，向山县立正敬礼，简单汇报后，高呼一声“天皇陛下万岁！”接着突然倒地气绝。

众人目瞪口呆。松本俯身检查，确实是死了，“活鬼”真的变成了死鬼。

1939年5月30日晨，苏军大炮对742高地进行新一轮齐射。

经过一连串的进攻和侦察，苏军对山县支队在高地的布防已经很清楚，知道高地东侧是主力部队，西侧是卫生队所在，一个为前坡，一个为后坡，后坡有山顶遮挡，不容易被炮弹打到。

这次再开炮，就分开来打。东侧前坡仍沿用杀伤力较大的榴弹，对日军主力进行覆盖式打击。在西侧后坡，代替榴弹的是霰弹。

霰弹也称子母弹，弹头装有定时引信，能在预定目标上空及附近爆炸，这样炮弹即便绕着弯也会给下面的卫生队造成威胁。

卫生兵们蹲在战壕里，就听到头顶的霰弹像雷击闪电一样啪啪作响，吓得他们一动不敢动，战地救护也无法进行。

一小时的炮击好不容易结束了。卫生队抓紧时间到前坡去给伤员清创换药，没受伤的战斗兵则抓紧时间打盹儿。

742高地的山县支队剩下不到三百人，搜索支队已基本可以判定为全军覆灭，第二十三师团和关东军总部无不为之震惊。

作为诺蒙坎战役实际上的总设计师，坐镇海拉尔的辻政信所受触动，并不在第二十三师团长小松原之下，他当即决定以视察为名去趟前线。

1939年5月30日下午2点，一架小型侦察机突然降临742高地。山县支队事前并没有接到通知，还以为是苏联飞机，阵地上顿时紧张起来，有的士兵甚至开始举枪瞄准，直到辻政信从机舱里走出。

此前的辻政信其实在关东军基层官兵中颇有声望，除了负责制定那份“要纲”外，还以朴素清廉著称。走下飞机的辻政信并无钦差大臣的架势和派头，他一身士兵打扮，脚上只穿了一双布鞋，且始终面带微笑。

众人对辻政信敢在这种时候亲临险地，且面无惧色，都惊到咋舌，很多人发出敬佩之声，一时大家全忘了给他敬礼。

辻政信对此毫不在乎，倒是士兵的惊惶情绪很快让他的眉头皱了起来。

先前从川叉突围出来的几个士兵看到辻政信后，倒在地上痛哭起来：“东支队（即搜索支队）全灭了！”

辻政信强作镇定，喝止了士兵的哭泣：“住嘴，谁说东支队全灭了，你们几个人不是还活着吗？东支队还在，灭不了。”

虽然这样说，但是辻政信心里别提有多窝火了。他随后径直找到山县，当着士兵的面，就将其劈头盖脸痛骂了一通。

在辻政信看来，在诺蒙坎与苏军作战并没有错，错在山县用兵无方，如果山县支队倾全力以救，搜索支队决不至于落到全军覆没的地步。

山县与东八百藏是士官学校的同期生，辻政信因此借题发挥：“难道东八百藏不是你的同学吗？你的友情都到哪里去啦？”

山县是大佐，辻政信只是少佐，可辻政信是山县的上级，话再难听，山县也得忍着，哪怕是一泡眼泪含在肚子里。

辻政信制订了作战计划，山县执行了作战计划，要打板子，两人的屁股都得被打到跟猴子屁股一样红。辻政信想来想去，给山县，也给他自己支了一招：“这样下去不行，今天晚上你给我去收尸，说什么也要把尸首给抢回来。你要是不去，本官亲自去！”

山县哪敢说不去。辻政信松了口气，他把自己的活也给安排好了：“你在这里负责收尸，明天我就回关东军司令部发布消息，说我们通过发动夜袭，取得了赫赫战果，并把外蒙军赶回了西岸，你看怎么样？”

除了鸡啄米一样地点头，山县还能有什么其他表示？

交代完这些，辻政信便又重新坐着侦察机离开前线，而“收尸”难题则留给了山县。

鬼打墙

“收尸”里面的“尸”除搜索支队外，别无分店。尽管山县挨了辻政信一通臭骂，但不肯使大钱的脾性丝毫未改，他竟然把活摊派给了松本卫生队。

收尸本来确实是卫生队的分内活，可是得看这是什么时候，又是什么地方。先前被派去的作战单位，从浅间小队开始，到汤谷小队、步兵班，无不是肉包子打狗，有去无回，弄到军旗中队都裹足不前，战斗力近乎为零的卫生队不是去“收尸”，简直是去“送尸”呀。

松本怒火中烧，大骂“收尸”的倡议者辻政信是个无谋、胡谋、乱谋的“三谋参谋”，接着便是山县：军旗中队这样的王牌部队你舍不得派，却把我们这群后娘养的推出去当陪葬，不是我说你，你的心真够一个狠！

松本找来一个卫生兵，对他吼道：“你给我到联队部去说，没有步兵的联合行动，卫生队无法完成‘收尸’任务！要去的话，联队一定要派兵保护。”

山县也知道自己在强人所难，就给松本派来了一个步兵班。

假如遭到苏军攻击，这一个班连给人填牙缝都不够，可是按照山县那气量，绝不可能有更多想头，松本只好率步兵班和卫生队组成的“收尸队”出发了。

“收尸队”分乘三辆卡车，开了几公里，估计已经接近川叉，便集体下车，进行搜索前进。

当晚的夜色很给松本面子，到晚上10点多的时候，天已经黑得伸手不见五指，一米开外什么也看不到，让“收尸队”少掉许多被袭击的顾虑。可与此同时，也增加了搜索的难度，茫茫草原，没有任何地标，加上为了不让西岸的苏军发现，所有手电筒都用黑布包了起来，以致照明光线非常暗淡，根本不知道有没有到达搜索支队的阵地。

为加快速度，松本临时做出规定，每辆卡车为一个班，每个班派出一名侦察兵，先行五十步进行侦察，然后返回汇报，以确定各个不同方向和范围内的情况。

三名侦察兵离去后，其他人三步一间隔，一边匍匐向前，一边等待侦察兵返回。

三个侦察兵中的两个很快就回来了，只有一个迟迟不见。松本的心怦怦直跳：莫不是苏军还停留在周围？

就在众人都有些沉不住气的时候，那个侦察兵终于出现了，但他出现的位置令他本人都大吃一惊——竟然是在“收尸队”身后。

问侦察兵到底是怎么一回事，他自己也说不清楚，他说他一直在朝前走，可是走着走着就来到了现在这个位置。

这其实是草原荒漠以及深山老林里常见的现象，叫作鬼打墙。因为没有参照物，侦察兵走路时就好像被蒙着眼睛，每走一步都会出现偏差，而自己却发觉不了，最终直线行走变成了转圆圈。

松本身为医生，这点科学知识不会不明白，可是明白并不能完全代替恐惧。他倒不是被恐怖片给吓倒了，从战争开始，每时每刻都要与死亡和尸体打交道，原先敏感的神经几乎已经麻木，再诡异都无所谓了。

松本真正感到恐惧的，是“收尸队”本身的脆弱。试想一下，如果在身后出现的不是侦察兵，而是苏蒙军，将会有什么后果？

“收尸队”自此更加胆战心惊，一点点风吹草动都会让他们汗毛倒竖，如临大敌。松本心急如焚，他从时间和距离上判断，“收尸队”应该就在川叉，可是不管怎样，都找不到搜索支队的阵地以及尸体。

诺蒙坎的拂晓来得非常早，才凌晨 3 点，东方天空已经发白，士兵们模模糊糊能看到彼此的脸。若是再拖下去，很可能被河西苏军发觉，到时就完了，松本下令撤退，就在这时，他的耳边响起了一阵熟悉的声音：“噗——噗——”……

熟悉，是因为一听就知道是战马发出的鼻音。顺着声音寻去，“收尸队”发现了一处被紫色雾气笼罩的地方，那里有一个被柳树枝覆盖的马壕，里面站着两匹骨瘦如柴的战马，“噗——噗——”的鼻音正是由它们发出。

通过这两匹瘦马的指引，“收尸队”终于奇迹般地找到了收尸之地。

松本推测，两匹马可能分别是东八百藏队长和副队长的坐骑，因得到额外的保护和照顾，马壕又侥幸未挨枪炮，才避免了与主人相同的命运。

马通人性，幸存下来的战马用自己独特的方式通知了“收尸队”，当松本高兴地上前抚摩其中一匹时，那匹马竟然还流下了眼泪。

接下来流泪的是松本自己。战场宛如搜索支队和浅间小队的坟墓，烧焦和碾碎的日军士兵俯拾皆是，或摞在一起，或倒在一处，或横卧，或竖躺，而且一半以上的尸体都被烧到漆黑，蜷成一团，凄惨之状让人有如置身地狱。

卫生兵们忙了一个小时，寻找到的尸体足足装满了三卡车。松本蓦然抬头，意识到雾气已经消散，天亮了！

赶快跑。来不及了，在卡车右前方三百米处，几十辆苏军坦克已经将黑洞洞的炮管对准了他们。

不是鬼，就是人

完了，这下完了。收尸的自己也将横尸当场。

极度惊恐当中，松本急中生智，他让卫生兵把急救包挂到卡车护栏上。急救包上印有红十字标志，苏军看到后，果然没有再发起攻击，对“收尸队”中的大部实施了放行。

说大部，是因为三辆卡车中的第三辆没能摆脱厄运。这辆卡车由步兵班押送，他们没有急救包，而因为急于逃命，松本又忘了送一个过去，结果喷火坦克和轮式装甲车一齐朝其发力，除一名军曹逃回外，其余人全部被打死。

三辆卡车变成了两辆，共带回四十多具尸体。很多尸体的手脚都被烧掉，但身上的衣服却没有被全部烧光，领章、肩牌都有，其中还找到了东八百藏的肩章。

听到带回了搜索支队的尸体，山县等联队高层满脸悲痛地跑了过来，准备向尸体进行哀悼，就在这时，让他们魂飞魄散的一幕出现了。

在尸体堆里，竟然有四五个人摇摇晃晃地站了起来，不仅站了起来，他们还向山县等人敬了礼。

纵然像山县这样杀人如麻的武夫，也被吓到够呛：你们究竟是人是鬼，难道说是东八百藏怪我没有全力营救，派尔等从地狱中跑来索命了？

仔细一看，不是鬼，就是人。他们是阵地上的幸存者，只是因为精神紧张和时间有限，“收尸队”当时没有逐个认真检查，都当成了尸体。

敬完礼，这几个人又扑通一声倒了下去。还以为是死了，随即就看到他们张大着嘴，闷雷一样地打起了鼾。

1939 年 5 月 31 日上午，第二十三师团长小松原得知山县支队“收尸成功”，给山县发来电令，让他在天黑后撤离战场，返回海拉尔。

之所以趁天黑撤，当然是知道撤退不易。为了帮助山县支队撤退，日军轰炸机群在战斗机队的护航下，不顾地面高射炮的拦截，对哈拉哈河两岸的苏军阵地进行了轰炸。

此前小松原已派来五个中队对山县进行增援，其中有两个山炮中队，山县便指挥这两个山炮中队进行压制射击，并以军旗中队殿后，于当晚将部队依次撤出 742 高地。

卫生队率先撤退，当他们坐着卡车到达将军庙时，一下子呈现出疯狂状态，因为他们在这里看到了供水车。

山县支队占领 742 高地后，最让官兵们苦恼的就是没有水喝。人可以几天不吃饭，却不能一天不喝水。士兵们的嗓子干到冒烟，有人实在干渴难忍，情急之下，抓过汽油就往喉咙里灌，结果中毒而死。

卫生队曾利用晚间轮流挖井，可是沙丘高地之上，不管挖多深，掘出来的还是沙子，哪有水的影子。由于很长时间喝不到水，因此出现轻度昏迷的士兵不在少数。

再次看到水，卫生队犹如看到救星，排队喝水一下子变成了混乱的“抢水战”。

第一次诺蒙坎之战便在这种极其狼狈的气氛中结束了。除搜索支队基本全军覆灭外，山县支队的人员损失也接近百分之三十，如果不是山县老是藏着掖着，伤亡率当然还不止这个数字。

怀抱苏军打来的重型炮弹合影留念。可是，抱什么耍酷不好，你抱敌人打来的重型炮弹？看来是苦头还吃得不够多。

1939 年 6 月 2 日，小松原飞抵甘珠尔庙，在东八百藏和其他战死者的牌位前进行了哀悼。当他看到伤员正源源不断地运往海拉尔时，不禁为自己的轻率出击感到一阵阵后怕。

后怕与后悔都是过去时，重要的是现在该如何收场。

丧事要当喜事办

诺蒙坎一交火，小松原第一时间就向参谋本部直接发送了捷报，那就是搜索支队摧毁蒙军指挥所，打死骑兵师长沙日布的“开门红”。此后战局急转直下，但令人惊异的是，参谋本部从第二十三师团收到的仍是一份又一份捷报。

小松原跟张鼓峰战役中的尾高不同，尾高属于明显抗命，小松原则出兵有据，没有关东军的“要纲”在先，他不会那么快就出兵，而且事后也经过了关东军司令部的批准确认，所谓“拳头上立得人，胳膊上走得马”，行事堂堂正正、清清白白。

可是前面不是说了吗？按照日本陆军几乎约定俗成的“潜规则”，在这类事情的处理上，赢才是关键，清白或抗命与否，仅居其次。

小松原深谙这一学问，他对关东军司令部和参谋本部分别对待：再怎么瞒，瞒不过关东军的参谋们，而且这场战争本来就是关东军司令部所策动与支持的，因此可以基本如实汇报。参谋本部就不一样了，一来它对战争的态度不像关东军那么明朗，二来作为日本陆军最高军事机构，掌握着将佐们未来的升沉荣辱，对着此辈，你什么都能说，就是不能说真话。

小松原的办法是在给参谋本部的报告中大玩文字游戏。己方损失，他来个轻描淡写，一笔带过，苏蒙军的伤亡，则通过“合理想象”，极力进行扩大，比如山县支队为解救搜索支队，曾向包围圈外的蒙军骑兵十五团发动进攻，小松原就写成“全歼十五团”上报。

在关东军参谋中，辻政信是清楚前线状况的，要不然也不会气急败坏地空降 742 高地，督促山县“收尸”了。可是辻政信的所思所想，跟小松原并无二致，小松原以师团的名义打马虎眼，他就以关东军司令部的名义玩滑头。

从前线返回长春后，他都等不到第二天，当天晚上就给参谋本部发去了一份电报，以汇报“赫赫战果”。在辻政信绘声绘色的描述下，第一次诺蒙坎战役也因此有了堪称神奇的另类演绎。

“搜索支队有损失不假，在苏军对岸重炮的轰击下，死伤共超过两百，但他们在川叉坚持战斗，一直坚持到了主力赶到，最后包围敌人，全歼敌军七百余名。”

看完电报，你认为山县支队是打了胜仗，还是打了败仗？

新任参谋次长中岛铁藏中将经常能收到小松原的“捷报”，对前线“连战连捷”早已有了足够的心理准备，辻政信的电报不过是加强这种印象而已。

包围加上全歼，就是说战役已经收官了，中岛随即向关东军司令部发去祝捷电报，好好夸赞了一番。

说一句谎话，通常就要编造十句谎话来弥补。辻政信接着又向日本国内的媒体发去通稿，第一则新闻标题是“残余蒙兵被完全驱逐出国境”，上面还信口吹嘘了“驱逐”乃至“重创”苏军的过程，说什么苏军“仅遗弃尸体就多达三百多具”，又推断苏军“死伤达七百人以上”。

第二则新闻总算提到了倒霉的搜索支队，不过全是煽情语言：“白刃突击战，壮哉，东队长（指东八百藏）之战死。”

读者看了这则新闻，脑子里只有搜索支队神一般英勇的形象，却不知道这支部队早就被对手给抹光了。

辻政信是不负责任，想到哪里吹到哪里，身为师团长的小松原却还面对着一个大难题，那就是如何交代搜索支队的下落，从“连战连捷”到全军覆灭，这个弯绕得太大也太突然了，很难交代呀。

如果实话实说，自己在军界的前程注定完蛋，已经是中将师团长，再往上跳一跳，不过一步之遥，小松原绝不甘心，而且就算他不顾及自己，总得照顾一下关东军的面子和利益吧，植田谦吉、辻政信这些人怎么办？

又想到了张鼓峰战役，那一战，第十九师团伤亡了一千四百余人，比这次要惨重得多，可是为什么师团长尾高反而能够逢凶化吉，晋升为军司令官呢？

说到底，还不是靠一张嘴，也就是对自己的损失避而不谈，极力渲染第十九师团的战绩而已。其实参谋本部同样需要这些“战绩”来支撑自己的虚荣心，比如参谋次长中岛新官上任，他喜欢你们老号丧?

这是一个厚脸指数足以爆棚的时代，小松原决定将无耻进行到底，继续丧事当喜事办。

搜索支队中相当一部分战死者的尸体都没能带回，小松原就将他们归类为“失踪”，这样一算，伤亡率就从百分之一百变成了百分之六十，对山县支队也如此统计，只要死不见尸的，都写成“生死不明”，从而“成功”地把山县支队伤亡率降为百分之二十。

搜索队还有一个骑兵中队留在海拉尔，小松原一边上报百分之六十的伤亡率，一边命人悄悄地对搜索队进行重组，以便证明搜索支队覆灭一事的子虚乌有。

小松原和辻政信等人是做贼心虚，关东军司令官植田却是真的把第一次诺蒙坎战役判定为“胜负各半”，双方打成了平局，其论据之一便是空战的胜利。他甚至认为，如果不是第二十三师团出动兵力过少，且缺乏重武器，地面战究竟鹿死谁手，还很难说。

见司令官如此，辻政信也来了精神，他马上说，诺蒙坎战役开始以来，日苏双方不过是一胜一败。上次搜索支队把外蒙军赶到哈拉哈河西岸，乃是一胜，这次搜索支队吃了败仗，两边正好抵消，所以没什么好难为情的。

日方不服气，苏方不让步，山县支队从 742 高地撤走后，苏蒙军就占着高地没挪过窝，这说明暂时的分手，绝不等于翻篇儿。有这股气在，大家就还要继续较量下去。

第四章 凑够一撮人马上走

1939年6月1日，白俄罗斯军区副司令员朱可夫上将正在为演习做讲评。突然莫斯科打来电话，电话中命令他立即动身，第二天向国防部部长伏罗希洛夫元帅报到。

电话没有说明此行的内容，这让朱可夫的心凉了半截。

肃反运动覆盖苏联全军，白俄罗斯军区也不能幸免。朱可夫的上级同僚隔三岔五就接到这种莫名其妙的通知，然后就在“报到”过程中一去不复返，其中就包括白俄罗斯军区司令员乌鲍列维奇。久而久之，“报到”近乎成为死刑判决书的代名词。

再怕也不能不去，一路上朱可夫都胆战心惊，不知道自己的脑袋还能在脖子上待多久。

1939年6月2日，朱可夫走进了伏罗希洛夫的接待室。

伏罗希洛夫首先询问了朱可夫的健康状况，然后就说到了已经结束的这一次诺蒙坎之战。据伏罗希洛夫透露，苏联高层对苏军在这一次诺蒙坎战役中的表现并不满意。因为在刚刚结束的这场冲突中，苏军虽占有火力上的优势，但没能取得预想中的战绩，以至于指挥所被端、空军落败，后面的仗也打得一点都不轻松。

苏军高层预计诺蒙坎还有爆发战争的可能，日军将会卷土重来，伏罗希洛夫指着地图说：“一场严重的军事冒险正在酝酿。无论如何，事情不会就此结束……”

说到这里，他问朱可夫：“你能立即动身飞到那里，并在必要时接管部队的指挥吗？”

朱可夫马上领悟过来，斯大林是要授予他指挥刀。

虽然伏罗希洛夫用的是问句，但实际上就是下达命令，听到这句话的人没有任何其他选择。松了口气的朱可夫当即回答：“我已准备好马上起飞！”

最佳人选

应该说，如果不是肃反，朱可夫还不一定能得到如此重用。

第一代红军领导层中名将太多了，完全可以用灿若繁星来形容，不说加伦，即便是朱可夫曾经的顶头上司乌鲍列维奇，也十分了得，此人被誉为二战前苏联最优秀的军区司令员。显然，从资历到实战经验，无论他们中的谁，都比朱可夫更有资格担任前线总指挥。

正因为这些更有资格的人都挂了，朱可夫才会成为斯大林的最佳人选。

朱可夫出身骑兵，是布琼尼元帅的得力助手和下属。到肃反结束，五大元帅杀了三个，留了两个，留下的这两个，一为伏罗希洛夫，一为布琼尼，二位同属于苏联国内战争时第一骑兵军的将领，而第一骑兵军称得上是苏联的精锐部队。

顺着布琼尼这条线，朱可夫在政治上首先达到了“及格线”，这也是朱可夫能够保住项上人头的重要前提之一。

除此之外，就得有点真本事。朱可夫从骑兵排长做到骑兵军长，有着指挥机动作战的丰富经验，同时指挥军区演习的经历，又使他初步具备了调度大兵团的那种宏阔眼光。

年轻时的朱可夫是个帅小伙。朱可夫曾是沙俄军队的一名骑兵，因为在一战中作战勇敢而被提升为军士，拍摄此照时正是升为军士的时候。

还有一点也可能是苏联高层予以考虑的因素。那就是抗战爆发后，朱可夫曾作为军事顾问援华，尽管他当时只是在技术问题上为中国军队提供咨询，并未参与具体作战计划的制订，但多少积累了一些对日军的认识和作战经验，如今在诺蒙坎战场上正用得上。

1939 年 6 月 5 日晨，朱可夫乘飞机抵达蒙古，重点是研究驻蒙古的第五十七特别军在诺蒙坎战役中的指挥得失。

让他想不到的是，第五十七特别军司令部竟然设在距离诺蒙坎前线一百二十公里之外！

朱可夫十分吃惊，接着他来到特别军司令部，见到了军长费克连科等人，更加不可思议的事情发生了，费克连科至今未到前线去过，什么都一问三不知。

军参谋长库谢夫向朱可夫报告了局势，朱可夫一听，就知道这位军参谋长也一样没到过前线，不了解诺蒙坎战场的真实情况。

朱可夫调查下来，在军司令部的高层指挥人员中，只有军政委尼基舍夫去过事发现场。

朱可夫怒不可遏：你们这算打的什么仗，为什么不把军指挥所设在前线？

见朱可夫发了火，费克连科很是慌张，结结巴巴地辩解说，不是他不愿意到前方指挥，是因为那里找不到构筑指挥所的木料。

如此荒谬的解释，对于以性格火暴著称的朱可夫来说，只能起到火上浇油的作用。他扔下费克连科等人，气冲冲地赶到哈拉哈河东岸，亲自对诺蒙坎战场进行了考察。

经过实地考察以及对苏蒙军前线官兵的询问，朱可夫确认，刚刚过去的战役绝不是普通的边境冲突，而且正如伏罗希洛夫所说，日军没有被打服，在退出742高地后，一定还会再次发起“严重的军事冒险”，而以第五十七特别军现有的精神状态和实力根本无法取胜。

1939年6月8日，朱可夫向伏罗希洛夫递交了自己的调查报告，提出了对局势的判断分析以及进一步行动计划。报告当天便得到答复，费克连科因“丧失战斗意志”被撤职，朱可夫兼任第五十七特别军军长。

朱可夫走马上任后，军指挥所立即被移至哈拉哈河西岸，第五十七特别军迅速占领了河东的所有要点，开始昼夜不停地构筑永久性工事。

兵派上去容易，关键是还得吃饭饮水。朱可夫在前线考察时注意到，诺蒙坎战场附近是一片广阔的不毛之地，无法就地征用物资，从武器、弹药、燃料，到所有粮食用水，都必须从外地运过去，如此就牵涉到一个兵站运输的问题。

在朱可夫的要求下，苏联开始通过西伯利亚铁路，向博尔集亚火车站大量运送作战物资。最初是几列军列为一批，每隔一定时间便开往博尔集亚，之后，时间间隔变得越来越短，军列也越来越密集，有时甚至多达三十列军列为一批。

货物卸在博尔集亚，还得继续运到诺蒙坎，中间没有铁路，由此又给朱可夫出了个大难题。

对朱可夫是难题，对日军则是武器。

1939年6月10日，按照关东军司令部的命令，诺蒙坎地区的日军地空部队全部撤回了原驻地。日军的撤退不是要将诺蒙坎拱手相让，而是认为诺蒙坎的地形将自动绑住朱可夫的手脚。

按照日本陆军的兵站常识，当使用大兵团作战时，陆地兵站线的长度一般不得超过两百至两百五十公里，而从博尔集亚到诺蒙坎，兵站线长达七百五十公里。

以“两百至两百五十公里”为标准，辻政信判断苏军再怎么添加兵力，也没法集结和动用大兵团，相反，他相信日军能做到。

辻政信在地图上计算了一下，从海拉尔到诺蒙坎，不到两百公里，如果利用内蒙古的白阿铁路，距离还要更短一些。

这下辻政信有把握了：日军可以出动大兵团，苏军至多只能供应中小兵团，以我的大兵团吃你的中小兵团，还会有困难吗？

日本驻苏大使馆武官土居明夫大佐回国述职，正巧在开往西伯利亚的列车上看到苏军增援部队，据他估计，起码有两个苏军的机械化师。

到达东北后，土居马上来到关东军司令部，向植田及其幕僚们讲述了自己的所见所闻，并且连声嘱咐：“赶快让国内增援坦克和飞机，如果做不到，就只有引兵后退，求得妥协。”

植田听后默然无语，辻政信则在旁边一个劲地冷笑。他倒不是不相信土居的话，他是坚信自己的“兵站极限论”：兵站补给线是瓶颈啊，懂不懂？老毛子有再多的机械师，也通不过瓶颈，都得卡在那儿！

生怕土居回国传播这条消息，以致动摇了参谋本部及国内舆论的作战决心，辻政信过后把土居拉到另一个房间，带着威胁的口气恐吓他说：“像今天这样的软弱话，将危及土居君的生命，你回东京以后千万不要乱说，要不然当心那些少壮军官把你给宰喽。”

辻政信对前景自信满满：“这次作战，我们无论如何要把苏联坦克抓到新京（即长春）来，举行庆祝胜利的阅兵式。”

辻政信摇着个鹅毛扇，不慌不忙，做闲庭信步状，让一向对他言听计从的关东军司令官植田好不欣赏。

关东军司令部由此制定了一个缩回拳头打人的策略，即先撤出诺蒙坎，然后找准时机，集中兵力给苏军以“分期分批地”严厉打击。

植田和辻政信都把对手估计得太低了，朱可夫也有标准，但不是他们的。

进攻的前兆

日军的兵站常识有一个基本前提，那就是只有大板车这样的运输工具。

苏联人不用大板车，用载重汽车。

朱可夫将驻外蒙苏军的所有载重汽车，包括火炮牵引车在内，都动员出来，并采用了歇人不歇车，轮流替换汽车驾驶员的办法，昼夜不停地将战略物资运往诺蒙坎。

只花了十天时间，苏军就在诺蒙坎储备了半个月以上的作战物资，远远超出了日军的预计，坦克等机械化部队也畅通无阻。

朱可夫重兵在握，万事俱备，他不光守，还要反击——有限度地反击，以便更好地达到防守的目的。

就兵力而言，起初集结于诺蒙坎的主要是苏军第五十七特别军、外蒙古军骑六师等部队，如果是单纯防守，差不多已经够用，但如果要进行反击，这些力量尚嫌不足。

斯大林曾关照伏罗希洛夫，只要朱可夫挂帅出征，他就可以得到他想要的一切支援。

斯大林确实下了最大的决心，因为“红色间谍”佐尔格刚刚传来了最新情报，情报中对日本军事实力进行了揭示。

佐尔格发现，侵华战争的长期化，已经使得日本资源和生产力极度紧张，在缺乏德国支援的前提下，没有能力与苏联作战，要战，也必须重整军备。

从 1939 年 6 月算起，佐尔格预计日本需要用一年半至两年的时间，才可以完成重整军备的任务。也就是说，日本如果要对苏联大规模用兵，最快也得是 1941 年以后。

佐尔格的结论是，尽管日本在诺蒙坎采取了主动进攻的姿态，但实际上未能做好与苏联大规模作战的准备。

既然日本还未做好准备，斯大林便认为这是一个机会，一个利用自己相对先进和充裕的军备资源，对日本陆军予以狠狠打击的机会。

有了斯大林的吩咐和支持，伏罗希洛夫完全照朱可夫开出的菜单上菜。包括武官所说的那两个机械师在内，苏军精锐部队陆续从欧洲调往远东，前线苏军的实力逐渐发生根本性变化。

在苏军的这次兵力东调中，各式特种部队的聚集最为引人注目。从第一次诺蒙坎战役中的兵种对比来看，苏联空军从指挥机构到飞行部队，都明显落于下风，此次新任空军主任（相当于空军司令员）斯穆什科维奇中将奉调而来，负责对在外蒙空军进行统一指挥。

斯穆什科维奇抵达外蒙古后，马上对前一阶段空战的失败教训进行了剖析。

飞行员们的水平没有日本航空兵高，这是无法回避的事实，但个人能力不够，完全可以通过集体配合来弥补，偏偏在先前的空战中，因为缺乏经验，飞行员基本上都是单打独斗，这就上了日本人的圈套。

在现有飞机性能上，单翼的伊－16 速度比九七战快，但是滞空时间不长，双翼的伊－15 速度慢一些，不过具备足够的滞空能力，二者正好优势互补，如果能使这两种战机有机配合，就能抗衡和抵消日本航空兵的个人能力。

斯穆什科维奇带来了一个飞行教官班。这个教官班的成员包括二十多名老飞行员，他们或参加过援华，或经历过西班牙内战，在与德、意、日三国的航空兵交手的过程中，积累了一定的空战经验。

确定方略后，斯穆什科维奇便将教官们分散到各作战机场，让他们以空战格斗的实战方式，对年轻飞行员进行配合训练。在短时间内，每个飞行员都被轮训一次，虽然不可能立竿见影，但鼓舞了空军士气，也给年轻飞行员们壮了胆。

苏联空军的活动变得积极起来，从 6 月 17 日起，他们出动机群进行轰炸，日军囤积在前线的五百桶汽油以及大量的粮秣均被炸起火，给第二十三师团造成很大损失。

这些天里，第二十三师团长小松原一直在对苏军进行侦察，根据苏军不断增兵以及活动频繁的迹象，他认为这是苏蒙军对日军发动进攻的前兆。

要不要打？第一次诺蒙坎战役，第二十三师团是吃了亏，可是关东军司令部也说了，那是兵力不足的缘故。如果这次能引起老大们的重视，一拥而上，没准还能一雪前耻呢。

关键是凑够一撮人马上走，至于前面是红灯还是绿灯，有什么关系呢？

1939 年 6 月 19 日晨，小松原向关东军司令部发报，说给苏军以“严惩”的时机到了，事不宜迟，应及早发动进攻。

植田司令官接到电报，即刻召集作战课的参谋们进行讨论。大部分参谋都提到了天津租界谈判，所谓天津租界谈判，是日本向英国租界当局施加压力，要求禁止租界内部的法币流通，以便进一步封锁和打击中国的抗战经济。

作战课长寺田雅雄大佐说：“在处理支那事变（即侵华战争）时，最具有重大影响的，是如何对待英国。如果这个时候与苏联发生纠纷，会使军部受到牵制，从而影响英国问题的解决。”

寺田老成持重，他用一种审慎的口气表示：“诺蒙坎问题要解决，但是否选在英国问题处理到一定程度之后。大家意下如何？”

参谋们交头接耳，都认为课长说得对，在这个敏感时刻，不应再喧宾夺主，对苏作战确实应当慎重才是。

“三谋参谋”辻政信一听就来了气：“你们知不知道我们关东军的传统是什么？不言而行！”

植田谦吉，第十三任关东军司令官，一个长着花岗岩脑袋的老家伙。深陷诺蒙坎这件事，也真不知道是辻政信把他带到了沟里，还是他跟辻参谋一起跑进了沟里。

在辻政信看来，谈判可不是光靠嘴巴就占上风的，靠的还是实力，如果这次关东军能够“不言而行”，对苏蒙军发动突然打击，就可以提高日军的国际威望，到时准保能把谈判桌前的英国人吓得面无人色，还有什么谈不成的？

他针锋相对地质问寺田：“如果在诺蒙坎坐视敌人的挑战而不顾，必将发生第二、第三次诺蒙坎事件，甚至有可能发生全面冲突！”

按照辻政信的说法，只要日方一强硬，就能挫败对方的战斗意志，他却没有反过来认真想一想，假使苏联更加强硬地反扑过来又怎么办？这不是更有可能发生全面冲突吗？

可是辻政信一番没有多少逻辑可言的论调，还是博得了满场彩。作战主任服部卓四郎第一个起身叫好，其他参谋也都迅速转变了立场，最后连寺田本人都推翻了自己的见解。

寺田原来所持的是“自重论”，辻政信是“强硬论”，就跟原来的不扩大论和扩大论一样，是非对错在这里面并不重要，重要的是谁能表现得更强硬更有气势。打个不恰当的比方，也就是“越‘左’越好”，哪怕是“左”到离谱的地步。

在“左”的高调面前，几场所有类似的场合，都会由辻政信这样毫无自知之明的逞强莽撞之辈控制局势，慎重论者则会被视为怯懦而抬不起头来，先前连满腹经纶的石原都挨了一刀，更不用说寺田了。

另外一个很重要的方面，就是所有参谋里面，包括寺田在内，都没有作战的实践经验，就算是一般的参谋工作，经验也不及辻政信，所以根本回答不了辻政信的质问。

强硬论统一了会议基调，也帮助与会的植田和矶谷下定了决心。

接着起草作战方案，第二十三师团遭到“罢免”。参谋们异口同声，认为第一次诺蒙坎战役中的不尽如人意，与第二十三师团的素质有关，这个组建不久的师团从作战指挥到部队士气，都存在问题，以这样的状态与苏军作战，很难取胜。

大家想到的理想选手，是第七师团。在作战课看来，只有这样有战斗力的老部队出马，才能完成作战任务。

当天参谋们将作战方案送交植田，请他裁决。

植田的额头出现了很深的皱纹，他看着地图，默默地聆听着辻政信就方案所做的说明。据辻政信说，过去植田总是边听说明边点头，但是那一天不知为何，神态非常反常，一脸深沉，且中途未作任何表示。

辻政信满腹狐疑地猜测着司令官的心思，当做完说明，他看到植田掏出手帕，开始擦拭脖子上流下的汗，随后才慢慢地开了口。

回敬的是拳头

植田同意方案的几乎每个步骤，唯独不同意撤下第二十三师团。

身为关东军司令官，植田考虑问题的角度，不可能跟自己的幕僚完全一样。辻政信等人只关注如何打赢，他还得照顾方方面面，诺蒙坎一带是第二十三师团的防区，要是骤然弃之不用，很有可能让该师团丧失信心，以后海拉尔靠谁守？

植田如此表态："上次是第二十三师团，这次还是他们上吧，换了第七师团，小松原的面子不好看。"

其实幕僚们不过是过于急功近利罢了。关东军编制内虽多达八个师团，但直辖师团只有两个，除了第七师团，就是第二十三师团，公平地说，第二十三师团并不比老师团差到哪里去，若是换了第七师团在诺蒙坎，也未必就能打得更出彩。

植田说到激动处，忽然老泪纵横："越到这个时候，越不能不信任小松原。否则，如果我是小松原，是会切腹自杀的。"

既然植田已经讲到这种地步，众人也就不再坚持，于是方案中的第七师团变成了第二十三师团。

关东军的作战方案随即报到参谋本部。参谋本部围绕这一方案的争论也十分激烈，有人提出，诺蒙坎事件说到底不过是边境冲突，现在侵华战争悬而未决，关内兵力很是紧张，这种时候在边境牺牲和消耗部队是否值得？

更多的人主张，边境纠纷应比照张鼓峰事件的处理方式，通过外交途径予以解决，这方面的意见主要来自陆军省军事课长岩畔豪雄大佐。

参谋本部作战课长稻田对于诺蒙坎战役，表现得并没有张鼓峰那么热心，这主要还是由于前线消耗太大，国内生产力早已力不从心，参谋本部不得不把重点转移到侵华战争中来。

不过他对上次搜索支队全军覆灭，始终耿耿于怀，总想寻机进行报复，关东军的作战方案正中其下怀。

稻田在参谋本部，是除总长、次长以外一言九鼎的人物，只要那两位老大装闭嘴葫芦，基本上就是他一个人说了算，但岩畔是陆军省的人，并不属他管。

于是，稻田便拉上岩畔，一起去找岩畔的上级、陆军大臣板垣征四郎做个公断。

稻田报告完毕，岩畔正要发言，板垣就打断他说："好啦！大不过一个师团的事情，不必过于斤斤计较，让关东军搞去吧。"

没让岩畔说下去，板垣就完全同意了稻田的意见。

板垣出自关东军，自然是很能领会娘家人的良苦用心。事实上，在稻田、岩畔求见之前，他已经与参谋总长载仁亲王、教育总监西尾寿造中将等日本陆军的巨头进行了沟通，得出的结论是可以进行试探性进攻。

武汉会战结束后，日军在关内的大规模进攻已告一段落，再要往前突进，暂时力不能及。没有大的作战任务，也就用不着抽调关东军或让关东军做什么配合，自然是可以由着自己的性子先玩上一把。

虽然板垣已经开出了合法通行证，但参谋本部内仍有人反对动用战略单位的师团，认为抽调如此多兵力后，可能影响东北“治安”。稻田便学着板垣的口吻说：“万不得已时，只要决心放弃大兴安岭以西就行了，而且做这件事我们也有限度，至多把一个师团交由关东军自行裁定。”

1939 年 6 月 20 日，植田向地面部队下达了集结令。

板垣、稻田所谓的限定兵力不过是他们的一厢情愿，或者说装聋作哑，这次由关东军司令官亲自指挥的战役，名义上虽是由第二十三师团单挑，但实际上关东军直辖部队中的所有精兵强将都出动了，包括第七师团第二十六联队、第一战车团（相当于坦克师团）、第二飞行集团（相当于飞行师团）。

坦克部队的加盟，让第二十三师团参谋长大内孜大佐感到特别高兴。

第二十三师团高层有两个所谓的“苏联通”，除了小松原之外，就是大内。大内曾出任驻拉脱维亚的武官，另外他还像朱可夫一样，是骑兵出身，做过骑兵集团参谋，对草原作战有自己的一番心得。

据说他在就任参谋长时，就曾向关东军司令部建议：“在海洋般辽阔的呼伦贝尔草原上作战，只靠徒步行军是不行的，必须用机械化部队迅速开辟出一个行动半径。”

大内甚至提出：“那种日俄时期的马拉三八式野炮，射程最多不超过四五千米，用这种炮，无论如何是打不了胜仗的。”

显然，大内的一些想法脱离了日本陆军将官的习惯性思维，也正因为如此，注定得不到关东军司令部的重视和认可。现在植田拨出第一战车团，也不是因为采纳了大内的建议，而只是为了把他的宝贝拿到前线去显摆显摆。

如此大规模调动，使得诺蒙坎前线的高级别日军将佐成堆，那些坦克和航空兵的头头全都和小松原一样挂着中将的肩牌。

按照日本陆军的规矩，在一个战区内，如果将领们军衔相同，以授衔早的为主官。小松原提升最早，便名正言顺地被植田授以前敌总指挥一职。

上一次兵力过少，又缺乏重武器配备，这次人既多，又拥有坦克大炮，让小松原的脑袋一下子充了血，精神极度亢奋。

在日军战将中，若是要挑出一个有希望对苏军战而胜之的大将，还真非小松原莫属。大使馆副武官可不是白做的，小松原曾仔细研究过苏军的战术特点，并据此写过一本叫《如何与苏军作战》的册子，送交参谋本部后，参谋本部如获至宝，专门加印并秘密下发到关东军各部队，可以说，他本身就是一个对苏作战的专家。

按照小松原的研究，苏军士兵受过极其严格的正面攻防训练，要从正面攻破它的防线比较困难，但苏军的缺点也很明显，那就是彼此之间的协作能力很弱，他们一旦被包围或侧翼受到包抄，就会陷入全线混乱。

这种研究成果正好契合日军喜欢迂回进攻的特点，因此在关东军中很受欢迎，山县在第一次诺蒙坎中用搜索支队迂回敌后，差点将苏蒙军的指挥系统予以完全摧毁，更从实践角度对此战术进行了验证。

没有人不知道要迂回，关键在细节，也就是如何实现迂回。

关东军司令部为小松原准备的作战方案，系由第一战车团从背后包抄，第二十三师团从正面进行策应，这样当然是为了使战车团的机动能力得到充分发挥。

但在小松原看来，这只是一种理想状态下的模式，呼伦贝尔草原一望无际，无遮无拦，如此多的坦克，即便再怎么伪装隐蔽，也很容易被苏军发现，导致功亏一篑。

为了能收到出奇制胜的效果，小松原对原方案进行了调整，战车团被调到正面，第二十三师团负责包抄，总攻时间也定了下来，为 7 月 1 日。

当时日本正寻求与德国军事结盟，因此在诺蒙坎战役期间，便主动邀请德国军事观察团观战，借以显摆自己的军事实力和价值。观察员们听说小松原是所谓的对苏作战专家，有心取取经，但当他们看到小松原对方案的调整时，全都大摇其头。

用坦克部队正面强攻，用步兵侧面迂回，这招是怎么想出来的，简直匪夷所思！

德国在坦克战方面走在世界前沿，这些观察员都是有备而来，不是使馆武官，就是高级现役军官，大多懂得坦克战术，他们怎么也弄不明白，为什么平原作战中，不用机动坦克部队迂回包抄，却使用步兵，坦克部队容易被发现，难道步兵就不会？

后来想了想，总算找出了一个颇为牵强的解释，哦，小松原是对苏作战专家，但并不说明他门门通，在坦克作战方面，他可能是个门外汉。

日德关系不错，既然来了，也别藏着掖着，得给人家指出来。可是没想到，小松原挺固执，横竖听不进去，而且告诉观察团：我们日军一个师团可以击败苏军三个师，你们瞧好吧！

小松原不说这句话还好，一说，让他那专家的形象在观察员心目中跌到粉碎。

德国人一向以苏联为假想敌，天天算计着呢，苏军什么实力他们还能不清楚，小松原这个牛连德军都吹不出来。

小松原真了解苏军吗？观察团由此打上了一个大大的问号。

小松原不是德国人肚子里的蛔虫，他以为观察员们纷纷做惊讶状，是被自己的一番话给震慑住了，于是又兴致勃勃地请对方去看自己组织的战前训练。

看了战前训练，众人眼珠子都要掉下来了。

日军的战前训练，既不练大炮，也不练坦克，只练两样：一是白刃拼刺，一是步兵冲锋。

这难道还是日俄战争时代吗？没来之前，观察团真以为日军有什么制苏秘籍，看到此处全都大失所望。

只有日本人仍然懵懵懂懂，自得其乐。

关东军司令部在收到小松原的修改案后，很快予以批准。随着各路部队向诺蒙坎集结，关东军上下欢声雷动，志在必夺：让苏联军队对着天空，对着沙漠发出他们错乱的号叫吧！

朱可夫没有号叫，他回敬的是拳头。

1939 年 6 月 22 日，第二飞行集团刚刚到达海拉尔，苏联空军的庞大机群就杀到了诺蒙坎。斯穆什科维奇带来几个新型的战斗机大队，当天参战飞机大多出自这几个大队，计有五十六架伊 -16 和四十九架伊 -15。

飞机的原型没变，但是经过了改良。伊 -16 的升级版在火力和发动机功率上都大大得到提升，在老机里，飞行员没有滑动舱盖保护，现在也加了上去，成了“戴帽燕”。

新的伊 -15 俗称“海鸥”，仍是双翼机，它的上机翼为鸥式布置，可以为飞行员提供良好的视野。

飞机性能是空战中不容忽视的重要指标，加上先前极力打磨的配合训练，“戴帽燕”和“海鸥”一高一低，一快一慢，相辅相成，极大地压制了九七战。尽管第二飞行集团也声称出动了一百架战斗机应战，可是并没能在空战中捞到一点便宜，反而遭到较大损失。战斗中，第二十四战队两次被打散队形，第二中队长森本重信大尉身亡。森本重信在战斗机飞行学校做过教官，是一名王牌级别的飞行员兼空战指挥官。除此之外，还有一些战斗机被击落。

6 月 22 日的这次空战对苏联空军有着标志性的意义，因为在此之前，苏联空军在诺蒙坎上空从未战胜过对手。担任战斗机大队副大队长的斯科巴里欣上尉在空战中尤有上佳表现，他一人便歼灭数架日机，战斗结束后立即被提升为大队长。

在接下来的几天里，双方空军越斗越狠，百架以上战机参与的大规模混战成了家常便饭。

袭扰战术

第二十三师团的大部队早在 6 月 20 日就出发了，由于缺乏车辆，行军完全依赖步行。与一个月前相比，这时的呼伦贝尔草原更加严酷，中午的室外温度超过了三十五摄氏度，烈日灼烤下，步兵们还要身背重达三十公斤的负荷，行军之艰难不言而喻。

细节决定成败，小松原和他的部下对细节却几乎是漠视。即便已经有过第一次诺蒙坎之战的遭遇，第二十三师团的军需部门仍不记得带饮用水，原因是他们在地图上一看，好多地方都有湖泊，反正卡车紧张，能省就省吧，让士兵们就近去喝湖水好了。

其实地图上标注的湖，大多是盐水湖，连马都不能喝。士兵们的水壶第一天就喝光了，没有水喝，只好晚上宿营时在沙地里挖坑，然后轮流趴在坑边吸吮其中的湿气。

还有一个办法是早上用饭盒盖收集露水。不过能收集到的露水很少，而且里面含有不少沙子，只能说聊胜于无罢了。

第二十三师团在呼伦贝尔草原上行军，就此开始了他们的噩梦之旅。

松本和卫生队这次的运气应该说不错。他们和第七师团的第二十六联队一起出发，第七师团是关东军的主力机动兵团，自有关东军汽车联队服侍，因此免除了徒步行军之苦。

卫生队参加过诺蒙坎战斗，深知苏军厉害，只有第二十六联队初次上阵，一个个显得气宇轩昂，不可一世。

在长期的洗脑式宣传下，关东军大多以“无敌皇军”自居，只要没真正在战场上交锋过的，都以为苏军再牛，到了他们手上，也不过是些不经砍的乌合之众。

第二十六联队如此人五人六，还有身份背景上的特殊原因。第七师团本身是日本陆军的战略预备队，乃关东军所辖八个师团中的首席王牌，在第七师团里，第二十六联队又是绝对主力，它先后参加过甲午战争和日俄战争，有这样“光荣史”的日军联队在当时已经不多见，连从军入伍的日本皇室成员想要给自己镀金，也往往选择在第二十六联队混上一段时间。

在空旷的草原上，多达四百辆卡车蛇行前驱，风尘滚滚，倒也蔚为壮观，坐在卡车上的第二十六联队官兵慷慨激昂，热血沸腾。就连胆小的松本也受到感染，暗想“此次一定能报第一次诺蒙坎之战的一箭之仇”。

可是只要头脑冷静下来，那些被喷火坦克烧焦的尸体还是会一次次浮现在眼前，这让松本十分恐惧，想想不管第二十六联队怎样气冲牛斗，打得过喷火坦克的可能性还是接近零。

松本私底下甚至有了逃跑的念头，当卡车停下来休息时，他还特地让一名卫生兵给自己拍照，已经准备把命送在前线了。

通过空中侦察，朱可夫逐渐发现了日军的运兵趋向，同时他也意识到，近期日军航空兵的活动之所以如此频繁，并非偶然之举，实际是在为即将开始的大规模地面进攻夺取制空权。

朱可夫虽已拿出“菜单”，要求增调兵力，但这些援兵都尚未到达诺蒙坎。显然，在他们陆续到达之前，必须尽全力阻止日军的集结行动，延缓其进攻时间。

1939 年 6 月 23 日晨，在空军的配合下，苏军出动了以坦克、骑兵和摩托化步兵组成的机动部队，向先期到达将军庙的部分日军发动了迂回进攻。

第二天，朱可夫将兵力增加了一倍，其坦克分队已迂回到了将军庙背后的甘珠尔庙。

扎营于甘珠尔庙的主要是日军二线部队，松本卫生队及第二十六联队的野战医院都在这里，当苏军杀到时，松本首先听到的是苏联飞机的巨大轰鸣。

这是苏联制造的一种快速轰炸机，型号为 SB，特别之处就是一个快字，它比同时期的大多数战斗机都要飞得快，到抗战中期以后，中国曾向苏联购买了三百多架 SB 轰炸机。

SB 所过之处，日本人都傻了，因为二线部队没有配备对空火炮，只能抱着头挨炸。

轰炸结束，坦克分队又冲了过来，日军急忙钻到战壕进行抵抗。朱可夫发起的这种军事行动，不是真的要进行攻坚，只是对日军的营地及兵站进行袭扰，所以扫射之后马上就撤，并不做片刻停留。

朱可夫的袭扰战术令日军惶惶不安。小松原及关东军的情报参谋，都认为苏军已大致了解了己方的作战意图，如不及时采取措施，7 月 1 日的总攻难以实现。

苏军的每次袭扰，都有飞机撑腰，日军航空兵自然不能坐视，第二飞行集团立即派第十二战队上阵，对苏联战机进行拦截。

第十二战队以拥有王牌飞行员而自傲。在这次拦截战中，其头号王牌筱原弘道单人一次性便击落十一架苏联战机，创造了历史新纪录。尽管交战时的苏联战机数量明显多于日机，但地面部队举头看去，从天上冒着黑烟，打着旋栽下来的几乎全是苏联飞机。

攻击间隙的日军飞行员。日军航空兵诚然训练有素，技术精湛，可也无法一个当一百个用。

苏联空军再次遭受挫折，让年轻的飞行员们尝到了失败的滋味儿，然而日本航空队猛则猛矣，却后继乏力，飞机越打越少，国内的飞机制造能力有限，根本来不及增补，相反，苏联远东空军拥有数量上的绝对优势，损失了马上补充，升空作战的飞机始终有多无少。

第二飞行集团为此头疼不已，只好靠加大起飞频率来弥补飞机和飞行员的短缺，但前线兵力仍是捉襟见肘，飞行员更是疲于奔命，毕竟就像筱原那样的神射手，也得吃饭睡觉休息不是。

飞行集团的参谋们经过商讨，研究出了一条对策。

远程轰炸

一段时间以来，飞行集团都是对他们认为“越境”的苏联飞机进行反击。参谋们认为，这是一种十分被动的空中防御术，苏联战机就像雨后的蘑菇一样，摘了一朵，又长一片，长此以往，数量上处于劣势的日本航空队总有撑不住的一天。

大家由此想到了转守为攻，他们的对策是，索性拉出去打，主动对苏军的空军基地发动突袭，把飞机全炸光，以便一劳永逸。

飞行集团团长嵯峨彻二中将是战斗机飞行员出身的空军指挥官，曾在战斗机飞行学校做过校长助理，在飞行作战上很有想法，幕僚的献策让他眼前一亮，认为极具价值，不仅是对策，而且是行之有效的奇策。

突袭计划报到关东军司令部，辻政信等幕僚都认为，既然苏联空军“越境”攻击在先，日本航空队当然也可以“越境”还击。

不过他们也估计到，参谋本部可能不会同意这项作战计划。为免影响飞行集团的独立作战，辻政信准备先斩后奏，等取得战果以后再请参谋本部予以追认。按照陆军的习惯思维，只要有了战果，就一切都好说了。

世上没有不透风的墙，尽管关东军采取了瞒报手段，但还是走漏了风声。正在东京出差的一名关东军参谋泄露天机，把这一消息告诉给了陆军省军事课长岩畔，岩畔一开始就是军部内的“自重论”者，他马上就递话给参谋本部：说了不要让关东军轻举妄动，你们不信，这不，关东军马上就要越界轰炸了，你们知不知道？

参谋本部听到后大吃一惊，中岛次长感到此举过于冒险。一者像岩畔所说的那样，会引起更大的外交纠纷，二者，苏军可以根据这个理由，对东北工业基地进行“越境”轰炸，当时日军在关内的军需供应很多取自于东北，一旦遭到空袭，损失会非常大，而苏联在远东又没有什么重工业，想要对等报复都找不到机会。

中岛随即给关东军参谋长矶谷拍去电报，劝他不要进行轰炸。关东军的回电倒也非常迅速，说关东军在上述问题上的看法和将要采取的手段，与“贵部”（指参谋本部）有所差异，希望“贵部”将诺蒙坎战役的一切事务交给关东军，不要再管了。

从电报的用词来看，应该是矶谷参谋长按照植田的意图所拟，但让中岛挠头的是，电文的字里行间，真的看不出参谋本部和关东军哪个是上级，哪个是下级，一个“贵部”，不知道的人还以为这是两个平级单位哩。

中岛不是一个雷厉风行、杀伐果敢的人，加上关东军地位又非常特殊，他只得把作战课课长稻田找来商量。

稻田的办法是，派作战参谋有末次中佐到长春，直接传达东京的旨意。

中岛、稻田都不知道，这份关东军的回电并不是矶谷所拟，甚至于植田和矶谷都不知道回电的事，它是由辻政信起草，违反规定让电讯班发出的。

在这份电报批准表上，课长、参谋长、军司令官一栏内，盖的全是辻政信一个人的印章，代理签字也是他一个人。课长也就罢了，关东军内却并没有军司令官和参谋长也可以找人代理的规定。

辻政信的狂妄胡为自不待言，但植田、矶谷的迁就责任也无法回避，由此可以看出日军高层在指挥，也就是所谓“统帅权”方面实在是非常混乱。第二次世界大战结束后，一位日军大佐曾指出，仅仅凭关东军给中岛的那份回电，植田、矶谷就可以被予以罢免，甚至如果是在苏军和德军，一个对军部“抗命不遵”，这二位都可能因此人头落地。

至于辻政信，敢私自草拟并签发电报，就地免职的处分应该是最轻的处罚，同时军队还不得再行任用。

“辻政信私发电报”一案在搞乱日军“统帅系统”方面，称得上是日本陆军中空前绝后的事例，不过这也是九一八事变以来，日军过于急功近利，实行层层欺瞒的一个必然结果。

得知稻田要派人来长春，辻政信就知道麻烦来了，不能不向上汇报。

那份给参谋本部的回电，虽然用的是辻政信的腔调，然而其中反映的却正是植田和矶谷的意思，两位关东军大佬都想把轰炸进行到底。听完辻政信的汇报，大家赶紧一起商量应对之法。

巧的是，有末本应于6月25日到达位于长春的关东军司令部，但由于天气原因，不得不推迟。

6 月 30 日是飞行集团预定的远程轰炸时间，植田急忙指示飞行集团，要求加快准备，并将出击时间提前到 27 日。

1939 年 6 月 26 日，有末一行飞抵大连。在矶谷的亲自安排下，有末得到了殷勤接待，他急着要去长春，但被接待人员拉着，又是逛街，又是参观，一天就这么挥霍过去了。

利用这一天工夫，嵯峨彻二进行了最后的准备。飞行集团对外蒙古境内的各大军用机场进行了反复侦察，把目标锁定在了塔木斯克空军基地，塔木斯克在哈拉哈河以西约一百三十公里，基地停靠着许多大中小型飞机。

1939 年 6 月 27 日凌晨 4 点，由超过一百架日机组成的飞机大编队起飞升空，随后在空中编成四个机群，向外蒙古境内飞去。其间各机群始终保持三千米飞行高度，以免被苏军发觉。

6 点左右，第一梯队的轰炸机群到达塔木斯克上空。第二飞行集团采用的轰炸机型是“九七重爆”，也就是九七式重型轰炸机，这是日本三菱公司为关东军“北进作战”，轰炸远东地区专门研制的机种，如今正好派上用场。

此时正是苏军机场的早操时间，警戒非常松懈。随着炸弹纷纷落下，机场很快被烈火与浓烟所包围，一些飞机被当场炸毁。

苏军猛醒过来。机场周围的高射炮拼命射击，值班的“海鸥”战斗机向轰炸机群连发火箭弹，六架轰炸机凌空爆炸，数架起火受伤。在世界空战史上，这是航空火箭弹的首次运用。火箭弹本为战斗机格斗时所用，但在实战中要射中对方并不容易，倒是轰炸机密集一处为它提供了机会。

由于高射炮和“海鸥”的逼迫，日军轰炸机群被迫采用高空水平投弹方式，命中率大大降低，至少有一半炸弹都投到了空地上。

事后日军统计的战果为，击毁击伤苏联飞机一百二十四架，实际上塔木斯克基地的所有飞机加起来，也没这么多，数字显然被扩大了。不过就空袭行动而言，飞行集团的这次行动还是非常成功的，前线的苏军飞机因此受到较大损失。

傍晚，有末参谋乘坐火车到达长春。在见到矶谷参谋长时，还没等他唠叨，矶谷就直言相告：“关东军对塔木斯克基地的远程轰炸，上午已经结束。”

关东军明修栈道、暗度陈仓的这一做法，与策划九一八事变的过程几乎如出一辙，当年军部也是派了一个使者来规劝，而且同样被关东军轻轻晃过。时间过了这么久，军部的优柔寡断，关东军的我行我素，敢情都还是老样子。

轰炸结束，关东军作战课长寺田奉命通过电话，向参谋本部稻田课长汇报了整个行动过程，并竭力吹嘘了一下战果。以为稻田起码会跟着乐一乐，未料稻田听后勃然变色，当即破口大骂：“浑蛋，这是什么战果？”

寺田不乐意了：轰炸塔木斯克是一件值得嘉奖的独立判断行为，我们正自豪着呢，你不表扬也就罢了，怎么还骂上了，莫非是嫌战果太小？

稻田更加生气：我要的是预告，不是报告，你们这哪是什么独立判断，分明是独断专行！

寺田这才弄明白，成果有多大，稻田并不在乎，他在乎的是自己被关东军给耍了。

其实对于参谋本部来说，后果的严重程度还不止于此，因为越境轰炸这件事非同小可，必须向天皇进行汇报。

中岛次长仓促去皇宫上奏，结果被裕仁劈头盖脸骂了一顿：“随意轰炸外蒙境内，这叫干什么？责任由谁来负？”

中岛嗫嚅半天，只好说：“眼下战斗正在进行，等告一段落之后，将使关东军明确责任。”

中岛带着一脸沉痛的表情，窝窝囊囊地回到了参谋本部。这下子，稻田的压力就更大了。

正如中岛所说，“战斗正在进行”，也就是上下都还期盼着关东军带来获胜的消息，此时根本不可能明确什么责任，但是领导受了委屈，总不能就这么算了，要知道，自张鼓峰事件以来，参谋本部不管总长还是次长，可从来没有挨过天皇的训斥。

以稻田的级别，不可能马上指着关东军司令官的鼻子大骂，他只能怪罪到寺田一个人身上：说好不要那么性急，为什么要抢先动手，是本人冲昏了头脑，还是上了那些年轻参谋的当？

稻田用直通电话叫出了寺田，对着他大发雷霆：“不是跟你们说了吗？先不要动，越境空袭要经过天皇批准，你们知不知道？”

稻田在电话中的声音越来越大，气愤之余，他甚至连电话都摔了，这在以前是从来没有过的，寺田拿着话筒的手在发抖，脸上青筋鼓起，已经被吓得不知所措了。

辻政信就在旁边，越听越不是滋味。在他想来，此次关东军不顾性命才取得了轰炸的“大成果”，而且在第一次诺蒙坎战役中，第二十三师团搜索支队被苏联人全灭了，适当报复一下，有什么不可以？

当然了，事前没有联系，故意隐瞒不报，也的确欠妥，可是你应该这么对我们说：“啊，祝贺你们，不过以后要注意联系……”

这是一种耍过调皮以后的顽童心态，但辻政信恰恰就是这么想的，他还想到，如果参谋本部如此通情达理的话，那么，关东军方面一定也会发去一份请罪电报。

可是参谋本部偏偏没有这么通情达理，这让辻政信感到义愤填膺——参谋本部竟然这样无视第一线作战部队的心理，蹂躏我们的感情，这叫什么参谋本部！

辻政信问旁边的其他参谋：“参谋本部究竟是敌人还是自己人？”

正在对方不知如何作答时，辻政信已经从寺田手里抢过了话筒，一个电话又重新打给了稻田。

辻政信在电话中对稻田说："是苏联飞机先炸的我们，关东军只是采取适当的战术手段予以还击，对这种行动，军司令官（指植田）批准就行了，没必要报送天皇。"

在说这些话的时候，辻政信表情从容不迫，一副有理有节的样子，让作为课长的寺田在旁边都听得目瞪口呆。

洋洋洒洒说了一通后，辻政信抛下一句："如果有问题，所有责任由我一人承担。"

接着，挂电话，走人。

知道什么叫潇洒吗？这就是。你别管他讲的在理不在理，起码那种大丈夫敢做敢当的气势，是别人学都学不像的。

原先大家多少还觉得有些心虚理亏，给辻政信这么一起哄，人人都觉得是参谋本部欠了自己。其中最感到冤屈的，应该算是飞行集团长嵯峨彻二了。好不容易设一妙计，为了能够确保轰炸成功，他还把手下的三个少将飞行团长都派去现场指挥，那真是砸锅卖铁毫无保留，到最后一句好话没捞到不说，还被臭骂了一顿，实在是太窝囊了。

飞行集团自此再没有了出击的积极性，而苏联远东空军要整补损失掉的飞机，暂时也保持了克制。那些天，诺蒙坎的天空难得地恢复了平静。

搬起石头砸自己的脚

飞机消停，人不会消停，没有飞机，朱可夫照样可以继续他的地面袭扰战。

1939 年 6 月 28 日，苏军一个坦克营忽然向将军庙攻来。将军庙这时已成为第二十三师团的指挥所，在七十多辆 T-26 坦克的横冲直撞下，将军庙外围的日军阵地立刻陷入混乱，小松原急忙调来几十门速射炮，但苏军坦克营并不纠缠，很快又撤走了。

朱可夫的这种快打快撤的战术，在让小松原伤透脑筋之余，还恼羞成怒：这是跟我玩阴的呀，看我接下来怎么阴你。

说朱可夫"阴"，其实人家的战术光明正大，反而关东军随后使出的招数倒是一点见不得阳光。

1939年6月底，一支神秘而又诡异的日军特种部队来到了诺蒙坎。这支部队从军服颜色到袖章，都跟普通日军完全不同，而且他们的驻营地戒备森严，就连日军的野战部队都不准轻易接近。

臭名昭著的黑太阳“七三一”部队出场了，因为要掩人耳目，对外一直挂着“关东军防疫给水部”的牌子。

这是一支专业从事细菌战的部队，对于这群魔鬼来说，世上没有什么他们不能干或干不出来的事。关东军司令官植田等人则鬼迷心窍，把“石井部队”和细菌战当成了战胜苏军的秘密武器。

毋庸讳言，“七三一”属于变态部队，有“日本细菌战之父”称号的部队长石井四郎大佐更无异于一个变态撒旦，他到前线之后就怂恿小松原，尽快用炮击或飞机布撒的方式，向苏军展开细菌战。

听说要发射细菌弹，小松原一个劲摇头：你这边放炮，他那边必然要还击，万一把堆在阵地上的细菌弹都给打爆了，不是自己给自己找罪受吗？

飞机布撒的话，难度更高，自从空袭塔木斯克基地后，苏军的防空措施做得十分严密，飞机要是飞过哈拉哈河并投弹的话，十有八九会被高射炮或对方战机给干下来。

小松原想吃包子又怕烫着，石井便只好动用“七三一”部队，实施人工布撒。

事前，石井向诺蒙坎地区的所有日军部队发布通知：“从此时起，不准饮用河水，因为河水可能已被污染。”随后，日军一线部队开始启用石井带来的“石井滤水器”和“石井滤水车”。这两个东西都是石井的发明，用以把污水转换成饮用水，可以部分解决士兵在野外作战时的用水困难，它们大概算是“七三一”部队唯一正常的发明了。

与此同时，石井秘密派出了一支由细菌专家和骨干组成的“玉碎部队”。“玉碎部队”在出发前都写了血书，发誓无论成败都不泄露任何机密。

趁着黄昏时分，“玉碎部队”悄悄地摸进哈拉哈河上游，确认对岸没有任何动静后，他们才划着两只事先准备好的充气橡皮舟前往河中央。

橡皮舟上装着金属桶，桶里全是鼠疫等烈性传染病菌。这些家伙把盖子打开，将细菌全部撒进河中，整个哈拉哈河上游完全被细菌所污染。

干完这些令人发指的勾当，植田、小松原和石井就坐在营中，一心等待探马送来苏蒙军遭受细菌战攻袭，然后纷纷躺倒的情报。

可是他们失望了，苏蒙军一点没事。

所谓魔高一尺，道高一丈，苏联早已在远东建立了复杂而严密的情报网络，通过苏联特工的侦察和抗联的配合，朱可夫已经提前掌握了关东军将在诺蒙坎实施细菌战的绝密情报。

在“七三一”部队到达诺蒙坎之前，朱可夫就向部队下达了细菌战防护命令，并进行了防护演习。苏军还专门从后方铺设了数条输水管线，借以保障部队的饮水需要，他们根本就用不着去喝没有安全保障的河水。

最后被细菌“麻翻”的有，而且很多，不过不是苏蒙军，而是日军自己。

虽然日军各部三令五申，不准饮用河水，但为了保密需要，他们又不敢把这件

日军士兵在展示和炫耀从苏军手中缴获的战利品。左二士兵头戴的防毒面具应该也在其列，由此反过来可以说明苏军在反毒气战和细菌战上确实早有准备。

事说得太清楚，结果仍有士兵偷偷地去喝河水。于是，小松原接二连三地收到许多非战斗减员的报告，有的甚至是整个中队都成建制失去了战斗力。不了解内幕的部队长们一头雾水地向他报告，争相讲述士兵发生“怪病”的事。

石井把事情弄砸，还得小松原出面给他擦屁股。小松原耷拉着一张苦脸，把屎盆子扣到了苏军身上，说是苏军对水源地下了毒，“水中检查出细菌，目前石井部队正在调查中……”

细菌战成了石井给小松原下的一个绊子。后来日军大溃退，供水系统被完全破坏，受伤的士兵们喊叫着要水喝，正好眼前就淌着白花花的哈拉哈河，不喝白不喝，于是不明真相的士兵耐不住干渴，捧起河水就往喉咙里灌……

喝过之后，便生怪病，一种从未见过的怪病，不少人因此倒下。许多与他们接触的人也很快被感染，并在极度痛苦中死去。一名参战日军在日记中写道：“我们简直到了人间地狱，整个人都快疯掉了。”

据战后关东军军医部的统计，第二次诺蒙坎战役期间，共有一千三百人因病死亡，其中相当一部分死于细菌感染，这些细菌战的牺牲品被称为“病因不明的死亡”。关东军搬起石头，没想到砸中的却是自个儿的脚。

第五章 从堤坝里喷涌而出的怪兽

迂回进攻讲的是一个快速机动，但这些在诺蒙坎战役中根本就做不到。

各路集结部队，以第二飞行集团到得最早，翅膀一扇就来了。其次是第二十六联队，他们有卡车坐，虽有颠簸之苦，但总算保证了机动性。再次是第二十三师团，一支没水喝的大军，熬了一周，才于6月27日完全到达前线。

最晚到的，恰恰是看起来应该速度最快的——第一战车团。

受限于日本的坦克制造能力，坦克装甲车在日军中一直是稀罕物，成建制坦克部队更加少见。第一战车团是当时日本仅有的一个坦克师团，被参谋本部视为“军中国宝”，就这么一个“国宝”，给了关东军。

关东军也舍不得用，平时除了举行检阅式时偶尔拿出来装装门面，炫耀一下外，哪儿都不让去，所谓“养在深闺人未识”。间接地，也使战车团的生活自理能力很差，出征诺蒙坎，是它首次参加大规模远距离作战，光整理行装就忙了好些天。

1939年6月25日，第一战车团乘火车到达阿尔山。阿尔山就是白阿铁路往北的终点站，这里比海拉尔到诺蒙坎要近一些，但也有一百八十公里路程，沿途尽是原始森林，一下雨，河水泛滥，道路泥泞不堪。

战车团没有专用拖车，全靠坦克自行。还没走一会儿，坦克履带就被泥土糊住，导致故障频出。土路被坦克履带碾压后，形成了泥浆沟，后面跟着的那些油罐车、弹药车、给养车可倒了霉了，经过时全都陷了进去。

一辆陷入泥沟的卡车，得二十个士兵才能拖拽出来，整个战车团每天就忙着拖车、推车，战车团长安冈正臣中将为此常常急得上蹿下跳。

战车团的工兵联队也没少给他们的头儿添乱。这个工兵联队缺乏重型舟桥设备，遇到稍微宽一点的河流就抓瞎，只得绕路而行，弄得行军速度更加缓慢。

1939年6月29日，安冈率战车团向小松原报到，成为最晚到达诺蒙坎前线的一支参战部队。

理想地点

在等待部队集结期间，小松原除依靠飞机对苏军阵地进行侦察外，还派会游泳的军官，利用晚上偷偷地游到哈拉哈河西岸，潜伏在草丛和芦苇中进行观察。

小松原从中发现，苏军在两岸的阵地体系已趋于完备和坚固，东岸设有高低铁丝网，西岸不仅有前沿工事，还有相互贯通的纵深工事，另外苏军后方每天都有大量物资运达。

这些与第一次诺蒙坎战役时完全不同的情况，表明苏军有备在先，进攻的难度也因此增加不少，小松原不由得暗暗吃惊，他对渡河作战开始感到犹豫不决。

辻政信不让了。

关东军专门向前线派驻了一个战地观察组，成员除了辻政信、服部卓四郎外，还有关东军副参谋长矢野音三郎少将。虽然名为观察，但这些人从头至尾都参与了指挥调度，作战计划就是辻政信负责编制出来的。

我好不容易把计划编出来，你说不渡就不渡了？辻政信以监军的口吻对小松原说："如果第二十三师团不能主动渡河作战，关东军司令部将直接下达命令。"

无可奈何之下，小松原只得俯首听令。

矢野看出了小松原的心思，在第一战车团到达前线后，便带上小松原和那两个参谋，几个人一道乘着侦察机，再次对哈拉哈河两岸的苏蒙军阵地进行俯瞰观察，竭力寻找东岸苏军防线的漏洞和破绽。

经过仔细研究，大家终于得到了一个全新的收获，也让小松原稍稍放下了疑虑。

1939 年 7 月 1 日，小松原以第二十三师团主力组成河西攻击兵团，按计划发起总攻。大部队故意绕了一个弯子，在避开东岸所有的苏蒙军防线后，向哈拉哈河下游开去，那里就是矢野等人事先选定的理想渡河地点。

随后，接近两万名战斗兵潜伏于沙丘后，坐等工兵联队架桥。日军的后勤补给则继续维持着极其糟糕的状况，这次饮用水又没能及时送上来，经过近一天急行军的士兵们早就喝光了水壶里的水，嘴唇干到开裂。哈拉哈河的水倒是清又清，而且近在眼前，可你敢喝吗？

除了酷热和干渴，河边还另有大敌。两岸芦苇茂密，蚊蝇非常多，数量超过了一个师团，一对一攻袭日军还有余。有的部队配备有防蚊罩和手套，境况尚好一些，更多的部队什么防护装备都没有，只能直挺挺地咬牙忍受，唯一的指望，就是工兵能早点把架桥的活给干完。

工兵没在架桥，他们在干着急，因为汽车联队还没能把架桥设备给运来。

不是汽车联队故意拖拉，而是他们迷路了。在地貌极其相似的丘陵间，汽车兵也遭遇了“鬼打墙”，直到天黑才从转圈运动变成直线运动。天黑以后，天空乌云密布，没有一颗星星，大地也被重重雾霭所笼罩，人的视野几乎等于零，又不敢开大灯，在这种环境下，汽车联队犹如在没有灯火的地道里行驶，必须一辆跟着一辆，亦步亦趋，走得要多慢有多慢。

看到“哈拉哈河”后，汽车联队如释重负，卸下设备便打道回府。

开汽车的认为东西已经送到，可是河边等着架桥的却连设备的一根毛都没看到。光天化日下冒出如此无厘头的事，让工兵联队又气又急，一查，原来是汽车联队错把一座咸水湖当成了哈拉哈河。

再让汽车回转，时间也来不及了，只好再靠最贱的人力。工兵联队上千人上阵，连拉带拽，耗尽九牛二虎之力，总算把设备弄到了真正的哈拉哈河边。

再要架桥时，恰好下起了雷雨，哈拉哈河的水位急剧增高，流速也加大了，加之夜暗无光，给架桥工兵增加了不少困难。

1939 年 7 月 2 日凌晨 2 点，浮桥终于架设完毕。因为材料不够，架的浮桥很单薄，卡车要过河，就得先把所载货物先卸掉，而且要小心翼翼，不然很可能滑到河里去，火炮也得大卸八块后分运，只有步兵和速射炮可以直接通过。

进入哈拉哈河西岸的日军。日军擅长突袭，此处突袭行动在一开始也达到了神不知鬼不觉的效果。

为了抓紧时间，第二十三师团所属的藤田步兵大队便率先过河，辻政信也随这支部队到达了河西。

在日军的登陆点上，驻有一支外蒙军的小型警戒部队，他们没想到日本兵会突然冲到眼前，由于缺乏准备且数量上处于明显劣势，很快就被日军击溃。

自从塔木斯克基地遭到日军空袭后，苏联空军忙于增补新的飞机，空中侦察不足，所以小松原的这次大规模兵力调动，事前并没有为苏军所察觉，即便日军已经过河，外蒙古高台上的炮兵阵地也未做出及时反应。

上午 10 点，河西兵团的一线主力大半得以过河。小松原驻足向上游远眺，他所站的位置，距离苏军连接两岸的渡口和高台炮兵阵地不足十三公里，距离朱可夫的指挥部不到十五公里，迂回包抄行动即将宣告成功。

不过在此之前，小松原还得跨过一道坎。

组合拳

相比于第一次诺蒙坎战役中折戟的沙日布，朱可夫在排兵布阵上要显得成熟老练许多。沙日布没有为侧翼设置警戒兵力，朱可夫则在日军的必经之路上安排了一个骑兵团。

这个骑兵团就是小松原曾经宣布已被他“全歼”的蒙军骑兵十五团。虽然没到被“全歼”的程度，但骑十五团的损失确实比较严重，部队减员很大，朱可夫便将它调回二线，一边进行休整补充，一边担任侧翼警戒。

骑十五团据守于西岸的巴英查岗山。藤田大队刚刚靠近阵地，就被外蒙军哨兵发现，原先的偷袭只能改为强攻。

在战斗还没完全打响时，一名苏联高官正在巴英查岗山检查防御。他是苏联驻外蒙军的总顾问阿布宁上校，见情况危急，阿布宁立即驱车赶往前沿指挥所，向朱可夫汇报了情况。

朱可夫同样吃惊不小，他赶紧下令骑六师主力赶去堵截。

日本人根据相关情报，认定在肃反的影响下，外蒙古军队与苏军早已是面和心不和，出工不出力，但他们忽视了外蒙古捍卫其国境的决心。

诺蒙坎战役是蒙古宣布独立后面临的第一次大规模战争，在这一战中，蒙军伤亡很大，除沙日布外，还战死了一个国境警备队政委、一个炮兵政委。外蒙古由此受到极大刺激，苏蒙之间的隔阂自动退至次席，为保卫外蒙古国土而战成为外蒙军官兵新的精神动力。

肃反之后，苏联任命乔巴山为外蒙古统帅，在与苏军的密切合作方面，乔巴山自然不会有什么问题。他首先移植了苏军政治工作的经验，开始向前线立功官兵颁发红旗勋章和立功勋章，并发展了一千多名士兵火线入党入团。紧接着，为弥补前线伤亡，又宣布全国进入总动员，十九岁到三十五岁的外蒙古男子必须应征，所有军校的三四年级学生一律提前毕业，以开赴前线作战。

乔巴山对朱可夫全力支持，早在 6 月下旬，他便亲临哈拉哈河前线，视察并慰问一线官兵，从而大振了外蒙军士气。

巴英查岗山并不是一座高山，只是一座六十多米高的大沙丘，但骑十五团阻击的顽强程度大大超出了日军预料。

藤田大队一鼓作气，潮水般涌上了沙丘，随即按照步兵操典，准备将子弹退膛后进行白刃战。白刃肉搏时，子弹必须退膛，只是日军操典的说法，不是外蒙军的，

诺蒙坎战役中的施特恩、乔巴山和朱可夫（自左至右）。这时的施特恩主要负责协调苏蒙两军的活动和后勤工作，并因此在战后荣获苏联英雄称号。

外蒙军根本不理这套武士规矩，机枪手端着机枪平扫过来，其他士兵也全在拼刺中“耍了赖”，让日军大吃苦头，大队长藤田干也少佐就在这种“不公平”的拼刺对决中饮弹丧命。

拼刺毕竟是日军的强项，一旦他们站稳阵脚，外蒙军并不是对手，经过两个小时的苦战，骑十五团很快伤亡殆尽。

可是两个小时也不是白折腾的，利用这段时间，骑六师主力奉命赶到，迅速拉起第二道防线，在暂时挡住日军攻势的同时，也为朱可夫用兵筹策创造了更为充裕的空间。

朱可夫早已设计出了一套组合拳，但他必须得到一个人的同意。

苏军早期实行的是单一首长制，即部队的所有权力和责任都集中在军事主官一人手中，但在肃反进入极盛时期后，苏联以双重指挥制度代替了单一首长制。双重指挥制度也叫“政委最终决定制度”，按照这一制度的规定，部队长的所有战术计划和决定，都得提交同级政委同意，军事主官的一切指令和作战命令，都必须两人共同签字才行。

朱可夫的境遇不错，或许因为是“钦命”的原因，他与军政委尼基舍夫的关系处得不错，尼基舍夫对朱可夫的整套方案完全同意。

朱可夫决定将位于东岸的装甲兵团抽回，集中主力消灭西岸之敌，在此之前，他采用的手段是轰炸浮桥。

正从浮桥上通过的是河西兵团的二线部队，松本及其卫生队也在其中。在苏军炮兵阵地发威后，浮桥周围被炸到水柱冲天，烟雾加上水雾，灰蒙蒙的什么也看不见。

落到浮桥上的炮弹直接制造出炸穿炸塌的效果，这时候就需要工兵冒死下水修补。刚刚修好，轰炸机又来进行俯冲投弹，把在河边等待渡河的士兵吓得一愣一愣的。

为了对付轰炸机，日军在岸边架起了高射机关炮，这才减少了轰炸机的威胁，使得二线部队得以陆续过河。

苏军的这次轰炸虽然未能把日军二线部队拦在东岸，但已成功地使河西兵团前后脱节，一线和二线部队的间隔达到了六公里左右。

与此同时，苏军装甲兵团奉命加快向西岸移动。

1939 年 7 月 2 日下午 3 点，小松原向战车团长安冈正臣传达了一个重要情报：

河东苏军正陆陆续续地向河西撤退。

安冈负责指挥河东攻击兵团，该兵团除战车团外，还包括第二十三师团所属的山县联队以及一个野炮兵大队。按照计划，河东兵团应在7月3日拂晓发起正面攻击，但小松原建议安冈，可以派山县联队提前追击，否则将失去战机。

安冈与小松原在陆军大学时是同班同学。他听后怀疑苏军不会这么快就撤往河西，以为一定是老同学求功心切，犯了急躁病，因此起初没敢轻举妄动。

过了一会儿，一架日军侦察机飞临诺蒙坎上空，给安冈投下了一个通信筒，这份通信件终于让安冈坐不住了。

通信件上写着："已发现苏蒙军向河西撤退。"

侦察飞机在上空观察得明明白白，绝不会随便忽悠，看来苏蒙军撤退这件事千真万确。

安冈立即下定决心，当天晚上就展开夜袭，以配合河西兵团的军事行动。

下午7点40分，又一架侦察机投下通信筒。打开一看，内容是："东岸的苏蒙军正在向西岸撤退，应从速追击。"

安冈掐指一算，距离发现苏军西撤，已经四个多小时过去了，苏军得撤过去多少部队？

夏天的呼伦贝尔草原昼长夜短，时近黄昏，天色仍未有昏暗的迹象，照这个趋势来看，要是再不进攻，东岸的苏军就可能要跑得一个不剩了。

安冈按捺不住，下令不等夜袭，就"昼袭"好了。

在野炮大队实施三十分钟的压制性炮击后，第三战车联队率先从北面进发，坦克和重型装甲车纷纷冲出掩体，向苏军阵地攻去。

朱可夫将装甲兵团调回西岸，仅在东岸留置包括两个团的第三十六摩托化步兵师（摩步师）。因兵力缩小，摩步师在象征性抵挡一阵后，便主动放弃了两道前沿警戒阵地。

联队长吉丸清武大佐一看，那个乐：我已经很努力地约束我的魅力了，没想到老毛子还是这么不禁揍，冲啊！

吉丸命令各坦克中队放下包袱，开足马力，全速前进。

日军实行的是步车协同战术，战车联队后面跟着山县联队和工兵联队呢，坦克这么一发飙不要紧，可两条腿的步兵如何跟得上。

山县急忙派人跑上去与吉丸联系。坦克车封得严严实实，步兵也不知道怎么沟通，只好举起枪托猛敲装甲车的外壳。吉丸打开舱盖，问明事由，很不耐烦地回了一句：“你们能走多快就走多快吧。”

第三战车联队狂飙突进，看来是根本就不打算让步兵们跟上来的节奏。

说完之后，他把舱盖啪地一关，坦克一溜烟开走了。

没有坦克时，山县盼坦克，有了这耍大牌的铁壳子车后，惹来的却是一肚子闷气。

难道我们非得拿热脸贴你的冷屁股？步兵们干脆不跑了，反正就是跑到腿抽筋也追不上。

第三战车联队放开缰绳，一路狂奔，当距离河岸只有四公里时，他们停了下来。

弱智和聪明

不是吉丸想停，实在是不得不停。

朱可夫用半个多月时间，在东岸修筑了纵深达三公里的防线，其中包括多个高地。挡住第三联队的是733高地，高地上的苏军早就严阵以待，在日军发动进攻后，他们集中一百多门轻、中、重迫击炮，向坦克群进行百炮齐射。

迫击炮发射的是霰弹，霰弹凌空爆炸，对步兵具有很大的杀伤力，可在坦克身上的“疗效”一般。吉丸真是想不通对手为什么要用霰弹：你们的弱智还有没有底限啦？

在吉丸的指挥下，战车联队冲过霰弹雨，逼近防线前沿。一进入防线，坦克兵们开始暗暗叫苦。

朱可夫花那么多时间和功夫打造的防线，自然有它的玄妙之处。防线内密布十几道蛇腹铁丝网，这种铁丝网的铁丝呈螺旋形，坦克只要一轧上去，履带就会被其死死缠住，然后坦克便进退不得，只能原地打转。

无奈之下，坦克兵钻出坦克，想把铁丝从履带上拔出，忽然临头又浇下了霰弹雨。

坦克兵们被炸得哭爹喊娘。吉丸这才恍然大悟，苏联人不是弱智，是绝顶聪明，霰弹打的不是坦克，是他的坦克兵。

第三战车联队自中队长木之本守之助少佐以下，三十多名坦克兵死于霰弹之下，坦克也被击毁击破多辆。

吉丸急忙撤兵，上气不接下气地跑到一低洼处躲了起来。面对着丧魂落魄的部下和弹痕累累的坦克，他不由得悔恨交加：早知道就应该带着步兵和工兵一道玩，弄得危急时刻都没有人帮着抽铁丝。

正这么自怨自艾，步兵和工兵却奇迹般地出现在了眼前。原来在被坦克甩开后，山县联队扛着个膀子慢悠悠地往前行军，拖到天黑后迷了路，只能一个劲地在原地转圈，转着转着就转到了战车联队所躲藏的地方。两下一见面，脸都红到了耳朵根。

第四战车联队出发得较晚，路线是沿南面进攻，以便切断苏军向河西撤退的另一道路。在整个进攻过程中，他们被755高地所阻，接下来的遭遇便与第三战车联队十分相似，不仅挨了揍，还在退却中与山县联队一样迷路，一群坦克像苍蝇一样，在黑暗中嗡嗡乱叫，来回打转。

安冈只能等待天亮再继续发起进攻，同样处于焦急等待中的还有他的同学小松原。

虽然占领了巴英查岗山，但第二十三师团损失不小，共有包括两个大队长在内的六百多人伤亡。唯一让小松原感到欣慰的是，由步兵团长小林恒一少将直接指挥的第二十三师团一线部队（小林部队），已经沿着巴英查岗山，形成了向南迂回攻击的有利态势。

第二十三师团的编制和老的常设师团不同，常设师团一般为两旅团四联队制，第二十三师团采用三单位制，即师团下辖一个步兵团，步兵团再辖三个步兵联队。除西岸的山县联队外，其余两个联队都在小林部队之列，天一亮，他们就可以继续深入，直至完全切断西岸苏军的退路。

1939 年 7 月 3 日晨，小林部队向南疾进。这次进攻果然异常顺畅，似乎连对面的骑六师都撤走了，部队长驱直入，一口气赶了十公里。

一看地图，离苏军渡口还有三公里到四公里路程，胜利在望。

突然，让日军为之瞠目结舌的情景出现了：一批炮弹倾泻而下，把士兵们炸得鬼哭狼嚎，接着是第二批、第三批，日军阵地成为一片火海。

炮击持续了一个半小时，小林部队被摁着脖子，难以再向前迈出一步。

与此同时，朱可夫又调动飞机继续对浮桥展开轰炸。

浮桥关系着至关重要的补给线以及日军的退路，小松原必须进行全力防护。第二飞行集团奉命前去保护浮桥，并掩护河西兵团的进攻。

有了奇袭塔木斯克基地的胜利，日本航空兵在对阵苏联空军时颇有心理优势，他们早早地就在巴英查岗山上空摆开阵势，准备将来袭的苏联飞机一架不剩地击落于地。

可是当苏联飞机出现时，航空兵们肝儿颤了。

那不是一架一架，也不是一群一群，而是一阵一阵，经过源源不断的补充，苏联战机已经是密密麻麻，编队飞来时，犹如乌云压阵。

在悬殊的数量差距面前，日军航空兵越来越显徒劳。有的飞机选择了先去拦截轰炸机群，没想到“戴帽燕”伊 -16 瞬间从高空呼啸而下，日机惨叫着从空中掉了下去。

趁此机会，多达七十多架苏军轰炸机群飞临浮桥上空。由于轰炸机实在太多，浮桥旁边的高射机关炮都忙不过来，弹雨泼洒下，停在岸边等待过河的补给车队一片狼藉，浮桥也不时中招，河西兵团所依赖的补给线已被基本切断。

高射炮兵们越打越急，只要从浮桥上空过的，不由分说就是一炮。一阵排射过后，一架屁股后面冒着黑烟的飞机倒栽了下来，再仔细上去一瞧，众人傻眼了。

飞机上面还画着膏药旗，这不是日本飞机吗？

在不幸被自家人绊倒前的一刹那，从飞机上掉下一只通信筒，士兵捡起后，送到了河西兵团的临时指挥所。

过政信正在指挥所里守着，他打开一看，终于弄清楚被误击的是一架日军侦察机，飞行员在侦察过程中看到了一幕不敢想象的画面，所以急惶惶地跑回来报信。

对通信件所说的内容，辻政信根本不相信，一边看一边骂："这家伙被打下来真是活该，连数数都不会，怎么飞行集团净出这号糊涂虫？"

然而很快，他就明白了，这个飞行员尽管很倒霉，但绝非不会数数的糊涂虫。

中午时分，小林部队突然听到巨大的轰鸣声，声音由远及近，连沙丘都为之颤动不已。随后，他们的嘴巴张大，而且再也合不拢了：数不清的坦克和装甲车从地平线上冒出来，就像一股股从堤坝里喷涌而出的怪兽。

继空军之后，由苏联装甲坦克部部长（相当于装甲兵司令员）巴甫洛夫中将亲自率领，苏军的两个坦克旅、一个装甲营早已到达外蒙古，但由于补给的限制，能一直在前线作战的只有坦克、装甲各一旅。

朱可夫把它们与原有的坦克部队组合在一起，形成了装甲兵团，总计有一百八十六辆坦克、二百二十六辆装甲车。

小林部队看到的，正是由河东调来的这支装甲兵团，而这些情况，已经被日军侦察机飞行员提前发现了，在丢下的通信件里，他说了一个概数："苏军有四百辆坦克正朝我们而来。"

辻政信按照他的"兵站极限论"，认为前线根本不可能出现如此多的坦克，他以为飞行员在四十辆坦克后面错添了一个零，因此才大骂飞行员是糊涂虫。

事实证明，那个糊涂虫正是辻政信自己。

胡来举动

说起装甲兵团，就得先说说朱可夫与坦克的渊源。

苏联对坦克战车的重视，最早是受到德国军事理论的影响。此后，苏联逐步效法德国，实施骑兵机械化。在朱可夫担任骑兵团长期间，苏军第一批坦克团正处于创建阶段，朱可夫以其出色的练兵才能被选入其中。

从那时候起，坦克作战便引起了朱可夫的极大兴趣和热情。平时他很少待在司令部，大部分时间都在基层研究坦克，或者带领骑兵团进行野外训练。训练结束，不管时间多晚，他都要求坦克兵们必须把坦克车洗刷干净，然后他会背着手，一声不响地来进行检查，谁不服从规定，他就让这个人离开自己的部队。

当时苏军对坦克的运用，仅仅局限于步车协同，也就是让它对步兵进行掩护，但是朱可夫越来越相信，坦克作为一种强有力的新武器，在现代战场上所能扮演的角色，绝不仅仅是助手。

按照朱可夫的想法，坦克应该用于独立作战，也就是说，不要分散到各个步兵部队去，否则作战时就会出现这样的情况：步兵追不上坦克，坦克既不能配合步兵，又可能使自身力量受到削弱。

要配合，就让装甲车配合，而且是以坦克为主，装甲车为辅，装甲车本身具备快速机动和防御进攻的能力，它不仅不会拖坦克的后腿，还能为坦克提供必要的火力支援及掩护。

这就是朱可夫关于装甲兵团的设想，诺蒙坎战场为这个大胆想法提供了试验的机会和舞台。一群群坦克装甲车作方阵聚合排列，有的二十辆在一起，有的三十辆在一起，最少的一群也有十辆左右，它们有的呈横队，有的呈纵队，从各个不同的角度和方向向日军阵地快速袭来。

日军惊慌失措，急忙把可攻击坦克的速射炮搬上来。小林部队的速射炮数量有

苏联名将伏龙芝认为，随着武器的改进和军事技术的进步，战术也会随之改变。装甲兵团的构想正是这一理论在实战中的体现。

限，对于如此庞大的坦克集团而言，几乎可以忽略不计。

速射炮不够用，小林下令实施“肉弹攻击”。

被编入敢死队的“肉弹”们开始收集武器，这些武器包括反坦克手雷、炸药包、集束手榴弹、迫击炮弹，最多的就是燃烧瓶。

早在从海拉尔出发前，第二十三师团便给每个士兵都发了一瓶汽水，要求先将汽水喝完，然后灌满汽油随身携带，这些瓶子就是燃烧瓶。

“肉弹”们抱着武器，三三两两地跃出战壕，他们一边高呼口号，一边向坦克冲去，但是大部分人还没跑几步，就被担任火力支援的装甲车打得血肉横飞，尸骨无存。

苏军坦克仍在不断增加，一批坦克从侧面渗入了河西兵团的二线区域，与正在赶路的卫生队狭路相逢。

当松本发现时，已有十五辆坦克呈扇形包抄过来。松本急忙拔出战刀大喊：“全体卧倒！”

光卧倒不济事，还得挡上一把才行，松本又叫：“埋反坦克雷，埋反坦克雷！”

这时候再埋雷哪里还来得及，坦克眨眼冲到跟前，卫生队附近的战斗兵首当其冲，离得远些的被坦克炸死炸伤，离得近的更惨，轻者被压断了腿，重者被碾成了鱼干。

幸亏卫生队后面跟来了速射炮，在近距离下，两辆苏军坦克被炮火击毁，其余坦克才被迫后撤。

日军已经死伤一地，卫生队也顾不得再追赶一线部队，先进行战地救护要紧。就在这时，松本看到一辆崭新的轿车。

车里坐着的，是小松原和他的参谋长。听说小林部队遭到了苏军的猛烈反击，他感到很是突然，想亲自到前线去一探究竟。

谁都知道，一般士兵不可能坐轿车，能坐轿车的十之八九是大头目，这个松本眼里的“胡来举动”，又引得苏军坦克成群杀来。

速射炮先被炸毁，接着轿车旁边的护卫骑兵也遭了殃。只听一声坦克炮响，战马飞向天空，在空中打了几个旋，又扑通一声重重地摔在地上。

战马的惨状吓坏了卫生队的挽马，它们撒开蹄，拉着装运医疗器具的大车没命地向旷野跑去。

小松原的汽车回身便向临时指挥所逃去，两辆坦克在后面紧紧追赶。指挥所里面的人这时才发现，苏军坦克的密集和战局恶化的程度已大大超出了他们的预期。

留守指挥所的辻政信一边接应小松原，一边急调兵团预备队从河东到河西，以稳定后防。

被作为预备队的，是第二十六联队及一个野炮兵大队，联队长须见新一郎大佐派安达大队和野炮兵大队前去支援。

两个大队过河后，立即遭到坦克攻击。野炮兵大队首当其冲，刚刚过河的挽马因受惊而四处狂奔，弹药车与火炮被掀翻在地。一名日军在日记中写道："我们当时惊慌失措，战马嘶叫，拖着火炮四处奔跑，汽车也到处乱窜。"

知道西岸险恶，没想到如此险恶，由于情况过于紧急，野炮兵来不及装定标尺，就像步兵使用速射炮一样，采用直接瞄准的方法对坦克进行射击，以阻挡其前进。

先期带来的炮弹有限，很快就打光了，在这要命的关头，浮桥又被炸断了，河里抢修的工兵死伤惨重，炮弹也因此断了炊，使得一门门山炮、野炮全做了哑巴。

安达大队这时更加动弹不得，他们被侧翼赶来的一个外蒙军装甲营死死缠住。

生化游戏

第二十六联队曾被认为是关东军中最适合对苏作战的部队，该联队长期在草原上进行高强度步兵训练，士兵熟练掌握刺杀、射击和机动三项技能，战场上面对面，无论是对射还是拼刺，他们都是高手。

可是面对坦克和装甲车，安达大队根本得不到显能耐的机会。外蒙军这次使用的仍是苏造轮式装甲车，它的外貌与BA–6相似，不过已经是BA–6的重量级完善版，叫作BA–10。

BA–6是轻型装甲车，BA–10则是重型装甲车，典型特点是装甲厚、火力猛。三十六辆BA–10非常聪明地与日军步兵拉开距离，保证它能打得着你，你却摸不到它。

安达大队想用"肉弹"都不成，只能被动挨打，无法向指挥所靠拢。

在装甲营挟住安达大队后，一个苏军坦克连向日军指挥所直扑过来。眼看着坦克越逼越近，小松原的一张脸蜡渣似的白，指挥所内包括矢野、辻政信、服部、小林在内的一众高官也都面如土色，大家在绝望之下，甚至已拔出指挥刀，做好了剖腹自杀的准备。

千钧一发之际，工兵重新修好了浮桥，一个速射炮中队紧急过河保驾，发起了反坦克战。

一番交火，两辆苏军坦克被击毁，因不清楚日军的增援情况，为减少损失，坦克连和装甲营都暂时停止了攻击，但是日军速射炮中队在战斗过程中也遭到严重损失，整个中队只剩六个人一门炮。

日军二线及后方危如累卵之际，正是一线短兵相接之时，有的苏军坦克与野战阵地已仅有二十米的距离，日军的火力点一个个被清除。

小林唯恐一线部队发生混乱，赶紧率领参谋们亲临前沿阵地进行指挥。到了这种危急关头，其实他也没什么妙招，可以凭借的，仍是那个不把士兵性命当回事的"肉弹攻击"。

散兵坑内的士兵们如僵尸一般四处涌出。他们身上挂满手榴弹，手里还拿着燃烧瓶，血迹斑斑地狂叫着向坦克冲去。起先是一个班，后来是一个排，最后发展到一个连……

负责对坦克进行火力支援的装甲车立即开火，但日军与坦克离得太近，人又实在太多，往往干掉了这一群，又漏了那一群——想想看，你打生化游戏时，一下子扑来几百个"僵尸"，纵然手里有再好的武器，也有顾此失彼的时候。

原题大意为"八百雄兵击败苏军坦克集群反扑"。看这些人欢呼雀跃的样，仿佛不是苏军坦克差点淹没了他们，而是他们已经把苏军坦克给干得一个不剩了。

在高温环境下，又经过长途奔驰，苏军坦克的汽油发动机外壳灼热无比，燃烧瓶里的汽油一流到引擎或排气管等地方，就会引发整个坦克迅速燃烧爆炸。

见肉弹攻击起到效果，“僵尸”们变得更为疯狂，有人甚至直接爬上坦克，用枪托猛砸观测镜和天线，使坦克无法正常行驶。

苏军已经稳操胜券，当然不愿意与对手无谓地拼消耗，铁甲洪流暂时退潮。

此时一线的小林部队不仅速射炮已被毁坏殆尽，连用于“肉弹攻击”的反坦克手雷和燃烧瓶也所剩无几，士兵只能徒劳地用步枪对远处的坦克进行射击。二线还有速射炮，不过炮弹也快用完了。像这种样子，只要苏军再发动一次总攻，一二线就都要一齐呜呼哀哉。

苏军没有再发起大规模总攻，还是托了飞行集团的福。

飞行集团长嵯峨彻二当天其实一直在诺蒙坎上空进行侦察。这种侦察实在有够危险，苏军高炮部队可不是吃素的，嵯峨彻二身边的一架侦察机就被高炮击落，一名作战参谋当即坠地毙命。

嵯峨彻二能设身处地地感受到步兵的困境。不须小松原多费口舌，他就不惜血本地把重轰炸第六十一战队调到了河西战场。在战斗机的掩护下，重轰炸战队以苏军坦克群和炮兵群为目标进行了轰炸，否则小林部队的防线可能早就崩溃了。

中午以后，在塔木斯克基地向东的公路上，出现了长长的装甲车队和摩托化步兵，这是朱可夫从后方抽调而来，准备用于前线的增援兵力。轰炸机队二度出动进行轰炸，迫使苏军增援部队就地隐蔽和疏散，也相应延缓了朱可夫发起的下一轮总攻。

苏军没有急于再次组织进攻，倒是一线的日军士兵开始自发向苏军重机枪阵地发起冲锋。士兵们如此不顾死活，不是为了争取反败为胜，而仅仅是为了能让自己的嘴唇湿润一下：苏制水冷式重机枪的散热筒内，装着五公升掺有润滑油的水。

由于补给线几乎被完全切断，长时间的断水已经使士兵们进入了歇斯底里的状态。当然，在重机枪的猛射下，他们根本就接近不了苏军阵地，不过在阵地前沿留下了一堆又一堆尸体而已。

此情此景，让督军的关东军高参们深为震惊。

一天仗打下来，日军前后方都报告已经伤亡过半，弹尽粮绝，地上横七竖八到处是日军的死人死马。置身战场的松本自述，他甚至曾产生幻觉，即便苏军没有发起冲锋，也老是觉得耳边有坦克的轰鸣声。

显然，再硬拖下去的话，除了继续损失外，河西兵团已没有任何取胜的可能。

1939 年 7 月 3 日下午 3 点，矢野出面，把前线将官召集在一起开了个碰头会。会上，他和小林的意见统一，都认为渡河作战已经失败，应该赶快撤退。

可是小松原却不同意。

见死不救

其实，被坦克追到指挥所门前，以及速射炮中队几乎被打垮的一幕，早已使小松原深受刺激。他也知道战事没希望了，不同意撤退，说穿了只是矫情两个字在作怪罢了。

小松原是所谓的对苏作战专家，如果承认失败，他就得同时承认自己不过是个纸上谈兵的专家，承认自己根本不了解现在的苏联军队及其战法，而那本《如何与苏军作战》估计就只能运到造纸厂当纸浆用了。

辻政信有着与小松原差不多的顾虑，但又不知道该如何表态，唯有坐在旁边一声不吭。

见碰头会陷入僵局，服部站出来说了几句。听完之后，小松原不反对撤退了。

服部说，现在最可怕的还不是前沿顶不住，而是浮桥可能守不牢。一旦苏军抄到后路，将浮桥予以完全封锁或破坏，到那时想回都回不去了，河西兵团的下场，不是进靖国神社就是蹲战俘营。

服部说话，辻政信同样买账。于是指挥所的五个人达成一致，决定停止作战，于当天晚上将部队撤回东岸。

这时候要想平安无事地撤下来已经变得很困难，必须呼叫航空兵支援。

7 月 3 日下午 4 点，重轰炸第六十一战队三度出击，对苏军炮群进行威慑性轰炸，一方面在夜晚到来之前，尽可能阻止苏军发起总攻；另一方面使小松原能够无障碍地向小林部队运去速射炮及其炮弹。

速射炮弹根本不够使，很快又快用完了，在浮桥一度被击断的情况下，飞行集团紧急出动一架运输机，满载速射炮弹，冒险降落在河西平地，对小林部队进行了强行补给。

除此之外，嵯峨彻二还不顾一切地把战斗机调到浮桥上空进行守卫，在激烈的空战中，许多带着膏药标志的战机中弹坠落于浮桥附近。

入夜之后，小松原正式下达撤退命令，并由小林到前沿具体进行组织。

轮到苏军飞机大炮开始发力了。当河西兵团逐步撤离时，突然从天空飞蝗一般落下大量照明弹，战场被照得如同白昼一般，苏军随即通过浓密火力对撤退日军实施覆盖式打击。

惊恐之中，有些日军部队出现混乱，有那么一段时间，小林身边连个参谋都找不到，他的战马也不知道去了哪里。

不过苏军装甲兵团并没有立刻发起大规模尾击，对日军造成杀伤的主要还是炮火。

朱可夫一直观察着对手的动向。他发现，日军在撤退过程中的队列组织得非常严密。在河西兵团的前卫、后卫及其侧翼，都有配备速射炮的精干部队实施警戒，伤者也尽量进行了收容，并派专门部队进行掩护。有的部队即便与主力失去了联系，但依靠辨别北极星的位置，仍可以自动向原渡河点集结。

日军是败退，不是溃退，混乱也不是全部，只是局部。显然，这种时候如果一味猛追，还达不到理想效果。

为了真正动摇河西兵团的阵脚，朱可夫另有一着棋。

装甲兵团的前敌指挥官米秀林大校应召来到指挥部，坐在帆布凳上的朱可夫交给他一项指令：派一个装甲营迂回到渡口处，以切断日军退路。

指令下达后，米秀林仍站着一动不动。

朱可夫问道："任务明确了吗？"

米秀林点点头："明确了。"

"可是为什么你的脸色这么难看？是靴子夹脚啦？"

米秀林说出了自己的顾虑。鉴于日军已在渡口附近建立防御阵地，并配备了速射炮，眼看天色将暗，若强行进攻，这个装甲营的损失可能会很大。

朱可夫走出帐篷，眺望着远处的坦克群："我们要争取全歼日军，这点损伤不算什么。执行命令吧，大校同志！”

按照日军的武士道精神，危难时候应先照顾他人，所以小林安排的撤退秩序是，从属于第七师团的安达大队先撤，然后是宝贝一样的炮兵部队，最后才轮到第二十三师团的两个步兵联队。

安达大队可以第一个撤，不过在此之前，他们必须等待第二十三师团的步兵联队来接防渡口阵地。左等右等，等来的不是友军，是敌军，也就是迂回而来的苏军装甲营。

安达大队被包围了，这一消息让辻政信等人十分震惊。

安达大队负有防御渡口的责任，这个大队有个三长两短还是小事，一旦渡河点被苏军包抄得手，整个河西兵团必然会招致全军覆灭。

辻政信自告奋勇，跑到东岸去搬救兵。

来到第二十六联队部，联队长须见正在吃晚饭，手里还拿着一个啤酒瓶，看样子正在喝啤酒。

辻政信一向以清廉自居，最痛恨军官花天酒地——平时喝瓶啤酒当然没什么，可这是在激烈的战场，想想看，老子在对岸九死一生，危险重重，你却在这里恣意享受，太让人不能容忍了。

辻政信的不快很快转化为愤怒，他就像从前对待山县一样，朝着这位军衔大大高过自己的联队长大骂：“为什么还不打出军旗全力救援安达大队？作为军官能见死不救吗？”

须见十分委屈，其实他喝的不是啤酒，只是水。那只啤酒瓶是空的，本来的用途是装上汽油当燃烧瓶用，临时被传令兵灌了饮用水。

辻政信说须见想见死不救，倒是没完全冤枉他，须见虽未过河，但光听听对岸传来的枪炮声，就知道那里是什么情况了，他和山县相仿，都害怕因救一个大队而把整个联队都搭进去。

可是大队长们又是另外一种物伤其类的心情，他们见联队长迟迟不动弹，都在旁边悄悄嘀咕起来，加上又有辻政信当面相责，须见只得硬着头皮出马。

出发之前，他把联队军旗留在阵地上，并专门拨一个中队进行保护。这一举动表明，须见对自己及联队能否再返回东岸，已不抱任何希望。

走江湖者

须见孤注一掷，过河后即下令所有大队长、中队长级别的军官，都必须到第一线进行指挥和掌握，对苏军发起夜袭战。

战斗十分激烈，苏军志在必得，日军拼死不退，第二十六联队死伤四百多人，一个联队副官、两个大队长当场毙命，但终于守住了渡河点，朱可夫最具威胁的一着棋未能奏效。

第二十六联队一上阵就下不来，有他们在那里黏着，其余部队得以通过浮桥陆续撤离，松本和他的卫生队首批撤至东岸。

自第一次诺蒙坎战役从742高地撤回后，松本已经是二度逃生。

在性格和个人生活习惯上，日本人有很多特别之处。专门研究日本文化的学者小泉八云在《日本与日本人》中写道：日本的走江湖者，倘若他身上还有一分钱的话，每天必然要洗浴一次，如果连这一分钱都没有，他也要洗冷水澡，否则就会感到浑身不舒服。

松本就是这样的“走江湖者”。在据守742高地时，因干渴难忍，他曾冒着危险在高地的山口附近用饭盒盖收集晨露，忙了一个多小时，才弄到一水杯露水。这一水杯露水可以说比血还宝贵，其中的一半，松本拿来刷了牙。

现在的松本比742高地时期还要狼狈，接露水刷牙自然成了奢侈的记忆，就连胡子都没时间去刮，弄得胡须满腮，加上从战场上逃出来那副蓬头垢面、丧魂落魄的窘相，众人都劝谑地称他为“大胡子将军”。

“大胡子将军”带去河西的卫生队有五十多人，伤亡了近一半，马车和装备也都丢掉了，剩下的人和他一样，个个破衣烂衫，看上去跟一群要饭的差不多。

别的部队到了东岸就可以休息，卫生队还不能歇着。河岸上躺着几百名伤兵，都得他们进行救护。

正忙活着，松本的上司秦医长赶来，又要组织收容队返回西岸。原来西岸还有许多没撤出来的部队，正在边打边撤，战场担架队收容了一批新的伤员，需要接过来。

听到这个消息，这些刚刚脱离危险的卫生兵一下子都沉默了，谁也不愿意再把小命搭进去。秦医长问了几遍，无人应答，气急之下，他连说话的音调都变了：“究竟谁去？”

松本是卫生队队长，见此情景，只得第一个站出来响应。接着便是挑选人手，问来问去，这个有理由，那个有借口，反正推来推去都不肯上。

松本大为光火：“不管愿不愿去，都得去！”经过强行点名式的“拉壮丁”，好歹凑齐了人手。

晚上 11 点，松本率收容队来到西岸。此时第二十六联队还在渡河点防守，远远地仍能看到吐着火龙的苏军坦克。

收容队沿河岸走了一会儿，忽然接连飞来曳光弹，先是机枪曳光弹，再是坦克曳光弹，吓得收容队赶紧就地卧倒。

刚过河，怎么会这么快就被苏军盯住？松本大惑不解，扭头一看，才知道是刺刀被周围的火焰一照，形成了反射光。

刺刀上膛是为了给自己壮胆，凭收容队几条烂人破枪，若是真碰到苏军，就是一个死。松本赶紧下令收起刺刀，曳光弹也再未跟过来。

找到伤员，收容队准备回返。松本一想，带着这么多伤员，若是再走原路的话，几个曳光弹一照，没准就有炮弹飞过来，到时大家就全完了，还不如试试看，能否就近直接涉水过河，然后再迂回到下游。

松本蹑手蹑脚地来到河滩边，折了根树枝一探底，立即激动起来。河水很浅，只到膝盖部位，而且这一带的河堤很高，不容易被苏军发现。

于是松本在前面引路，众人紧跟其后，慢慢地涉水而过。

快上岸的时候，松本隐隐约约看到岸边有一座黑洞洞的小树林，他心里起了疑惑，担心林子里会有伏兵，因为对岸本是苏军的活动区域。

要绕的话已经来不及了，只能碰运气，松本宁愿相信自己多虑了。

收容队即将靠近树林，就在这一瞬间，树林里突然响起了引擎点火的轰鸣声，与此同时，照明灯打开，灯光晃得人眼睛都睁不开。

“完了，中埋伏了。”松本的脑袋一片空白。收容队这时都还没有从水里出来，逃也没法逃，又带着这么多伤员，无疑是死路一条。

树林里是藏着两辆苏军坦克，不过让松本感到惊讶的是，这两辆坦克并没有朝收容队开火，而是钻出树林飞奔而去，眨眼间就没了踪影。

收容队被伏兵吓了一大跳，其实那些苏联人也一样，他们防的是东岸的日军，没想到背后会出现这么多人，以为是前后夹击来夜袭的，因此才迅速逃离，从而让松本又一次逃出生天。

日军确实在酝酿着一场夜袭，当然不是松本和他的收容队。

无耻的偷袭

7 月 3 日白天，东岸的主战场上同样是喊杀声震耳欲聋。

上午是第四战车联队，当联队再次来到 755 高地附近，准备发起进攻时，已增添坦克火炮的苏军却提前发作，把日军坦克打得连连倒退。

日本生产的坦克，逐年有所改进。第四战车联队主要采用 95 式坦克，其速度比 94 式土豆坦克更快，在当时世界各国装备的轻战车中，属于机动性最好的一种。不过在防护差、火力弱方面，94 式、95 式几乎是同病相怜。要说 95 式比 94 式强，也就强那么一点点，在苏军的 T-26 坦克面前，完全可以忽略不计。

联队长玉田美郎大佐观察战况后，感到一阵心寒，连忙撤回联队主力，只留下少数部队进行警戒。

到中午，换了战车第三联队与山县联队这一对搭档，目标是 733 高地。

前番嫌弃步兵和工兵，让联队长吉丸清武吃足了苦头，这次不能不搞好配合。坦克履带一被铁丝网缠住，跟在旁边的工兵联队便赶紧趴下来清理铁丝，不过苏军对此早有准备，特等狙击手们等的就是这个机会，枪声响处，坦克周围的工兵接连倒下。

战车第四联队的空地协同进攻。不过这其实也是为了配合拍照宣传而特意摆出来的造型，实战时做不到如此气势轩昂。

山县联队继后攻击，但在浓密火力及铁丝网拦阻下，不仅同样一筹莫展，而且蒙受很大伤亡，一名大队长被击毙。

还是乖乖地回家吃晚饭吧。

连着两天打不开局面，战车团长安冈愁得连饭都吃不下，这时候战车第四联队长玉田来串门子了。

玉田认为，白天的进攻过于简单和轻率，要用这种方式来攻克高地，等同于缘木求鱼。

对于联队长这种荤不荤素不素，说了跟没说差不多的言论，安冈并不特别感冒，但是玉田接下来的一句话，却使谈话气氛发生了改变。

玉田要求发动夜袭，白天不行，晚上接着干，而且愿意主动请缨。

安冈颇有些震惊：你的联队白天才挨了打，这么快又夺命思财，疮好忘痛啦？

他真想摸一摸对方的额头，看是不是突然发烧了，但玉田很认真，说晚上偷袭，不易被苏军发现，即使被发现了，以95式的机动速度，又有夜色作为掩护，完全可以逃之夭夭。

听玉田言之凿凿，安冈犹豫了又犹豫，终于还是点头同意，条件是速去速回，不能恋战。

7月3日晚11点30分，在玉田的指挥下，第四战车联队以密集队形出发，他们没有从正面进击，而是绕了一个大圈，迂回至苏军阵地侧面，以避开烦人的铁丝网。

这是一次隐蔽行动，按照玉田的规定，所有坦克都闭灯前行，同时将车速控制在每小时五公里左右。除了玉田乘坐的指挥坦克上装有车载电台外，联队的其余坦克都没有无线通信，在黑暗中关灯之后，又听不到前后左右车辆的声音，个个成了睁眼瞎。

为了保持队形，各坦克的车长们只好打开舱盖，探出头来互相喊着，这使得行军更加困难，犹如在同手同脚走路，别提多别扭了。

或许也该着玉田走运，行了不到半小时，突然下起了雷阵雨，一时间电闪雷鸣，大雨倾盆。草原上的天气一向变幻莫测，假如是平时，可能没有野战部队会喜欢这样的环境，但现在不同。

雷声和雨声遮掩了发动机的轰鸣，闪电则帮助坦克车手看清了道路，玉田喜出望外，马上下令开足马力，全速行驶。

因为连着两天看对手的笑话，第三十六摩步师在侧翼的警戒有所松懈，第四联队沿途未受到任何阻挡，轻而易举地就得以潜入苏军主阵地后方的重炮阵地。

当苏军哨兵察觉异动时，一切都来不及了，日军坦克一拥而上，冲入了营地。守军猝不及防，顿时一片混乱，值班机枪才打了一梭子子弹，便被坦克炮击中，跑出帐篷的士兵也一排排地被坦克机枪扫倒。

战斗仅仅进行了一个小时，重炮阵地便被日军坦克完全击毁，而第四联队的伤亡并不大。

完成这一划算买卖后，玉田立即率部撤退。苏军拥有 BT 快速坦克，其速度还要超过 95 式，但当 BT 闻讯到达时，第四联队早已离开。

玉田创造了一个纪录。在坦克作战史上，能够利用夜间恶劣天气，实施大规模集群攻击并取得胜利，这还是首例。苏军为此损失了两个榴弹炮营，后来许多军事院校都把此战列为教材中的经典范例。

不过就当时而言，玉田取得的所谓胜利，也仅止于战术胜利。对于失去两个榴弹炮营，日军也许会伤筋动骨，苏军却不会，他们很快就可以得到补充，甚至更多。

第四战车联队的夜袭取得了成功。这是日军在搬运战利品。

苏军的补给线稳定而高效，无论坦克还是火炮，外蒙古高台上的炮兵阵地就从来没有闲着的时候。7 月 4 日一大早，它便开工向东西两岸的日军展开射击。

松本已经率收容队到达东岸渡河点，他急忙下令把伤员和尸体装上车，往安全地点转移，结果根本就跑不出苏军榴弹炮的火力范围，两辆卡车先后冒着烟滚到了河堤下。

好不容易把伤员弄回来，没想到又成了苏军的活靶子，松本两眼急得通红，电光石火之间，他忽然想到上次收容搜索队尸体时的做法，便赶紧让人给卡车挂上红十字标志。

苏军把日军的偷袭全部称为“无耻的偷袭”，做事也不会像日本人这样鬼鬼祟祟。见到红十字后，苏联炮兵遵守国际道义和规则，暂时停止射击，放走了余下的卡车。

东岸其实也有日军的野炮阵地，并试图对外蒙古高台的苏军炮兵阵地进行压制。双方展开炮战，炮弹呼啸着在空中飞来飞去。

松本在送完伤兵后，就躲在炮兵战壕里，他一看，就知道这实际上是一场完全不对称的炮战。仅就位置而言，外蒙古高台对诺蒙坎地区可以做到一览无余，日军的野炮阵地整个暴露在苏军视野里，而日军炮兵却看不到对方的炮兵阵地到底在哪里，只能根据炮弹袭来的方向作出模糊判断。

此外，炮兵火力也有不小差距。日军每发射一颗炮弹，就会招来五六发炮弹的反击。一个炮兵在战壕里被炮火压得受不了，刚刚爬出来，想换个地方，一发炮弹就在他身边爆炸，炮兵受了重伤。另一个炮兵在营救时，也受了重伤。

这种窝囊的炮战真是没法看。两个重伤员被重新拖回战壕，松本给他们做了紧急包扎，并一路护送到后方。

其实岂止炮战，不对称的还有很多，比如接下来的坦克战。

变形金刚

日军河西兵团急于归营，他们关心的是能不能过桥，早已无暇恋战，朱可夫终于可以腾出手来关心一下河东战场了。

与小松原在对苏作战上的半生不熟不同，朱可夫是真正的坦克战专家，而且他对日军坦克部队的评价很低。

朱可夫认为，日本的坦克仅相当于苏军20年代的水平，技术和装备都很落后，可谓要速度没速度，要火力没火力。

同样乏善可陈的还有战术。在朱可夫看来，玉田的偷袭成功，不过是个偶然事件，并不能代表什么。实际上，日军坦克部队的基本战术动作十分呆板，翻来覆去就那么几样，迂回侧击可以说是其中最老套的一种。不知道的可能会被蒙住，知道了以后，你完全可以当它是浮云。

德国军事观察团也特别留意了日军的坦克部队。在他们眼中，那些坦克的制造技术连一战水平都不够，整体设计非常落后，称之为坦克，实在是恭维了。

让德国人倍感吃惊的是，就这样的烂货，全日本也没几辆，日军只有一个坦克师团，便很能说明问题。按照德军的坦克战理论，坦克要集群作战才有效，如此少的坦克，难以想象会有什么战斗力。

战术方面，观察团的评价也与朱可夫如出一辙，即“还停留在一战以前，非常呆板和僵硬”。

对于这种既无技术又无战术的二杆子对手，朱可夫当然没有任何理由手软。

7月4日中午，装甲兵团奉命移往东岸，坦克旅和装甲旅一前一后，一里一外，向日军河东兵团发起大规模进攻。日本航空兵掩护河西兵团撤退都来不及，自然也顾不上为安冈提供情报，诺蒙坎战场上又是沙丘连着沙丘，这边看不到那边，当哨兵发现苏军坦克铺天盖地压过来时，双方距离已不足一公里。

按照日军对坦克的分类，二十吨以上才为重战车，但限于其相对落后的生产技术能力，始终没能研发出符合这一规格的坦克，在日本陆军里服役的一般只有轻战车和中战车两种，比如第三战车联队的主坦克便是89式中战车。

89式战车全重十三吨，是日军所有坦克里面火力最强、装甲最厚的一种型号，不过这也就是矮子里面拔将军。

光是苏军当先出战的第十一坦克旅，就拥有近百辆坦克，其中有两种是先前已经露过脸的，即T-26轻型坦克和T-130喷火坦

89式中战车。由于在日本纪元2589年（1929年）面世，故名89式。

克，就装甲厚度和防护能力来说，它们就已经不比 89 式差多少，等到 T−28 再站起来，89 式就被完全淹没了。

二十吨以上为重战车，那只是日本人的分类法。苏联人可不是这样，接近于 89 式的 T−26，只被算在轻战车范畴内，T−28 全重已达三十一吨，他们叫中战车！

T−28 与 89 式站一块儿，简直就是“巨无霸”与侏儒的关系。T−28 不仅有“巨无霸”的块头和体量，而且火力甚猛，坦克射击时迅速而准确，几乎没有臭弹。它们上来后，几拳就把 89 式给打趴在地，一辆又一辆日军坦克被击中后发生爆炸，瘫在地上成为了一堆废零件。

让吉丸联队长格外诧异的还不是这个，而是自己一上来就被苏军给死死盯住，他自己都觉得奇怪：都是废铁，你们怎么就单单看上了我?

出卖吉丸的，恰恰就是他所乘坐的那辆指挥坦克。

日造坦克省工又省料，坦克舱十分狭小，这是多数坦克都不装通信设施的原因。联队长要对外联络，不能不装车载电台，而空间一共就这么大，装了这个，便容不了那个，所以指挥坦克一般不加载火炮，很容易辨别。

其他国家的坦克部队有的也有这一问题，不过他们会在指挥坦克上另外加装一根钢管，看上去就跟炮筒一样，为的就是要鱼目混珠，使敌军分辨不出。

日本人的聪明劲都用到如何省钱上去了，从来没考虑过这一招。吉丸的“秃子”坦克往那里一戳，想不让人认出来都难。

苏军争相追逐，周围的日军坦克赶紧上前护卫，可哪里挡得住。几辆 T−28 连发数炮，指挥坦克和坐在里面的吉丸联队长一道成了渣渣。

中战车尚且不济事，轻战车更不敢上去硬碰硬。玉田的为人要比吉丸鬼得多，他见势不好，赶紧指挥自己的第四战车联队飞逃。

T−28 虽是个壮汉，跑起来却也不慢。几辆日军坦克逃避不及，被 T−28 撵上，后者连炮都懒得打，直接将 95 式撞翻在地，然后嘎嘎嘎地碾轧过去，那一幕，就仿佛是在上演现实版的变形金刚。

诺蒙坎成了苏军新武器的试验场，会喷火的，块头大的，速度快的，火力猛的，全聚着堆上来了。当天的战局，更像是数量庞大的牛群在追击一小群羊，而那一小群羊丧于牛角或牛蹄之下只是时间问题。

就在安冈和他的部下万念俱灰的时候，草原上突然刮起一阵沙尘暴，一时间，大量黄沙挡住了光芒，白天变成黑夜，残余的日军坦克趁机突出重围，一口气逃回了将军庙。

第一战车团原有坦克七十辆，这一战就去了一半。消息传回日本国内，参谋本部受到极大震动。七十辆坦克看上去够寒酸，但以日本的国力和资源状况，能凑齐这些宝贝已经十分不易，而且第一战车团还是当时日本唯一一个坦克师团，以后要靠它来“孵化”其余坦克部队，哪里禁得起如此消耗。

参谋本部特地晓谕关东军，要求今后必须切实保障第一战车团的安全，不得再让它与苏军装甲兵团对攻。

其实就算参谋本部不表态，面对自己打一辆少一辆的队伍，安冈也早就没了正面对攻的实力和勇气。

第六章

知道什么是幸福吗

1939 年 7 月 4 日，日军河东兵团被打得丢盔卸甲，尚未完全撤出的河西兵团也被迫进行了一整天的作战，以摆脱苏军的穷追猛打。

日军整体防线被压缩到渡河点附近，第二十三师团参谋长大内孜大佐在指挥断后掩护时，突遭远程榴弹炮轰炸，胸部被弹片击中，当即毙命。一直到晚上，第二十三师团才得以全部撤到对岸，河西只剩下须见新一郎和他的第二十六联队仍在维持。

本来第二十六联队可以第一个撤出，阴差阳错下，不得不沦为断后部队。

苏军几次要夺取浮桥。维护浮桥的是第二十三师团所属工兵第二十三联队，联队长斋藤勇中佐与须见新一郎是士官学校的同期同学，他不忍心看着老同学被截断后路，因此不顾工兵联队作战能力有限，一直在浮桥旁边拼死抵御。其间，工兵还用炸药炸伤了几辆苏军的喷火坦克，以阻止苏军的攻袭。

1939 年 7 月 5 日晨，第二十六联队最后一个通过浮桥撤离，斋藤勇这才下令拆桥，可谓是巨有义气，也很符合日本的武士道精神。

日本军人平时对武士道津津乐道，不过这时谁也顾不得讨论这个，他们如今热议的话题是为什么会吃败仗。

对于开局，日军方面本来以为是稳操胜券。作战期间，除关东军高参们亲自参与指挥外，参谋本部作战部长桥本群少将及一些参谋也到将军庙一带进行了实地观察，结果让他们大失所望，不过失望之余，也整出了一些可以被称为教训的道道。

过于轻敌，当然是第一条败因。没打之前，谁知道老毛子这么猛啊，还当是日俄战争时的沙俄军队呢。此外就是炮兵和炮弹不足，没法压制苏军的火力，从而使得野战部队的军事行动难以自如。

其实还应该加一条，坦克也不足，但参谋本部根本就不想在坦克上再投入了，因此这一条被省略了。

高官们开出的药方是，关东军要想打赢诺蒙坎战役，必须向前线大量调派炮兵部队。

关东军司令部按药方抓药，1939 年 7 月 6 日，植田司令官发出了编组炮兵团的命令，由关东军炮兵司令官内山英太郎少将担任团长，着手抽调和拼凑炮兵部队。

对前线日军来说，编组炮兵团还需一段时间，这段时间总不可能整天敞着肚子晒太阳，如果能够边等边打，顺便报了首轮折戟的一箭之仇，岂不是更妙？

以假乱真

1939 年 7 月 6 日晚，奉着安冈的差使，玉田又带着第四战车联队偷偷摸摸地溜出去，进行了一次试探性的进攻。

其实无非是还对上次夜袭的成功念念不忘，想再复制一下而已，只是这点小伎俩已经被朱可夫看死了。苏军除在后方阵地加派警戒部队外，还在日军可能利用的侧翼通道上，增设了反坦克炮阵地，玉田再也无机可乘。

不过这次玉田发现苏军存在一个明显的漏洞，他们的战壕多建于高地顶部和坡面，下面的通道看不到士兵踪影。

偷袭嘛，本来就是要钻漏洞。有了漏洞，此时不钻更待何时，玉田立即指挥坦克鱼贯而入。

然而这只是朱可夫用来诱敌深入的一个圈套。通道的杂草和沙土中有许多不易发觉的细铁丝，坦克履带一下子就被缠住了。随之而来，早已隐蔽于高地战壕中的反坦克炮开了火，把无法行动的日军坦克当靶子打成了蜂窝。由于使用了燃烧弹和装甲弹，有的坦克炮塔都被烧成了灰。

第四战车联队偷鸡不着蚀把米，一下子丢进去十一辆坦克，最后还多亏山县联队及时救援，余部才得以回营。

自坦克大战后，战车团缺油少弹，基本处于半瘫痪状态，唯一还保存着一点战斗力的就是第四联队，现在也被打得吐血，令安冈自己都对坦克部队失去了信心。

坦克夜袭失败，不等于步兵夜袭也会失败。日本陆军对于他们战术的信仰，除了迂回侧击，大概就算是夜袭了，二者也都明确载入了作战条令。

联队长和参谋们纷纷向小松原建议，既然白昼作战，缺了炮兵部队不可，那为什么不利用恶劣天气或晚上进攻，让步兵发动夜袭?

小松原一听有理，就向关东军司令部上报了一个步兵夜袭的作战方案，他计划通过夜袭夺取东岸的渡河点，破坏或拆除苏军建在哈拉哈河上的浮桥，这样同样能起到将两岸苏军隔离开来的目的。

关东军的矢野副参谋长等人都有观战体验，觉得目前情况下，这未尝不是一个好办法，便同意了该方案。

为了给落败后的前线部队补点血，关东军特地从国境守备队中调拨两千多名作战经验丰富的老兵，又给小松原添置了一批速射炮和重机枪，上上下下都把转败为胜的希望放在了夜袭战上。

观战的德国观察团又来泼冷水了，他们不同意夜袭，尤其不同意这种以白刃冲锋为主要方式的夜袭。

观察员们注意到，日军士兵虽然身材矮小，但有着熟练的拼刺技术，他们步枪上的刺刀也比一般刺刀长，显然是为白刃战而专门设计的。看上去，如果是兵对兵拼刺刀，日军士兵未必落于下风。

德国人不赞成夜袭，不是说日军拼刺刀拼不过苏联人，而是说这种战术太过落后，还停留在一战以前。

类似的话，小松原不知道听了多少回，耳朵都要起茧了。一战，一战，老是提一战，难道一战不是人打的！白刃战是我们日本陆军的看家绝活儿，不用这个还用哪个?

小松原不听劝阻，照旧下达了夜袭命令。

1939 年 7 月 7 日晚，日军各联队按照命令，悄悄地向潜伏区域进发，不料半路就出了麻烦。

苏军坦克装甲车多，没事彻夜在前沿转悠。第二十三师团第七十二联队碰上了一支装甲侦察分队，那些钻在装甲车里的侦察兵二话不说，首先通知了西岸炮兵阵地。那通揍，差点把联队打得灵魂出窍，光中队长就死了一多半，整个晚上，联队长酒井美喜雄大佐不用干别的，光收尸就够他忙活了。

和第七十二联队同病相怜的是第二十六联队，也是跟一支苏军坦克部队遭遇并交了火，尽管没挨炮轰，但也错过了当晚的夜袭。

正在等待命令的日军野战步兵。日军重视近战，火力和白刃战并用的夜间偷袭是平时训练的重点课目。

幸好其他联队都按时到达了潜伏地点。晚上 10 点，夜袭开始。小松原先集中现有的两个野炮联队，对苏军一线阵地进行了半个小时的火力攻击，接着工兵联队前进。

上工兵联队的原因，是因为苏军在河东主阵地埋了七万枚地雷，不清障的话，后面这些步兵全都得给炸飞了。

工兵排雷时，苏军的机枪和迫击炮全都没歇着，工兵们作业时连头都不敢抬，这个遭罪。

排完地雷，便是“猪突冲锋”，步兵们端着刺刀，不要命地向各个火力点猛扑。

似乎苏军真的害怕这种疯狂攻击，他们很快放弃阵地，撤往河西。日军占领阵地后，立即向上空鸣放显示夜袭成功的信号弹。

小松原通过望远镜看到这一幕后，顿时心花怒放，也以最快的速度向关东军司令部发去了捷报。

离天亮已没有多少时间，日军工兵抓紧时间拆除浮桥，完成整个夜袭行动中的最后一环。

晨光微露，桥也拆得差不多了，大家如释重负。不过就在这时候，阵地中央开始落进许多烟幕弹，浓厚的烟雾呛得士兵们眼泪鼻涕横流，什么也看不清楚。

还没等日军回过神来，一大群苏军的 BT 快速坦克已插入日军的速射炮阵地。这些速射炮是后半夜拖上来的，但是还没发挥作用，就被 BT 坦克捣毁了。

紧接着，苏军机枪旅不知何时也冲了上来。日军的屁股还没坐热乎，眼看着又被从苏军主阵地上赶了出去。

随后便是轰炸机追着炸，各参战联队被炸得哭爹喊娘，狼狈不堪。

整整忙活了一夜，不仅看似到手的那点银子还了回去，连自家本钱也折进去不少，这可把小松原给郁闷坏了。

郁闷是因为他知道的战术，只有迂回和夜袭。相反，朱可夫的花样却多得很，除了诱敌深入，还有以假乱真。

小松原或许会感到不解：占领苏军阵地后，我周围放了警戒，浮桥也拆了，那些 BT 快速坦克、机枪旅到底是从哪里冒出来的？

浮桥就是朱可夫以假乱真的一种手段。日军能看到的苏军浮桥，大多数都是“明桥”，那只是一些暂用桥，或者是伪装出来的桥，并不起作用。

苏军真正使用的浮桥是“暗桥”。这种桥是先在河床上打好基础，然后根据河水的涨落，以及人员、车辆、火炮通过时所需要的宽度及深度，建筑出掩于水下的平坦水泥过道，通常在哈拉哈河水面以下三十厘米处。

日军对苏军浮桥进行过反复侦察，但不到“暗桥”的附近很难发现其秘密，即便空中侦察也是如此。

“明桥”和它旁边的阵地，都不过是朱可夫用来钓鱼的饵。当日军进攻时，苏军只是佯作撤退，其实在撤离前，河东河西的苏军就已经做好了反击的准备。

日军工兵拆掉的都是“明桥”，反击部队可以通过“暗桥”，在最短的时间内发动袭击，而其突然性和隐蔽性，比起日军那种地球人都熟悉的夜袭战术又不知要强上几多。

琴弦

第一个晚上冒险的失败，让第二十三师团伤了元气，一时再也折腾不动，小松原不得不寻觅新的生力军。

原属第七师团的第二十六联队在上次过河作战中就遭遇重创，三个大队长，两死一伤，已难以负起大任，但关东军司令部这时又从第七师团调来了一个联队——第二十八联队，与第二十六联队共同组成第十四旅团，由旅团长森田范正少将统领。

第二十八联队不仅所有资历均与第二十六联队相同，其战力甚至还在第二十六联队之上，它被称为第七师团最精锐的一支部队，而且一向以长于夜战著称，一年中三分之二的时间都被用来进行夜战训练，野战步兵能适应各种方式的夜战环境，对夜间清障、定向、隐蔽、巡逻及警戒皆驾轻就熟。

参谋本部的观战高官们曾经指出，第二十三师团在首轮作战中的任务过重，必须增加第七师团。所谓“任务过重”云云，只是客套话，其实就是更信得过第七师团的另一种说法。

如果是在诺蒙坎战役前，谁要是这么比较第二十三师团，小松原准会嘴翘鼻子高，不过这场战役真是把他打得六神无主了，现在他已不管什么面子不面子了，只要哪个菩萨能显灵，让他跟着磕头烧香喊爷爷都行。

1939 年 7 月 8 日晚，以第二十八联队为主，第十四旅团六千余众承担了新的夜袭任务。这次小松原不再走讨巧的路子，搞什么破坏浮桥了，他命令第十四旅团直接前推，稳扎稳打，将苏军摩步师所控制的高地一个个予以占领。

连续两天晚上，诺蒙坎都飘着小雨，夜色漆黑。要说这样的天气本来和夜袭很匹配，第十四旅团起先也并不在意，但是出发不久，小雨就慢慢地变成大雨，大雨又变成了暴雨。

第二十三师团曾被诺蒙坎的干渴缺水折磨得要死要活，第十四旅团相对要好一些，只是谁也摸不透草原水龙王的脾气，这位老兄犹如在用恶作剧打

又一次日军的步兵劲旅在往前推进，但他们迎来的也可能是又一次失败。

发乞丐：你需要米的时候我给你钱，你需要钱的时候我偏给你米。

这么大的雨是第十四旅团参战以来从未遇到过的。虽然出发前穿了雨衣，可是在暴雨下并无多少遮护作用，不到一分钟，每个人从头到脚全被浇了个透，背包、皮鞋里尽是水。

士兵要携带的装备已经不轻，平均达到三十公斤以上，再加上这么多额外雨水，身上的负荷沉到迈不动腿。参加夜袭的士兵后来回忆："当时脑子里一片空白，只是想，这会不会是神不满意我们这些人，对我们的一种惩罚呀。"

到了下半夜，"惩罚"总算告一段落，日军也摸到了高地前沿。这时绊住他们的不再是暴雨，而是"琴弦"。

"琴弦"是一种新型钢丝网，不过与拦阻坦克的蛇腹铁丝网不同，步兵才是它的菜。之所以叫作"琴弦"，是因为钢丝非常细，如同钢琴的琴弦一样，而且全部贴近地面。

日军士兵被"琴弦"缠住后，都成了手舞足蹈的八爪鱼，想发起夜袭惯用的"猪突冲锋"也不可能。守卫高地的苏军步兵一见，立即向驻于高地后方的炮兵阵地发出信号。

炮兵事先给高地前沿的每个区域都编了号，并测定好了射击诸元，收到步兵的信号，他们只要照本宣科，按测好的数据射击即可。

小松原一直在营地等候好消息，但等来的只是被炸得伤痕累累的败兵之师，至此，第二十八联队的神话也破灭了。

人的心理就是这样，太容易得到的，会对之兴味索然，太不容易得到的，又会完全丧失信心，就是这种看似容易得到，却又始终未能得到的，最是吊人胃口。

小松原的胃口被吊了起来。他自已检点两次受挫的败因，第一次是两个联队缺席，第二次是只有两个联队，如果第三次能把诺蒙坎地区的所有部队和资源都动员出来，从而发起超大规模的集团化夜袭，就不信苏军还能扛得住。

吸取之前的教训，小松原向飞行集团要来几架侦察机，由联队长们乘坐着，利用白天的时间对地形和路线进行了一番侦察。他还为各联队配置了通信分队，对相互联络的信号做出规定，如此大费周折，都是为了协调一致，以避免再次出现迷路或者自乱阵脚这类糗事。

小松原忙到要爆肝，恨不得来个乾坤大挪移才好，相比之下，他的对手要镇定得多。

经过几个回合的交手，朱可夫对日军的战法已经了然于心，他印象特别深刻，同时也感到啼笑皆非的，就是日本人运用战术的死板和食古不化。

比如说迂回战术，这个战术自有其高明之处，但日军的问题是把它看成了放之四海而皆准的真理。很多时候战场上其实并不具备迂回包抄或侧击的条件，也硬要实施，而且实施了就退不回来，一次，两次，三次……直至被别人揍到稀里哗啦，彻底破产为止。

日军连续几个晚上发起的夜袭战，让朱可夫再次长了见识，从第一个晚上开始，他就知道还有第二次、第三次。

甭管多少次，跟第一次相比，没有多少质的差别，只不过是量的增加而已，你只要找准要害，就一定能打断他的脊梁骨。

火制对刺刀

1939 年 7 月 9 日晚 10 点，小松原集中火炮，对苏军据守高地进行射击。随着炮火的逐步延伸，近两万名日军步兵冲出了掩体。

所有步兵，搭配最拿手的夜袭动作，别的不说，光是两万人深更半夜的齐声大吼，就有让人虎躯一震的效果。

小松原相信，它足以冲垮苏军的任何防线。

当人流汇集到苏军阵地前沿时，冲锋的士兵们突然发现自己进入了白昼，这是怎么回事？

天亮还早，白昼纯属人工制造。

打夜袭战，依赖的就是夜色，朱可夫早就想到了破解之法，他事先给前线炮兵部队配发了大量的曳光弹、照明弹、燃烧弹，又秘密调来十二部探照灯车，此外，坦克装甲车也都换装了大功率远射车灯。

这么多的专用器材，足够把方圆几公里范围内都照得一片光明，上万名日军步兵被强光暴露在开阔地带，完全失去了夜的掩护，顿时全傻了眼。

苏军立即用机枪集中射击，浓密火力下，日军成排成排地被扫倒在地，顷刻之间便尸横遍野。

眼见突袭不成，日军索性直接展开“猪突冲锋”，士兵们就像在练兵场上进行训练一样，一边喊着“万岁”，一边端着刺刀不顾死活地向上猛冲。

贴身近战和白刃格斗长期作为日军的训练重点，一般日本老兵的拼刺术都相当娴熟，日军对此一直引以为豪，认为用刺刀就可以决定战争胜负。

如果是近距离以刺刀对刺刀，日军绝不会处于下风，问题是你接近得了吗？

日军这种带有冷兵器时代痕迹的拼刺刀战术，其实在第一次世界大战中就已很少有国家采用。日本虽然也参加过一战，不过仅局限于亚洲区域，没有到欧洲主战场去试过身手，就是在亚洲，它也没碰上高段位的选手，当时的俄军在武器装备上最多跟日军一个档次。

可以说，从战术到武器，日军的思维大多还停留在一战以前，拼刺刀也始终被作为制胜的基本途径之一。苏军则不同，在经历了第一次世界大战和国内战争后，实践出真知，他们已经紧紧跟上了现代军事大潮，作战时非常注意通过“火制”，也就是增强火力密度的办法，来消灭对方的有生力量。

苏军士兵原来普遍使用俄制莫辛步枪。正是在轻武器自动化的潮流影响下，苏联着手研制成功一种冲锋枪，并已在前线进行了试用，它的名字叫“波波沙”。

最初，苏联人并不知道冲锋枪的作用究竟有多大，“波波沙”只配到班长以上的中下层指挥官，与作为自卫武器的左轮手枪进行搭档使用。

就在日本兵蜂拥而上的那一刹那，苏军发现了冲锋枪的价值。

冲锋枪的射程短，但是射速和进入射击状态较快，而且几乎无后坐力，枪口也不会跳起，连续发射很少出现故障，即便刺刀快到鼻子尖了，持枪者只要扣住扳机不放，仍然可以将面前的魑魅魍魉统统打烂。

更加让人省心的是，“波波沙”的弹鼓装有七十一发子弹，横扫的时候根本就不用顾虑枪膛里有没有子弹。

在“波波沙”掀起的狂风骤雨面前，端着刺刀的日军还没把格斗架势摆出来，便被打得血肉横飞，现场那种无价可还的惨状，令幸存士兵以后不提冲锋枪便罢，一提脸上就没了血色。

图中苏联士兵所持武器即为“波波沙”冲锋枪。“波波沙”冲锋枪在近距离内有着无可比拟的火力优势，非常适于实施“火制”战术。

你再怎么宣传精神万能、“武运长久”，这人掰开来揉碎了，也不过是几十种化学元素，哪里能承受得了成千上万子弹的消磨！

上半夜，日军如潮地上去，又稀稀拉拉地退了回来。

说是要动员全部资源，小松原让炮兵联队把克式野炮运了上来。克式野炮是一战前日本从德国购买的火炮，它与速射炮一样可为步兵提供火力支援，威力比速射炮还要强。

日军用克式野炮抵近射击，高地上的探照灯车被一一击毁，而苏军可使用的照明弹也已消耗殆尽，战场上的光线立刻暗淡下来。乘此机会，日军又组织起第二次集团冲锋。

在黑暗的环境下，“波波沙”冲锋枪的拦阻效能有所减弱，前沿阵地因此被日军突破。

苏军在战死一名团长后，放弃了一线阵地，包括721、733在内的几座高地上的守军全部撤向后方。

第三个晚上，小松原终于有了圆梦的感觉，直到天亮以后。

天亮以后，朱可夫用行动告诉小松原，他的暂时放弃，只是为了给小松原制造一个新的噩梦。

晚上短兵相接时，因为害怕误伤友军，外蒙古高台的炮兵阵地一弹未发，等于闲置，现在可以说是毫无顾忌。

朱可夫一共储备了六十万发炮弹，他对炮兵的要求是，在射区内，每平方米每分钟平均要爆炸两发炮弹——就当超市开业酬宾，炮弹不要钱，可着劲地送给日本人尝尝鲜。

数不清的炮弹飞过来，黄土被炸起后与黑色浓烟混在一起，使阵地上空由晴天变成了阴天。日军刚刚占领的每一座高地都遭到了炮火的严密封锁，步兵和炮兵蹲在战壕里一动不敢动。

如果全都蹲着还好一些，但这么多人马不可能不喝水吃饭，每天为了向高地送水送饭，都要死伤许多人。在苏军连中途下课时间都不提供的无间歇炮击中，日军不仅伤亡惨重，而且在精神上也产生了极大的恐惧。

这正是“火制”的最高境界，朱可夫在一退一让之间，把小松原锁进了监狱。

日军发动三次夜袭，前后共伤亡五千多人，火炮损失一半，得到的结果仅是苏军战死二百多人，防线后缩两公里。在“火制”面前，什么“猪突冲锋”“白兵主义”都输掉了裤子。

德国观察团把猪突冲锋称为“愚蠢的密集冲锋”，他们对日本人如此浪掷兵力感到十分不解：你们完全是在把可笑当好笑，死这么多人，就为了得到区区两公里防线？

一个人对另一个人的理解是多么困难。小松原又怎么能想到，自己血战竟日，能得到的居然只有两公里防线呢？

他如今是骑虎难下，要攻，攻不上，要退，不甘心，于是从早到晚接受苏军的炮火“摧残”就成了唯一的无奈之选。

假如能倒退到 7 月 7 日以前，小松原一定不会如此冲动，他会含着眼泪，流着鼻涕对大家说，知道什么是幸福吗？幸福就是天冷的时候手里捧着一个热腾腾的烤地瓜……

错在哪里

前线部队的狼狈样，连关东军司令部都看不下去了。1939 年 7 月 12 日，植田命令小松原立即停止进攻，原地休整。

在苏军强悍的火力覆盖下，日军哪里还谈得上进攻，只是每天不停地累加伤亡数字而已。夺得那些高地，对小松原来说也绝不是福音，反而成为难以卸除的包袱和负担，因为他不得不分兵驻守，并承受相应的伤亡和损失。

其实这时候就应该撤出苏军的火力范围。小松原在那里硬挺着挨打，除了有所不甘外，最大的担心还是怕上级追责。因为自第二次诺蒙坎战役开始以来，他吃的败仗实在是太多了，成为不折不扣的老输家，随便怎么打板子都可以，能得到“两公里防线”，多少还可以交代一下。

1939年7月14日，关东军参谋长矶谷等一行赶到诺蒙坎，与矢野、辻政信会合，对这个阶段的日军作战进行了考评。

事实证明，能相互理解的，还是自己人。一番评点下来，小松原竟然得到了不错的评分，考评人员认为，他的指挥没错。你看，该迂回迂回了，该夜袭夜袭了，日军的看家绝活一个不少全拿了出来，就算换个人，要做到更好也非常困难。

矶谷一语定乾坤：“对小松原，不是批评指责，而是要继续加以支持和鼓励。”

小松原听后那个感动：小生无以为报，唯有以身相许——我也没别的好说，反正继续打下去，朝老毛子报仇雪恨就是。

既然小松原没有错，那么屡吃败仗，到底错在哪里？

矶谷等人的分析是，错在火力不如人。从统计数据上看，百分之六十的日军均为苏军炮火所伤，前线日军虽有野战炮兵联队，但他们的火炮口径和射程均不及苏军，无法为步兵提供必要的火力支援。

说日本的武器配备还停留在一战时期，真的是一点都不冤枉。一战以后，列强的炮兵部队都把火炮口径提高到了105毫米以上，日军还以75毫米为主打，这能打得过吗？

向前线加派炮兵部队本来就已在准备之中，不过起初只考虑了量，现在有了这条结论，就得强调质，也就是须动用关东军的远程重炮部队参战。

矶谷参谋长返回长春后，立即向植田做了报告，植田同意照此办理。

与此同时，作为胜利者一方的苏军高层内部也进行了反思。指挥诺蒙坎战役之初，朱可夫主要立足于防守，以求杀伤日军有生力量，让其知难而退，但通过正式交手，他发现事情并没有这么简单。

无论是第二次诺蒙坎战役，还是随后的三次大夜袭，日军所动用的兵力规模和重武器数量，都要远超第一次诺蒙坎战役，不说别的，仅前线抓到的日军俘虏，就来自十几个不同建制的部队，而在大规模夜袭结束后，日军也没有一点要收兵的迹象，小规模夜袭战不断。

苏军侦察机在空中可以看到，从将军庙到前沿阵地，布满了日军的宿营帐篷，前往海拉尔的铁路线上，运兵专列绵延不断。

这一切，都让朱可夫感到，日军在诺蒙坎绝不会轻易罢手。他非常清楚自己的软肋所在，那就是野战步兵不仅数量少，而且素质也明显不及对方，这场战争如果被拖成长期的防御战，最终取胜的很可能是日本人。

朱可夫的判断和忧虑，随即通过伏罗希洛夫传达给了斯大林。此前斯大林的战略重点一直在欧洲，但这时他也认识到，假如诺蒙坎这里始终没个说法，其大部分精力和一些军队主力将一直被牵制在远东，如此反而会影响到欧洲方面的部署。

当断不断，必受其乱，看来唯一的办法是继续增调部队，发起一劳永逸的大反攻，让日本人在诺蒙坎彻底认败服输。

1939 年 7 月 15 日，根据斯大林的意见，第五十七特别军被升格改编为第一集团军，朱可夫就任集团军司令员。第一集团军是一个为诺蒙坎战役而专门组织的大兵团，有权统辖诺蒙坎战场的所有苏蒙军。

集团军成立后，大批援兵陆续开来，朱可夫仅在陆军方面就增加了两个摩托化步兵旅、一个机枪旅、一个坦克旅。伏罗希洛夫元帅给朱可夫的命令是不惜一切代价，尽早结束远东战事。

从这时候起，朱可夫忽然安静了下来，或许他心里很着急，急于反攻，急于取胜，但在行动上却一点看不出来。

胸有全局的大将，与有勇无谋的战将的区别，往往不是体现在战争进行的过程之中，而是在战争爆发之前。比如加伦，在中苏同江之战之前，他就等待了两个多月，朱可夫以性格火暴著称，然而他同样能耐得住性子。

事实上，在接过集团军权杖的那一刻，朱可夫就知道，自己背后已经断了退路，前方也没有任何侥幸的可能，战争的规律本来是有胜有败，但在这场战争中，他只许胜，不许败。

要想胜，不靠运气，不靠天赐，全靠实力，也就是说，要掌握比对方多得多的优势，在未完全掌握这一优势之前，绝不能轻举妄动。

朱可夫所要的优势是，苏军从兵力数量、重武器到后勤物资补给，必须全面超过日军，其中，他最担心的就是物资补给。

朱可夫具备大兵团作战经验，非常了解后勤保障在现代战争中的作用，他要等，也主要是在等物资。

草原狩猎

小松原也在等。因为要添置重炮，炮兵部队到达前线的时间由此延长，为了等待炮兵，小松原约有半个月没有发动大规模的连续进攻。

不过小松原并没有因此而完全闲着，其间他仍对苏军阵地发动了几次小规模夜袭。

被朱可夫使用在前线的苏军步兵部队，始终是第三十六摩步师。夜袭攻防中，摩步师有些连队的军官实战经验不足，特别是当日军冲到眼前时，特别容易紧张，他们的第一反应就是端着冲锋枪横扫。尽管冲锋枪的火力给日军造成了很大的心理阴影，但由于扫射时过于盲目，误伤率也很大。

朱可夫发现这个问题后，就对这些连队进行了及时调换，同时为减少不必要的损失，对东岸沿岸仅有的几座高地也不再死守，而是采取早晚换班的方式，即当日军晚上进攻时，第三十六摩步师便退回西岸，以避免进行夜战和肉搏。天亮之后，再由坦克部队出马应战。

斯大林增调给朱可夫集团军的坦克部队早就到了外蒙古，但在补给尚未完全到位，反攻也没有正式发起之前，诺蒙坎地区的自然条件和地理环境，都不允许苏军再向前线增添更多兵力，所以这些援兵都被朱可夫作为战役预备队，放在外蒙古的乌兰巴托待命。

除乌兰巴托的战役预备队外，朱可夫集团军尚拥有三个坦克旅和三个装甲旅，而在前沿作战的一直只有第十一坦克旅和第九装甲旅，也就是日军过河作战时遭遇的那两个旅，其余机械化部队同样因补给原因留在了温都尔汗。

仅从部队编制上看，苏军的一线部队明显兵力不足，不过奇怪的是，与之交战的日军从来没有产生过这一印象。他们的感觉正好相反，苏军不是不足，是太足了，不论兵力还是武器，都几倍几倍地超过自己，更恐惧的是，怎么打都不见少。

就算是游戏机里最牛的主角，打完之后都还需要补血，面对这样从不需要补血的强悍对手，你心里能不发毛吗？

日军的这种印象，正是朱可夫想要的效果。他在前沿运用了一个类似于移花接木的办法：以火力弥补兵力。

第三十六摩步师从未调换过不假，但到反攻前，包括第三十六摩步师在内，苏军一线步兵师的重武器配备已比正常编制超出一半。

第十一坦克旅和第九装甲旅也是一样，它们的坦克一旦破损或被击毁，马上就由驻温都尔汗的坦克装甲部队负责进行补充调换，缺多少补多少，使其出勤率始终保持在百分之一百。

这样总是激情澎湃的坦克部队一露面，不仅可以轻而易举地收复晚上丢失的阵地，还能与空军配合，对日军据守的弗依高地展开进一步反攻。

在苏军反攻时，高地上空硝烟弥漫，苏军轰炸机来回俯冲，进行低空扫射，坦克群则向高地日军猛烈开火，日军后方部队甚至可以看到 T-130 喷火坦克所喷出的青蓝色火焰。

朱可夫并不真的想占领弗依高地，他只是要通过这种“攻势防御”的战术，在有效地守住现有阵地的同时，杀伤日军有生力量。

小松原无机可乘，连小规模小范围的夜袭也被迫宣告中止。

你想安安静静地躺一会儿，朱可夫可不让，他开始派兵袭击，只不过他派的不是普通步兵，而是传说中令人闻风丧胆的狙击手。

苏军狙击手使用装有瞄准镜的莫辛狙击步枪，两人到三人组成一个“猎杀小组”，每天二十四小时瞄准弗依高地上的日军，展开“草原狩猎”。

在诺蒙坎战场上，这样的画面逐渐成为常态：一群日本兵蹲在战壕里，一个家伙把脑袋探出来往外看，也只是探出去一点点，但没过一会儿，他就像突然触电一样，整个人往后倒去。同伴一检查，不少胳膊不少腿，只是前额多了一个圆圆的弹洞。

一枪毙命！当他被撂倒时，周围的人连子弹从哪里飞来都没弄清楚。

苏军狙击手不放过任何暴露的目标。日本兵或蹲或趴，别说伸脑袋了，就是身体动一动，或者俯卧的姿势稍高一些，都会惹来子弹。有的人过于惊恐，像鸵鸟一样拼命往地上钻，一不留神，屁股抬了起来，结果子弹就从那个倒霉部位上穿了过去。

苏军的“猎杀小组”中只有少数经过专业训练的职业狙击手，大部分也是临时从

两名苏军狙击手在行动，他们手中所持武器就是莫辛狙击步枪。诺蒙坎战役时，苏军的狙击战术尚处于起步阶段，重视程度也有限，到 1939 年底的苏芬战争结束后才予以高度重视。

前线步兵连队中挑选的。这让日军很不服气，于是也针锋相对地组织“射击敢死队”。

日军装备于前线的三八式狙击步枪非常少，狙击手的数量也因此受到极大限制，而且日本人在狙击战中的战术特点跟他们进行迂回、夜袭时一样，非常死板，总是一群人守在一个地方，乒里乓啷射，极易被发现。发现之后，苏军都不用派自家狙击手与之对悍，只需确定目标，远距离一炮就能将这些人枪统统炸碎。

朱可夫的狙击战术给一线日军造成的心理压力，远大于其实际损失。日军不得不对前沿步兵的行动做出严格规定，要求在任何情况下，都不能连续待在同一个地方，以免进入苏联狙击手的瞄准镜范围。

苏军狩猎的区域不仅有地面，还包括天空，进入 7 月以后，日本航空队的损失逐渐增大，其中以战斗机战队最为严重。

夜行怪客

损失大，就得补充，参谋本部被迫将分布在日本国内、中国关内、朝鲜的飞行战队陆续调出，以应前线之急。加上嵯峨彻二的第二飞行集团，此时集结于诺蒙坎的飞行战队已达十八个之多，当时日本航空部队统共只有三十六个飞行战队，投入诺蒙坎战区的就有一半。

1939 年 7 月 12 日，也就在日军地面部队停止进攻的这一天，日苏在诺蒙坎上空的新一轮角斗才刚刚开始。在当天的空战中，日本航空兵挨了重重一棒，第一战队长加藤敏雄中佐驾驶的飞机被击中起火。

在这所有战斗机战队里面，最精锐的还不是起初的第十一、二十四战队，而是从日本国内调来的第一战队。作为战队长的加藤时年已经四十四岁，但他在日本陆军航空队中非常有名，被尊为航空兵的“长老”，二战后日本国内的一些游戏还以他为主角，称作“操纵的神”。

战机起火后，“操纵的神”跳伞逃命，结果落在了苏军后方，幸得僚机在草原上紧急着陆，才将他救了回来。

自第二十四战队森本重信战死以来，这已是日军王牌飞行员第二次落败，显示出年轻的苏联飞行员通过实战磨炼，正渐趋成熟和硬朗。

为应对苏联空军咄咄逼人的攻势，在嵯峨彻二的指挥下，日军地勤部队加紧施工，从海拉尔到诺蒙坎、阿尔山这一带，短时间内便出现了五个机场群，计三十六处机场。

如此多的机场，一方面有利于战机分散和隐蔽，另一方面各战队在支援陆军时，也拥有了更大的纵深和正面宽度，可以做到前后机动，左右支援。

诺蒙坎的天空又维持了均势，但这只是就白天而言，苏联空军主任斯穆什科维奇从中找到战机，并派出波 -2 袭扰机执行他的意图。

波 -2 袭扰机的俗名叫“玉米”，机如其名，因其结构相对简单，这种飞机的产量特别高，是历史上生产最多的双翼机，总产量在四万架以上。

最初飞机设计师是想把波 -2 作为战斗机使用，它的外观跟普通战斗机也确实很相似，但后来发现，波 -2 的飞行速度太慢，碰上正宗战斗机，根本就打不过，还得战斗机为它护航。

幸好波 -2 有一个最大的优点，它不会进入螺旋状态，即便偶然进入，只要飞行员放掉驾驶杆，飞机也会自动予以强制解除。对于新飞行员来说，螺旋是大敌，因此就被拿去做了教练机。

诺蒙坎战役让斯穆什科维奇看到了“玉米”的潜力，于是重新征召其入伍，教练机成了袭扰机。

当时日本和苏联的电子工业都很落后，飞机均未配备机载雷达，也就是说都不具备完全的夜战能力。波 -2 凭借完全隔离螺旋的特点，可以在晚上进行超低空飞行，在那个高度上，日军战斗机根本没法识别和发起攻击，因高度太低，高射炮也难以有效地进行跟踪射击。

斯穆什科维奇把“玉米”撒到日军阵地上空，这些“夜行怪客”驾临后，从机舱里扔下几颗炸弹便扬长而去。

波 -2 投掷的多为小型炸弹，对日军造成的实际损伤并不大。斯穆什科维奇用波 -2 进行夜袭，其主要目的也不是轰炸，而是搞“恐怖主义”。

当波 -2 现身时，下面的几乎所有官兵都会从睡梦中惊醒，然后四散奔逃，以寻找藏身之处。一来二去，就连声称最擅长夜袭战的日军都被折磨到濒临崩溃，许多部队一夜数惊，到了风声鹤唳、草木皆兵的程度。

有时，斯穆什科维奇还经常“掺私货”，把 TB−3 跟波 -2 混在一起行动。

TB−3 是像 SB 一样的轰炸机，不过 SB 快，TB 慢。波 -2 既是袭扰机，也可以当侦察机使用，当它在前面探完路，判定所在空域比较安全后，尾随的 TB−3 重轰炸机群便会趁势下手。

TB−3 号称“空中恐龙”，当它的炸弹像雨点一样纷纷落下时，地面的日军几乎无路可逃。

这位要说了，TB−3 可以做到的事，难道日本九七重爆就做不到？

做不做得到，决定权不在轰炸机手里。日军配备的 89 式 20 毫米高射炮数量很少，而且射高有限，对 TB−3 重爆机群只能望空兴叹。

你换苏联的试试——1939 式 85 毫米高射炮，在这种高射炮的齐射下，连飞行集团高级参谋的座机都难逃劫数，可知有多么凶猛。九七重爆要是也像 TB−3 一样摸黑袭击，飞行集团有多少也不够填这个坑，更何况拥有的轰炸机本来也不多。

日军是兵多，苏军是武器多，而且随着战斗的延续，还在不断升级。苏联炮兵主任（相当于炮兵司令员）沃罗诺夫中将进入战场，至此，除海军外，几乎所有兵种的苏军司令员都到了诺蒙坎，他们的集体扎堆，既是为了给前线提供火力支援，同时也是要借这个机会对新武器和新装备作实战检验。

沃罗诺夫带来的是三个远程重炮团。苏军前线的火炮阵营变得十分豪华，野战榴弹炮从以 122 毫米为主，发展到以 152 毫米为主，即便是迫击炮，也多为 120 毫米的大家伙。

这些火炮群呈梯次配置，按照各自预设区域，每天对包括弗依高地在内的日军一、二线阵地进行攻击，并且集中于拂晓和傍晚这两个时间段，为的就是有效阻击日军的夜袭可能。

日军展示他们所缴获的一门苏军火炮，应该还是第四战车联队在夜袭行动中的战利品。苏军拥有很多大口径的野战榴弹炮，并不在乎被缴或被摧毁的那一部分损失。

小松原退后一步，换来的不是海阔天空，而是水深火热：坦克、狙击手、飞机、远程重炮连轴转，到处烟尘滚滚，鬼哭狼嚎。

惊天动地的炮弹爆炸声，连身在后方，与弗依高地相距六公里之遥的松本都能听见，他比喻成是贝多芬的交响乐演奏——只是演奏的曲目太残酷了，对日军士兵而言，那不啻于死亡交响曲。

他举头向弗依高地所在的北方望去，那里的天空一片火红，光看着就让人觉得酷热难忍，甚至有喘不过气来的感觉。可以想见，忍受着苏军重炮“灼热煎烤”的前线士兵该有多么痛苦。

不久，松本也有了亲身体验这种痛苦的机会。

日军卫生队和辎重队奉命前移至三角山阵地。三角山是个山顶呈三角形的沙丘，相对于弗依高地，这里算是介于前沿和后方的二线阵地，但已经进入了苏军的重炮射程，所以大家一到宿营地，第一件事便是急着挖掘可以躲避炮弹的战壕。

松本在山顶找到了一个地势相对平坦的地方，最适于挖战壕。就在他弯下腰刚要动手开挖的时候，忽然发现地面有被炸过的痕迹。

松本曾听老兵说过，落了炮弹的地方，十有八九炮弹还会再次飞来。他就长了个心眼，在相邻八九米处挖了“章鱼罐”。

第二天早上醒来，松本听到头顶有人说话，探出头一看，原来两个辎重兵正在他昨天放弃的地方挖战壕。

松本急忙大声提醒：“那里危险，有炮弹落下过。”

日本陆军里的规矩，野战兵看不起辎重兵，辎重兵又看不起卫生兵和军医。两个辎重兵对松本的好心提醒不屑一顾：“喊什么，这儿没你什么事，不要瞎说。”

军医或许会瞎说，苏联的重炮却不会瞎说。

后来松本再去看时，辎重兵的那个战壕连影子都找不到了，原先的位置上只有一个被炮弹炸出的大坑，坑里的土看上去白燎燎的，好像被火烧过一样。坑的边缘还有没完全烧焦的襟章和刀把，以及带血的碎肉和骨头……

松本能侥幸躲过一劫，除了选址正确外，还缘于无意中得到了“土遁秘法”的相助。

那天在把战壕挖好后，松本仍然疑神疑鬼，心神不宁。为了使自己安心，他就把用来垫背包的宽木板抽出来，用于盖住洞口，接着又在洞口蒙了块毛毯。

苏军炮击时，松本的“章鱼罐”也挨炸了，他差点被倒塌的掩体活埋，正是木板和毛毯救了他一命。

在木板和毛毯的遮挡下，沙土只埋到松本的肚脐眼，双手还可以活动。靠着两手拼命扒，他才得以从“章鱼罐”中挣脱出来，也因此把木板、毛毯的组合称为“土遁秘法”。

三角山上，每天都会有日军士兵死去，不是被炸死就是被活埋，松本能屡屡逃生，连他自己都认为是神在保佑自己。

松本的职业是个医生，参战之前他没有任何宗教信仰，属于无神论者，可是在这种天天与死亡擦肩而过的环境下，他也不知不觉地成了求神保佑的信徒。

两笔账

关东军在诺蒙坎战场上的糟糕表现，引起了参谋本部的极大不满。

一直以来，关东军都是日本军方的第一宠儿，特别是对苏实行全面备战后，基本上是有求必应，从巨额的军备开支到最精锐的部队，要什么给什么。

付出越多，期望就越高，诺蒙坎战役之前，在日本宣传机构的卖力鼓吹下，“无敌关东军”已经名声在外。很多陆军高官的潜意识里，关东军不战便罢，真要拿出来练练，击败苏军不过是小菜一碟。

可惜最终被做成小菜的却是关东军。

第一次诺蒙坎战役失败，说兵力有限，投入不足，道理上还算说得通，到第二次诺蒙坎战役，飞机、坦克、大炮，全上了，关东军司令官植田亲自指挥调度，可实际上第二次败得比第一次还要惨。

从1933年对苏备战开始算，关东军也足足练了六年之久。这六年里面，练的就是怎样进攻苏联，怎样突破苏军的各个阵地。结果呢，要么是阵地攻不下来，要么是攻下来也站不住脚。

请问一句，花那么大代价让你们练，你们练的这究竟叫个什么玩意儿？

早在第二次诺蒙坎战役即将全面展开时，参谋本部和关东军就为是否要轰炸外蒙古机场而红过脸，当时参谋本部认为此举可能会招致苏军的报复，关东军不听，硬是把参谋本部甩在一边，越权做出了轰炸决定。

在日本陆军这个圈子里，输赢从来都是原罪，越权轰炸只是第一桩，其他烂谷子的事也都让参谋本部给陆续倒了出来。

比如参谋本部曾征求关东军的意见，想把归参谋本部直辖、驻于青岛的第五师团拨给关东军，以增强对苏作战的实力，未料热脸贴了冷屁股。植田一口回绝，说关东军完全能自己搞定苏军，用不着第五师团插手。

看到事后第二十三师团鼻青脸肿的惨样，参谋本部别提有多火了：难道我的第五师团比特设师团还要差，你跟我较得着这个劲吗？

上级的脸已经明显黑了下来，但关东军似乎一点都觉察不出，照旧我行我素，甚至变得比以前更高傲。参谋本部翻旧账，他们就找资本——

是谁发动了九一八事变，建立“满洲国”，从而为日本开辟了数倍疆土？是我们关东军！

是谁创建和训练了日本在大陆的主要军事力量，使日本在大陆实施进攻能够得到源源不断的兵力支援？还是我们关东军！

冰冻三尺，非一日之寒。参谋本部和关东军平时就是相互利用，参谋本部利用关东军的影响力，来提高自己在国内政治界的地位，乃至与本国政府直接对抗，而关东军也趁机坐大，俨然以日本在大陆的“小政府”自居。

参谋本部养虎成患，那只虎越来越不听招呼了。

1939 年 7 月 16 日晨，苏联空军轰炸齐齐哈尔西南的富拉尔基江桥。显而易见，这是苏联缓过手后，针对日军轰炸塔木斯克基地一事展开的报复。

关东军一边在东北边境实行灯火管制，进入一线战备，一边向参谋本部打报告，要求也对苏军的外蒙古机场进行轰炸，反正一句话，不能白挨打。

1939 年 7 月 17 日，关东军收到了参谋本部的答复，参谋本部否决了轰炸提议，并且告诫他们“注意隐忍”。

不能轰炸也就算了，“隐忍”两个字让参谋们很是不爽。他们捏着拳头大叫：“说话能不能打打草稿，什么叫隐忍，隐忍就是对苏军屈服，就是污辱日本帝国！”

看来，非得来点干货不行了。作战课立即给小松原发去急电，催促他尽快确定总攻时间，以便启动第三次诺蒙坎战役。

电报发去很多封，却没动静。原因是小松原非常犹豫，除了炮兵尚未到位外，这位前敌指挥官面前还摆着一堆烂账，里面有两笔账最让他头疼。

第一笔账，原先是正数，如今成了负数：步兵。

日军步兵曾是小松原的骄傲，尤其是那些久经沙场的老兵，无论射击还是格斗，其单兵技术都被认为远在苏军之上。可是第二次诺蒙坎战役打响不到半个月，损兵折将已达万人，关东军增拨的那两千多老兵也很快就被填进了无底洞。

因为伤亡过大，前线补充了大量新兵，仅在第二十三师团的步兵联队中，就有三分之一是补充兵。在狙击手和远程重炮的袭击下，这些补充兵时时处于精神崩溃的边缘，若是立即投入大战，难保不尿裤子。

谁也不是天生的老兵，小松原相信，只要在前线多待上几天，新也能变成老，让他更为忧心的是下面这个。

第二笔账，原先就是负数，如今还是负数，而且负得更加可怕：补给。

因为补给缓慢，小松原曾对着师团勤务部长大光其火。勤务部长实在扛不住，竟然开枪自杀了。

其实这哪是勤务部长那小肩膀能扛的呢？辻政信认为，相对于苏军，日军的兵站线占有优势。地图上一量，的确很短，不过只限于地图。

阿尔山这条线就不用提了，路上不知道有多难走，光说从海拉尔到诺蒙坎，看着距离很短，不到两百公里，可是你得看是用什么工具在拉。

与苏军大量使用载重汽车不同，马拉大车是日军师团的基本运输方式。平板车拉上一趟，至少需八天，牛还要慢，途中得耗上十天，而且不管是牛还是马，抑或押车的人，全都得吃东西，所以车上不能全装军用物资，起码须用一半空间放食物，这样使得辎重部队每次运到将军庙的物资都少得可怜，也慢得可怜。

东西来得本来就慢，好不容易囤积了一些，苏军又不肯放过——经过轰炸机群对日军后方持续的夜间轰炸，仅将军庙一地，小松原就先后损失了五十多吨物资。

日军的弹药粮草由此变得十分紧张。因为缺乏蔬菜，士兵们在驻营地四处寻觅，想找点野菜，但是周围连点绿色都很难找到，到处都是干枯的杂草和一种被士兵们称作“诺蒙坎樱花”的野花。

除此之外，自第一次诺蒙坎战役以来，就一直困扰日军的缺水问题依然如故。首先是阵地附近找不到水源地，往下面打水井，打得再深也冒不出水，就是偶尔渗出一点，又哪里够人吃马用。

以前是离哈拉哈河较远，现在倒是近了，但河里又给石井部队投了细菌，那水喝不得。

生命之水来之不易。紧挨着哈拉哈河，却不敢喝里面的水，日军算是尝足了作茧自缚的滋味儿。

唯一的办法，就是用汽车到后方运水。白天飞机大炮，汽车不敢出行，要去，就得晚上去。有一次汽车运水回来，哨兵听到马达声，还以为是苏军装甲车冲入了阵地，对着汽车就开枪射击，其他步哨不问缘由，也跟着瞎射一气，结果打坏了汽车，水漏了个精光。

拉来的水，平均一个中队一桶，一个分队只能分到几壶，再到个人，那水真的得用“贵如油”来形容了。让人哭笑不得的是，因为盛水用的桶是汽油桶，水上面还真漂着一层汽油，必须事先用火柴点燃了才能喝。

这两笔账，就足以把小松原搅到死去活来，一提总攻两字便苦着个脸，好像几辈子不得翻身的样子。

杞人忧天

小松原迟疑不决，急得关东军总部直翻白眼，于是决定以派代表会商的方式，“倒逼”小松原早点敲定总攻时间。

1939 年 7 月 18 日，关东军在将军庙召开了高级作战会议，研究总攻时间及相应战术。出席会议的除了小松原及其部下外，还有炮兵团长内山英太郎少将、重炮部队指挥官畑勇三郎少将。

炮兵将官突然如此显要，当然与他们即将在战役中扮演的重要角色有关。

出人意料的是，在总攻时间上，会上没有出现任何分歧，内山对小松原延后作战的想法表示完全理解。

其实内山的“理解”本身也最容易理解，因为他需要等自己的炮兵部队完全到达前线才能开战，否则凭他一个光杆司令就只能打打酱油了。

在协商一致的情况下，第三次诺蒙坎战役的总攻时间最终确定为 7 月 22 日。

会议也不是一帆风顺，争执的焦点全都集中在另外一个问题上：战术。

围绕战术，与会者分成了泾渭分明的两派。一派以小松原为主，另一派以内山为主，小松原的部下小林支持小松原，内山的部下畑勇支持内山，双方势均力敌，互不相让，会场闹得不可开交。

看这群人脸红脖子粗的样子，似乎谁都劝止不了，但是突然之间他们就全部闭住了嘴，像是被施了定身法，或者是有人在遥控器上按了暂停键。

他们听到了一阵巨大的爆炸声，就在会场外。

随后卫兵进来报告了情况。原来苏军的几发远程重炮弹落在附近，不偏不倚，正好打中一辆弹药车，弹药车立即飞上了天。

一众将官被唬得面无人色：这些炮弹要是落到会场内会怎么样？

会议不能再开下去了，分散隐蔽要紧，至于用什么战术，还是交给植田司令官去裁断吧。

关东军这里定好了时间，参谋本部那边却已打定主意要“屈服”于苏军。

两次诺蒙坎战役把稻田这样的狂人都给打醒了——妖精要千年以上才可成形，差一天都不行，昨天孵出来的今天就是吃不了唐僧，还是按照“八号作战计划”，老老实实地挨到 1943 年再说吧。

1939 年 7 月 20 日，参谋本部通知关东军参谋长矶谷回国，研究如何解决诺蒙坎事件。

参谋次长中岛铁藏开宗明义，见面就点了题：“看来在诺蒙坎短期内难以取胜，还是由日本方面做出让步吧。”

矶谷一听，味道不对呀。他马上坚持说，经过前两次诺蒙坎战役，苏联方面的损失也很大，要是再组织一次大规模进攻，必能取胜云云。

中岛说话间已经给参谋本部，也给关东军留足了面子：“我并不是说不能取胜，我是说短期内难以取胜。要是我们派它两三个师团，难道还消灭不了诺蒙坎的苏联军队吗？”

话锋一转，中岛又说：“可要是苏联也进一步增兵怎么办，难道扩大成全面战争？”

中岛的言外之意，现在已不是日俄战争时代了，大多数日军师团都在关内作战，等于陷在侵华战争的泥潭里，要拔脚也拔不出来。

矶谷一梗脖子：“谁说要搞全面战争的？苏联不想，我们也不想，你们简直是在杞人忧天。外交途径？只有在诺蒙坎对苏军予以彻底打击，问题才能解决。”

在把矶谷叫回来之前，中岛次长其实就没打算再听人瞎唠叨，他事先已经派人拟订了“诺蒙坎事件处理要纲”，“处理要纲”把诺蒙坎事件的处理限定在局部范围，主张通过外交途径加以解决。

矶谷一边吵着，一边从中岛手中接过“处理要纲”。他不看犹可，一看脑袋轰的一下。原来所谓外交途径解决，就是要关东军撤离诺蒙坎！

关东军参谋长顿时气得胳膊都软了：我们关东军这么多部队流血牺牲，“抛头颀洒热血”，最后就被你们这些人给活活断送了。

中岛的一双眼睛紧盯着矶谷，就等对方点头同意“处理要纲”。矶谷明白了自己今天的处境，这可不是叮叮当当说知心话的时候，如何回答问题，得先过过大脑。

矶谷说，他作为参谋长，个人决定不了是否要执行“处理要纲”，必须回长春后让植田司令官定夺。

一句妙语把中岛给将住了，那脸上的变化比过年的年画还要来得丰富多彩。矶谷摆脱了中岛的纠缠，心里好生得意：正是油滑好说话，正直惹人嫌，今天不给你来点调皮的，如何过得了关？

火焰突击

对参谋本部召矶谷回国的用意，关东军上下早就猜到了几分，尽管总攻尚未开始，但诺蒙坎的空中战场已经提前热闹起来，因为谁都知道争夺制空权对掩护地面作战的重要性。

在第一回合的交战过程中，几架日机突然绕到苏军斯科巴里欣大队尾部，一口咬住了殿后飞机。等大队长斯科巴里欣发现这一情况，编队掉头已经显得太晚。

殿后飞机的飞行员还是第一次参加空战，在遭到敌机围攻后，可以肯定十有八九会被干掉。情急之下。斯科巴里欣把指挥任务交给副大队长，自己率先转弯飞了过去。

在编队尾部这一局部范围，日机占有了数量优势，斯科巴里欣瞄准其中一架，但另外一架相邻日机也同时瞄准了殿后飞机。

眼看战友要遭殃，斯科巴里欣不假思索地向相邻日机撞去。

空中撞击术的苏联名称又叫“火焰突击”，它并非斯科巴里欣首创，发明者是一战初期的俄军飞行员，但被苏联空军给继承了下来。当然，不到万不得已，谁也不会贸然采用，因为这需要的实在不是一点点勇气。

斯科巴里欣的惊人举动，使日机飞行员不得不中止开火，这时他面临着两个选择，要么乖乖地退出作战，退避三舍，要么索性也豁出去，跟斯科巴里欣玩对撞，看究竟谁怕谁。

长期的熏染和教育，使日机飞行员做出了第二个选择。

如果他坚持下去，结果就是同归于尽。可是在撞击即将发生的一刹那，这哥们儿又胆怯了，他将飞机向上拉起，企图避开撞击。

早干什么去了你？日机飞行员的动作再快，此时也来不及了，斯科巴里欣的飞机撞上日机的要害部位，先是起落架被撞断，接着腹部被撞出一个大洞，转瞬之间，日机就断成了两截。

在撞击过程中，斯科巴里欣暂时失去了知觉。随后，他驾驶的飞机进入极其危险的螺旋状态，飞机机头向下，急剧下降。当斯科巴里欣再次醒来时，飞机已下降到距地面两千米的高度，正向山坡俯冲下坠。

斯科巴里欣急忙采取紧急措施，当飞机降到离地面八百米时，他终于成功地将飞机解除螺旋。

这是苏联空军撞击敌机的首次记录，当天斯科巴里欣击落一架，撞落一架。据说当他飞回机场上报撞机一事时，飞行团长起初还不太相信，认为他是信口胡说。幸运的是，斯科巴里欣的战机上还插有半个日机机轮和部分机翼，上面清晰地印着“三菱”字样，为勇士做了最好的证明。

在苏联空军中，像斯科巴里欣这样英雄级别的飞行员并不多，但凭借战斗机数量上的优势和集体配合战术，苏军总能坚持到最后。

天天上演空中大战，松本和卫生队无意中也成了看台上的观众。某天早晨，先是天空中传来万雷咆哮一般的轰鸣，松本抬头一看，苏联战斗机正铺天盖地而来，看上去黑压压的一大片，连大地都一下子显得昏暗起来，令人毛骨悚然。

松本吓得赶紧把头低下来，过了好大一会儿，才慢慢缓过神来。在他重新抬起头的时候，空中已经出现了三架喷着白烟的战斗机，那是第十一战队的飞机。

就个人技战术而言，日军飞行员总体上确实要胜过对手一筹。据说日本著名武士宫本武藏在决斗时，会特地选取背朝阳光的一面，在对手被耀眼的光线弄得眼花缭乱后，可以占取先机。当天第十一战队背朝阳光，利用云层作为掩护，硬是以三架顶住了几十架。

天空中不时传来嗒嗒嗒的机枪扫射声，以及嗵嗵嗵的炮击声，每次爆炸后，都会有飞机冒着黑烟退出战斗。它们主要是苏联飞机，显示日机初战取胜。

可是好景不长，随着周围的苏联战机越聚越多，那三架日机就都扛不住了，很快也中弹坠地。

看完这场让松本“紧张得心都提到嗓子眼”的空战，从他心底里涌出的全是恐慌和不安：日军飞行员的技术是说得过去，可照这样打下去，再怎么技术精湛也无济于事，因为苏联飞机太多了，好像总也打不完的样子。

一种难以形容的胆怯，像影子一样围着松本，想到毫无未来可言的明天，他的胸口隐隐作痛起来。

空战并没结束，接下来还有一场。

早上迎光而战吃了亏，到下午苏军来了个背光作战，这样起码就天时而言，日军便开始处于下风，但这对王牌飞行员来说，也许并不算什么，没有天时，不还有“人和”吗？第十一战队最大，也是关东军最大的王牌筱原弘道准尉驾机升空。

筱原果然凶猛，一人撂倒多架苏联战机，只是他太骄狂了，不知道对手还藏有一把夺命撒手锏。

就在筱原杀得投入的时候，突然从云层中钻出两架苏联战斗机，如猛虎下山，一齐扑向筱原的座机。

有飞将军之称的斯穆什科维奇在战术方面有许多创新，比如他曾在西班牙内战中推出一种编队新阵形，叫作“双机攻击”。

“双机攻击”以两架飞机为一组，组里包括长机和僚机。它的最大特色是打破了以往的主次之分，采取了“谁先看到，谁先攻击”的思路。即便是处于副手地位的僚机，当它所处位置相对有利时，也可以先于长机发起攻击，而长机则见机行事，转换角色，为僚机提供掩护。

在西班牙内战中，西班牙叛军的飞行员使用的是一战时常用的“V”字编队，即三机为一组。当“V”字编队遭遇“双机攻击”时，顿时被打得溃不成军，“双机攻击”由此得到了认可。

斯穆什科维，曾参加西班牙内战，以作战英勇获苏联英雄称号。在诺蒙坎战役中，他亲自驾机并指挥航空兵对日军作战，再次获苏联英雄称号。

突袭筱原的正是典型的“双机攻击”编组。筱原不知厉害，当场被僚机击中，并在空中爆炸分解，随后他被甩出飞机，直挺挺地坠落地面。

地面观战的卫生兵们并不知道这就是筱原，他们只是本能地向身影落下的方向跑去。跑了没多远，就听见前方扑通一声巨响，筱原的身体撞到了地面，一股尘烟腾地冲天而起。

卫生兵们愕然地站住了。由于从高空急速落下，呈大字落地的筱原身体肿胖，面部又紫又黑，其状惨不忍睹。

松本赶紧上前检查，在筱原身上，已找不到任何生命迹象，人早就断气了。

日军曾经宣称，筱原在诺蒙坎空战中前后一共击落了五十八架苏联战机，这位“关东军第一机”堪称关东军航空兵的精神支柱。他被击落身亡后，直接导致关东军航空队的士气一落千丈。

第十一战队除筱原之外，几个中队长都先后战死，整个战队元气丧尽。比第十一战队更惨的是第一战队，战队长、中队长因伤亡更换数次最多，该战队损失了原有的全部飞行员以及飞机，至此，日军第一王牌飞行员和最精锐的飞行机队均不复存在。

第七章

不幸的穿越

空中惊天动地的撞击，似乎也撞着了矶谷的腰，他在东京待不住了，向参谋本部中岛次长提出辞行，正式的理由，是就“处理要纲”向植田司令官请示，真实的想法却是要参与指挥即将到来的总攻。

参谋本部也不是好打发的。临别时，中岛再三警告矶谷，要求关东军在最近这段时间内，无论如何不准再轻举妄动。

矶谷急于脱身，便胡乱点了一下头，令他没想到的是，中岛还真做得出，竟然派两名高级参谋跟上矶谷，一起回长春。

俩参谋说是要去前线视察战场，但谁也不是瞎子傻子，一看就知道这是监军的干活。

关东军的参谋个个都被娇惯成了少爷，一封“隐忍”电报都可以让他们受不了，别说是人盯人的监视，这回可真是弄到了“三尸神暴跳，五脏气冲天”的境地。

你不相信我们，没关系，我们也不理你！

关东军原先还收敛一些，现在索性放开来，该说的说，该做的做，至于两个“监军”爱干什么，随便，反正这是关东军的地盘，你到我的地盘，就得吃我的饭，听我的话。

辻政信觉得事情还没这么简单，他又和服部找到参谋长，问离开东京时，参谋本部有没有让捎什么特别的话。

听矶谷将临走时中岛的那番话和盘托出，辻政信和服部都冷笑起来：“他们把关东军当小孩子了。要拘束我们，一定要有天皇的命令，起码也得有一个正式命令，就这样上下嘴皮一动，就想指挥关东军啦？”

参谋本部让关东军不要轻举妄动，关东军反而动得更起劲了。

窝囊到要吐血

从7月6日算起，为了准备第三次诺蒙坎战役，关东军司令部便不断给前线日军添置炮兵。

起初动作还不算太大，植田找出九一八事变时从沈阳兵工厂缴获的三八式野炮，从中抽了十门给小松原，接着，又吸取渡河作战时的教训，以增加反坦克炮为重点，将第一、第七师团的所有速射炮中队抽到了第二十三师团。

砸锅卖铁，全面动员则是经历三天的夜袭大战之后。根据矶谷等人的调研，开始集中征集远程重炮。

松本回忆他小时候看过的一本书《日本海战记》，讲的是日俄战争，里面一个俄国海军将领记述道："日本海军的霰弹使我们大伤脑筋，因为它导致我们无法进行正常的舰上作业，这也是导致俄国海军失败的一个重要因素。"

岂止海军，日本陆军的大炮当时也称得上是巨炮，据说仅仅一天之内，就将俄军阵地上的山石削去了三米有余。

日俄战争中，日军用重型榴弹炮轰击旅顺港内的俄军战舰。

日俄战争前，日本之所以能制造和拥有许多重炮，是因为甲午战争时得到了中国的大笔赔款，日俄战争虽然打赢，但他们不仅没能从老毛子手里拿到一个子儿，还倒赔进许多钱，国内财政十分拮据，加上以后碰到的对手几乎都是弱者，用不着重炮，此类制造也就基本停了下来。

现在要用，大半还只能再到军火库去翻老古董。为了凑足数字，关东军连旅顺要塞的重炮也没放过，全都一门门拖出来，然后运往诺蒙坎。

日军炮兵的机械化程度不比工兵好上多少。除少数部队配有履带牵引车外，绝大多数重炮都得靠骡马拖拉。这些重炮是名副其实的重，其中的150毫米榴弹炮，光一枚炮弹就有三十多公斤，整个炮身重达数吨。在硬土路上，就需十六匹驮马才能勉强拉动，到了诺蒙坎那样的松软沙土区，三十二匹也未必管用。

一个重炮兵联队得带上十几门这样的重炮，再加上弹药粮草以及配套设施，没个三千匹马为之服务，到前线作战这件事，想都别想。

三千匹马，每天光喂马的草料就是个惊人数字。小松原不得不卖力张罗，整个海拉尔几乎被他翻了个底朝天。

背后的苦楚自不待言，不过对小松原来说，忙完后更多的还是欣喜。

在以关东军炮兵司令官内山英太郎任团长的炮兵团中，共有三个重炮兵联队，计三十八门大口径火炮，加上原在战场上的两个野炮兵联队，集结了大小八十二门火炮，这基本上就是关东军现存的全部家底。

步兵方面，第七师团所属第二十八联队原先只到了一半，在船多不碍路的原则下，植田下令将另外一半也调了过来，这样第七师团三分之二的部队都已到位，可以正正经经地称之为第七师团了。此外，又征调了四个日军独立旅团，一个伪满骑兵旅团。

表壮不如里壮，前线大军云集的盛况，让小松原重新把头昂了起来，摩拳擦掌，急欲一试身手。

1939 年 7 月 22 日，预定中的总攻到来。

在将军庙军事会议上，小松原和内山曾就总攻采取的战术有过一番激烈争论。小松原将第一、二次诺蒙坎战役的失败，归结于缺乏炮兵掩护，或者说掩护的力度还不够大，因此坚持步炮协同的打法，即以步兵夜袭突击为主，炮兵火力支援和压制为辅。

内山不干：凭什么要以步兵为主，为什么不能以炮兵为主？

两派争执不下，最后上交植田司令官裁决。植田认为，前线步炮部队光编制就有十几个之多，如果搞步炮协同会很困难，不如让炮兵打光再进攻。

这样内山就占了上风，总攻确定以炮火攻击为主，待炮兵基本摧毁苏军阵地后，再由步兵上去打扫战场。

既然炮兵唱了主角，晚上没法观测，小松原就只好放弃了夜袭这一看家法宝，率领步兵集团坐等炮击，然而眼见得攻击时间已到，火炮却是一声不响。

炮兵部队作战有一套程序，先得炮兵观测所提供方位，可当天是阴雨天气，能见度很差，内山就跟小松原打了个招呼，说要不明天再打吧。

内山临时撂挑子，可苦了小松原，因为步兵集团已在前沿的埋伏区域隐蔽待命，而在苏军拥有登高望远及空中侦察的条件下，这么多日军的大规模运动，很难不被发觉。

松本后来打过一个比方。一个提着大棒的彪形大汉站在那头，一个腰挂长剑的小毛孩儿站在这边，毛孩子像煞有介事地舞着剑，显示着自己的武功，人家大汉理都不理。

终于，小毛孩儿忍不住了，挥着长剑，呐喊着便朝大汉冲了过去。

朱可夫就是站着不动的大汉，小松原充其量就是心浮气躁的小毛孩儿，当毛孩儿冲上来时，大汉所要做的，只是给予当头一棒。

与日军临战前都不知道方位不同，苏联炮兵部队在诺蒙坎已经待过很长时间，坐标方位均已提前测好，重要地区还人工建起土堆，以作为炮击的参照物。天气好坏对他们来说根本是件无所谓的事，朱可夫一个命令下来，立等可射。

自家的重炮尚未能够见识，苏联人先给日军步兵上了一课，重炮炮弹的杀伤半径特别大，很多士兵不是直接中了弹片，而是被震死或被倒塌的"章鱼罐"掩体活埋。

各步兵联队苦不堪言，纷纷要求炮兵予以还击，以便使士兵们摆脱困境。

这些要求都被内山拒绝了。理由是，没有方位和目标，盲目还击不但起不到作用，还会暴露炮兵阵地，在缺乏还击把握之前，炮兵团只能与步兵一样白白损失掉。另外，日军不比苏军，炮弹数量十分有限，尤其是那些重炮炮弹，本来就没多少，一枚枚都得有着有落，是决不允许浪费的。

步兵撤不下来，又冲不上去，只好硬挨。这滋味儿可不好受，称得上是"挨一刻似三秋，盼一时如半夏"，每个步兵联队都至少伤亡了六分之一，其中酒井联队被炸死的最多，一个千人规模的大队，仅剩两百多人，有几个小队无一人幸存。联队长酒井把身子缩在战壕里，一个劲骂炮兵是浑蛋。

苏军知道几万日军步兵昼夜埋伏在自己阵地的前沿，就变着法折腾对方。晚上雨停后，轰炸机群又跑到埋伏区的上空，足足投了两个小时的炸弹，让日军好好地过了一把吃夜宵的瘾。

日军飞行集团的战斗机不消说，缺乏夜航能力，即便 TB-3 晚上出来轰炸，它们都不敢动一动，高炮部队则是窝囊到要吐血，他们竟然没能配备探照灯车，既不

部署于潜伏区内的日军。在无遮无拦的情况下，他们几乎就等同于苏军飞机大炮的活靶子。

知道轰炸机何时来，又不知道何时去，只能干看着人家投弹。

步兵联队长们朝小松原大发牢骚："苏军不管白天黑夜，晴天雨天，全天候照打不误，咱们的飞机大炮为什么那么娇贵？"

小松原无言以对，炮兵和航空兵自有不得已的苦衷，十个指头咬着都疼，他谁也不能怪，谁也怪不得。这番遭遇对他来说，就犹如一次期望甚高的穿越，穿越完了，才发现自己不是皇帝，而是太监。

内外夹攻

1939 年 7 月 23 日晨，天气晴朗，娇贵的军种们都没了怠工或是迟到早退的理由。不过也就从这时候开始，苏军停止了火炮攻击，其炮群方位一时难以判断。

寻找并摧毁苏军炮兵阵地，成了小松原交给特种部队的首要任务。早上 6 点，飞行集团出动主力进行支援，多达五十八架九七重爆和战斗机在空中盘旋，寻寻觅觅，都是要找到炮兵阵地的位置。

飞行集团以为他们人多势众，不知道在苏联人眼里只是毛毛雨。苏军第一集团军成立前后，诺蒙坎前线足足增加了六个飞行团共达五百八十一架战机，而日军飞行集团经多次补充，才勉强能将战机维持在二百架的水平。

苏联空军一出手就是二百多架，当这么多伊 –15、伊 –16 黑压压扑来时，"毛毛雨"很快就被包围。近乎四比一的数量优势，使得苏联空军"双机攻击"战术得到酣畅淋漓的发挥，日军飞机一架接着一架掉下来，已经难以顾及地面侦察。

6 点半，炮兵团接过了飞行集团的活。炮兵团长内山把克山野炮推出来进行零星射击，以诱使苏军重炮开火。

克山野炮讲穿了就是随时准备报销的诱饵，炮兵们战战兢兢，唯恐重炮炮弹落在附近，把自己炸得粉身碎骨。

还好，重炮没开火，开火的是步兵炮和重型迫击炮。在苏军的炮兵部队体系中，这只是团属配置，火力也有限，双方旗鼓相当地对轰了一个半小时，不分上下。在这一个半小时里，炮兵观测所将苏军炮兵阵地的方位、距离一一记录了下来。

重炮未露脸，但是躲了和尚躲不了庙，知道炮兵阵地在哪里就够了。8 点整，内山根据所测得的数据，下令日军炮群进行真刀实枪的齐射，所谓“效率射”，射击时间核定为两个小时。

于是，早已集结于前沿的七十六门大口径重炮终于派上用场，远远可以看到，苏军炮兵阵地上被炸得尘土飞扬，浓烟滚滚。

38 式 150 毫米榴弹炮。这种一战时期的古董大炮威力很大，但性能落后，在诺蒙坎战役爆发前就已停产。

因为炮弹的供应能力有限，日军炮兵对耗弹量有严格规定，即必须按基数使用，普通山野炮一个基数为一百发炮弹，越往上去，每基数的炮弹越少，150 毫米榴弹炮为五十发，150 毫米加农炮仅为三十发。

平时炮兵部队最多舍得用一个到两个基数，这次破例允许打足五个基数，可谓下了血本。

如此大规模、长时间的炮战，在日本陆军史上还是第一次，炮弹的消耗更是史无前例。密集的重炮轰击，给苏军一线阵地造成了一定破坏。一名苏联战地记者在前线采访，拍下了一个炮兵班作战的场面，但就在他按下快门的那一瞬间，一枚重炮炮弹落下来，炮兵班成员全部中弹身亡。

苏军损失的主要是团属步兵炮和迫击炮，师属山野炮、军属榴弹炮、加农炮这些重炮部队已经开始转移阵地，内山观察到，苏军牵引车正拖着火炮向后撤退。

直接负责指挥重炮兵的畑勇三郎心花怒放，他颇有诗意地记录道：“殷殷炮声惊天动地，震撼着蒙北沙漠。”

步兵们埋伏在战壕里，他们不知道重炮轰击的实际战果，只能听到隆隆炮声，以及依稀看到苏军阵地上的尘烟，不过这就够了，自家炮兵抖威风，诺蒙坎战役以来是从来没有过的，因此一个个兴奋得要命，连连拍手叫好。

10点整，受到炮群射击鼓舞的步兵集团跃出隐蔽掩体，几万人浩浩荡荡，像是决堤的洪水一般，一边高喊“万岁”，一边冲向苏军阵地。

苏军的火力拦截网除了轻重机枪外，只有一些不便移动的火炮，力道是有的，但日军人实在太多，割麦子一样，割了一排又一排，总也割不完，前沿部队与苏军阵地已近在咫尺。

苏军指挥官见状，赶紧下令准备上刺刀打肉搏战，但也就在同一时间，炮弹忽然像冰雹一样地砸过来，正砸在步兵集团中间。

苏军都觉得奇怪，他们的炮兵正在转移，这是哪里冒出来的帮手？

帮手不是别人，却是内山。

因为炮兵团的重炮或者是日俄战争时的遗物，或者是出厂后从没舍得放到战场上历练的宝贝，所以炮兵对炮的性能多不熟悉，而且他们此前也从未接受过超远程的饱和射击训练，导致射击效果无法恭维。

从前沿观测数据来看，重炮的射击精度很差，弹着点离目标相差较远，经过两个小时的重炮轰击，仅有十门苏军火炮被击毁，其余炮兵部队都跑掉了。

内山于是临时决定延长一个小时炮击，但他却忘了通知前沿部队。事实上，就算他有这个意识，也力不能及。

苏军在诺蒙坎战区实施了无线电干扰技术，日军电台之间没法正常联系，使用传令兵的话，各部队这里一堆，那里一堆，靠两条腿几分钟时间里根本跑不了多远，若是以车代步，又会成为苏军轰炸机的攻击目标。

总之，内山要么不改时间，要改时间的话，就没法让所有人都知道。

日军重炮端的生猛，只一个照面就做完了苏军做不完的功课，日军步兵集团第一梯队近乎全军覆灭。步兵指挥官赶紧通过电台向内山呼叫：“炸着自己人了，马上停止炮击，笨蛋！”

可是无线电干扰太厉害了，电台里嘈杂声一片，根本听不清对方在喊些什么。内山还以为是自己炸得够完美，步兵忙不迭地报喜来了，当下激动不已，继续给炮兵下达了加量加价的攻击命令。

时间一长，老爷爷级别的重炮终究经不过超负荷的折腾。炮击过程中，有九门重炮的炮架折断，七门发生炸膛事故，造成了炮毁人亡的惨剧，其他诸如炮身过热、炮管烧坏等故障也层出不穷，射程最远的加农炮一连瘫掉了六门之多。

内山如此给力，弄得苏军都不好意思了。他们趁机收起刺刀，端起轻重机枪和冲锋枪，夹住日军一顿狠打，步兵集团潮水一样地上来，稀稀拉拉地退了回去。

火墙

退下来的各步兵联队均伤亡惨重，联队长们怒目圆睁，无不痛骂内山是个糊涂虫。小松原则呆若木鸡，他在日记中写道："整个白天的攻击简直是一场谋杀。"

"谋杀"的主谋内山倒还算沉得住气。通过观察，他预计苏军有两个炮兵连被消灭，五个到六个炮兵连被压制，其余炮兵部队都已溃逃，正是步兵出击的好时机。

事已至此，小松原也没有更好的办法，只得重新对垂头丧气的部属进行动员。

1939 年 7 月 23 日上午 11 点，日军步兵集团再次发起冲锋。似乎是被这种万人规模的"猪突冲锋"场面给吓怕了，这次苏军不再硬顶，而是主动撤回了西岸，除了踩响地雷，日军沿途未遇到大的阻击，一路杀到了哈拉哈河岸边。

顺着苏军架设的浮桥，酒井联队率先过河。自诺蒙坎战役开始以来，这是日军第二次登上西岸，而且不是靠迂回，靠的是正面平推，但结果却是悲剧性的。

六百多辆苏军坦克早已排列整齐，在旷野上等候多时。刚刚登上河岸的日军士兵还没回过神来，便被打得怪叫连连，在坦克机炮组成的炽热"火墙"面前，士兵们一片片地倒在地上。

一切都是设计好的，坦克旅相隔河岸边缘有两百多米，在这个距离范围内，反坦克手雷够不着，机枪掷弹筒可以，但又起不到多大作用。

西岸比东岸要高出几十米，后续日军只听到枪炮声大作，看不到真实情形，还在埋着头往前涌，形成了"前仆后继"的骇人景象。

联队长酒井这才知道又中了苏军诱敌深入的圈套。现在别说他的联队，就算整个第二十三师团都垫进去也无济于事，于是急忙下令撤回东岸。

见日军要逃，苏军坦克旅追了过来，但他们忘记了对手在作战中疯狂的一面。

酒井预留了“肉弹突击队”进行殿后掩护。这个突击队发现逼近的苏军坦克中有一辆插着天线，便料定这是指挥坦克。

反正是肉弹，炸谁都是炸，能炸着指挥坦克，自然是件划得来的事。于是“肉弹突击队”就首先炸这辆坦克，十几个“肉弹”队员抱着地雷，背着炸药，不顾一切地冲了上去。

护卫坦克上前拦截，打翻了大多数“肉弹”，只有一个军曹被漏掉，因为他在坦克的观察死角中。

就是这个军曹引爆了指挥坦克，坐在坦克中的坦克旅旅长雅可夫少将当场身亡，他也成为苏联在诺蒙坎战役中阵亡的最高级别军官。

雅可夫的死，对战局没有任何影响，西岸的“肉弹”很快就被清光，坦克旅的“火墙”推到东岸，原先佯装退却的第三十六摩步师也从两翼杀了回来。

在横宽约十二公里的正面战场上，日军已是三面受敌，这一突发情况令步兵集团惊慌失措。小松原未对第二十三师团、第七师团下达任何正式命令，但这些部队都自动停止了进攻。

如果说上午还能彼此对攻一下，下午就基本没日军什么事了。

关东军费了牛劲，凑足八十二门火炮，以为很了不起，不知道苏军光在西岸外蒙古高台就有九十二门重炮，东岸尚有一百七十二门各式火炮。在遭到火力攻击后，这些炮立即往后迁移。

苏军设有多个预备阵地，火炮搬运的机械化程度又高，不像日军那么费事，因此很快就转移到了新阵地。在依靠侦察机校正目标后，他们开始了令人恐惧的大反击。

苏军炮兵阵地，这是块头较小一些的火炮。

同是重炮，在性能上日军被苏军甩了一条街不止。以 150 毫米加农炮为例，苏军射程可达三十公里，日本的只有十八公里，其他中小口径火炮差距更大。苏军新阵地比原先的位置退后了十公里，远在大多数日军重炮的射程之外，日军火炮就算踮起脚都射它不到，炮弹飞着飞着，中途就掉了下去。

日军前沿的步兵指挥官通过望远镜，可以清楚地看到苏军炮兵阵地。那里热火朝天，炮兵只管把一发发炮弹塞进滚烫的炮膛，指挥官则嘶哑着喉咙一遍遍重复发布射击命令，他们完全不用顾忌日军的炮弹，有人嫌热，甚至索性脱光了膀子在装弹发射。

反过来，日军炮兵阵地的机动能力很弱，挽马牵引还占着很大一部分，炮兵没法根据实际情况进行快速转移，结果被对方一打一个准，一打一个死。

最让日本人不得不服的是，苏军在炮弹使用上几乎无量的限制，炮兵想用多少用多少。打得兴起时，日军一个基数的炮弹，苏军不到两分钟就给全部打完了。

曾经威风了那么一下的日军炮兵立马蔫掉了。苏军重炮数量之多，威力之大，弹药之充足，都远远超出了内山和畑勇的预计，这场炮战差不多已沦落为苏军一边倒的大规模炮击演习。

一方面是苏军轰击得太快太猛，一方面是自己的许多重炮已打光了炮弹，日军重炮兵竟然在一个小时内都无力进行还击，只能用一些小口径火炮虚应。

日军步兵阵地上被炸得一片火海，许多士兵还没明白是怎么一回事，就做了炮灰。一名军官事后这样描述自己所处的战场：“各种口径的炮弹带着死神的呼啸落在阵地上，打得士兵抱头乱窜，惊呼躲到哪儿都没有生路，到处是炮弹，只有在菩萨脚下才能得救。”

一些步兵部队实在被炸急了，不得不请求后面的炮兵，让他们不要再装模作样地射击了，以免招致苏军更为猛烈的炮轰。

好不容易熬到日落，炮战暂告一段落。随军观察的关东军副参谋长矢野和小松原一清点，步兵集团用于“猪突冲锋”的突击队被打掉了一半，中队长以下军官损失达到百分之七十左右。

热辣辣的火锅席

这仗打得那叫一个晦气，当下矢野急得觉也不睡了，连夜召集会议，研究下一步的作战方案。

小松原憋了一天的闷气，到这时全发作出来。他认为仗没打好，全是炮兵的错：射击的准确率不是低，而是低到离谱，步兵全是你们给误伤的。拜托，你们打仗时能不能使点儿劲，动点儿脑，不费电！

内山有苦说不出。

要说他没使劲，吃奶的劲都使出来了。上午为了摧毁苏军炮兵阵地，用去炮弹五千发，下午为了阻止苏军反攻，又用去五千发，总计耗弹一万发，仅仅一天时间，全部炮弹储备量的百分之七十就没有了。

剩下来就是有没有动脑的问题了。

当初没有采纳步炮协同的建议，小松原始终耿耿于怀：重炮兵老是躲在后面，这怎么能行呢，依我看，应该趁夜色前移，天亮后直接摧毁苏军的第一线工事，这样才能有效地支援步兵。

遭到指责的内山心里虚得很，但他对这种重炮兵前移，直接支援步兵的做法没有把握，因此就转头去问畑勇：这样行不行？

畑勇的头摇得像个拨浪鼓。

经过一天苦战，步兵损失大，炮兵损失也不小。足足四分之一的火炮被击毁，许多重炮变成了一堆废铁，几乎所有的重炮牵引车、弹药运输车都被打烂。现在费尽九牛二虎之力，刚刚把阵地搬到相对安全的地点，转眼又要挪地方，还要去冒更大的风险，是个人都不会没有看法。

畑勇问："你们要重炮兵连夜前移，请问怎么个前移法？牵引车没有了，挽马也跑得没了踪影，沙地上移动几吨的重炮，以为是容易的事？"

没等内山表态，畑勇又说："构筑火炮阵地，既要考虑安全隐蔽，又要利于发挥火力，不是像步兵那样随便刨个坑就可以，所以一个晚上根本就干不了。"

内山是士官学校炮兵科出身，专业知识是有的，给畑勇这么一分析，他也感到小松原的要求有些异想天开，于是就如实进行了回绝。

小松原听后火冒三丈：我在战场上整整等你们半个月，难道就等来这样的结果？既然这也不行，那也不行，干脆步兵单干算了。

和将军庙会议时一样，又吵起来了。主持会议的矢野听着都有道理，一时左右为难，最后只好采取折中办法，单独做畑勇的工作，让他多少拨点重炮兵出来，其余可以原地不动。

畑勇还是不肯。一直到第二天早晨，禁不住矢野在耳边唐僧一般的絮叨，畑勇才勉强做出让步，同意前移两个重炮兵大队。

没有牵引车和挽马，就只能完全靠人力来拖，因此预定的炮击延至上午8点才开始。

日军炮兵部队正在实施射击，图中为90式75毫米榴弹炮。

1939年7月24日早上8点，日军的这两个重炮兵大队展开炮击。在够不着苏军重炮阵地的情况下，内山决定改变打击目标，重点轰炸哈拉哈河上的浮桥，以便切断苏军两岸的联系与补给。

浮桥很快就被击中，碎片飞得到处都是。可是内山的高兴劲还没过，他就发现，没有浮桥，苏军坦克和运输车队仍然可以在两岸间自由来去，而且是贴着水面跑！

内山既疑惑又感慨，想想苏联人的机械化程度真是厉害，这么多水陆两用车是怎么制造并运到这里来的？

内山的疑惑，其实也就是重复了月初小松原的轨迹，只是他们从来没能解开过这个谜团：苏军并没有使用水陆两用车，坦克和运输车所经过的，是水下隐蔽性极强的“暗桥”。

对浮桥的轰炸，使日军前移重炮的所在位置暴露无遗，从而被苏联炮兵一口咬住，畑勇担心的情况出现了。

在第三次诺蒙坎战役中，朱可夫采取的主要攻防战术仍然是“夜退昼攻”，一到白天，日军控制的那些高地就等于被端上了热辣辣的火锅席。

无数炮弹从西岸呼啸而至，每分钟至少达到三发，其密度之大，持续时间之长，令人叹为观止。东岸上空迅速被炮火掀起的烟尘所覆盖，能见度仅有两米到三米。

日军前移炮兵阵地被炸得如同蜂窝一般，到处都是尸体、伤员和毁损的重炮，战至傍晚，已无一处完好的炮位。

当时天皇的女婿盛厚正好在重炮兵联队服役，关东军宣传机构曾为此大做文章，写了许多皇族子弟亲临前线的报道。炮战中，一个炮车轮子先被炸飞，落下来的时候砸伤了盛厚。

驸马爷到前线，打仗是假，镀金是实，要真有个三长两短，关东军没法跟皇宫和国内舆论交代。植田司令官急忙派来一架小型飞机，将盛厚接去了海拉尔。

本来是炮兵支援步兵，炮兵自顾不暇，结果步兵就只好独自走钢丝了。

气球破坏者

在看穿日军炮兵无所作为之后，苏军步兵即使夺取阵地，也不再死守，往往虚晃一枪后便会马上撤退。

不过在撤退前，他们一定会在高地上插一面旗子——不是苏联镰刀斧头的军旗，而是所缴获的日军膏药旗。

普通军旗虽然不及联队军旗那么重要，但也像刀子一样戳着小松原的眼睛，非得攻取高地，把旗子夺回来不可。小松原希望部下能被这番“屈辱”景象给刺激到，主动上前请缨，可是过了好半天，也没一个人报名。

在昨天的集团冲锋中，各联队无一不是伤痕累累，一提到要冲锋，联队长们的脸个个跟苦瓜相仿，最初那份全身都充满了血的激情早已荡然无存。小松原没有办法，只得来个直接点名。

点到的是第七十一联队。在第二次诺蒙坎战役中，原师团参谋长大内孜战死，联队长冈本德三大佐被调去充任了这一职位。现任联队长是原海拉尔国境守备队的长野荣二大佐，才上任了半个月。

小松原把长野叫到身边，指着远处一个插着膏药旗的高地下达了进攻命令。

上午11点，长野率领第七十一联队向高地扑去。高地相距不到一公里，并不远，而且上面空无一人，苏军已经撤得无影无踪，但当日军士兵们喜滋滋地登上高地，欲把膏药旗取下来时，苏军炮弹忽然飞了过来，并且准确无误地落在膏药旗的附近。

苏军插旗的目的，就是要给炮兵指示目标，而步兵撤出，则使得炮兵在轰炸时毫无顾忌。

和长野在一起的通信小队瞬间就被炸没了，长野被炸飞一条腿，负了重伤。包括一名大队长、一名中队长在内，许多官兵死在轰炸中。

第七十一联队只好第三次更换联队长，因为上了苏联人的大当，小松原和联队长们一样，也变得垂头丧气，整个下午都没再掀起什么动静。

为什么人家的炮兵打到东打到西，我们家的那些重炮呢？

再研究再分析，认为主要是地形不利，西岸的蒙古高台比东岸高出五六十米，从东岸看不到西岸，所以日军重炮难以发挥威力。

为了确保重炮能打得既准又狠，对步兵切实起到支援作用，关东军独立气球中队被紧急调往诺蒙坎前线。

1939 年 7 月 25 日上午，在日军二线驻守部队的上空，气球中队放出了一只巨大的风式观测气球。

所谓观测气球，上面是一个填充了氢气的椭圆形飞艇，下面吊一只篮子，供炮兵观察员乘坐，其施放位置一般都在前线阵地后面，以免遭到攻击。

观测气球最兴盛的年代是一战时期，那时无论同盟国还是德国，都有使用，不过一战后，已经更多地被侦察飞机所代替，只有日本人还拿它当个宝。

在一望无际的荒野上，突然升起这么一只乌黑的大气球，特别引人注目，远远望去，就像来了一个走路趔趔趄趄的胖和尚，或者是谁丢出的大黑茄子。

左为观测气球全貌，右为炮兵观察员站在吊篮中的特写。第一次世界大战是观测气球使用的顶峰，当时火炮已发展到能向地面观测人员看不到的地方开火。相比于地面观测人员，高高在上的气球能看得更多更远，从而增加火炮射程而不致误伤友军。

三角山上的卫生兵们都看到了观测气球，这么多天来他们尝够了苏军火力所给予的痛苦体验，因此松本一见大吃一惊，脱口而出："浑蛋，在这种地方升起这么大一个黑茄子，岂不是找死吗？"

果然，观测气球升起不到十分钟，苏联空军便出动三机编队，以超低空突袭的方式，向观测气球围拢过来。

观测气球本身没有防御能力，但其周围一般都有高射炮和巡逻战斗机的保护，加上不在最前沿，因此攻击观测气球一般被认为是冒险行动，只有那些艺高胆大的王牌飞行员才乐于尝试，他们也被称作"气球破坏者"。

苏联飞行员倒并不需要有如此胆略。观战的卫生兵起先还以为有航空兵在空中警戒和保护，找了半天也没有发现飞机的影子，倒是不少苏联飞机从头顶一掠而过。

到这个时候为止，飞行集团的战机早已不敷使用，很难对观测气球担负起应有的护卫责任。

除了一门高射机关炮，观测气球旁边什么保护措施也没有，这使得士气高涨的苏联飞行员无所顾忌，争相加入"气球破坏者"的行列。

一架苏军伊－16乘高射炮被同伴所吸引，几乎贴着地面飞来，只听得一阵嗒嗒嗒的猛烈扫射，观测气球瞬间变色，化成了一团通红通红的火焰。接着，轰的一声发生剧烈爆炸，连累篮子里的炮兵观察员也一道死翘翘了。

一个气球被炸事小，但它给目击者带来的心理冲击实在不小，日军前线官兵为此沮丧万分。

运气难敌气运

没有气球，炮击就谈不上准头。让内山和畑勇更为心虚的是，炮弹储量已出现严重不足。第一天炮击用去了一万发炮弹，等于炮弹储备的百分之七十见了底，后来两天，他们就不敢如此豪放，被迫节约使用，但再怎么省，炮弹也是越用越少，尤其是重炮炮弹，后面根本没有补充。

畑勇到前移炮兵阵地点了一下，发现只剩下三千发重炮炮弹。

就这点料了，但是还得用，因为如果不用，小松原那里便没法交代，只得碰运气，打完算数。

运气终究难敌气运。苏军炮兵有好几个预设阵地，又有机械化搬运的便利，因此可以不停地变换位置，日军重炮即便够得着，也摸不清方位，结果炮弹大部分落在了空地上。

这一天，畑勇打完了所有的三千发重炮炮弹。至此，前线日军储存的所有重炮炮弹全部耗尽。

轮到苏军的重炮发力了。

朱可夫手里有的是炮弹，第一天炮战时，内山用了一万发，舌头伸出老长，苏军的耗弹量整整是他的三倍，三万发！

用辻政信的话说，“我们打了一万发，敌人那天还了我们三万发。”

减去三万发，苏军还有二十多万发，而且炮弹可以继续源源不断地运来，所以当天苏军的炮火密度比前两天更大。在苏军准确而有效的轰击下，日军火炮有的是炮车车轮被炸飞，有的是炮身被直接炸碎，没一会儿工夫，这个重炮阵地就报销了，向前推进的两个重炮兵大队，从重炮到炮兵，几乎损失殆尽。要不是盛厚被提前接走，这位天皇的女婿估计也悬了。

当然，日军炮兵也不是完全一无所有，他们还有一些中小口径的炮弹，但也不多，内山被迫限定每门炮每天只能用十五发炮弹。

就这么抠门，都不够用。日军步兵指挥官发现苏军坦克部队正在换防，认为是用速射炮攻击的好时机，便联系炮兵军官开炮。

炮兵军官回答得很干脆：“对不起，今天的炮弹全打完了。”

苏军步兵都不守东岸了，全退到西岸去观赏己方一边倒的炮战，因为有第七十一联队上当被炸的例子，望着那些插着膏药旗，空无一人的高地，小松原和联队长们除了像猴子一样抓耳挠腮外，根本就不敢向前。

假如没有例外，下午又得高悬免战牌了。

老是这样子干法，没法向上面交代。小松原决定由步兵团长小林恒一挂帅，指挥第二十三师团的三个步兵联队再做最后一次冲击。

大伙你看看我，我看看你，都是一副准备上刑场的神情。没什么好说的了，操刀拿家伙吧。

也就是这个时候，关东军司令部发来命令，让苦不堪言的人们全都得到了解脱。

命令是24日下午就拟好发出的，内容是让小松原停止进攻，转而扼守东岸要点。敢情植田司令官早于小松原之前，就对战事丧失了信心。

导致植田垂下头来的最大因素，还是内山关于重炮炮弹行将罄尽的报告，据说整个东北当时还剩下不到五千发的重炮炮弹，就这些炮弹，尚远在旅顺要塞，不知道哪天才能运来前线。

事情到了这个地步，内山自己都感到无地自容，他将炮兵团长一职交给畑勇，便灰溜溜地离开了前线。

同时接到返回命令的还有战车团长安冈正臣。

在第三次诺蒙坎战役中，早已处于半瘫痪状态的战车团也零零碎碎地到前面扑腾两下，只不过扑腾的动作相当之难看，三角山上的松本就有幸看到了其中的一幕。

早上醒来，他听到隐隐约约的坦克轰鸣声，起初还以为是自己的幻觉。往山下一看，只见一辆坦克开到了山下大约六百米的地方。

松本吃了一惊，慌忙卧倒在地，随后又抬头望了一眼，这下终于看明白了：那是一辆涂着膏药的日军坦克。

在松了一口气后，松本又觉得不妙起来，三角山虽是二线部队区域，但已相当于前沿战场，苏军重炮天天要来炸上几趟，坦克也时常在这一带出没。

他朝着坦克大喊："这儿危险，回去！"

坦克兵哪里听得到，仍然懵懵懂懂地往前开，急得松本站起身来连喊带比画。

不知道坦克兵有没有就此看到松本，但就算看到，也已经太迟了。

一辆墨绿锃亮、伸着长长炮管的苏军坦克出现在松本的视野里，并且像脱缰的野马一样向日军坦克冲了过去。

死了等于白死

松本悲哀地看到，在苏军坦克面前，自家坦克是多么的可怜。个头小得多，炮管短得多不说，全身还长满了铁锈。他都不明白，如此一个不禁打的小家伙，还跑到前线来做甚?

小坦克见到大坦克，跑也跑不及，便来了个先发制人，向大坦克发射炮弹。

大坦克没把对手放在眼里，就站在那里任你轰。

小坦克的炮弹射程太短，压根儿够不着，连开五炮，五发炮弹都在中途落地爆炸了，除了炸起一股沙尘，大坦克毫发无伤。

就像是一场功力悬殊的武林擂台赛，高手让你在他身上打了五拳，你已使尽全力，他却连被挠痒痒的那点感觉都没有。

好了，该轮到我了吧。大坦克慢腾腾地装上炮弹，只一发，就把小坦克打得燃烧起来。

松本和其他卫生兵在山上看得清清楚楚，当日军坦克被击中起火时，个个气得捶胸顿足，但是又一点办法也没有，因为他们更加不敢去招惹苏军坦克。

一对一尚是如此，不要说双方坦克数量还不在同一水平线上，植田把残破不堪的战车团收回去，实在算是个明智之举。

即便植田不下达一连串停战和返回的命令，前线也早就是一团糟，小松原计划内要发起最后一次冲击，只不过是给自己找台阶下，而且注定还会失败。

日军主动歇火，苏军也暂时停止了频繁的重炮攻击。整整一天，一发炮弹也没有落到三角山，当然，这里只是二线阵地，从一线的弗依高地方向，仍能隐隐约约听到枪炮声，噼噼啪啪如同炒豆一般。松本从炮弹爆炸的频率来判断，基本上都是苏军的火炮在发言，看来倒霉的一线士兵们仍然每天都在挨打。

松本见得多了，已经变得麻木不仁，倒是三角山这里偶尔听不到爆炸声，反而觉得少了点什么。

尽管意外地没有遭到轰炸，但傍晚聚集在一起时，卫生兵们仍然显得表情阴郁，因为他们知道这场战争并没有结束，死神或许就潜伏在短暂的宁静背后。一名士兵强打精神，信口作了一首很“主旋律”的诗，最后一句是“血气男儿留空名”。

听完这首诗，旁边的另外一名士兵忽然发作起来，他大声吼叫着：“浑蛋，什么叫‘血气男儿留空名’？啊？”

这名士兵抓起一把沙土狠狠地摔在地上：“我们这些人要是战死了，一张讣告就给打发了，连个空名也留不下来，死了等于白死！留名的是参谋本部那些人，所谓一将功成万骨枯，这他妈叫什么事呀？”

“死了等于白死”，许多前线士兵正是这种心理状态，在巨大压力和绝无胜利可能的前景下，日军士气已相当低落。

正如松本所说，这场仗打得真是莫名其妙，诺蒙坎不过是一片完全看不到人烟的荒野，有什么理由花费这么大的代价来争夺？更令人啼笑皆非的是，哈拉哈河东岸是“满洲国”领土，哈拉哈河西岸是外蒙古领土，可在中间大动干戈且吃尽苦头的却是日军。

在亚洲范围内，士兵的反战思想往往跟战争前途和个人命运密切相关。比如日军占领南京时，若要说有士兵反战，那绝对是艺术家的一厢情愿，诺蒙坎战役也是这样，松本那么胆小，身上也没什么武士道的影子，但起初他也没认为发起诺蒙坎战役有什么错。

现在知道错了，不得不说，很大程度上是挨了痛打的结果。

在小松原接到停止攻击命令之前，他曾要求关东军司令部再提供一批弹药。在清单中，小松原来了个狮子大开口，其中普通山野炮每门需配置一千七百发炮弹，100 毫米以上的大口径重炮每门为一千五百发炮弹。

植田老人家差点被吓得一屁股坐地上：我的天，莫非让我去抢劫不成？

幸好总攻取消了，小松原按命令筑垒固守，那份大清单也就不再有人提起，但补给还是需要的，否则如何固守？

植田把能征集到的卡车全都派到诺蒙坎，一共凑齐七百五十辆，除去有故障不能开的，剩下不到七百辆。这些卡车里面，有些还有战时征用的民用车辆，并不符合在崎岖道路上行驶的军用标准，半路上抛锚是司空见惯的事。

除此之外，车队不能像苏军辎重部队那样做到全天候运作，必须利用苏军炮击的间隙，才能向前线运送弹药粮草，回来的时候就顺便把重伤员给捎带回来。

以往日军都会带回死尸，这次除军官以外，辎重队对死尸一律免收，理由是补给任务异常紧张，尸体会弄脏车身，回去还得清洗，没那时间了。

于是大部分士兵尸体都被抛弃在阵地前，堆成一摞，任由其腐烂发臭，正应了“死了等于白死”那句话。

说大话使小钱

经过紧急增补，到7月29日，前线每门炮所能分配到的炮弹是：普通山野炮每门十五发，重炮十发，这么点料，连一个小时都支撑不了。

要固守，除需足够弹药外，还得修筑工事，但卡车用来输送给养已很勉强，哪能再腾出来运建筑材料？

明知守不了，第七师团的须见联队长提议，沿岸阵地处于苏军眼皮子底下，天天被虐，已形同鸡肋，不如干脆放弃，全军退到将军庙再说。那里距离哈拉哈河已有三十公里，苏军的重炮伸得再长，也有够不着的时候，而且将军庙的地势比诺蒙坎要高一些，依靠剩余火炮及弹药，足以固守。

须见挺有见识，可是他不知道鸡肋也有鸡肋的存在价值。关东军被揍得如此惨兮兮，“战线已挺进至弗依高地”，“把苏军逼到哈拉哈河沿岸”已是用来遮丑的唯一新装，如果这层衣服再被剥掉，还如何见人？

不怕男人穷，就怕男人尿。小松原、辻政信理所当然不会采用须见之计。

还好，虽然每天炮声不绝，但苏军也没有发动地面进攻，只是从天空来那么一下。

说起来，还是日本航空兵自己找抽。

1939年7月29日，第二十四战队前移至额拉依野战机场，这是靠近诺蒙坎前沿的日军一线机场。外蒙古高台上的苏军用望远镜观察到后，向苏联空军主任斯穆什科维奇进行了报告。

斯穆什科维奇立即制订出击计划，在这个计划中，他再次运用了曾实验于西班牙内战的一个成功战术。

早晨8点50分，二十架伊-16从太阳升起的方向起飞，飞至额拉依机场上空。不过它们没有马上进攻，而是原地兜起了圈子。

发现苏联战机后，十一架日机冲

日军野战机场。观察员正站在油桶上进行观察，但其观察效果显然不如地理位置优越的外蒙古高台。

上跑道，试图紧急起飞迎击。这时伊 -16 分成两部分，一部分在空中进行掩护，一部分突然俯冲而下，然后依次组成攻击航线，用机上的大口径机枪，对正在滑跑却又来不及升空的日机进行轮番扫射。

整个路道被打得一片火海，日机一架起火，一架严重破损，另外九架飞机也不同程度中弹，无法再次起飞。

额拉依机场上空本有几架警戒日机，由第二十四战队的第一中队长可儿才次大尉亲自统领，准备与升空日机会合后，再与伊 -16 决斗，但他们没想到苏联人会这么“坏”，竟然不等排好阵势就提前开了火，见情形不妙，赶紧四散逃开。

二十架伊 -16 完成任务后随即返航。可儿才次擦了把冷汗，准备在机场着陆，与下一批警戒日机换防，只是他不知道，斯穆什科维奇还有一个乐章没有奏完。

第二批二十架伊 -16 到达，并从警戒日机的后上方发起攻击。可儿才次中队长措手不及，当即被击身亡，第二十四战队尚未投入一线作战便遭到了重创。

7 月 29 日这一天的空战还迎来了一位显贵，关东军司令官植田谦吉大将亲自来到将军庙。这是诺蒙坎战争爆发以来，关东军第一大佬首次抵达前线视察。

植田无事不登三宝殿，难得来一趟，无非是要提升一下前线官兵萎靡不振的士气。

当他拖着一条假腿走下飞机时，首先看到的是前来迎接的小松原以及军官方阵，后者即将等候植田的检阅。一眼望过去，好多军官哪，也难怪，会集到诺蒙坎的各式部队，仅联队以上编制就有二十多个，而且全都是关东军的主力，真称得上是“地位响当当，资产乌泱泱”。

军官队伍一排，植田比比画画地一检阅，士气就算提升了，全不管各部队的实际情况究竟如何。

可是你还能让植田怎么办呢？他实在是没一点招了，要炮弹没炮弹，要卡车没卡车，也就只能干点这种说大话使小钱的活。

“世上本无路，走的人多了，也就成了路”，植田原本是想在诺蒙坎走出一条路来的，所以才调动了这么多部队，但结果却是“更加无路可走”！

植田竭力在脸上装出一副对前线将佐充分信任的样子，其实他心里明镜似的：这些军官和部队已经像是《西游记》里的那些配角，什么六丁六甲、五方揭谛、四值功曹、一十八位护教伽蓝，看着都是神将，其实没一个济事的。

很快，植田自己也在光天化日下现出了原形。

他用飞机将炮战中受伤，正在海拉尔养伤的盛厚上尉接到将军庙，专门为这位天皇女婿举行了授勋仪式。仪式结束后，身上挂满战功勋章的盛厚却并没留在前线，而是又回到海拉尔逍遥去了。

此情此景，弄得在场军官们面面相觑，终于知道自己在司令官眼中，尚不及一个受了轻伤的炮兵上尉值钱。

第八章 还能活多久

关东军司令官的难得光临，并没有给前线带来好运。他前脚刚走，苏军后脚就发动了进攻。

1939年8月1日，苏军突然出兵，向酒井第七十二联队驻守的阵地发起猛烈进攻。进攻过程中，轰炸机、重炮、坦克、步兵一齐上阵。

自诺蒙坎战役开始以来，苏军都是以防守为主，这种积极进攻甚为罕见，小松原得报后顿时紧张起来。

经过三次诺蒙坎战役后，不光是士兵有了“反战”情绪，就连小松原这样的高级将领也开始从“求战”滑向了“怯战”。

没办法，对手的装备太多，火力太猛，这种战争继续打下去，只会让人越打越沮丧，越打越自卑。

所谓事业，就是今天干了，明天还想干。所谓职业，就是今天干了，明天还得干。现在的小松原属于论点上班，做一天和尚撞一天钟，身上已找不到半点激情。

他希望就这么先守着再说，偏偏苏军又攻过来了，所谓兵来将挡，水来土掩，总得设法抵挡一下才是。

这天傍晚，三角山上的卫生队接到了转移阵地的命令。在接到命令的同时，每个卫生兵还收到两张信纸，以供他们出发前写家书。

不是一般的家书，是遗书！

对松本等人来说，那个最令他们害怕的时刻终于来了。

微不足道的虫子

松本把信纸铺在膝盖上，拿着一根破烂铅笔头，潦潦草草也是抖抖嗦嗦地写了一封。遗书是写给老婆的，无非是嘱咐老婆，万一自己战死，要尽心抚养父母小孩之类。

写这样的遗书，就好像自己已经提前死掉了。松本把写好的遗书折叠起来，放入怀中，此时此刻，他的心里充满了挥之不去的怨念：上面有什么理由让我们写遗书呢？恨我们不快点死，不早点给苏军坦克碾碎，给苏军大炮当炮灰？

议论“血气男儿留空名”那会儿，出于卫生队队长的身份，松本还劝别人不要乱发议论，以免军纪查处，可当写完遗书，他自己也沉不住气了。

我们这些人不但“死了等于白死”，还是微不足道的虫子，在当官的看来，虫子死多少都是无所谓的！

松本又恨又怕，再也控制不住自己，突然像个夜叉一样吼叫着冲出了棺材一样的掩体，一边拿着军刀在山上乱劈乱砍，一边歇斯底里地狂叫怒吼。

可怜的军医已处于半疯癫状态，直砍到筋疲力尽，喊到声嘶力竭，他才如同一堆烂泥一样瘫倒在地。

第二天早晨醒来，松本爬出洞，迎着晨风使劲吸了几口新鲜空气，总算，脑袋有点清醒过来。

要是没有战争，呼伦贝尔完全称得上是个美丽的世界，云彩、阳光、草原，四周广阔无边，到处生机勃勃，就好像是被日军侵占的东北大地一样。

“要是还能继续活在这个世界上该有多好哇！”松本不由得感慨起来。

他是个医生，他天生不是屠夫，如果可以，他甚至愿意在呼伦贝尔草原当个牧人，与世无争，平平安安地过上一辈子。

一个念头涌上松本的心头：“我能不能逃跑，扔下刀枪拿起牧鞭？”

参加诺蒙坎战役以来，松本多次差一点丧命，这使他心里充满牢骚、怨恨和恐

日本兵在为发现的两只小野鹤构筑防炮掩体。这个镜头多少显露了一些日本兵身上尚存的人性，作为一个正常的人，没有谁真正甘于沦为炮灰。

惧，逃跑的念头有过，不过都是随便想想，闲来发点感慨，这一次他却是真的想逃，而且逃的欲望很强烈。

松本思前想后，一时难下决心，但当他再次看到身边的战刀时，终于明白，他根本就逃不掉。

松本的战刀不是部队所配发，是祖传的。侵华战争以前，士官以上都可以领到战刀，但后来因为部队扩充得太多，就发不起了，只好自己从家里带来或者掏钱购买。

松本的这口刀名叫“长船”，出征时，父亲把它送给了松本，还嘱咐了两句话，一句是不要撒谎骗人；另一句是不要给别人添麻烦。

先前松本没把这些话太放在心上，现在处于这种处境，才真正地掂到了话中的分量。

假如逃跑，他自己是解脱了，家人怎么办？按照日本国内的规矩，一家人就麻烦了，他们一定会被戴上“非国民”的标签。

所谓“非国民”，就是非日本人，相当于日本人眼中的“奸细”，顶着这顶帽子，家人将因此受到牵连，乃至于一辈子都抬不起头来。

原来除了送死，别无选择，想通之后，松本也就无所谓了，反正这条命不是自己的，而且早晚得丢。

卫生队从三角山转移到了733高地。围绕这块高地，双方曾反复争夺，仅坦克兵就交战多次，因此战壕都不用挖，全是苏军原先待过的现成战壕。

733高地上有一支日军炮兵分队，这支分队刚刚领到炮弹，兴之所至，便一连向苏军阵地射了五六发过去。

士兵们多半时间只有挨打的份儿，难得见自家威风一回，都像小孩子过年看放鞭炮一样，拍手欢呼起来。欢呼声未停，苏联人就送了回礼过来，三十几发炮弹，眼睛都不眨一下。

这就是有钱人家的做派呀。士兵们慌不迭地抱着脑袋趴在地上，除了暗念阿弥陀佛，没人再敢吭气了。

高地上的日军炮兵可能是像卫生队一样，从二线阵地新调上来的，胆儿特别肥。他们自思在步兵面前丢了面子，还想再找回来，苏军暂时停止炮击后，又装上炮弹，赌气似的打了三发。

这下可捅了马蜂窝。那边看样子真生气了，哗哗哗地还击了几百发炮弹，733高地四周被打得硝烟弥漫，尘土飞扬，士兵中弹惨叫的声音不绝于耳。

步兵们那个恨哪，你要打就打个彻底，要不打就干脆捏着鼻子一声不吭。明明没几发炮弹，却硬要逞能，解决不了问题不说，还暴露了阵地目标，徒增伤亡，这不欠揍吗？

于是众人都回过头，毫不客气地朝炮兵嚷道："别打了！"

一点都不正常

从8月1日开始，苏军一直保持着积极进攻的姿态，而且呈现出一天换一个阵地的"喜新厌旧"模式，即今天打酒井联队，明天打山县联队，童叟无欺，人人有份儿，不过持续的时间一般都不长，似乎并不以完全攻下阵地为意，只是给点颜色就算了。

朱可夫究竟想干什么，会不会就此发起大兵团作战，成为日军高层最想知道的一个秘密。

这个秘密，朱可夫不会自己说出来，只能靠情报，而日本陆军内部并不缺乏情报战高手，比如参谋本部情报部的情报参谋崛荣三。

崛荣三有很高的情报解析天赋，在日后的太平洋战争中，他曾准确地分析出美军所要攻击的目标、内容以及日期，因此被许多参谋戏称为"麦克阿瑟的参谋"。

崛荣三的一句经典名言是"要成为长耳朵的兔子，只要完全变成兔子就可以了"，其情报生涯中最为人津津乐道的一件事是"股票分析"。太平洋战争期间，情报部事无巨细，每天都要收听和记录美国的广播节目内容。要从这些浩瀚的信息中发现有价值的情报，如同大海捞针，所以众人只是按部就班，就事论事，对这些内容本身并没有一点兴趣。

起初崛荣三也是如此，但慢慢地他从股票价格波动的消息中发现了玄机：只要罐头公司和制药厂的股价上涨，太平洋上的美军铁定就要开始启动下一轮进攻。

崛荣三通过分析，得出结论，美军每次出兵前，都要大量生产食品罐头以及抗疟疾的药品。

在诺蒙坎战役中，参谋本部情报部同样也对苏军动向做了大量的跟踪分析。早在 6 月中旬，情报参谋们就掌握到一个情况，即苏军正通过西伯利亚铁路运输载重汽车。

参谋本部立即向关东军司令部进行了通报，并特别提醒关东军，鉴于载重汽车将可能成为苏军兵站运输的主要手段，必须迅速改变一个错误判断，即苏军不会在诺蒙坎地区使用大兵团作战。

辻政信收到情报后却不以为然：就算苏军在用载重汽车而不是马拉大车卸货运货，可是你们这些搞情报的弄弄清楚，大会战是什么概念，那得需要多少载重汽车呀，苏联有那么多吗？

情报参谋们费尽辛苦，给辻政信几句话就打发掉了。

日本陆军实行的是维持作战主导体制，作战第一位，情报和后勤只被作为作战的补充，可有可无。日军的参谋分为三个级别：作战参谋、情报参谋、兵站参谋，像稻田正纯、辻政信这样的作战参谋地位最高，情报参谋和兵站参谋属于一类，地位很低，且不受重视，这也就难怪日军的情报和后勤系统总是拖后腿了。

崛荣三为太平洋战争提供的情报准确及时，但从来没有被参谋本部和军事主官们采纳过。战后他不无悲愤地总结道："昭和陆军根本就不懂情报这个东西。"

尽管情报参谋在参谋本部也不值钱，可话又说回来，他们毕竟是本部门的人，现在竟然被作为下级机构的关东军嫌弃，还是让人感到脸上无光。

再看诺蒙坎前线，苏军天天进攻，担任前敌指挥的第二十三师团长小松原又束手无策，活像是霜打的茄子，参谋本部就决定来个走马换将，在给关东军司令部一点警示的同时，也顺便加强该地区的作战指挥。

1939 年 8 月 4 日，参谋本部在海拉尔成立第六军，下辖第二十三师团和第八国境守备队，军司令官由原驻关内宜昌的第十三师团长荻洲立兵中将担任。

虽然成立了军，但除将第七师团的最后一个联队调来外，兵力方面并没有太多变化。这种管理方法称得上是日本陆军的常规，侵华战争期间，根据实际需要，在师团以上组建军机构，乃是通行做法，而且作战结束后，军的单位也会随之取消。正常情况下，关东军不会反对。

不过这里说的是正常情况，现在的情况一点都不正常。你参谋本部早不成立，晚不成立，为什么要在这时候成立第六军，说一千道一万，还不是因为仗打输了。

仗打输了，谁不恼火？都恼火，关东军做着梦都想扳他一局，要不然老植田瘸着腿去前线干什么？可大家正在绞尽脑汁、想办法扳回局面的时候，参谋本部却突然使出阴招，通过成立第六军，隔开了关东军对第二十三师团的直接指挥。

从植田本人到辻政信等参谋，对此无不是既愤慨又伤心：这分明是对我们不信任，有意给我们难堪哪！

关东军司令部感觉自已掉沟里了，然而让他们万万想不到的是，增设第六军只是难堪的第一步，还有第二步。

怪现象

参谋本部把原先曾随矶谷来长春担任“监军”的两名参谋又派了过来，调查是不是要对苏联空军轰炸富拉尔基江桥做出报复。

这还是第三次诺蒙坎战役发起前的事，而且参谋本部早已答复，说是要“注意隐忍”，关东军司令部的人为此丈二和尚摸不着头脑。

当“监军”询问辻政信等人的意见时，他们就老实作答：当然得报复哇，如果能够轰炸外蒙古机场，起码还可以减轻地面部队的空中压力。

询问完了，两“监军”到诺蒙坎前线视察了三天，然后起程回国。

1939 年 8 月 7 日，参谋本部给关东军司令部来了电报，说已经同意轰炸外蒙古机场。

这封电报顿时引爆了关东军作战课，参谋们全炸了，房梁差点没被他们给掀下来：早点不说同意，非让我们“隐忍”，现在我们拿什么去炸？

经过第三次诺蒙坎战役，轰炸机和战斗机不知毁损几多，要炸的话，起码得经过两周的补充才行。

最让参谋们恼火不已的，还是参谋本部前后态度上的巨大反差。当初提出要轰炸外蒙古机场时，关东军司令部曾郑重其事地打了请示，可是却遭到参谋本部的一口回绝，现在来了两个“监军”，装模作样地一问一看，走马观花，事情竟然就成了。

你们这不是在侮辱关东军司令部和植田司令官吗?

有人也在暗中揣测，参谋本部前紧后松，与增设第六军到底有没有什么关系，但这事也没有证据，只能打打肚皮官司。

似乎参谋本部的措施真起了作用，荻洲上任四天后，苏军忽然停止了每天例行的进攻，不过他的日子并不好过。

辻政信和以往一样，经常以一个作战参谋的身份，越权跑到前线来指手画脚，根本就没把各个联队长甚至是第六军司令官放在眼里。荻洲对此非常生气，曾对身边的人说：“违反军纪的幕僚中，最厉害的要数辻政信，随便到第一线指挥部队，这算什么，要撤他的职！”

自然，这也是气话，以辻政信在关东军中盘根错节的关系，又岂是他荻洲能撤得了的。

辻政信是热心得过分，小松原和其他将领的态度却是另外一个极端，他们对荻洲一直敬而远之，若即若离，荻洲在前线就找不到可以交心的人。

荻洲自己对打仗的事也慢慢冷淡下来。在他上任前后，苏军一共进攻了八天，八天后，便开始修筑永久性过冬工事。

当看到日军士兵受累于天气炎热和缺乏饮用水时，荻洲由此及彼，明白了苏军为什么要准备过冬，因为眼前的酷热和缺水，同样是苏军作战时难以解决的严重桎梏。

不久，有人从阵地上捡到一本飞机散发，供苏军官兵阅读和使用的册子，名字叫“战士防御须知”。看完这本小册子，荻洲更证实了自己的判断，即苏军不会再进攻，只会实行防御。

有时空中侦察也会带来不一样的信息，说看到苏军运输车队在行动，而且使用的全都是载重汽车，这说明先前参谋本部向关东军提供的情报不假。

荻洲点点头，看来朱可夫确实有可能启用大兵团作战，不过正如前面分析的，苏军即便要发动大规模进攻，也得等到明年春天。

对苏军车队忙个不停，荻洲给出了一个他认为完全合理的解释：诺蒙坎的冬天极为严寒，这里的气温常常低于零下四十摄氏度，要想在诺蒙坎过冬，当然需要大量的御寒物资，一点不奇怪呀。

小松原等人在其他事情上可能与荻洲不和谐，但在敌情判断上，双方却是英雄所见略同，都认为老毛子在“八天攻势”未果后，已经准备像北极熊一样趴下过冬了。

日军的补给速度本来就极其缓慢，荻洲认为，正好可以利用这段时间，储足物资后再组织新的攻势。

关东军司令部也在窥测苏军的动静，他们还特地施展特种情报技术，对苏军的无线电联络进行了窃听和截取。

一辆汽车陷在了沼泽里，于是士兵们全都成了累死不偿命的牲口。日军相对落后的后勤运输和补给能力是其难以克服的短板。

作战课调集破译专家，准备对电码进行破译，但实际上这些电报根本就不用破译，因为全都是一些明码电，内容五花八门，有的抱怨缺少修建阵地的施工材料，以及水泥质量不过关，要求调拨相关器材，有的则说是阵地上水不够了，请求紧急供应饮用水。

辻政信等人陆陆续续去前线进行了侦察，侦察的结果似乎验证了电码内容。哈拉哈河东岸，苏军全在专心致志地修建过冬工事，时常能听到士兵打桩的声音，而在哈拉哈河西岸，除了运输车队运送“御寒物资”以外，白天几乎见不到苏军有任何动静。

大家都放松下来，只有参谋本部情报部的那些“兔子”仍竖着耳朵，瞪着眼睛。

关东军司令部截获的电文被他们要了过去，情报参谋不像作战参谋，怀疑一切和审查细节是他们的职业习惯。看过电文，这些情报参谋颇感疑惑，认为前线电码不加密本身就是个怪现象。

难道是施工材料实在太缺乏，饮用水实在太紧张，弄得电报员连编密码的时间都没有了？或者，是因为在不毛之地作战，通信纪律开始松弛？

有人一针见血地指出，假如前面两种假设都不存在，那么很可能是苏军在有意识地拍发假电报。

问题是，苏军为什么要造假呢？

真假情报

答案都装在朱可夫的肚子里。

松本的父亲告诉松本，不要撒谎骗人，这条戒律在战场上尤其指挥高层并不适用。

朱可夫不是经常撒谎骗人，但必要时他一定会这么做，而且可以做到极致，早在制订进攻计划的同时，他就制订了各种迷惑战术。

苏军建有专门的无线电干扰部队，在第三次诺蒙坎战役中曾建有奇功，战役结束后他们便奉朱可夫之命，停止了对诺蒙坎地区的通信干扰，否则关东军又怎么可能截获到电文？那些明码电文不用说，全是假的，为的是让日军相信，苏军将会老老实实地过上一冬。

此外，修筑永久性防御工事，散发小册子，也都是朱可夫有意为之。

除了命令施工队不停地修筑工事，以便让日军“眼见为实”外，朱可夫还把一架大功率的音响设备运到前方，二十四小时循环播放，只放一个内容，就是模拟打桩的声音，刻意营造大修工事的热闹氛围。

这些都是故意散布的假情报，你要从苏军手里得到真情报，那就比较难了。

朱可夫制定了极为严格的保密措施。反攻计划在前线只有五个人知道，分别是朱可夫本人、军政委尼基舍夫、政治部主任、参谋长、作战部部长，所有战役计划、命令、口令、文书，统一由司令部的一名打字员负责打印。

朱可夫规定，一直到大反攻到来的前两天之前，所有部队一律不准进入进攻出发地域，需要潜伏到前沿勘察地形的指挥官，必须要换成士兵着装。

1939年8月12日，关东军司令部拟订了“诺蒙坎事件处理纲要”，在“纲要”中，提出要在严冬季节“确保既得成果”，同时借机摧毁苏军战力，以便使“敌人野心破灭”。

在假情报的蒙骗下，植田、辻政信这些人真的以为苏军要过冬了，他们还准备趁苏军过冬麻痹时，给予突然打击哩。

辻政信随即带着“纲要”，到前线与荻洲、小松原进行协商，最终确定于8月24日对苏军发动攻势，以组织“第四次诺蒙坎战役”。

1939年8月13日，在小松原的陪同下，荻洲巡视了诺蒙坎一线战场，他仍然没有发现苏军有主动进攻的任何迹象，于是第二天就动身去了海拉尔。

“第四次诺蒙坎战役”还早，荻洲在海拉尔要处理的，是小松原给他遗留下来的那些乱七八糟的问题，比如辎重人员、车辆不足，以及一线士兵老是喝不上水等等。这些问题过多过滥，够荻洲折腾上一阵子了。

关东军的眼睛被蒙住了，唯有参谋本部情报部仍对那些假电报持有疑问，他们还侦察出，苏军在博尔集亚到外蒙古之间铺了铁路，只是列车是否已经通行，具体情况尚未掌握。

1939年8月13日，就在荻洲巡视战场的当天，情报部向关东军提供了一份敌情判断，对已集结于哈拉哈河地区的苏军兵力做出了推测。

朱可夫一直在运兵，关东军始终侦察不到，仍然是因为迷惑战术在起作用。

所有即将投入反攻的部队，都是利用晚上或恶劣天气，才向进攻出发地域集结。从大炮到坦克装甲，以及其他一些军用器材，都采取了伪装分散措施，上面盖有用草木编成的伪装网。

尽管如此仍免不了会有些动静，尤其是坦克部队，动静更大。朱可夫就出动轰炸机编队，通过编队的低空飞行，来掩盖坦克的嘈杂声，同时前沿值班部队也经常利用小口径机步枪进行连续射击，以分散和转移日军的注意力。

到反攻发起之前一连十几天，前线的坦克越来越多。朱可夫索性拿出一些坦克，拆掉消音器，沿着前线不停地来回开动，通过这样的办法，使日军逐渐习惯苏军的坦克声音，一方面继续为隐蔽中的坦克群打掩护；另一方面也可以使日军在正式反攻时摸不准苏军的进攻方向。

在参谋本部情报部的敌情判断上，揭示了朱可夫偷偷运往前线的兵力概数：步兵营三十个，坦克装甲五个旅，外蒙古骑兵师两个，野炮级火炮一百三十门，重炮五十门。

情报部推测出来的兵力概数，与实际情况虽非完全一致，但已经相当接近，这个涌现出“麦克阿瑟的参谋”的情报部门果然非同凡响。

任何有作战经验的人，只要拿到敌情判断，就会知道朱可夫已具备随时发动大兵团作战的能力，并且一定已有相关计划和安排。

然而情报部又一次失望了。敌情判断发出后，有如石沉大海，根本就没人搭理。

事后，情报参谋们也承认，关东军的作战参谋是否接受了他们的分析，是件颇有疑问的事。

辻政信他们究竟是怎么了？

两码事

有江湖的地方，就有恩怨，有恩怨就有争斗，如今在辻政信脑海里占据主导地位的，便是这些扯不断理还乱的江湖恩怨。

关东军和其上级机构参谋本部的关系闹得越来越僵，第六军的设立和取消轰炸禁令，更加深了这种感情上的对立，以至于他们与参谋本部逐渐互不联系。

参谋本部倒不像关东军这么小心眼。只是在当时汪精卫叛逃的情况下，张灯结彩，来年扶植汪精卫成立南京伪政权，已成为参谋本部的头等大事。这件事还牵一发而动全身，汪精卫做了汉奸老大，其他汉奸怎么安排，以及华北、华中、华南的日军如何统一编组与指挥，都一齐涌了上来，从中岛次长开始，参谋本部的一众作战参谋忙到昏天黑地，既然关东军不来联系，他们也乐得先丢下不管。

关东军不同，是真要起了性子。这些哥们儿与参谋本部之间既不通电话，也不发电报，情报部的敌情判断来了，没人当一回事。

其实这时关东军通过空中侦察，也发现苏军的运输车队很是反常，运输汽车日夜不停，川流不息，有时一天竟然达到千辆左右。

这是在运输“御寒物资”吗？怎么看都不像。

如此重大的情报，按规定应向参谋本部汇报，但关东军方面根本没这么做，他们认为，离开参谋本部的控制，关东军这部军事机器不仅能够照常运转，还可以更好地放开手脚，想干什么就干什么，多自由多惬意。

关东军从一般自恋滑到极度自恋，连与参谋本部的正常联系也中断了。

情况传到了参谋总长载仁亲王的耳朵里。载仁觉得很不是滋味，就派分管作战的中岛次长亲自到长春，做出虚心求教的样子，并承诺，第六军不会绕过关东军，仍受关东军指挥和管辖。经过多方疏通和解释，植田、辻政信等人的脸色才缓和下来。

关东军又名正言顺地回到了指挥位置，辻政信指手画脚得越发起劲，哪里轮得着情报部来给他提供什么指导。

前线日军从一名战死的苏联军官身上得到一份地图，这份地图到了辻政信手上。他从地图上得到的信息是，苏军在哈拉哈河地区至少部署了三个师，而且背后在修临时铁路，但是他仍然没放弃自己原先的那套理论，也就是“兵站极限论”。

就算是有临时铁路，总不至于修到诺蒙坎吧，还不是要载重汽车卸货。一个大兵团会战所用的物资，苏联人从哪里能弄到那么多载重汽车呢？

没有足够的物资，苏军三个师攻个三天，也就到顶了，其效果很难超过“八日攻势”。再说了，不是还有“第四次诺蒙坎战役”吗，就像“处理纲要”中说的，没准这一战就可以摧毁苏军战力，破灭其“野心”，所以根本就不用着急。

辻政信关于苏军“汽车不足”的观点根深蒂固，因为日军自身经验在那里，要知道，日军在诺蒙坎的运输汽车，全部加起来还不超过七百辆。辻政信预计，苏军可能会多一些，不过满打满算，千辆出点头，就不得了了，而这一数量，难以负担大兵团作战的实际所需。

的确，大反攻需要的物资，不是一个小数目。在这么短的时间和这么恶劣的条件下，要将它们从博尔集亚火车站运往诺蒙坎前线，在他人看来，完全是个不可能实现的任务。

如果你只会按照设定的游戏规则玩，将永无出头之日，朱可夫要打破游戏规则，创造新的奇迹。

再按部就班地去博尔集亚卸货，显然已经行不通了，朱可夫投入两个铁路工程兵团和一个筑路工兵营，开始抢铺一条临时铁路，就从博尔集亚一直延伸到外蒙古境内。

铺铁路是大动作，难以完全保密，所以参谋本部和关东军都隐隐约约侦测到了，但他们不知道这条铁路的具体进度。

修筑临时铁路本身就是一个工程奇迹，经过五十八天的日夜施工，在总攻发起之前，铁路已铺设到了乔巴山市，而且早已通车。这条铁路长达三百二十四公里，将原先的兵站线缩短了近一半。

到这里，辻政信的思路起码有一点是值得肯定的，那就是剩下的一半兵站线，总得用载重汽车运吧，所以辻政信说朱可夫一定“汽车不足”。

朱可夫的确不足，他也为此伤透了脑筋，可问题在于，辻政信所认为的不足，与朱可夫的不足，完全是两码事。

在朱可夫开出的清单中，仅炮弹就需要一万八千吨，航空炸弹六千五百吨，加上食品燃料等其他物资，总计六万吨。朱可夫计算了一下，运输这些物资，需要三千五百辆载重汽车、一千四百辆油罐车。

8 月 14 日前，朱可夫想尽办法，弄到了一千七百多辆载重汽车和九百多辆油罐车。

这可不是千辆出点头的问题，如果辻政信知道的话，准得仰面摔个大跟头。

让朱可夫愁容满面的，正是与辻政信概念完全不同的“汽车不足”。为了调集足够车辆，朱可夫忙到了席不暇暖的程度，特别是在大反攻进入倒计时的那段日子里，他的身体疲劳到了极点，双眼布满血丝，嗓音嘶哑，特别想打瞌睡，为此桌子上总是放着几杯浓浓的酽茶，借此提神醒脑。

1939 年 8 月 14 日以后，国内又陆续拨来一千多辆载重汽车和三百多辆油罐车，还少几百辆车，不过缺口已经越来越小。

没有星星也没有月亮

苏军是怕未来的补给不够用，日军却是早就不够了。

按照关东军后勤部门的战后分析，当时日军起码缺少三千辆运输卡车。荻洲费尽九牛二虎之力，才向前线补充了一千五百吨物资，连苏军的一个零头都不及，这使前线日军提前陷入了饥寒交迫、青黄不接的窘境。

荻洲解决问题的办法倒也实在，不能做加法，就做减法。他下令尽可能节约第一线兵力，从第二十三师团抽出部队去后方修筑过冬工事。

1939 年 8 月 17 日，松本的卫生队奉命随抽出部队转移，他们来到了一处“森林地带”。

说是森林，其实不过比别的地方多一些灌木和小松树。在这里，松本碰上了秦医长带领的另一拨人，两边都有三十来个卫生兵，人多力量大，短时间便在林子里建起了临时医务所。

建了医务所还得建用于休息的战壕，秦医长和松本虽是上下级关系，但彼此相处融洽，于是决定给两人挖一个双人战壕。

在挖什么样的战壕时，双方有了争论。秦医长主张在断崖下挖猫耳洞，松本则竭力反对。

猫耳洞内比室外温度低，蹲在里面要相对凉爽一些，但是松本认为不安全，有塌方危险。

自从那次差点被活埋后，松本对掩体塌方特别敏感，他觉得还是找一个平坦地方挖“章鱼罐”比较好，就算塌了，还可以靠“土遁秘法”自救。

秦医长大大咧咧，说断崖上面还生着灌木，怎么会说塌就塌呢，你就别大惊小怪了。

松本争不过秦医长，只好迁就了对方。

晚上秦医长呼呼大睡，松本哪里睡得着，他时刻都担心猫耳洞会塌下来，只有抬头盯着顶上的土壁，迷迷瞪瞪，一晚上没能合眼。

还好，这是个平安夜。

第二天，秦医长接到命令，步兵晚上要对苏军发动夜袭，需要卫生队跟从。秦医长便用商量的口气，问松本能否带队前往。松本人老实，又觉得秦医长待自己不错，就爽快地答应了。

这天夜晚确实很适合发动夜袭，天上既没有星星也没有月亮，四周黑得伸手不见五指，只是夜袭的阵容让松本有啼笑皆非之感。

那是一支步兵小部队，人员尚不足一个中队，就这么一丁点人，能干得了什么？

大家在黑暗中摸索了约有四公里路程，步兵指挥官告诉松本："卫生队原地待命，没有命令不准擅自行动。"

步兵把卫生队扔下，自顾自地往前面去了，手无寸铁的卫生兵们趴在地上，就像被遗弃在荒野中的儿童，那个怕呀，连松本自己都不知不觉浑身哆嗦起来。

以为前面要打仗，不料好久都听不到一点动静，没有枪声，没有呐喊，既不见夜袭部队返回，也不见任何人来跟他们联系。

卫生队在焦虑和不安中，一直熬到凌晨3点，相互之间已能隐隐约约地看到对方的脸，还是不见有人前来招呼。

松本在诺蒙坎出生入死，已经成了半个老兵，凭经验和直觉判断，他认为夜袭部队其实什么都没干，虚张声势地绕了一圈后，早就撤回去了。

这就算是夜袭啦?

松本又惊又气，不由得佩服起指挥官们的智慧和勇气，原来夜袭战术竟然已经进化到这种层次了，连自己人都可以欺骗。

另外，松本其实能够理解夜袭部队。凭那几个毛人，如果傻乎乎地真去攻击苏军阵地，不啻羊入虎口，也许一个都回不来，你别看步兵在卫生队面前显得神气活现，但这个世上，历来只有烈妇没有烈夫，面对苏军的坦克和大炮，他们还不一样地怕死?

让松本感到特别气愤的不是这个，而是夜袭部队用"原地待命"给卫生队画了个圈儿，不准他们"擅自行动"，撤退时又不派人来知会一声。

这也太自私了，天一亮，卫生队就算想回去都回不去。

眼见得"待命"就是送命，松本再也顾不得许多，当即下令全体后撤。

撤退时，松本一边走一边警觉地观察着周围情况，不料走了一会儿后，他发现身边只剩下了一个卫生兵，其他人早就像兔子一样跑得没影了。

这不知道是多少次死里逃生了，但当松本撤回小森林时，他才知道，死神伏击他的位置并不在夜袭路上。

猫耳洞塌了，把秦医长埋在了乱石堆中。挖出来时，身体已经冰冷僵硬。

松本既为秦医长难过，也为自己的侥幸逃生感到恐惧和后怕。

秦医长的今天，会不会是我的明天呢?

为什么

卫生队再次接到转移命令。估计是补给情况又有所缓和，因此他们又被从后方调到前线，新阵地是山县联队驻守的 2 号阵地。

对去哪里，卫生兵们并没有任何决定权，就算前线是地狱，一个命令一来，也得睁着眼睛踏进去。只是到了这个时候，人的求生欲望反而格外强烈，在往前线开拔的途中，狂风卷着黄沙漫天飞舞，行军异常困难，但没一个人敢脱离队伍，都怕因此而丧命。

2 号阵地与苏军阵地已经相当之近，等于是在对方眼皮子底下，但让松本感到诧异的是，苏军并不向这里发射重炮，所有重炮炮弹都带着呼啸声，嗖嗖地从头顶掠过，奔后方日军阵地去了，落在 2 号阵地的主要是重迫击炮。

为什么苏军不重炮轰击 2 号阵地？这问题问得很贱，然而答案十分简单：正因为离得近，苏军怕误伤自己人，所以轻易不朝此处发炮。

尽管只使用了重迫击炮，但给日军造成的伤亡一样不小，而且苏军坦克还经常来袭。

在第二次诺蒙坎战役中，日军步兵发动肉弹攻击，用燃烧瓶来对付坦克，当时确实使苏军坦克受到一定损失。事后经检查，苏军受损坦克有百分之八十都不是被反坦克炮炸掉的，而是毁于日本步兵之手，其中又有一多半系步兵投掷的燃烧瓶所引燃。

作为坦克专家，朱可夫不仅重视整体战略战术，对许多具体细节也绝不放过。他意识到，连燃烧瓶都能炸坦克，说明坦克本身一定有问题，最后症结就集中到了苏军坦克的汽油发动机上。

朱可夫拥有较为丰富的实战经验，这使得他对于一些技战术细节能够加以重视和研究。

朱可夫从苏联国内紧急调运几百台柴油引擎，战地修理营加班加点，把坦克装甲车的发动机全部改造成了柴油式，同时在车尾要害部位加装了钢丝铁刺网或防护板，确保燃烧瓶即使投在上面，也很难使坦克燃烧。

日军仍然给一线步兵普遍配发燃烧瓶，连卫生兵们也人手一只，但对苏军坦克的威胁已经不大。

燃烧瓶不管用，就发反坦克雷。

反坦克雷从外表上看，像一块夹馅面包，因此俗称“面包地雷”。无论燃烧瓶还是反坦克雷，投掷之前都得先靠近坦克，这可需要做肉弹的勇气，第二次诺蒙坎战役时，当苏军坦克逼近时，松本也只敢大喊“快埋反坦克雷”。

在 2 号阵地，松本看到了敢贴近坦克的“无敌勇士”。一名叫渡边的士兵用竹竿绑着反坦克雷，利用向坦克匍匐前进的方式，接连炸毁两辆坦克。

只是第三次不行了。

苏军把诺蒙坎作为武器试验场，所有类型坦克全开了过来，其中甚至包括尚在试用中，还很不完善的 T-35 重型坦克。

T-35 堪称坦克家族中的航母和巨无霸，它有分为两层的五个独立炮塔，共拥有三门火炮、五挺机枪，火力超强。当渡边离 T-35 还有二三十米距离时，他就被机枪打成了蜂窝。接着，坦克很冷酷地开过去，把渡边的尸体碾为肉酱，轧成肉饼。

T-35 后来没有得到推广，是因为它的弱点同样致命，那就是行动非常缓慢笨拙，很容易被“肉弹”找空子，但苏军在 T-35 背后还配了狙击手，坦克看不到的死角，他们用子弹补上。

肉弹攻击的场面，就在距离松本仅一百五十米的地方上演，后来这些悲惨的镜头再也没能从他脑海里抹去，终其一生，都在折磨着他。

看到渡边死去，松本就好像自己也死过了一次，他绝望了。当晚上山县联队也传令下来，说是要组织夜袭，让卫生队派人跟随的时候，松本立刻举手报了名。

前面是地狱，后面也是地狱，左是死，右也是死，比死更可怕的却是对死亡的等待，谁都不知道，自己到底还能活多久。

处于这样的环境下，简直要让人精神崩溃。松本想，与其坐在阵地上受罪，不如冲到苏蒙军阵地里，挨上一枪是痛快，要是能杀掉一两个苏联兵，也算是够本了。

这次夜袭跟上次夜袭的基本程序差不多，卫生队还是得先“待命”。

“待命”的过程中，松本既紧张又亢奋，一直暗暗念叨着：“马上就要打起来了，马上就要呐喊冲锋了，一场厮杀就要来临！”

可是规定时间早已过去，臆想中的刀光剑影不仅没有出现，前方还静得可怕，一点不像夜袭前后应有的景象。

莫非夜袭部队又熊啦？

超强预感

如果一个人拥有许多次死里逃生的经验，他一定会成精。

松本就是这么一个“精”，联想到上次的教训，他判断夜袭部队肯定撤退了，而且又把卫生队给遗忘了，于是断然下令撤退。

撤回来一打听，果不其然，夜袭部队已经撤了。不过通过这次经历，松本发现两次夜袭行动，他其实都有些冤枉夜袭部队。

夜袭不成功，并非日军步兵胆怯，或是有意作假，蒙骗上司。事实上，夜袭部队两次都摸进了苏军阵地，但那里早就空无一人，一个苏军士兵看不到不说，连枪支弹药甚至食品和水都没有找到。

撤退时，也不是夜袭部队不想通知卫生队，只是两边都怕被高台上的苏军所发现，尽量把身子压得很低，结果就是你看不到我，我也看不到你。

松本所亲身体验到的，正是朱可夫所实施的“夜退昼攻”战术，即天一黑苏军就撤出阵地，天一亮再靠炮火夺回来。

在越打越聪明的苏军面前，夜袭和肉弹攻击一样，都让日军陷入了食之无味，然而弃之将更加无术的可悲境地。

每时每刻都与危险打交道的经历，让松本本能地拥有了一种对危险的超强预感。2 号阵地有一座工兵联队修筑，专供军官们隐蔽的战壕。相对于士兵们自己挖掘的掩体，这座战壕显得十分坚固考究，壕顶上不仅建有两层松木、木板、沙袋构成的隔离带，而且还铺了五层厚厚的钢筋水泥板。

壕分内外两洞，内洞宽敞，住着高级军官，外洞低矮，中下级军官都集中在那里，像松本这样的最底层级军官，只能在外洞口挤上一挤。

人人都以为越靠近隐蔽壕越安全，唯有松本觉得悬，因为他注意到，一辆苏军坦克曾开到离隐蔽壕一百米的地方，一停就是二十分钟。

无事不登三宝殿，苏军坦克绝不会浪费这二十分钟，松本判断，隐蔽壕可能已经被发现了，坦克这是在进行侦察。

随后，苏军侦察机也盯住了隐蔽壕，在上空来来回回低空盘旋了好几圈。

松本深知苏军炮火的厉害，隐蔽壕的安全，全在"隐蔽"两个字上，一旦目标暴露，你那所谓的坚固根本就不够对方开销的。

有一个叫福田的军医，一直钻在隐蔽壕里，松本劝他离隐蔽壕远一些："我觉得这个隐蔽壕太不安全，咱们还是到士兵壕去躲一躲吧！"

福田哪里肯听，要是有资格，他还想到内洞待着去呢。

见对方毫不理会，松本只好自己找了个地方坐下来。刚坐下不到一分钟，就听见晴天霹雳一声响，隐蔽战壕真的中招了。

苏军打来六发炮弹，六发全中，隐蔽壕顶部及四周的圆木墙壁被震得走了形，但这座战壕确实坚固，这么轰都没有塌，很多军官仍然躲在里面。

苏军侦察机幽灵一般的来了，低空盘旋两圈后才飞走。经过空中侦察，苏军炮兵确认目标及测量数字无误，马上又打来六发炮弹，并且再次全部命中。

十二发重炮炮弹的连续轰击，终于使隐蔽壕承受不住了。眼见得它一点点地往下塌陷，最后形成一个凹形大坑，包括福田军医在内，没有出来的军官全部被活埋在了里面。

在轰炸隐蔽战壕的过程中，侦察机起到了相当关键的作用，这些侦察机低空盘旋，且个个大摇大摆，无所畏惧，其中就包括"夜行怪客"波 –2 袭扰机。

注意，波 –2 出行的时候不再是黑夜，而是白天。

为侦察机创造如此优越环境的，自然是战斗机。日苏两军对诺蒙坎制空权的掌握，大体可分三个阶段，7 月以前，制空权一度在日军的飞行集团手中；7 月以后，随着斯穆什科维奇及其大批新飞机的到来，日军飞行集团损兵折将，逐渐处于不利局面。

到了 8 月初，又完全是另一个新的开局。斯穆什科维奇在国内空军部队、飞行学校中大贴招贤榜，挑选了一批飞行、格斗技能都甚为出众的老飞行员及新锐尖子，

斯穆什科维奇的“拳头部队”。飞行作战质量由飞行员和战机共同组成，二者缺一不可。

组成“拳头部队”。

这一次，他要完全夺取制空权，所以必须绝对精锐参与。

“拳头部队”到达战场后，锋芒直指各个日军机场，不光是袭击，还要进行封锁，直至将日军飞行战队完全驱出。

第一、第十一战队相继丧失元气后，日军飞行战队里最活跃的是第二十四战队。该战队在“7·29”空战中遭遇了重创，随后被迫从一线的额拉依机场撤出，转移到靠后的野战基地。

可是斯穆什科维奇并没有打算就此罢休，“驱”的目的达到后，他还要通过连续空战，以痛打落水狗。

在“8·4”空战中，第二十四战队又被打得不成人样，战队长松村黄次郎中佐的座机起火燃烧，迫降于苏军后方。

僚机飞行员西原五郎赶紧施救，他把飞机停在一块选定的平坦草地上，但没有关掉发动机，在把受伤的松村拖进自己的座舱后，即加大油门滑跑起飞。

这时苏军已经看到日机迫降的位置，正开着汽车飞奔而来，双方一个前脚一个后脚，差不了多少时间。

西原成功逃脱，靠的就是未关闭发动机所抢来的那点时间！

得知这件事，日本各大报纸对西原五郎勇于拯救他人的武士道精神进行了大量宣传报道，只是这种类似于第一战队“操纵的神”获救的事例，最多不过骗骗老百姓，实际于事无补。

“8·4”空战后，第二十四战队因大量减员和极度疲劳，已到了不能再战的程度，当天晚上就被调回海拉尔机场休整补充。

至此，日军在诺蒙坎的制空权大半丧失，以至于苏军侦察机大白天都可以跑到日军阵地上空晃来晃去。

来去无牵挂

2号阵地隐蔽壕被炸事件，对前线日军的士气造成不小打击，只是他们不知道，苏军还有最致命的一击，而且离他们越来越近了。

现代战争的胜败所归，并不出于数学计算之外。截至8月18日，朱可夫所需要的六万吨物资已大部分运到前线，对于日军，苏军已掌握了相当大的优势，就连秘密集结的步兵都已超过日军数量的一半。

到8月中旬，先后传来的两个消息，更增强了朱可夫获胜的底气。

第一个消息能让日本人气到吐血。当初日本邀请德国观察团观战的初衷，既不是请他们来做军事顾问，也不是为了给他们看笑话，目的只有一个，博得德国元首希特勒赏识，以便及早促成日德军事同盟的实现。

可是事与愿违，此举起到的是完全相反的效果。德国人不来看，还以为日军有两下子，看过之后，才知道日军连半下子都没有。

观察团每次发回国的报告千篇一律，把处于“一战水平”的日军贬得一钱不值，说到精彩处，甚至可编成一部笑话集。

比如，日军以勇猛自诩，指挥官往往身先士卒，报告中对此莫名惊诧：高级指挥官不在后方指挥，竟然和部队一起冲锋，这完全是“缺乏必要军事指挥常识的愚蠢蛮干”。

日军当宝贝一样的坦克部队及其战术，笑得德国人的牙掉了一地：完全失败呀，日本人没几辆坦克，而就为了爱惜这些破坦克，居然使用步兵掩护坦克，并用骑兵向苏军坦克发起“愚蠢的进攻”，大家能想到世上还有这种不可思议的战术吗？

德国人眼中的“不可思议”，在日本人看来却是再正常不过。他们一直是在垃圾堆里搞装修，制造坦克需要原料、金钱和时间，而士兵只要一张明信片就能招来一群，你说哪一个更宝贵？步兵掩护坦克，天经地义，有什么好奇怪的呢。

这是日本的国情，不是德国的，观察团毫不客气地指出，日军的战斗力非常薄弱，德国跟这样的国家结盟实在不是明智之举，因此在对日外交上应“格外谨慎”，不可与日本过分亲密。

纳粹元首尽是一些势利货色，希特勒在收到报告后马上做出决定，不再带日本这个笨手笨脚的小朋友玩了，日本政府要求军事结盟的请求遭到明确拒绝。

德国对日本的不义气，等于给朱可夫卸下了包袱，一旦他们发动反攻，苏军在欧洲方面就不会再有后顾之忧。

朱可夫听到的另外一个好消息，则与兴安骑兵师有关。

兴安骑兵师隶属于兴安军，兴安军共有四支警备军，其中就包括在诺蒙坎弄出事端的兴安北警备军。

各警备军都属于站岗放哨的治安部队，后来便计划从四支警备军中抽调主力，编成具有野战性质的兴安骑兵师（又称兴安师）。

兴安师下辖三个骑兵团，一个炮兵团，一个迫击炮团。该师为甲种编制，一般警备团只有四个连，它每团有五个连，其武器配备仅次于正规日军，在当时的伪满洲国军中，属于第一流装备师。

兴安警备军，通称兴安军。这支草原上的伪满洲国军并没有能够逃脱“凡伪军皆不中用”的规律，打仗全靠“太君”帮忙，自己一点都不给力。

从第二次诺蒙坎战役开始，关东军司

令部便下令兴安师参战，并额外配属了兴安军官学校教导团，使这个师由五个团增加到六个团。

参战的兴安师被列入河东兵团，由战车团长安冈正臣统一指挥。在河东战场上，他们主要负责与外蒙古军骑兵第八师（骑八师）作战，一度占领了对方所控制的诺尔台高地。

但是好景不长，苏军通过坦克大战，击溃了河东兵团的主力，从而得以腾出手来对付兴安师。

兴安师起初能从骑八师身上占到点便宜，只是低水平线上的较量，其实这个师内部问题一大堆，最大的问题就是成立时间太短。

兴安师从师长、参谋长，到团连甚至是排的军官，大部分是日本人，也就是说，在指挥上它属于"皇军系统"，"伪军"只分布于士兵和少数下层军官阶层。这样，军官要从不同编制的日军部队中抽调，士兵也来自各警备军，因编组过于仓促，彼此缺乏必要的磨合，直至出征前，官兵之间还是互不相识者居多，有的士兵连本团团长或本连连长叫什么名字都不知道。

更为严重的是，很多出征的骑兵还没有军马和鞍具，炮兵则缺乏驮马和挽马。到了前线，安冈一看，光着屁股怎么打仗？这才赶紧派人去海拉尔等地方购买马和鞍具。

买来的马尚未到士兵之手，路上就遭到苏军飞机的连续轰炸扫射，损失了一百多匹。剩下来的，有一半以上均为没有调教训练过的生马，与实战的规格和要求相去甚远。

来不及集中训练的还有士兵，因为没有经验，当苏军进行猛烈炮击时，士兵竟然不知道要深藏战壕，老是喜欢探头探脑地出来瞧热闹，结果不少人的脑袋就这样糊里糊涂地被热闹掉了。

在苏军第三十六摩步师和装甲兵团的配合下，骑八师发起反攻，兴安师伤亡惨重，溃不成军，差点被全歼。在小松原派第二十三师团接应后，残部才得以撤了下来。

兴安师至此再无能力投入进攻，只能在侧翼警戒阵地担任掩护。尽管如此，这个倒霉的伪军骑兵师终究没能逃脱厄运，在苏军发动的"八日攻势"中，他们被打得一佛出世，二佛升天，参战一个月，全师三千余人仅剩下不到三百人，重武器损失率达百分之百。

损失的那两千多人并非全是战死或负伤，其中的一千多人都逃了。苏军摧枯拉朽式的火力攻击，毫无疑问是导致逃跑的主要原因。蒙古族兵不像日本兵那样纠结，反正是替人打工，也没有什么“不要给别人添麻烦”的顾虑，赤条条来去无牵挂，想逃就逃。

另外一个原因，是日军在诺蒙坎的物资非常紧缺，僧多粥少，偶尔有那么一点好吃的好喝的，蒙古族士兵什么也分不到，日本军官却可一人得双份，他们还为此编了个理由，说是“我们日本人生活水平高，你们蒙古人不习惯吃喝”。

蒙古族士兵经常处于饥一顿饱一顿的境地，都是爹妈生父母养的，一想，我们连白菜叶子都吃不着，干吗去替你们操那卖白粉的心，不如遁去。

就像破了洞的容器一样，士兵或单独行动，或集体逃亡，今天走了三五个，明天跑了百八十，最后就连从战场上退下来的那不到三百人，转眼间也逃散大半。

当然也没全跑，还剩三十一人，里面除去三十个日本人，只有一个是蒙古族人——这个蒙古族人从小在日本长大，自己也以为自己是日本人了。

即便不崩盘，以兴安师的那点实力，朱可夫也不用太过在意，他重视的是兴安师原来的设防位置，因为那里藏着他的破敌之道。

第九章 玉碎还是散花

时钟定格在1939年8月20日，这就是苏军大反攻的起始时间，比关东军计划中的“第四次诺蒙坎战役”整整提前了四天。

日子是朱可夫特地选定的。当天是星期天，按照苏军要过冬，短期内不会发动大规模进攻的预判，日军前线实行了星期休假，将校级军官有一半轮流去了海拉尔。包括第六军司令官荻洲在内，前沿日军有百分之四十以上的军官缺员。

凌晨2点45分，朱可夫将准备投入反攻的命令传达到一线连队，这时对面的日军阵地仍然是一片沉寂。

也难怪，白天有大炮和坦克联手攻击，晚上有袭扰机和蚊子作祟，除了在海拉尔休假的那帮特殊阶层，战场的士兵，可以说谁都休息不好，常常是“刚刚迷糊过去，梦做了一半天就亮了”。

趁天还没亮，能迷糊一会儿是一会儿吧。

5点45分，前线日军的迷糊劲还没过去，苏军重炮兵就突然发作，先前迎战中已暴露炮位的日军高射炮阵地首当其冲，成了他们发泄的对象。顷刻之间，阵地内的防空指挥部、高射炮、高射机枪全都遭了殃。

重炮的示威，是要为另一个主角的出场揭幕剪彩。

随着空中马达的轰鸣声越来越大，云层后现出苏联空军的出场阵容，一共是一百五十架SB轰炸机和一百架战斗机。它们对侥幸逃过重炮的防空设施进行了逐层“补课”，在此之前，部分苏军火炮还向射击目标施放了烟幕弹，以增强空袭的准确性。

在重炮和空袭的轮番重击下，三十分钟以后，日军高射炮、观测所、通信站被全部击毁，防空力量进入了死寂状态。

冰激凌配川味火锅

灭掉高炮之后，苏军兴趣点转移到日军地面部队身上。各种规格的炮弹像下雨一样呼啸着向日军阵地飞去，在各个阵地上四处开花。

到这个时候为止，日军尚不知道对方要发动大反攻。松本还在2号阵地上瞎琢磨：以往苏军总是采用立体协作的炮击战术，即迫击炮打背面，坦克炮打正面，今天怎么打完迫击炮，不打坦克炮啦？

当时山县联队主力已转移至巴尔夏嘎尔高地，左思右想之后，松本推测可能是这个部署被苏军看穿了，觉得2号阵地上没多少兵力，不值得大动干戈，所以把坦克部队调到主阵地上去了，以节省坦克炮弹。

可怜松本还以为苏联人和他们一样，也在束紧裤腰带使用弹药呢，殊不知人家炮弹有的是，压根儿就不用省。

苏军炮兵和空军形成默契，地面炮击结束，马上就是空袭。在大批战斗机的掩护下，SB轰炸机每批二十架，排着队轮流在日军阵地上空投弹。之后，再换炮兵射击。

苏军炮兵正在布置作战计划。苏军不缺弹药，只是战术步骤和时间分配的问题。

冰激凌配川味火锅，那味道真是够爽够痛快。在苏军连续猛烈的轰炸下，日军的前沿高地几乎变成了一座座火焰山，战壕或被震坍，或被直接炸平，弄得士兵连个藏身之处都找不到，往往因缺乏掩蔽而被炸得支离破碎。

一名日军士兵在日记中写道："炮弹遮天盖地地打到我们近旁，真可怕。观测所用尽一切办法，努力寻找敌人的炮兵，但毫无结果，因为还有轰炸机在轰炸、战斗机在扫射。"

大炮是找不到一点对付的法子，那么飞机呢，航空兵们都死哪里去啦？步兵联队长们这才想到他们自己也有飞机，不禁指着天空大骂起来。

天空早已被苏联空军肃清，飞行集团连能够出战的完整战队都凑不出来，从中国关内紧急征调的第六十四战队此时尚未到达战场。

轰炸无休无止，没有哪一天的炮击时间有这么长。蜷缩在战壕里躲炮弹的松本越琢磨越觉得不对劲，开始怀疑苏军是否要发起反攻了。

答案是肯定的。8点30分，朱可夫向前线部队发布加密命令，规定十五分钟后正式动手。

8点45分，经过新一轮空袭，天空升起红色信号弹，反攻正式开始，日军阵地首先遭到攻击的不是正面，而是两翼。

日军不把情报和后勤当回事，朱可夫却高度重视这两个环节。

要在诺蒙坎地区搜集情报，本身具有较高难度，一来这里没有常住居民，二来日军警戒严密，小股侦察兵很难渗入日军防御纵深。

朱可夫的办法，除了凭借绝对制空权，用飞机侦察地形外，另外一个重要手段，是审问日俘。

日本兵平时深受武士道教育（也可以说是毒害），同时他们还经常被告知，在战斗中绝不能做俘虏，不然不仅会遭枪毙，而且还要遭到非人的折磨，所以战场上的日本兵很少肯投降或被俘，就连松本这样的非战斗兵，也从未设想过束手就擒的一天。

可是苏军在诺蒙坎战役中抓到了很多俘虏，这也与前线日军士气低迷有很大关系。

有一名日军侦察兵被派到哈拉哈河边的芦苇丛中监视苏军，可是人派了，东西忘了给——蚊罩和手套。

哈拉哈河边的蚊子那简直是猛如虎，为了不被发现，监视时还不能有动静，这家伙只好坐在岸边，任由蚊子叮咬，一动不动地熬到天亮。

天亮后苏军侦察兵发现了他，被蚊子叮得面目全非的日本兵已完全失去了反抗能力，听到喊话，便乖乖地举起了手。

为了从俘虏口中套出情报，朱可夫亲自进行审讯，并让人给这位日本兵端来半杯伏特加酒。

俘虏在接过酒杯后的第一句话，让朱可夫感到无比惊讶：“请您先尝一口，我怕中毒。我父亲只有我这么一个儿子，而且他还有一家百货店，需要我去继承。”

朱可夫和苏军翻译都觉得十分好笑。翻译说，按照你们日军的士兵守则，成为俘虏是羞耻的，也是难以忍受的，你们在被俘时就应该口喊天皇陛下万岁而英勇自杀啊，怎么还会担心中毒呢。

俘虏苦笑了一下回答：“父亲命我活着回家，而不是死了回家。”

通过审问日俘，朱可夫获得了大量情报，但俘虏兵往往只了解一个局部，或者是自身所在部队的状况，同时这些情报及相关细节是否全部属实，也需要做进一步验证。

反攻发起之前让关东军摸不着头脑的“八日攻势”，实质上就是一次大规模的火力试探。通过“八日攻势”，朱可夫从南到北，把日军三十多个阵地的虚实又全都打探了一遍。

“八日攻势”成了促使兴安师溃散的最后一根稻草，这本来在朱可夫预料之外，但它进一步证实了情报中最有含金量的那一部分，即日军最薄弱的地方在哪里——

在诺蒙坎被俘的日军，从画面上看，数量确实不少。

就在兴安师的驻守区域，也就是日军防御侧翼。

兴安师溃散之后，荻洲无法迅速用其他部队进行接防，则说明日军一个萝卜一个坑，全部署到各个阵地上去了，一旦侧翼有闪失，缺乏足够的人手去填坑。

朱可夫的战法由此确定：突击两翼，从南面和北面合围日军，并在敌援军赶到之前迅速予以歼灭。这种包抄两翼的打法，在苏军大演习中曾反复运用，官兵对此已经很熟练了。

朱可夫事先将反攻部队分成三个集群，即南部集群、北部集群和中央集群，并留下了由装甲旅和空降旅组成的战略预备队。

参加南北两翼包抄的部队，也就是南北集群，在发起攻势的前天晚上，就进入了预定地点，并且在哈拉哈河岸的草丛中一直隐蔽到天亮。

红色信号弹升起后，南北集群即分别发起进攻，坦克和步兵像怒涛一样扑向日军左右两翼的高地。他们一边冲锋，一边在沿途插上小红旗，以表示到达的位置。

为了掩护冲锋部队，西岸外蒙古高台上的炮兵群不断进行射击，炮弹倾盆暴雨一般向日军阵地倾泻。到中午为止，南北集群对左右两翼高地初步形成了包围。包围之后，又继续用炮火进行严密封锁。

高地上到处都能听到爆炸声，整个上空被黑烟笼罩起来，大晴天的也看不见太阳，使日军的观察和相互联系变得格外困难起来。在通信线路被炸断后，南翼的第七十一联队被迫派出了传令兵，可是因为黑烟和黄尘的遮蔽，连传令兵也迷失了方向，找不到阵地的出入口。

中午 12 点前后，炮击暂停，官兵刚刚放下心来，突然像刮起一阵大风一样，在履带的轰鸣声中，四五十辆坦克一拥而上……

无奈之下，被围日军只得用反光镜等原始办法向外发出求救信号。

石子砸灯泡

在离前线战场两百公里的海拉尔，荻洲接到了关于苏军进攻的首份报告，不由得大吃一惊：太意外了。

意外，并不单单因为当天是星期天，而是他想不到朱可夫会在冬天到来之前，就发起雷霆万钧的大反攻。从 7 月下旬开始，日军就在诺蒙坎着手构筑较为坚固的防御工事，但只是搭起一个架子，重要部分还有三分之二尚未完成，如果早知道有这一天，他就会假都不休，没日没夜地在前沿督工了。

荻洲不在诺蒙坎，暂时替他受累的是第二十三师团长小松原。正如朱可夫所料，小松原的快速预备队严重不足，他只得让飞行集团长嵯峨彻二先想点办法。

嵯峨彻二本来手上也没有多余兵力，所以做了一上午的壁上观，好在这时候原驻关内的第六十四战队到了。

第六十四战队的资本是他们的老大，战队长横山八男少佐是日本有名的飞行专家，飞行技术非常高超，曾代表日本参加横越非洲大陆的飞行比赛，并一举获得成功。

如果前面还有第一、第十一、第二十四战队，第六十四战队或许还能谦虚谨慎一点，可如今这些神全倒了，连嵯峨彻二看他们的眼神都有些依赖，由不得横山和战斗机飞行员们不冲动，来到诺蒙坎之后，茶也不多喝一口，立刻龇牙咧嘴地冲上了天空。

苏联空军或许正在换班，原有飞机去了一半，只有五十二架 SB 轰炸机在投弹，身边护航的战斗机亦不足六十架。此时不战，更待何时，在横山的指挥下，第六十四战队摆开匀速水平运动的密集队形，准备向轰炸机群发起攻击。

在诺蒙坎战场上，日本人再精再鬼，最后喝到的还是苏联人的洗脚水。横山一不留神，就中了斯穆什科维奇的诱兵之计。

一百余架最新式的伊 –15、伊 –16 就埋伏在轰炸机群背后。这些改进型的“燕子”和“黄莺”装有火箭发射架，随机配备空射火箭弹，可进行远距离攻击。

在发现第六十四战队接近后，战斗机群在一千米距离内即出其不意地射

苏军战机。诺蒙坎战役后期，苏联空军在空战中已占据压倒性优势。

出火箭，处于编队中的日机猝不及防，纷纷中弹坠毁。参战的苏联飞行员形容这种火箭弹攻击，是在用石子砸路边的灯泡。

灯泡砸完，第六十四战队威风扫地，四散而去。

天空又成了苏军的天下，其实地面也是。小松原派人竭力搜集战场情报，得知苏军的突破重点集中在南北两翼，两翼高地上的日军均伤亡惨重，防守左翼 744 高地的第七十一联队尤其苦恼，主力大队里的中队长已全部战死。

小松原毕竟有过三次诺蒙坎战役的经验，尽管已感到形势不利，局势紧张，但并未陷入一筹莫展或手足无措的境地。他一面严令各部队依托阵地进行固守，一面决定从 8 月 20 日夜间起，就着手组织对苏军的反击，具体方案是，首先打破苏军进攻的一路，从内线进行反击。

既然 744 高地比较紧张，那就先打击这一路的苏军，顺便为第七十一联队解围。

反击需要兵力，小松原是有预备队的，只是不多，所以先前一直舍不得拿出来用。现在事急矣，看来无论如何得大方一下了。

这个预备队是第二十六联队的两个大队，此时就驻扎于师团司令部附近。深更半夜，小松原紧急召见了第二十六联队长须见新一郎大佐。

须见在明白师团长的用意后，一脸酸苦："师团长是不是以为我们联队还有两个大队的建制？"

小松原不明所以。须见解释说，经过这两个星期的战斗，第二十六联队满员兵力连一个大队都没有了。

小松原莫名惊诧："那有多少？"

须见叠出两个指头："两个中队！"

小松原傻了，这才想起来，自己前前后后，七抽八抽，已经快把这个联队给抽光了。

两个中队就两个中队吧，总比没有强，如果运用得当，内外夹击，也能给苏军的南部集群造成一定压力。

小松原是这么筹划的，但诺蒙坎地区的作战指挥权，已不在他手上，这事得荻洲准了才行。

在同样被惊了那么一下后，远在海拉尔的荻洲忽然显得出奇镇静和乐观起来，他不同意小松原的方案，认为太悲观太被动了。

屋漏偏逢连夜雨

荻洲要进行全线反击，反击战术延续小松原过去的思维，即派兵绕至苏军侧后，与正面的固守部队一起，把苏军夹成一烧饼。预定反击的日期不变，还是“第四次诺蒙坎战役”的发起时间，即8月24日。

小松原吃过了无数苦头，所以行事变得比《西游记》里的沙僧还小心；荻洲初来乍到，一样苦处没尝过，就愣把自己当成了刀枪不入的石猴子。

官大一级压死人，明知道荻洲的决策相当不实事求是，小松原也只有执行的份儿。

全线反击可以，但是部队呢？没有出处。这让小松原伤透了脑筋，他只能从正在进行战斗的阵地上抽调。

原有内线反击计划随之取消，第二十六联队的两个中队被拆开来，分别去各个阵地进行掩护，以便使被列入反击兵团的部队能够抽身而出，就连驻守于744高地的第七十一联队，也被要求加入反击，因为荻洲选定的反击突破口，正在南翼。

除了反击兵团，就是固守部队，其中包括据守北翼的搜索队、位于中央的山县联队，本来还应包括一支伪军部队，但正是他们，又在关键时候朝“皇军”的胸口猛捅了一刀。

这支伪军是伪满洲国军独立第一旅，因旅长为石兰斌，所以代号为“石兰部队”。

“满洲国”军队分为兴安军和伪满洲国军，前者是蒙古族部队，后者是汉人部队。七七事变后，曾屡次发生伪满洲国士兵刺杀日本军官事件，那些派驻伪满洲国军的日本顾问们人心惶惶，都说：“满军太糟糕了，既不能作战，又不能信任，不过起个仪仗队的作用罢了。”

关东军本来没打算在诺蒙坎使用“仪仗队”，只是前方兵员吃紧，兴安师又掉了链子，不得已才让石兰部队顶了兴安师的缺，调到侧翼来进行掩护。

就在8月20日夜间，苏军举行大反攻之时，石兰部队的步兵第十四团突然哗变。

无论溃散还是哗变，都不是毫无预兆的。日本人认为汉人“狡猾”，蒙古人“淳朴”，但兴安军中的蒙古族官兵其实早就不那么“淳朴”了。

不同于那个惹事的二杆子贡布扎布，大部分蒙古族官兵都认为自己与外蒙古人属于同一民族，没必要刀兵相见。据说在去前线途中，部分蒙古族士兵趁日本军官不在，偷偷交谈，曾说道：“如果碰上外蒙古兵，喊一声‘我是蒙古人’，对方是不会难为你的，外蒙古人怎么会把枪口对准自己人呢？”当时大家都觉得很有道理。

一些蒙古族军官私底下也彼此告诫：“战场上对日本人要谨慎，不要为他们卖命，别忘了我们都是圣祖成吉思汗的后代！”

石兰部队是另外一种情况。旅长石兰斌原为东北抗日名将马占山的部下，这个旅的下级军官和士兵也多为东北军旧部，曾参加过著名的江桥抗战，后来因抗战失利，在不得已的情况下，才随石兰斌投降了日军。

成为伪满洲国军之后，中上级职位全被日本军官所把持，士兵们饱受歧视和不平等对待，早就心怀怨气。看到时机成熟，步兵第十四团便率先揭竿而起，拿日本军官做了“血祭”，然后全体投向苏军。

受其影响，石兰部队整连整营地加以效仿，这个旅很快就名存实亡了，光杆旅长石兰斌本人落荒而逃，最后被气恼不已的关东军送上了军事法庭。

屋漏偏逢连夜雨，石兰部队哗变事件使已经捉襟见肘的日军防线更加不堪，但丝毫没能改变荻洲那没一点来由的自信，他仍然在让人埋头编制反击计划，全不管形势已经发展到了多么严重的程度，要紧的不是如何反击，而是如何解困。

1939 年 8 月 21 日，苏军发起大反攻的第二天，从南北两翼到中央阵地，日军各阵地都被初步分割包围起来。相对于两翼，中央阵地的日子要略微好过一些，因为苏军中央集群采取的是缓步推进方式。

不过也就只是好上一点。

炮火一停，2 号阵地的指挥官发下信纸，传来命令：写遗书。松本一口予以拒绝：“遗书我早就写好了，没必要再写。”

不过当他看清战场状况时，忽然意识到，也许是该再写一遍遗书——苏军已经穿插到 2 号阵地后方，他们的后路被掐断了。

2 号阵地的阵前阵后，全都是苏军。开始见到尘土滚滚，显示对方正在进行大部队调动，接着声音距离 2 号阵地越来越近，隐隐约约能听到呼喊声，到最后，苏军士兵甚至可以大声吆喝着在阵地周围来来去去，而日军除了干瞪眼，什么办法也想不出来。

一辆苏军坦克逼近2号阵地，这是一辆指挥坦克，看样子，坦克部队要来了。松本十分害怕，因为2号阵地上没多少战斗兵，根本吃不消坦克的冲击。

进入诺蒙坎战场以来，有一个东西曾救过松本多次，危急时刻，他赶紧拿了出来。

这就是红十字旗。自从两次靠它脱险后，松本就知道了红十字旗的独特妙用。原先的旗已经没有了，在后方休整期间，他就地取材，用红药水在包扎伤口用的白毛巾上涂上“十”字，又重新做了两面，当宝贝一样放在贴身的背包里，走到哪儿带到哪儿。

松本把红十字旗举过头顶，拼命地挥舞。苏军坦克部队在看到这面旗帜后，判明2号阵地为卫生队驻地，马上就来了个大掉头，朝山县联队集中的巴尔夏嘎尔高地去了。

巴尔夏嘎尔高地也早就陷入了包围。在雷鸣般的炮击中，阵阵硝烟伴随着死尸臭味，从那里一直飘到卫生兵所处的位置，令人喘不过气来。松本抬头望去，整个高地已被淹没在滚滚黑烟之中，除了黑烟，什么也看不见，仿佛是黑色地狱。

判断上的错误

经历一个多小时的炮击后，浓烟消散，但是山县联队的炼狱并没有结束，苏军的喷火兵上来了，开始对防御工事展开火攻。

苏军采用的是POKC-2喷火器，带有类似于步枪的喷枪，喷射距离可达三十五米。卫生兵们从未见识过大规模喷火部队攻击的场面，当看到无数蓝色火焰呈直线喷射而出时，他们都呆住了。

巴尔夏嘎尔高地与2号高地相距仅四公里，凭借望远镜，松本可以对那里的一些战争细节看得清清楚楚。有两个士兵被烟雾呛得受不了，忍不住冲出战壕，要跟喷火兵拼命。

可惜的是，他们根本就得不到这个机会，火焰正好喷一身，两个士兵被烧迷糊了，忽然掉转身，呀呀怪叫着冲向了山顶……

松本看得满脸是泪，好像火焰也正烧炙着自己的肉体。

日军感觉难以承受，朱可夫这时却也暗暗吃惊，因为对方抵抗的顽强程度，大大超出了他的想象，特别是北翼的弗依高地，俨然已成为最难啃的一块骨头，战斗打得十分艰苦，每个火力点都要靠强攻之后才能夺取。

经过8月21日、22日两天的围攻，弗依高地等于被“犁”了一遍，整个高地寸草不见，变成了一座光秃秃的焦土堆，驻守高地的第二十三师团搜索队以及配属部队也达到了伤亡的极限，可是高地仍然拿不下来。

朱可夫颇受触动，承认自己在这方面对日军有所低估，犯了判断上的错误。他还由此认为在日军中，“中级军官盲目自信，高级军官昏庸无能”，但是下级军官和野战兵训练有素，勇猛顽强，特别是在近距离作战中更为突出。

南翼这时也未能取得突破，如果北翼再久拖不决，整个大反攻就要搁浅，也势必难以在预期内完成对日军的大包围，朱可夫紧张起来，他被迫亡羊补牢，将预备队中装甲旅提前调到了北部集群。

1939年8月23日晨，苏军对弗依高地展开了更大规模的进攻，朱可夫也对北部集群的指挥官们提出更为严厉的要求。

某师在进攻时损失很大，而且还被山县联队的步兵压得动弹不得。师长打电话向朱可夫报告作战困难，并请求新的指示。

朱可夫二话不说，命令他再次发起进攻。

过了一会儿，朱可夫亲自拿起听筒，指名要这位师长接电话。得知该师还没有拉上去，朱可夫问他：“你到底能不能开始进攻？”

师长犹犹豫豫，说他还没有把握。朱可夫很干脆地说：“我现在解除你的师长职务，叫你的参谋长接电话。”

朱可夫对参谋长提了相同的问题：“你能不能开始进攻？”

参谋长说可以，朱可夫马上表示：“我现在任命你担任师长。”

参谋长答应归答应，其实也没有把握，所以也没有即刻发起进攻，只是向朱可夫报告了他所面临的各种各样的困难和问题。

朱可夫的回答是：“我解除你的师长职务。等待新师长的到达！”

在大战进行当中，根本没有讲客气、拍肩膀的余地，朱可夫绝不容许他的部下絮絮叨叨、婆婆妈妈，他要的是结果。

朱可夫向这个指挥官空缺的师派去了一名参谋，由参谋进行指挥，同时增强了该师的炮兵和空中支援。

朱可夫（左）在指挥作战时往往不达目的决不罢休，但也因此引来了对下属“极为苛刻和粗暴”，以及无视士兵的生命甚至“草菅人命”的指责。

有了榜样，北部集团各部一个也不敢懈怠。苏军以坦克群、地面炮火、空中轰炸对弗依高地展开新的立体打击，火力最密集的时候，每分钟约有一百二十发炮弹落在高地上，每一平方米阵地就可以分到一发。

一般认为一平方米阵地，如果每秒有两发炮弹通过，那里将不会再存在任何生命的痕迹，弗依高地虽还未达到此等酷烈的程度，但已接近了这一状态。

搜索队几乎所有的战壕都被炸平，由于前几天下了大雨，他们曾把弹药放到战壕里进行储存，伤员也在里面进行包扎，在炮击中，这些伤员和弹药都被埋进了土里。

搜索队原有七个中队计八百多名官兵，几天激战后，仅剩不足三分之一的人员。此外，配属大炮也已全部被毁，无一能够使用。

在反复攻坚下，苏军终于攻克外围阵地，把搜索队残部压缩到了最小范围。

T-130喷火坦克随即上阵，把搜索队包得里三层外三层，水泄不通，可以说连蚂蚁爬出来的空隙都没有了。

日军并不是特别惧怕一般坦克，士兵只要躲在“章鱼罐”战壕里不出来，履带就轧不着，但是喷火坦克例外。

坦克上面的火龙喷过来，喷在人身上就是一个火球。当喷火坦克逼近时，日军士兵连头都不敢抬起来，更不用说开枪了。

阵地在继续缩小，弗依高地好像是一盏风中的残灯，随时面临着熄灭的危险。

岂知又遇罩鱼人

8 月 23 日，是一个让日本人感到特别郁闷的日子。

这一天，德国和苏联签订了互不侵犯条约。

对日本小兄弟，德国人也不是一点没交代。签约仪式的前一天，德国外长里宾特洛甫给日本驻德大使大岛浩打了个电话，专门告知了此事。

大岛浩马上晕了，语无伦次地说了一串诸如“我要抗议”“这是为什么”等一类废话。

里宾特洛甫对这些废话充耳不闻，道声晚安后便把电话给放下了。

德苏签约的消息震惊日本军政两界——苏联一直是日德两国共同的假想敌，起码日本人自己是这么认为的。

一个日本学者在日记中记下了感想：“今天对政界来说，无疑一个晴天霹雳。”才成立半年多一点的平沼内阁因此咣当一声倒了下去，只留下一张“欧洲政治局势错综复杂”的声明。

其实也没什么复杂的，德国之所以会下决心跟苏联签约，在诺蒙坎观战的观察团也起了很大作用：既然你干不了你的敌人，那我就选择跟你的敌人站一边儿。

这就叫权术外交，可怜的日本人被耍了。

对关东军来说，他们也终于明白，为什么这次苏军在诺蒙坎发起的大反攻会如此不留余地。

因为不用再顾虑来自欧洲方面德军的威胁。

关东军由此变得格外紧张起来。综合前线传来的各种情报，参谋们判断，第六军所面对的苏军兵力至少在三个到四个摩托化步兵师，外加四到五个机械化旅。

就在这时，司令部收到了第六军司令官荻洲发来的电报。上面除了报告 8 月 24 日预定全线反击外，还洋洋洒洒地提供了一堆“好消息”。

如果关东军不是已经得到情报，他们从中得到的印象就是这样：在诺蒙坎战场上，苏军的进攻有气无力，而且行将结束，日军方面，指挥如意，士气旺盛，除了北翼稍微退了那么半步外，其余阵地皆固若金汤。

植田司令官急得把电报往桌子上一扔，这荻洲到底有没有上战场指挥，是不是还在海拉尔的房间里空想呢？

这都什么时候了，植田烦的是荻洲身上那股不当一回事的狂劲，他对发起反击并无疑义，因为在关东军司令官的脑子里，就没有撤退两个字，只是如何进攻的问题。

植田曾考虑增调关东军其他师团参战，但不管哪个步兵师团，机动化程度都很低，要集结到诺蒙坎，最近的需一周，远的就得半个月，远水难解近渴，恐怕第六军已撑不到那个时候了。

只好让荻洲自给自足地组织反击兵团了。植田就怕荻洲按照“好消息”布兵，反击兵团兵力不足，从而导致功亏一篑。

1939 年 8 月 23 日下午，经植田委派，矢野和辻政信坐着飞机紧急赶往海拉尔，以审看作战计划。

荻洲不在海拉尔，已经去了将军庙。两人商量了一下，就由辻政信换乘侦察机跟了过去。

辻政信千不该万不该，这时候还偷懒乘飞机。诺蒙坎的制空权完全由人家苏军掌控着，“燕子”“黄莺”们正愁没猎物可叼，看到辻政信的这架“膏药旗”立刻亢奋起来，都抢着要来干它。

路上这个艰险，尽管飞行员左避右闪，还是中了弹，最后迫降于草原。辻政信到底是机关里混出来的，脑子转得贼快，没飞机他就拦了一辆卡车，并让驾驶员蛇行前进，一边躲避苏军战斗机的扫射追击，一边继续开往目的地。

祸不单行，路上又被远处渗透进来的苏军坦克给瞄上了，咚咚几炮，把卡车给炸坏了。这真是“脱身要跳黄丝网，岂知又遇罩鱼人”，还好，车毁了，人没事，辻政信倒也有一股激情，索性靠两只脚跑进了位于将军庙的第六军司令部。

见到张皇失措的辻政信，荻洲还挺乐呵：“你来得正好，明天我们就要举行全线反击，歼灭苏军了。”

辻政信把作战计划要过去翻了翻，发现计划订得还行，没有极品到以为派两个中队，就能抄苏军的后路。唯一让辻政信看不惯的，大概也就是这份计划并非出自他本人之手，所以怎么看，都觉得那是“缺乏实战经验的人编出来的”。

经过辻政信的略加修改，预定中的反击兵团达到十四个步兵大队，一万五千人，不少了。

两个半

1939年8月23日下午2点，荻洲按照作战计划，向固守部队和反攻兵团分别传达命令，无非是固守的要死守，反攻的则向预守地域集结。

从荻洲，再到植田、辻政信，其实这时都在走着纸上谈兵的路线。荻洲的命令不下还好，一下可露了馅儿。首先是右翼战斗异常激烈，派去的传令兵在外层就被打死了。

反击部队方面，接到命令早一点的还好点。比如原据守733高地的酒井联队，因部队编制保存得相对完整，第一个被小松原看中，21日拂晓就撤出了733高地。那时战斗刚刚开始不久，撤也好撤一些。

苦的是后来才被添加进反击名单的部队，这些部队早已处于苏军火力包围之中，哪是那么容易就可以撤出来的，而且基层指挥官对眼前的困境看得最为真切，好多人对荻洲的反击行动并不认可。

大家都在质疑，一线部队白天作战，晚上抢修工事，本身已缺吃少喝，疲惫不堪。要是凭借工事死守，或许还能守得几日，现在忽然要跑出去跟苏军玩冲锋，这不是“老虎口里夺脆骨，蛟龙背上揭生鳞”，自己上门找死吗？

最左翼的第七十一联队这时只剩一千八百人，大队长以下军官全部战死，但按照荻洲的命令，仍然要抽调两个大队参加反击。诺蒙坎战役以来，第七十一联队已三换联队长，现任联队长森田彻向师团参谋长冈本连连叫苦：“两个大队都抽走了，还能剩下几个人？又怎么守得住防线。就算出去反击，恐怕前进不了多少米，也要全军覆灭的。”

冈本就是第七十一联队的首任联队长，但如今处的位置已经不一样，他对森田彻的唱衰甚为反感：“就是全体玉碎也要进攻，为了皇军的荣誉，哪怕前进两三米也好。”

森田彻被说得哑口无言。

其实这就叫坐哪个山头唱哪个山头的歌。森田彻曾经也有着令人难以想象的极品程度，最喜欢做的就是欺负弱者，最擅长的勾当，是在看似不可能的部位，硬生生地切下一块肉来。他是七七事变的元凶和谈判代表之一，对待中国人的态度极为凶恶蛮横，当时没有哪一个中国人不讨厌他。

白天根本动弹不了，除非晚上还有机会。事实上，荻洲能够投入的反击部队都是趁晚上才陆续到达集结区域，尽管如此，在撤出过程中，他们还是不同程度地受到了损伤。

荻洲任命第二十三师团长小松原为前敌总指挥。1939 年 8 月 23 日夜，小松原将师团指挥部由将军庙推进至 752 高地附近，此时离攻击目标只有七公里左右。

小松原将反击兵团分成左右两翼，左翼以第七师团为主，由第七师团第十四旅团长森田范正少将掌握，右翼以第二十三师团为主，由步兵团长小林恒一少将掌握。预定为四个联队，但直到反击开始，仍有部队未能到达，最后只凑齐了两个半。

1939 年 8 月 24 日上午 9 时 30 分，这两个半联队向苏军南翼集群发起反击攻势。

此前朱可夫正在河西碉堡里接受记者们的采访，这位体格健壮、方头大脸的将军洗了个澡，看上去红光满面，精神焕发，情绪好极了。

就在朱可夫对着记者们侃侃而谈的时候，两名侦察兵上气不接下气地跑进来，向朱可夫报告说，日军正在集结大部队，显然是在准备反击。记者们一听，既紧张又激动，有料哇，赶紧拿起笔，竖起耳朵，以便记下朱可夫发布命令时那种果敢和有力的神态。

可是他们想错了，朱可夫未发布任何新的命令，他只是语气平淡地告诉侦察兵：你们看错了，日本人已经没有力量发动有效攻击了。

侦察兵愣住了，因为确实亲眼见到日军在整军待发，记者们也有些摸不着头脑，不知道朱可夫的葫芦里到底卖的什么药。不过有一点是相同的，没有人怀疑朱可夫在判断和决策上的正确性。

朱可夫不是不知道日军将发动反击，只是他早已看穿了对手的五脏六腑，在双方兵刃还未碰到一起时，便料知对手必败无疑。

必败的攻击，我们还有什么必要去评论它吗？

确实完了

这天早上前线刮起了大风，大风卷起沙土漫天飞舞，吹得人睁不开眼。在一片肃杀的氛围中，日军反击兵团的右翼率先启动，并由编制相对完整的酒井联队充当先锋。

朱可夫用不着增加任何命令。他的南部集群已经以两座高地为中心，构筑了宽度达十公里的铁丝网纵深阵地。

在苏军阵地上，正面为轻重机枪，左右两侧是二十辆坦克，机枪打，坦克轰，其火力的凶猛程度，比风沙还要厉害得多。冲锋中的日军像狂风中的竹竿一样，一批批地倒下去。

这还只是最前沿看到的景象，其实当天南部集群仅坦克装甲车就汇集了二百辆，后面还有榴弹炮群支援，仅铺天盖地的炮弹，就足以构成“火制”地带，酒井联队出现大量伤亡，是件毫不意外的事。

对于日军的“猪突冲锋”，日后太平洋战场上的美国大兵有一句经典评论：“对一个猝不及防、病弱无力的人来说，野猪狂冲过来的确很危险，但对于一群弯弓搭箭的猎户来说，冲过来的野猪正好是盘中餐。”

诺蒙坎战场上，日军就是苏军的“盘中餐”，仅仅在上午，就有了副联队长战死的记录，有的地方日军尸体摞在一起，简直让人无法下脚，而他们得到的，只是前进不到两公里的“战绩”。

小松原急忙让炮兵进行掩护，到中午时分，酒井联队总算接近了苏军阵地前沿，但因人员伤亡和弹药消耗过大，已失去了前进的力量。

仅仅半天工夫，朱可夫的论断就得以证实。

到了下午，攻守双方易位，苏军开始进攻。坦克部队从连绵起伏的沙丘背后钻出来，会喷火的喷火，不会喷火的连撞带压，酒井联队一个小队一个小队地被干掉，某个中队仅有四人生存，还全是重伤员。

每个日军士兵几乎都带了燃料瓶，可是苏联坦克新换的柴油发动机根本就不惧燃烧瓶，而且每辆坦克车上都装有钢丝铁刺网，让你抓没地方抓，爬没地方爬，连做“肉弹”的机会都捞不到。

下午两点，小松原的指挥部与整个右翼兵团失去联系，派出去的联络参谋和传令兵全都有去无回。小松原急得没辙，只好又疾呼飞行集团前来救援。

战前就说好航空兵要配合，飞行集团长嵯峨彻二为之苦恼极了，本来新添了一个第六十四战队，但在近阶段空战中，该战队的飞行员和飞机已损失了将近一半，就连战队长横山八男少佐本人都被击落负伤，令航空兵们十分胆寒。

实在无人可用，嵯峨彻二只得把在海拉尔机场休整补充的第二十四战队调回充数。

所谓补充，并不是像苏联空军那样能迎来新型飞机，第二十四战队得到的，还是老旧的九五式战斗机，型号为Ki-10，其格斗和爬升性能尚不及九七战。

第二十四战队长收到出击命令，就跟收到死亡通知书一样，新任战队长赶紧与飞行员们一道商量，最后众人都认为，既要交差，又不至于立马就报销掉，唯一的办法是改变战术。

日本陆军航空队沿用的是一战时单机空战的经验，依靠王牌飞行员的飞行技术打仗。等到王牌和九七战都损失得差不多了，他们才想到要学习苏联空军，进行有组织有指挥的作战。

第二十四战队飞临诺蒙坎后，战队内部绝对禁止单机空战，通过这种抱团抗衡的战法，才得以减少损失。

第二十四战队出战，并不是要与苏联同行较劲，而是为了掩护轰炸机。

参加诺蒙坎战役的日军飞行员。在战役临近结束时，上面的大多数人都已命赴黄泉。

下午4点，十二架97式轻轰炸机终于来了。来了一看，地面有十几辆满载军用物资的卡车，旁边又没有高射炮，不用担心被击落。飞行员们激动起来，这么好的打击目标可不容易逮到，若不赶快下手，岂非很不专业。

自从丧失制空权后，日军飞行员除了在家里修飞机外，根本就没什么机会出来活动，更不用说炸得这么过瘾了。他们索性把带来的炸弹全扔了下去，咣咣咣，卡车和卡车上的人都被炸了个光。

炸完了，第一个朝天上吐唾沫的不是苏联人，而是盼星星盼月亮一样盼他们来的日军。原来地面部队忙中出错，没有做好地空识别，轰炸机炸中的是师团汽车队，其间，地面的日军士兵又是摇旗，又是挥手，处于高度兴奋中的飞行员没有一个看见。

傍晚时分，前线终于传来消息。先前无法与前线联系，只是因为右翼兵团的指挥系统已经被苏军摧毁。步兵团长小林右腿被坦克炮打掉，倒地后浑身是泥，已昏迷不醒，差一点被溃退下来的士兵踩死，过了很长时间才被卫生队发现收容。

酒井联队长左臂被打断，酒井队长的大队长、中队长几乎死伤殆尽。

眼见情形不对，酒井急忙下令将性命攸关的联队旗后送，以免被苏军缴获，随后他自己就得到了和联队旗一样的待遇。第一大队长西川重伤后被送进野战医院，一睁眼，发现以酒井为首，联队幸存的各级指挥官已经全部到医院报到，不禁脱口而出:“第七十二联队（酒井联队）完了！”

确实是完了。酒井联队有两千两百九十五人投入反击作战，这一战就有两千二百人死伤，伤亡率高达百分之九十五，剩下来的人只够勉强编成两个小队。

森田彻第七十一联队只有一个大队能参加右翼兵团。在作战中，小队长以上的军官非死即伤，部队不得不靠士官维持指挥。

右翼兵团还有一个野炮联队，该联队一千多名官兵和相应挽马全部横尸荒野，火炮被摧毁，联队长也成了光杆司令。

当小松原收到消息时，右翼兵团残部正像雪崩一样往后逃命，出现了小松原所说的“前所未有的肆意退却现象”。

再不“肆意”，就要成死尸了。

神经搅乱战术

右翼兵团虽然溃败，但还是当天反击中攻得最远的部队，起码他们离苏军阵地前沿已经很接近了，森田范正旅团长指挥的左翼兵团连苏军阵地的边都还没摸到哩。

在苏军密集的火力打击下，日军根本就冲不过开阔地。森田范正看得害怕，还特别天真无邪地向师团指挥部请示，问能不能灵活一些，不要“猪突”。

师团参谋长冈本听了很是生气。

瞧瞧人家酒井联队都是怎么干的，你第七师团号称关东军的第一块牌子，名气不小，功夫却这么烂，什么世道！

冈本大声呵斥："给我进攻，哪怕是只能前进一寸。"

森田范正被骂得脸上无光，顿时跳了起来，气急败坏地反问道："人都死光了，还进什么攻？"

有一个成语，叫南辕北辙，荻洲的所谓全线反击，就是在做着这样一件事。

日军费尽力气组织反击，企图从南翼包抄苏军，却不知道苏军也在包抄他们——当天，苏军南北集群中的坦克部队在日军防守阵地的后方会合，初步实现了大反攻计划中的战役包围。

接下来，朱可夫要做的，除了继续收紧包围圈外，就是把这块已在掌握中的蛋糕一块块切开，然后分食。

对此情形，身为普通医官的松本比利令智昏的高级官佐还要看得更为真切。在他的视野范围内，诺蒙坎地区已经到处布满苏联兵和外蒙古兵，而且苏军还在从西岸涌来，松本的形容是，"像大河流水一样源源不断而来"。

在宽阔无垠的呼伦贝尔大草原上，坦克装甲车卷起漫天尘土，苏蒙军的呐喊声直冲云霄，几有撼山之势。松本说，在那一刻，虽然明知这是敌人在举行大进军，但他还是从心里面感到佩服，甚至幻想那是日军的大部队，自己可以加入进去。

当然这是不可能的。在苏军的进攻下，很多高地都插上了红旗，日军少弹乏粮，败局已定，剩下的只有绝望的挣扎。

1939 年 8 月 25 日零点，搜索队撤出了弗依高地，这是一次自发的撤退行动。

在做出这个决策之前，搜索队已经濒临绝境，战壕

一辆苏军坦克正从哈拉哈河的浮桥上通过，远处是一轮红日，画面极具美感。

炸平了，子弹打光了，刀也砍弯了，整个联队仅剩一百多人，而且全是轻重伤员。高地上横躺着七百多具尸体，“恐怕鬼神看了也会害怕”。

在与师团指挥部失去联系后，搜索队长井置荣一中佐手里只有一张师团给他的最后命令：“死守到底。”

井置把军官们召集到一起，开了一个战场紧急会议。军官们都认为，以眼下这种情况，死守已无必要，也守不下去，等于是大家白白送命，倒不如先撤出阵地，补充之后再杀回弗依高地。

作为指挥官，井置的选择非常有限。高地被苏军包得有如铁桶一般，要想突围成功，变得非常困难，而且就算能突围出去，仅擅自撤退的罪名，就可以置他于死地。

就战场道义而言，井置是一个不错的军人。因为他最终还是下达了撤退命令：“天黑以后，守备部队全体突围。”

由于连日水米未进，士兵们疲困至极，撤退时，大部分士兵都是抓着前面人的腰带，才得以蹒跚而行，假如一松手，就只有留在阵地上等死的份儿。

苏军晚上只围不攻，为了防止夜袭，还会远远避开，这使得搜索队残部能够以夜色为掩护，撤出了弗依高地。在诺蒙坎战场上，这是日军唯一得以整建制撤出的联队。

苏军的包围和猛击，终于让日军指挥高层那涨得发昏的头脑有所清醒。荻洲、小松原、辻政信都隐隐约约意识到了不妙。

正常情况下，这时候他们应该趁插到后方的苏军坦克部队尚未把门锁死，赶紧组织部队向后撤退，起码要边打边撤，可是朱可夫所称的这些“昏庸无能的高级军官”没有人会这么想，也没有人愿意这么想，他们仍然寄希望于通过反击来找出路，将守势转为攻势。

植田下令调驻牡丹江市以东的第二师团、野战重炮兵联队、速射炮部队到战场，森田范正的左翼兵团因为没有完全“猪突”，还留有实力，被命令继续进行反击。

那些在高地苦苦支撑的固守部队，全都眼巴巴地指望着左翼兵团能给他们带来好运，荻洲和小松原也一直催促着森田范正赶快动手，但这时候面对苏军的进攻，森田范正忙于招架，哪里腾得出手。

1939年8月25日早晨，固守部队听到的不是自家左翼兵团发起反击的好消息，而是一个日本女人的声音。

除了进攻之外，苏军还实施了神经搅乱战术。

诺蒙坎战前，日本有一个叫冈田嘉子的电影明星兼歌手，后来随身份为日本共产党员的情人私奔到苏联。战斗打响后，冈田便主动要求进行对日宣传。

苏军通过大喇叭扩音器，在阵前重复播放冈田“快放下武器回家乡”的日语讲话，同时还伴以日本民谣小调。

广播一结束，苏军飞机便撒下大量传单和劝降书，传单飘飘而下，就像下大雪一样。

神经搅乱战术其实就是攻心战，“四面楚歌”平时未必见效，但到“垓下之围”时，却足以搅乱对方的心神和意志。在士兵们眼里，讲话、民谣、传单乃至于劝降书，赫然就是一枚枚精神炸弹。

没有水的井

面对苏军的双重攻势，当官的又气又急，荻洲和小松原更是恨不得冲上去揪住森田范正的耳朵，让他赶快出兵。

1939年8月25日下午3点，左翼兵团总算组织起了攻势，但是很快又被苏军一个巴掌给打了下去，森田范正抵敌不住，只好再将反击转为就地防御。

左翼兵团行动的失败，令翘首以盼的固守部队再次陷入了悲观沮丧的情绪之中。

松本已经在想，如果苏军真的攻上2号阵地，杀到眼前，自己和卫生队还得靠红十字旗来避祸。可要是苏军不理这茬怎么办呢，到时要想不做俘虏，便只有拼命一途。

卫生兵不配备枪支，每人手里只有一把军刀，松本作为医官，除了祖传的军刀外，只多一把老式的捷克手枪。几十把军刀，一支佩枪，面对苏军坦克的冲击，根本就没有什么自卫能力，这些武器的真正用途其实是拿来自杀的。

按照日本陆军的要求，这时候的标准格式应该是举着军刀，一边高喊“天皇陛下万岁”的豪言壮语，一边向坦克冲去，叫作“玉碎”或者是“散花”。

松本也有头脑发热、难以忍受的时候，那时候恨不得一颗子弹穿过脑袋，立刻完结了自己。可是俗话说得好，慷慨捐身易，从容就义难，真正平静下来，想到要向死亡走去的时候，很少有人会不全身颤抖。

松本越想越怕，禁不住泪如泉涌，担心别人看见又赶紧掏出手绢擦掉。

赌注全在红十字旗上了，这是救命的旗，现在什么都可以丢，就是这红十字旗不能丢。

照片上的旗帜就是救了松本性命的红十字旗。红十字在战时是战地医疗人员的保护标志，按照国际法的规定，任何武装部队均不得攻击标志红十字的车辆和人员，但其实被攻击了也没办法。

到了傍晚，苏军的攻势果然又掀起了高潮，连左翼兵团的阵地都一度被攻入，引起大乱。不过松本的红十字旗也没用得上，因为这是当天的最后一次高潮，随着夜色降临，早晨如同涨潮一般涌上来的苏军，如今又像退潮一样退了回去。

苏军撤退，一方面是避免面对面的夜战；另一方面也是为了补充弹药粮草以及进行必要的休息，以便在第二天做出收缩包围圈的大动作。

朱可夫磨刀霍霍，他的对手却还在犯傻。

晚上，日军指挥层进行会商，小松原主张以左翼兵团为主，天亮后再战，荻洲也是这个意思。

森田范正不干了。

左翼兵团名义上只用了第十四旅团，所以才由旅团长森田范正统领，但实际上第七师团除了师团部和一个留守大队外，人已经全部在这里了。

早在第二次诺蒙坎战役发起之前，师团长园部和一郎中将曾派一名参谋到前线观战。这名参谋回去告诉园部，说第二十六联队作为河西兵团的预备队，很可能将渡河作战。当时园部的心就咯噔一下，预感到大事不妙，第二十六联队不过河便罢，过去了也许就回不来了。

自个儿的人只有自个儿最心疼，园部赶紧写了封信，让幕僚紧急送去给须见联队长。

这封信有整整八页纸，在信中，园部叮嘱须见，如果上面要求渡河作战，又推托不掉，必须一步一步地探着往前走，切不可中断与后方的联系，以免被苏军包围。

除此之外，园部最重视的是联队军旗，希望须见千万不要把军旗带过河去。

信送达的时间是在 7 月 10 日以后，第二次诺蒙坎战役已经结束，好在须见虽然没看到信，但做法却与园部信中提及的不谋而合，军旗始终被留在军营之中。

过去第七师团出征，从没有不带联队旗一说，但是自第二十六联队开了先例之后，师团的其他联队也都纷纷加以效仿，俨然成了一个约定俗成的规矩。

不带联队旗，是怕联队被消灭后无法重建。经过几天几夜的激战，第七师团不但寸功未立，部队还遭到了很大损失，森田范正已经看出来，反击等于是在挖一口没有水的井，挖得再深都没用，唯一的结果，只能是把带来的联队全都白白填进去。

各联队早已是灰头土脸，鼻青脸肿，要填，也得涂过红药水，贴了膏药再说。森田范正因此坚持：“实在要再次发起进攻，也必须将时间推后到 26 日晚上，否则没有办法整顿。”

第七师团如今是荻洲和小松原的唯一依赖，森田范正那牵着不走，打着倒退的尿样，虽令他们十分不爽，但也没别的办法，只能点头应允，同时继续向关东军司令部告急。

植田头天已经调了第二师团，见情况紧急，他又下令把驻佳木斯的第四师团派来增援诺蒙坎。

无论第二师团还是第四师团，其机动化能力都不及第七师团，一两天工夫哪里能够赶到。现在尚指盼这个，而不是赶紧撤身走人，等于是把陷入困境中的日军埋得更深，坑前还竖一碑。

1939 年 8 月 26 日上午，苏军的包围圈骤然收紧。朱可夫这时候表现出了特有的急性子，他没有耐心使用团团围困，然后迫使日军投降的战法，他要发动一系列进攻，先吃上一大口再说。

南部集群担任了主攻任务。本来说好晚上要投入进攻的第二十六联队当头吃了一记闷棍，第一大队被歼灭，大队长生田准三少佐战死。

除了第二十六联队，伤亡最大的要数第七十一联队。在战斗进行到最激烈时，联队长森田彻大佐下令烧毁联队军旗和密码本，他自己头缠白布条，带领残部跳出战壕，挥舞着战刀向苏军坦克冲去。

还没冲出几步，森田彻就被坦克机枪射倒，随后让坦克履带碾成了一堆烂泥。

步兵联队后面就是野战重炮联队，失去步兵掩护的炮兵阵地往往只能坐以待毙，所有重炮都被苏军坦克所捣毁，重炮兵联队长染谷义雄中佐自杀身亡。

内仓藤次是重炮联队的辎重兵，他当时突然听到监视哨声嘶力竭地叫喊起来："敌军坦克！从距我方十公里处成横队冲来，现在仍在前进！"

往前看去，无数豆粒大的黑点，正向两侧扩散开来，而且很快就变得越来越大。

这就是可怕的坦克群，连重炮都挡不住它们，辎重兵又能起什么作用，指挥官下令："全体上车。"

内仓急忙和其他辎重兵一起跳上汽车逃命。汽车拼着命地开，在越过第三道山脊时，他们傻眼了。

五辆苏军坦克排得整整齐齐，正等在那里。

坦克炮一阵猛轰，吓得辎重兵纷纷跳下汽车，向四周狂奔乱窜。随着坦克炮一遍遍扫过，到处都能听到中弹垂死或负伤者的呻吟声。

内仓埋头躲在一座沙坑里，才侥幸躲过了炮弹。过了一会儿，他忽然发现坦克炮不响了。以为坦克已经开走，悄悄抬头一看，没走，就停在距离他前方一百米处，坦克兵们正从坦克里面伸出脑袋，瞪着眼睛，毫无顾忌地搜索着草原上的漏网之鱼……

1939 年 8 月 26 日下午，苏军占领了南北两翼日军的大部分阵地，外部包围圈比原来更加牢固扎实。朱可夫关上门又扭上锁，使陷于包围中的中央阵地成了一座孤岛。

2 号阵地在中央阵地中不属于主阵地，加上松本先前曾挥过一遍红十字旗，所以苏军基本不来围攻，只是偶尔飞来几颗迫击炮弹。可是耳闻目睹周围的景象，士兵们的精神也早就垮掉了大半。

战斗兵对松本这样的医官向来都很欢迎，但当松本抱着红十字旗跳进士兵战壕时，这些人只是回过头来淡淡地看了他一眼。那种冷漠的表情，无疑在说，你的急救知识再高明，我还是难逃一死。

松本也感到自己没什么可做的了，剩下来的唯有等死。想到这里，他心乱如麻，情绪低落，甚至开始自暴自弃起来。

零散支队

苏军在 8 月 26 日的这次猛烈进攻，犹如锁住日军咽喉的擒拿手。晚上的反击计划自然是鸡飞蛋打，荻洲借以取胜的最后一线幻想也终成南柯一梦，不仅如此，对于余下的兵力能否守住岌岌可危的防线，他心里也没了底。

这位第六军司令官心灰意懒，经常在将军庙的指挥部里把自己灌得酩酊大醉。同样急得六神无主的还有辻政信，当他再次跨进荻洲的指挥部，向对方讨主意时，荻洲却喝醉了，而且浑身散发着臭烘烘的酒味，辻政信问还有什么办法，他只会翻来覆去地说一句：“我希望小松原死。”

当败局已定，前后方的日军都恨不得借酒浇愁，通过酒精麻醉的作用来逃避可怕的现实，连上战场后基本滴酒不沾的松本都喝上了。

似乎是不忍看到医官的情绪过于低落，其他卫生兵一大早就把松本叫醒，并且讨好地拿来了一瓶日本清酒。

松本睁眼一看，眼睛顿时就亮了起来。酒的商标叫“忠勇”，产自日本兵库县一个叫滩的地方，属于上等清酒，在当时的日本很有名气。

战场之上，上等清酒这种东西，也就是荻洲等高级官佐的独享品，普通士兵是做梦都得不到的，但是苏军的炮火可不管你是当官的还是当兵的，一律炸你没商量。原先拥有这些清酒的日军指挥官不知道是死了，还是逃了，总之是留下了一个食品小仓库，所有食品乱七八糟堆一块，也没人管，经过的士兵就来了个浑水摸鱼。

松本原本也是好酒之人，见到好酒，顿时睡意全无，打开盖，倒了满满一盖子后一饮而尽。

好酒入肚，这个垂死的人又活了。

松本喝酒时那股享受的劲头，引起了卫生兵们的兴趣。众人围着他，仿佛看戏一样地看着他喝酒。

这让松本感到有些不好意思，连忙把酒瓶子递过去："你们也别光看着，大家都喝两口。"

没有人接，也没有人喝，都失去了享受的那份心情，他们喜欢看松本喝酒，只是觉得在令人窒息的氛围中得到了一丝喘息。

一个卫生兵说："军医真是好酒量，我看这一瓶都不够你喝的，我再给你拿一瓶来。"

过了一会儿，这个卫生兵果然提了一瓶酒回来。松本千恩万谢，左一口右一口，很快就干光了一瓶酒。这瓶喝完，他也倒了下去。

松本再次被叫醒，是得到了支队长的召唤。

2号阵地及附近几个小阵地上的零散作战部队组成支队，这个支队长是按军衔和授衔时间早晚，由上级从军官中临时指定的。松本从没有见过此人，如今也就仗着酒劲，扯着嗓子喊了一声："什么支队长，有事叫他过来找我！"

支队长听见了，果真找来了。

日军上下级等级森严，松本知道不好，他晃晃脑袋，赶紧从地上挣扎着爬起来，跌跌撞撞朝支队长跑去。

支队长受到松本的怠慢，脸色铁青，先是大吼一声："命令！"接着说，"看起来，这里就数你最健康了，今晚酒井部队要迂回敌后，命你随队参加。2号阵地医务由丸山军医接管，命令完毕。"

先前松本也多次随战斗部队出击，但那个死去的秦医长从不对他使用命令口气，如今支队长不仅下达严厉命令，而且那句"数你最健康"，摆明是在讽刺和羞辱人。

松本酒醒了大半，听了之后不由得又羞又恼，便故意用吃奶的劲高声做了回复，然后噔噔噔地跑回了自己的战壕。

一回战壕，他就骂开了："什么支队长，肮脏的家伙！"

想到自己出生入死，往往都是被派到战斗最激烈的地方担当救护，现在还受这种羞辱，松本就难以释怀。

“做缺德事的人是要受到神的惩罚的。神只保护老实人，不保护那些肮脏的家伙，走着瞧吧。”

兵荒马乱，也没人理他，松本借着酒劲大骂了一通之后，心里这才感到好受一些。

支队长所说的“酒井部队”，并不是真正的酒井联队，酒井联队主力早在反击中全军覆灭。这里的“酒井部队”其实就是中央阵地上的“零散支队”，不过里面确有不少是参加反击前酒井联队留在阵地上的士兵，支队长借用这个名义，纯粹是为了披张虎皮给自己壮胆，给人感觉，好像他们还是成建制部队一样。

中央阵地上的成建制部队，如今只剩下一支，那就是山县第六十四联队和配属的野炮第十三联队。

山县联队是苏军在中央阵地上遇到的最大也是最后一块硬骨头，因此苏军不惜血本，几乎所有进攻力量都集中在巴尔夏嘎尔高地。有人统计，五分钟内，落在高地上的炮弹多达四百多发。炮击过后，许多战壕倒塌，一些来不及转移的士兵均被活埋在土里面。

朱可夫不计代价的紧逼围攻，加速了日军防线的崩溃。

仅8月27日一天，山县联队的战死率便高达百分之六十九，配属野炮联队的伤亡还超过这一数字。

山县联队还能守住高地，依赖的是“日落公式”，即太阳只要一落山，苏军便会撤兵休战，等第二天再攻。

荻洲怪小松原没有打好仗，其实小松原比他的责任心要强得多，尤其是山县联队属于第二十三师团，得知这个联队难以靠自身力量突围，小松原赶紧组织救援。

包围圈外的第二十三师团残余部队，都是从两翼撤下来的残兵，那种残是残到不可想象的残，各联队中人数最多的为第七十一联队，在联队长森田彻战死后，该联队还剩下约五百人。

经过七拼八凑，连通信队、工兵联队都算上，小松原最终凑足了1140人的临时救援队，预定于8月27日夜间，在自己的亲自率领下前往救援。

如果不是苏军的攻击点偏重于山县联队，“酒井部队”早就稀里哗啦了，现在连山县联队都需要外力救援，“酒井部队”却还要跳出战壕，主动向苏军进行迂回攻击，实在让人有啼笑皆非之感。

这一方面充分体现了日军中级军官的“盲目自信”，即便局势已是如此糟糕，还糊里糊涂地以为小蚂蚱能翻得了天；另一方面也说明日军的高层指挥系统已经何等紊乱无序。

1939年8月27日下午5点，松本随“酒井部队”出发了。

说是要夜袭迂回，但晚上黑乎乎的，两三米外什么都看不见。部队几次发生前后脱节和迷失方向的情况，导致行军速度极为缓慢，计划中的行程才走了一半，东方的天空就已经是白蒙蒙的了。

1939年8月28日凌晨4点，“酒井部队”到达苏军阵地附近。这时候指挥官才发现方向搞错了，没有迂回到苏军背后，却迂回到了苏军阵地的前面，同时天也亮了，夜袭迂回计划彻底失败。

日军所处的位置，是一片广阔平坦、毫无遮拦的荒野地带，再要往后撤退，根本来不及，而“酒井部队”中即便是原酒井联队的士兵，现在的子弹盒也大多是空的，能用的就是一把刺刀，连趴下射击都难以做到。

指挥官骑虎难下，只得发出了“玉碎突击”的命令。

非理性思维

按照德国人的评价，日军指挥官身先士卒纯属“愚蠢蛮干”，大多数时候，他们也确实都是这么“蛮干”的，所以在日军的伤亡率统计数据中，往往军官比重非常大。

随着“酒井部队”的指挥官高举战刀冲在最前面，士兵们也都挺起刺刀跟了上去，整个战场像是奔腾的洪水中卷起了巨大漩涡。

人对事物的判断通常会有两种思维：一种是理性的；一种是非理性的。理性思维告诉松本，这是在草菅人命；非理性思维则如同有人在旁边不停地诱导和鼓吹：快加入进去，快加入进去！

支配松本，或者说所有日军士兵的，是非理性思维。松本热血上脑，他拔出战刀，朝卫生队大叫一声：“冲啊！”便带头冲了出去。

究竟要往哪里冲，松本并不知道，就是鬼神附体一般地跟着一道冲，至于冲到哪儿，冲了多长时间，事后完全不记得了，只听到子弹嗖嗖地从耳边掠过，周围不时有人倒下，部队犹如闯入了火焰阵。

突然，部队最前方冒起一股黑色硝烟，跟着轰的一声巨响，弹片四处飞溅，漫天飞舞，在拂晓和晨雾中显得格外耀眼。这是西岸外蒙古高台上的苏军重炮阵地开始发言了，以第一声炮响为开端，炮弹铺天盖地般地射过来，就好像是成千上万个空罐头被一齐敲响了一样，声音震耳欲聋，惊天动地。

冲着冲着，松本不由自主地停了下来，因为他突然发现周围已经是地狱一般的世界：地上横七竖八，到处都是尸体以及浑身是血的伤员。

医生的职业敏感让松本再也顾不得“玉碎突击”，他急忙在附近一座小沙丘上插上一面红十字旗，然后命令卫

苏军对哈拉哈河东岸进行炮击。居高临下的连续炮击，让日军付出了惨重的伤亡代价。

生兵们把伤员集中到沙丘旁边的洼地，开始进行紧急战场救护。

临时急救所的设立，使洼地也被罩上了人间地狱的色彩。这里仅重伤员就收容了近百人，有人送来时已断了气，更多的是送来了以后叫着叫着才咽气，伤员伤口处的鲜血往往呈喷涌状，纱布和止血带都难以止住，被染得一片殷红。

松本所见到最惨的一名伤员，是原属酒井联队的一名年轻少佐。这名少佐的四肢都被炸飞了，只剩下光秃秃的身体，像不倒翁一样坐在地上。

这是一个非常硬朗的军人，被炸成这副惨样，他仍是一声不吭，一言不发，两只眼睛睁得很大很大，如果不是偶尔眨一下眼，没人会想到他还是个活人。

越是这样，松本心里越不好受，“玉碎突击”，说穿了就是往苏军炮火里钻，纯粹都是去送死呀。当场死了也就罢了，像这样被炸得光秃秃的，连动一动都做不到，可谓求生不得，求死不能，才是真正的悲哀。

在卫生队手忙脚乱地抢救伤员时，几辆苏军坦克冲到了急救所旁边。或许是受到松本所插十字旗的影响，坦克没有冲进来，也没有立即进行射击，但乌黑的坦克炮口一直正对着洼地，这让卫生兵们战战兢兢。

“坦克会不会开炮，什么时候开炮？”“机枪会不会射，会不会使用火焰喷射器？”这些问题的主动权都掌握在苏军手里，生杀予夺，在彼一人。

松本一边哆哆嗦嗦地处理伤员，一边时不时拿眼睛瞄一下坦克，就怕那些铁家伙突然闯入。

“玉碎突击”已经碎到不可收拾，残存的战斗兵没有丝毫能力来保护急救所，军官传下命令：“重要文件及资料烧掉，来不及烧掉的埋到土里，全体做好自杀准备！”

松本急忙把随身的照片、笔记本、行李埋掉，随后便又去抢救伤员。这时候他只知道自己还要履行军医的职责，至于接下来会不会死，如何死，已经没有时间考虑，也不想去考虑了。

苏军终究没有对洼地动手，一方面是因为遵守国际法；另一方面，可能与苏联当局始终对诺蒙坎抱着“有限战争”的克制态度也有相当关联，他们胜券在握，没有必要再赶尽杀绝。

黄昏以后，苏军按照“日落公式”，照旧鸣金收兵。“玉碎突击”的幸存者们于是趁着夜色，如惊弓之鸟般向后四散奔逃。

松本狂奔一夜，竟然鬼使神差地跑进了“森林地带”，也就是秦医长遭猫耳洞活埋的那个地方。

就在迷迷瞪瞪的时候，一个军曹也气喘吁吁地来到“森林地带”。他一见到松本，便进行报告，说卫生队已撤出了 2 号阵地。

这名军曹负责保护丸山卫生队，而 2 号阵地已经交给了丸山卫生队，松本对军曹的举动十分不解：你应该朝丸山报告哇！

一问，才知道丸山卫生队撤退途中遭遇苏军坦克袭击，丸山的胸部被坦克机枪打穿，军曹是用躺在弹坑里装死的办法才逃出来的。

松本不胜唏嘘，感叹自己真是命大，如果不是因为喝了酒被支队长遣出，可能被坦克机枪打死的就不是丸山，而是他松本了。

夜晚几乎是日军利用“日落公式”逃命的唯一机会，不仅 2 号阵地的日军撤了，巴尔夏嘎尔高地的山县联队也做出了撤退的决定。

替死鬼

当“酒井部队”向苏军阵地发起“玉碎突击”，并被打得彻底碎掉的时候，山县联队也在高地上经受煎熬。

对包围圈中最大的这块日军阵地，朱可夫显示出了志在必夺的决心，因此当天炮火特别凶，甚至打破了以往“日落公式”的规矩，到晚上 11 点钟才停止开火。

苏军喷火坦克一度冲进阵地，撒着欢地喷射火焰，把躲在战壕中的日军士兵烧成了一个个大火球。与此同时，野炮联队残存的五门大炮已全部被毁，重武器碎片到处都是。幸存下来的士兵只能靠步枪和燃烧瓶跟坦克进行对抗，谁都能看出，山县联队的全军覆灭不过是个时间问题。

山县和野炮联队长伊势高秀大佐拼命撑了一天，是为了坐等小松原率救援队前来接应，但直到苏军炮火停熄，救援队也没来露个脸，而联队与师团部从下午开始就完全失去了联系。

山县侧耳听了一听，附近根本听不到日苏两军交战的枪炮声，也就是说救援队即便出发，也离得很远，而天一亮，苏军势必还要发起猛烈进攻，以步炮两联队战斗力尽失的情况，无论如何是挨不下去了，因此山县和伊势商量了一下，决定趁天黑自行撤退。

撤退命令在晚上 11 点，也就是苏军停止炮击以后正式下达，但因为伤员太多，一直拖到凌晨 3 点才得以撤出高地，并从包围圈的间隙穿了过去。

有人要出去，还有人要进来，山县无论如何想不到，在他撤走两个小时后，救援队又登上了巴尔夏嘎尔高地。

此时的中央阵地大部分被苏军所占领，通过极为困难，救援队沿途受到苏军警戒和装甲部队的“关照”，一天下来减员不少，连前卫队长都被打死了。

尝千辛历万苦，小松原总算到达了目的地，但他在高地上所能见到的，只是横七竖八的尸体。

小松原这下傻了眼，正待抽身撤退，苏军已经包围上来。

救援队做了山县联队的替死鬼，在苏军炮击下，他们所携带的速射炮和机关炮大多被毁，剩下来的几门炮也没了炮弹，士兵们只能用与山县联队差不多的方式与苏军进行对抗，以便熬到日落以后向外逃生。

现在日军最喜欢的是夜晚，最怕的是白天，山县联队在撤退过程中，连看到月亮从云层中钻出，都紧张到心扑通扑通乱跳。

还只是有月亮，天光尚未大亮，何况看样子已经钻出了包围圈，于是山县联队长又激动起来，他高声喊道：“向诺蒙坎前进！向诺蒙坎前进！”

这里的“诺蒙坎”，是指日军后方，至于前进，不过是把撤退说得好听一些。

就在此时，从后方传来了隆隆的马达轰鸣声和吱吱的坦克履带声，不一会儿就有十辆坦克朝他们奔了过来。

毫无疑问，这应该是来接应的自家人，山县联队一片雀跃：“是友军！是友军！”“是我们的坦克！”“我们得救了！”众人一边欢叫着，一边迎着坦克跑了过去。

可是山县联队高兴得早了些，“日军坦克”并不认他们，啪啪啪地就是一阵机枪扫射。

这根本就是苏军坦克。

对山县联队长和他的部下来说，从高地突围后，他们就成了玻璃瓶里的癞蛤蟆，看起来前途是光明的，其实出路是没有的——巴尔夏嘎尔高地的包围圈仅仅是小包

用植被伪装的苏军 BT 坦克。BT 坦克意即快速坦克，共有七个型号，是二战时 T–34 坦克的前身。

围，外面还有大包围，在发现猎物乘夜溜走后，处于大包围圈外围的坦克部队便应命找了过来。

跳来跳去，还是没能跳出如来佛的掌心。

日军顿时大乱，在杀得对方尸横遍野后，苏军坦克这才拍拍屁股，心满意足地扬长而去。

1939 年 8 月 29 日晨，余悸未消的山县联队走出了好长一段。以为这下太平了，不料路上忽然又有一大群人朝他们射击，随着子弹掠过，官兵像被割倒的稻草一样倒了下去。

山县急了，一个劲地朝旗手喊："那一定是友军，他们打错了，快摇军旗，告诉他们，我们是自己的部队，让他们别打了！"

旗手闻听，急忙揭掉军旗上的外罩，然后展开军旗使劲地摇晃起来。

这一晃不要紧，对面打得更猛更狠了，子弹像暴风骤雨一样飞过来，山县联队站在那里，藏也没处藏，躲也没法躲，士兵大片大片地倒下去，受伤没死的也发出了鬼哭狼嚎般的惨叫。

原来朝他们开枪的还是苏军，人家没打错。

奉烧

战后，山县联队一名叫后藤金市的士兵回忆起来，仍对当时的场面不寒而栗，他甚至怀疑，山县联队能够从高地突围而出，是不是苏军有意“放水”，为的是在路上更好地进行截杀。

一些士兵忍受不了弹雨攻袭，就一个个地往旁边的河里跳，但那里也藏不住人，结果这些兵又被打死在了河里，一时间河水为赤。

后藤金市吓得魂飞天外。正好不远处有一块洼地，他就赶紧跳了进去。一瞧，里面已经趴了两位，一个少尉军官，一个士兵。

子弹像下雨一样噼里啪啦地打在身前身后，掀起的沙土四处飞溅，呛得人眼睛都睁不开。似乎洼地也不是理想的藏身之所，军官和那名士兵突然跳出洼地，向前奔去，但是还没跑出十来米，两个人就被打倒在地。

往洼地外面跑太危险了，可是总不可能一直趴在坑里面，后藤金市咬咬牙，钻出洼地后，没有往前而是往后跑，跑到河边，一个猛子扎了进去。

河水不深，流速也不快，后藤金市抓了几片水草叶子顶在头上，利用苏军的射击死角逆流而上，几个小时后，他奇迹般地摸到真正的友军阵地，获救了。

后藤金市是诺蒙坎战役后期分配到山县联队的补充兵，在此之前，山县联队已经多次补充，但这次联队终于没能逃过灭顶之灾。

当后藤金市从河里潜水逃命时，步炮联队的两名最高指挥官，山县和伊势身边只剩下四个人，而且始终无法突围。

1939年8月29日下午4点，山县感到形势严重，下令将联队军旗和密码本烧毁，并砸碎了电台。之后，包括山县、伊势在内的四人自杀，只有一名传令兵和战斗兵乘天黑逃了出去。

烧掉联队军旗，又称“奉烧”，也就等于将联队编制予以销户，据说这是日本在对外作战中第一次进行“奉烧”。山县联队虽七零八落地逃出了几百人，但这个联队已经在名义上消失了。

借着夜色，巴尔夏嘎尔高地上的救援队也准备冲出重围，返回后方，但小松原知道外面一定里三层外三层，突围凶多吉少，因此他一度非常犹豫，甚至事先写好了遗书，准备率部就地发起自杀式冲锋。

在跟第六军司令部联络时，荻洲坚决反对。他倒不是认为小松原的性命还有多重要，就像他对辻政信所说的，小松原在成为败军之将之后，最好“死掉”——在日军传统意识里，小松原只有死掉才能成为英雄，而英雄的上级可以不用为失败买单。

荻洲着急的是，救援队现在等于是第二十三师团存在的象征，如果都随小松原自杀了，第二十三师团完全覆灭就成了板上钉钉的事，这事以后没法跟关东军方面交代。

由于荻洲劝阻，小松原便下决心突围。突围前，他与荻洲进行了最后一次联络，随后便破坏电台，烧掉了密码本，此外，还命令官兵将各自的军衔肩章取下并销毁。

正如小松原所料，救援队在突围过程中遭到层层围堵。指挥战斗的冈本参谋长右腿被炸成重伤，幸好师团的军医部长还比较沉得住气，战斗如此紧张，他仍能依靠手电筒照明，在壕沟里为冈本做截肢手术。冈本虽然少了一条腿，但是命保住了。

1939 年 8 月 30 日，救援队再遭围击，突前的第七十一联队残部被紧紧包围，该联队的第四任联队长，才到职仅几天的东宗治中佐与他的官兵在自杀式冲锋中被击毙。

救援队的结局与山县联队如出一辙，溃不成军之后分成小股，用东躲西藏兼各显神通的办法，才得以撤到后方，所不同的只是山县死了，而小松原还活着。

第二十三师团最后集中溃退到了松本所处的“森林地带”。诺蒙坎战役之前，该师团出动部队约为一万五千人，到此时减员了一万两千（不计历次补充兵员），还剩三千残兵败将，而且已是“刀卷刃，枪空膛，一个个蓬头垢面，形同小鬼一般”。

就是这样在松本看来苟延残喘的部队，仍处于极度危险的境遇，他们在“森林地带”被苏军坦克部队围得水泄不通，而且包围圈还在继续缩小。

苏军缴获的日军武器。从外观上看，应该全是大正十一式轻机枪也就是俗称的“歪把子”。

荻洲已无力对第二十三师团进行挽救。作为第六军系统内的另外一支主力，第七师团的伤亡也超过了百分之七十，已彻底丧失战斗力，若不是师团长园部和一郎预先留了一手，没有把联队旗带来，有的联队恐怕就只能做注销处理了。

本想出口气，最后却断了气。关东军司令官植田由此成了热锅上的蚂蚁，在下令征调第二、第四师团之后，他又抽调了第一师团的一个旅团，同时为防万一，还派兵增强了海拉尔以及海拉尔以西的防御。

植田是准备豁出去立即再打一场的，除了要救出小松原外，另外一个重要原因，据说是山县联队覆灭之后，联队军旗没有下落，植田和荻洲不知道它是不是完全烧掉了，会不会落入苏军之手。

各人有各人的利益考虑，比如红十字旗对松本来说就是千金不换的宝贝，毕竟危急时候可以救命，而植田、荻洲辈之所以把联队旗特当回事，则是因为这东西跟他们的仕途紧紧相连，没准把联队旗抢回来，还可以一俊遮百丑，掩饰战败责任呢。

得知第六军兵败诺蒙坎，参谋本部紧急调集重兵前往诺蒙坎，其中包括中国关内的第五、第十四师团以及一些特种兵联队。不过参谋本部调兵的出发点与关东军司令部完全不同。

追魂电

关东军当局者迷，参谋本部旁观者清，他们意识到，关东军的这次惨败，与以往三次诺蒙坎战役中的失败都不同，是一次决定性的失败，这已经不是你愿不愿服输的问题了。

胜败在日本陆军内部几乎就是衡量一切的准绳。因为彻底战败，参谋本部强硬派的声音一下子全都消失了：看来老毛子还是惹不起，不如等两年再说吧。

内部计议的结果，是重新回到谈判桌上，而且不管苏联开出的条件有多么苛刻，也要接受，以争取尽快了结诺蒙坎这场无休无止的争端。

参谋总长载仁亲王平时大多数时间都躲在幕后，这时候也不得不放下手里的鸟笼子，跑到前台来收拾残局。他出面明确了不惜向苏联全面让步的原因："处理支那事变（即侵华战争）期间，必须维持北方边境的平静。"

1939 年 8 月 30 日，奉载仁亲王之命，参谋次长中岛铁藏亲赴长春，对关东军首脑进行说服工作。

去了一看，关东军还是强硬派的天下。植田正磨刀呢，而磨刀的理由也很充分：小松原、联队军旗，甚至那些遗弃在战场上的尸体。

植田说，他将在哈拉哈河结冰前的两个月中，再发动一次“更大规模、真正的作战”，中间可以保证不渡河，只在河东作战。

植田声称，在这次作战中他将推出全新战术，此战术跟朱可夫的“夜退昼攻”调了个个儿，是“夜间进攻，白天固守”，而且每次夜间向前推进都不超过五百米，然后挖掘阵地进行固守。

这基本就是从前夜袭战的一个演化版，“夜间进攻”是没问题，关键是白天能守得住吗？因为中岛听来听去，植田用于固守的方法还是战壕和肉弹两种。

植田倒也干脆：你是说可能守不住对吧，派兵啊，让参谋本部派更多的兵来支援。

中岛是个没多少主心骨的人，给植田这么一撺掇就动了心。双方预定在9月10日发动总攻。

就在中岛即将返回国内时，当天前线传来消息。朱可夫突然在“森林地带”网开一面，放了小松原及第二十三师团残部一马。松本记述，当他们从“森林地带”撤出时，已经处于半生半死的状态，完全失去了抵抗能力，但令人不可思议的是，周围的苏军坦克只是远远监视，并没有乘机上来进行截杀或追击。

1939年9月1日，苏军到达苏联和外蒙古所主张的边界线后，便不再往前推进，其做法与张鼓峰事件时如出一辙，即只要得到自己想要的那一块，就不会超出范围。

如果苏军这时要全歼第二十三师团，乃至乘胜追到海拉尔，都易如反掌。显然，朱可夫在最后时刻为谈判留足了余地。

参谋本部作战课长稻田正纯经历了前后两次大战役，连他也不得不对苏联的这种铁腕表示

诺蒙坎停火交涉现场。苏军的进退自如，表明斯大林和苏联政府始终掌控着整个战役的主动权。

叹服："关东军制定了'我不犯人，也不准人犯我'的原则，可是关东军又做不到，倒是苏军做到了。"

按照稻田的分析，苏联实行的社会主义制度确有效率，即便作为敌人，也得承认其中有可取之处。

苏军不再发动新攻势，与欧洲方面局势的变化亦有关联。9 月 1 日，德国进攻波兰，按照"史上最荒唐婚姻"的相关协约，苏联也准备前去分上一杯羹，诺蒙坎已不再是斯大林关注的重点。

所有这些消息，都足以让中岛完全改变态度。回到东京后，他便把植田等人如何抗命不遵，拒不停战的表现，给载仁描述了一番。载仁听后大为震惊，于是再次派中岛前去长春，严令关东军必须在 9 月 4 日以前停战。

植田就不是个省油的灯，都这种时候了，他还胡搅蛮缠，当着中岛的面，要求起码允许关东军再进行一次小规模战斗，并且强调，如果连这一要求也得不到允许，他将递交辞呈。

这下彻底把载仁给惹火了：一败二败三败连四败，败到家都不认识了，还以为自己是战无不胜的"皇军之花"呀，可以继续耍你那小姐脾气？

1939 年 9 月 3 日，参谋本部向关东军司令部发出急电，内容一反往常的商量口气："立即主动结束诺蒙坎战事，停止一切战斗行动。"

接到电报，植田及其幕僚这才发现大事不妙，但是已经晚了，此后追魂电开始接踵而来。

1939 年 9 月 6 日至 8 日，参谋本部连下两道命令，关东军司令官植田谦吉、参谋长矶谷廉介被免职，编入预备役。关东军的作战参谋也大部撤换，副参谋长矢野音三郎、作战课长寺田雅雄、作战主任服部卓四郎、作战参谋辻政信被免职，副参谋长以上一律退出现役。

一夜之间，关东军内的强硬派几乎被一扫而光。原第一军司令官梅津美治郎中将继任关东军司令官，诺蒙坎事件移交外交谈判解决。

"诺蒙坎战役的总设计师"辻政信在免职后，被调往驻汉口的第十一军司令部。据说在走之前，他又做了一件惊世骇俗的事。

日本与苏蒙就诺蒙坎归属在哈尔滨展开谈判，就在即将签字的前一天，苏蒙代表团忽然撤走了。原因是辻政信私底下威胁苏蒙代表，说自己的部下、前辈、晚辈许多都战死在了诺蒙坎，非得找补不可。如果有人胆敢签字，马上会有白俄刺客来摘掉尔等的项上人头。

苏蒙代表一听吓坏了，他们知道辻政信说得出做得到，是个相当疯狂的家伙，于是赶紧收拾行李走人。

因为辻政信的恐吓而导致谈判破裂固然不好，但相比之下，总不会比自己被杀更严重吧。

辻政信的小儿把戏其实无关结局。哈尔滨是你的地盘，想派刺客就派刺客，那我不能换个地儿吗？最终交涉地点移到莫斯科，诺蒙坎的那条线依然照苏蒙要求划定。

转折点

1939 年 9 月 15 日，日本驻苏大使东乡茂德与苏联外长莫洛托夫在莫斯科会晤，双方签订了关于诺蒙坎地区的停战协定，这是日本继张鼓峰事件后签订的又一个边界协定，战争结束了。

停战协定签订的第二天，即 9 月 17 日，苏联入侵波兰，开始了与德国的分赃游戏。在诺蒙坎战役的最后阶段，斯大林没有再过于咄咄逼人，原因之一也正在此处。

这一天，身在前线的松本听到了停战消息，同时他还收到了关东军军医部颁发的一张奖状。在参加过历次诺蒙坎战役的所有一线军医中，只有他一个人生还。

拿着奖状，松本并不怎么感到高兴。经历了地狱一般血腥的战场，他心里只有一种强烈的厌世感，乃至于对周围的所有东西都不再感兴趣。

在苏军的严密监视下，关东军对尸体进行了收容。9 月 24 日，在收容过程中，卫生队发现山县和伊势的尸体，以及尚未完全烧掉的联队军旗。

军旗的发现，让关东军司令部大大松了口气。其实也就他们把军旗看得如此重要，别人并不当一回事，在苏军看来，联队都覆灭了，有没有缴到那面小旗子实在是无足轻重。

关东军共从战场收集到四千多具尸体，临时火葬时，因为大火引爆了手雷，两名负责火葬的士兵还因此陪葬了进去。

这火化的四千多具尸体仅是死者中的一部分，当时第六军发布战报时，称战死者为七千余人，但实际情况远远不止。根据二战结束后靖国神社的统计数据，战死于诺蒙坎的日本官兵应为一万八千余人。

左为苏军用飞机将伤亡人员运往后方，右为即将撤离的日军追悼阵亡士兵。据统计，苏蒙军一共战死 7974 人，受伤 15251 人。

火烧掉的除了尸体，还有日本对苏作战的信心。裕仁天皇窝着一肚子邪火无处发泄，这才想到要对“朕的军队”进行查办，他以前所未有的严厉态度，从上到下，对所有负有责任的人员进行了层层追究。

除参谋总长载仁亲王身份特殊，系皇亲国戚，所以得以留任外，次长中岛铁藏、作战部长桥本群均在劫难逃，被双双免职，转入预备役，作战课长同时易人，稻田正纯被降到军事学校做了副校长。

关东军司令部这一层早就罢免的罢免，撤职的撤职，再往下去，因为各级军官死伤过多，需要进行善后处理，所以缓了一步。

1939 年 11 月 6 日，终于轮到了荻洲和小松原，两人均被撤职，几个月后编入预备役。小松原的参谋长冈本则还没等免他的职，就在医院里被伤兵用战刀给劈掉了。

之后便是中高级指挥官中蔓延的自杀潮。其实不一定是当事人自己想自杀，比如搜索队长井置荣一，关东军司令部专门派来两名他熟悉的军官，劝了一晚上，不是劝他不要自寻短见，是劝他“为国尽忠”：你下令撤退，让关东军没了面子，还不赶紧将功补过，自行做一了断！

井置起先犹不服气，分辩说他在率部逃出时，弗依高地在作战上已毫无价值，双方发生了激烈的争论。

关东军司令部急了，竟然通过军医部部长直接告诉井置：你有糖尿病，腿部的伤反正也治不好了，早死晚死都是一死，何必赖活着呢。

井置被逼得实在没办法，只好用手枪给自己脑袋上来了一下。

其实直到日俄战争，日军内部还不兴这一套，变态是从“一・二八”淞沪会战空闲升少佐自杀开始的。当时辻政信在巡回演讲时，以空闲升部下的身份加以大力宣扬，起到了推波助澜的作用。

除了井置以外，被逼自杀的还有第八国境守备队队长长谷部理睿大佐，理由不外乎都是仗打得糟糕，不死不足以保全“皇军荣誉”。

只有第七十二联队长酒井美喜雄大佐不算被逼的，不过想想整个联队都覆灭了，就算能养好伤出院，也没他什么好果子吃，于是步了井置、长谷部的后尘。

甚至关东军对被苏军俘虏过的人也不放过。这些人被送至陆军医院，严禁外出，也不准与他人交谈，以免吐露苏军优待俘虏的实情。

士兵相对还好一些，经询问、审查后，即三至五人为一批，被派去苏蒙边境修碉堡去了。军官更倒霉，审查的时候就会告诉你：被俘是“皇军”的污点，你是军人，这么活着实在是太耻辱了。

回到房间，这些军官就会得到一把手枪，逼他们像井置一样自杀。好多人死前猛抓自己的头皮：“苏联军都没有杀我，你们为什么要杀我呀？”

是呀，早知道这样，回来干吗呢？有人就聪明，选择了不回来，二战结束后还能以苏联市民身份，携妻带儿回日本原籍探亲哩。

诺蒙坎战役对日军在二战前的整体战略产生了深远影响。一开始，他们对苏军的实力并不完全清楚，“迄今为止，我们不了解苏联已将其摩托化部队装备到何种程度”，这一仗打完，了解了，原来苏军装备尤其是炮兵和坦克装甲兵，在火力和机械化程度方面已经远超日军。

战后，日本军部专门成立“诺蒙坎事件委员会”，对诺蒙坎战役中双方所拥有的军备进行研究。研究人员发现，凡是在战场上曾直接同苏军打过仗的部队，没有一个不认可苏军猛烈的火力。委员会因此在一份报告中说：“日本陆军由于没有第一次世界大战的实战经验，逐渐丧失了对火器的正确认识。”

此外，苏军在战术、情报和后勤上的优势也十分明显。委员会认为，苏联军队摈弃了过去沙皇军队因袭守旧的一套作战方法，已经能够依据每次战役的具体情况改变战术，同时对苏联远距离输送并储存作战物资的能力，研究人员也感到十分惊讶。

推敲了半天，这个委员会也拿不出任何克制苏军的有效办法。日本国内的生产力就那水平，装备上实在是有心无力。

于是只好在苏军身上撇开优点找缺点，一找，找到了。

说是苏军偏重于特质装备，攻势缓慢，特别是在近距离战斗中往往缺乏冲劲。说白了，就是很少会像日军那样端着刺刀冲锋。

委员会如获至宝，最终得出结论：“为了战胜在火力上占优势的苏军，关键的打法是突袭。”

一帮人敢情白研究了，他们不知道小松原在诺蒙坎战役中曾经搞过多少次突袭，这法子要灵，小松原还会一败涂地吗？

近现代战争早就不是武士个人之间的比武竞赛，而是以钢对钢，以铁还铁，谁的破坏力更强，给对手造成的破坏程度更大，在机动武装的组织技术方面更优越，谁就能占到上风，一味地蛮干、不服输和诡诈早就行不通了。

在“北攻苏联，南下南洋”中，原本“北攻苏联”是排在优先次序的，但是诺蒙坎战役灸痛了日本，自此再不敢轻易往北边伸手，之后“南下南洋”代替了“北攻苏联”，日本依靠海军跟美国较劲去了。

对于苏联而言，诺蒙坎战役同样是一个转折点，自国内战争结束后，它的一些军事理论和装备在实战条件下得到了检验，表明已具备了与德国这样世界第一流军事强国抗衡的实力。

如果说在张鼓峰战役时，苏联对自身的军事实力还缺乏足够自信的话，诺蒙坎战役之后便大为不同了。面对国际社会的聚光灯，苏联人开始大谈特谈自身所拥有的新型军队：摩托化步兵、重炮兵、坦克装甲兵、空军，以及各兵种的协同作战。

参战苏军中，七十人被授以苏联英雄称号，其中当然以朱可夫最为耀眼。这是他平生指挥的第一次大规模战役，凭借此次战役，朱可夫获得了斯大林的认可和信赖，被提前晋升为大将，并被任命为苏联最大的军区——基辅特别军区的司令员。

第十章 时事如棋局局新

九一八事变后，围绕未来战局如何发展，日本军方内部曾产生两种不同的意见，即“南进派”和“北进派”。

“南进派”主张抓紧时机向南发展，先占领中国海岸线，进而控制南洋诸岛屿。七七事变以及全面侵华战争的爆发，可以说正合了此辈的心意。

与“南进派”重视南方不同，“北进派”更关注北方。这一派认为苏联才是真正的肘腋之患，所以应该趁苏联国力还不够强大的时候，早点发动进攻，这样才能保证伪满这一“帝国生命线”的安全和稳定。

作为对苏联的两次较大规模的武力试探，张鼓峰和诺蒙坎两役着实吊足了“北进派”的胃口。可是正所谓“人有百巧，天有千变”，两次战役都输了，而且输得一个比一个惨。尤其是诺蒙坎战役，关东军主力居然被老毛子揍得满地找牙，都不知道该找谁说理去。

原来苏联的国力不是还不够强大，而是已经很强大。苏联红军也绝非当年的俄军可比，若是贸然上去找碴儿，那就是老鼠钻进猫儿的窝——完全不顾死活了。

诺蒙坎战役期间，关东军司令部正以“北边振兴计划”为名，在中苏边境的八个省（按当时的区域划分）内大兴土木，扩建军事设施。经历这次战役后，他们开始意识到光是加强战备还不济事，最重要的是得扩充兵力。

千载难逢的好时机

广义上，“朝鲜军”的两个师团也可以被看成是关东军的一部分，不过事实上，关东军的直辖师团只有第七师团、第二十三师团。在诺蒙坎战役中，参谋本部曾想把第五师团调拨给关东军，但关东军司令部死要面子，硬是给拒绝了，结果到兵力不足时，只得从国境守备队里临时抽调。事后，这便被他们视为落败的一个重要原因。

简而言之，关东军的这帮人并不认为在诺蒙坎打不过苏军，是因为技战术或者武器、情报、后勤等环节出了问题。说一千道一万，还是兵不够多，才让老毛子钻了空子。

可是扩军并不容易。七七事变之初，陆军大臣杉山元曾信誓旦旦地向天皇裕仁保证，说两个月就可以结束侵华战事，但事与愿违，战事持续两年也没能看到头。关内侵华日军由此深陷泥潭，这个时候如果要把部队抽出来给关东军，必须得有一个能说服得了人的理由才行。

理由是什么，难道是诺蒙坎战役末期，关东军那忙忙如漏网之鱼，急急似脱扣之兔的窘迫之态?

说出来都嫌丢人，还是不说吧。正好这个时候，日苏关系又出现了缓和迹象，关东军的扩军计划更加难以启齿。

想当初，日本一心想和德国军事结盟，不料落花有意，流水无情，德国反而和苏联签订了互不侵犯条约。这曾是诺蒙坎战役期间，最令日本人大跌眼镜且痛心不已的一件事。

可也正是在德苏缔约之后，苏联对日本表现出了很不一样的姿态。别的不论，单是苏军在诺蒙坎战役中手下留情，网开一面的做法，就已经够让人浮想联翩了。

奇怪吗？一点都不奇怪。德苏缔约，并不表明它们之间存在着真正的信任关系，更多的只是相互利用。斯大林要暂时蛰伏，等待捞下面一票，所以既不想与德国为敌，也不打算跟日本对耗。至于希特勒，在不相信日本有力量抗衡苏联的情况下，表面上与苏联交好，则可以让他在东方获得安全保障，从而全力对付西欧诸国。

果不其然，在解除对苏联的后顾之忧后，希特勒随即在西方展开了令人眼花缭乱的闪电战。1939 年 9 月，就在诺蒙坎战役即将收官之际，德国突然攻下波兰，英法不得不对德宣战，第二次世界大战全面爆发。

搞定了波兰，德国就像一只既狡黠又凶残的猛兽，先是静伏片刻，接着再次一跃而上，并很快席卷包括法国在内的西欧各国，所取得的战绩远远超过了预定计划和外界的想象。

当占有绝对优势的德国陆军磨刀霍霍，盘踞于英伦三岛对岸时，他们要实现占领英国本土的目标，看起来也不过仅仅是个时间问题。希特勒向全世界宣布：“最

德军以闪电战的方式突袭波兰。这是波兰战役中正在向前推进的德军坦克部队。

后的胜利属于德国！”

知道德军厉害，没想到这么厉害。日本人在震惊和羡慕之余，忽然担心起来：如果最后胜利真的属于德国，那么英国在东方的殖民地怎么办？荷兰、法国的殖民地一旦落到德国手里，又该如何处置？

这些东方殖民地当然还在英、荷、法的实际控制之下，可是在日本人想来，既然荷、法已经完蛋，英国注定要完蛋，那么接盘的就应该是他们日本，而不是德国。

其实这时的德国自己也没有完胜英国的信心，正处于骑虎难下的尴尬之中，更不可能分出力量到东南亚来攻城略地。过去，希特勒的确瞧不上日本的军事实力，然而现在这种局面，却是谁上来搭把手都是好的。再退一步说，日军总不至于比意大利的军队更不济吧？

德国外长里宾特洛甫主动告诉原日本驻德大使大岛浩：“英帝国的崩溃已经指日可待，日本迎来了一个千载难逢的好时机。”

面对“南进”的诱惑以及德国抛来的橄榄枝，当政的米内内阁最初并不为之所动。已调任日本驻英大使的重光葵认为，德国虽然在欧洲大陆保持着优势，但英国却在海上占有优势，且在空中防卫上也有充分准备，这使英国起码能够在对德作战中保持不败地位。

更重要的是，英美两国不论在精神还是利害关系上都步调一致，某种程度上，英国的灭亡就意味着美国的灭亡，所以美国绝不会见危不救。一旦英国得到美国的援助，英国还将由不败地位转向胜利地位。

重光葵的意见在米内内阁内部产生了很大共鸣，然而悲哀的是，在昭和时代的日本，能够有能力左右一切的从来都是军部，而军部根本就不睬这一套。

在“南进派”的推动下，日本军部决定从速和德、意缔结同盟，并开始以一致的态度对米内内阁施加压力直至促其垮台。

在昭和时代，倒阁并不困难，只要军部翻脸即可。具体操作程序是这样的：参谋次长泽田茂找到陆相畑俊六，向他出示了“总长宫殿下”（即参谋总长载仁亲王）盖的印章，告诉他要如何如何。然后畑俊六向内阁提出辞职，但不答应推荐继任陆相。

没有陆相，内阁就组不起来，米内内阁被迫总辞职。得到军部拥护的近卫内阁随后热闹登场，这是近卫文麿历史上第二次组阁，所以又被称为第二次近卫内阁。

提姻亲如救火

近卫组阁时，德国已实际放弃了对英的登陆作战。希特勒深知登陆作战的意义，所以一再宣称登陆作战只是暂时延期，德军要么不登，一登英国佬倾刻瓦解。

知道日本人心里想的和要的是什么，德国政府更加强了对日本的游说：“日本应利用这个形势，向东南亚推进，进攻新加坡。在大英帝国崩溃之际，应该获得充分瓜分英国的权利！”

从来是福不多时，祸由人作。德国的游说让日本心痒难耐，朝野之间到处笼罩着一股必须赶快行动，不要耽误了上公共汽车的浮躁情绪。近卫之所以上台，本来就是为了满足军部的愿望，尽快与德、意缔约，再给这股大潮一推，自无懈怠之理。于是早在由近卫主持的组阁会上，就匆匆忙忙地制订了缔结三国同盟的草案。

1940 年 9 月，德意日三国在柏林正式签署了同盟条约。对于三国同盟，天皇和元老派本来是反对的，但经过近卫的一番说黄道白，裕仁改变初衷，决定听从内阁的意见。他为此还特别颁发诏书，表明今后日本将以三国同盟作为国策基础。

日本与德、意结盟，一方面是要“获得充分瓜分英国的权利”；另一方面也想通过已同苏联签订互不侵犯条约的德国，为进一步调整日苏关系找到线索。因为德国不仅拍胸脯要斡旋日苏关系，还曾大言不惭地吹嘘说在三国同盟缔结之后，有办法把苏联也拉进来。

德国的牛皮让日本人听得十分舒服，特别是给军部留下了深刻印象。他们认为，以德国今日所向无敌的余威，肯定不难说服苏联。

可是在三国同盟成立之后，德国承诺的一切并没有发生，苏联在对日关系上也没有做出任何反应。

你不肯露个笑脸，发个火也好哇，起码让我们知道你的“互不侵犯”伙伴又跟我们搭上了，而且靠得更近。

也没有！

在以往的外交问题上，苏联的表现经常是吵吵闹闹，一惊一乍。这次之所以一反常态，故作镇静，其原因是斯大林也有一个自己的小算盘。

苏联长期刺探日方情报，对于“南进派”和“北进派”的分歧再熟悉不过。对于苏联而言，“南进派”的主张肯定更符合他们的利益，因此斯大林对三国同盟其实乐观其成，他认为日本国内的“北守南进”论调将因此占到上风，从而促使日本更加积极地向南扩张。

如同斯大林所期冀的，日本确实在逐渐采取南进姿态，同时也在力求与苏联达成妥协，以便为南进政策的顺利实施减除后顾之忧。

在近卫内阁里，外相松冈洋右是个比首相近卫更引人注目的官员。此人名利心极强，有人评论说，松冈的行动已经跑到了军部政策的前面，与其说他是军部的傀儡，不如说他在驱使军部更合适。

正是松冈一手促成了德意日三国同盟，此后他便开始跑苏联这条线。1941 年 3 月下旬，松冈在访欧途中经过莫斯科，借此机会与苏联洽商，提出签订一个与德苏之间相仿的互不侵犯条约，但是苏联却提议以中立条约代替互不侵犯条约，而且要价很高。

松冈一时觉得难以接受，便离开莫斯科去了柏林。他希望德国能够从中斡旋，劝说苏联与自己签约。不料德国不但不愿意帮忙，还对日苏缔约表示极力反对。

当初德国为了把日本拉入三国同盟，才信口说了一番大话。其实希特勒根本不愿意日苏靠得过近，因为在他的计划中，德国下一个要攻击的对象不是英国，而恰恰就是苏联。

松冈狗咬尿脬空欢喜，怏怏地踏上了回国旅程。再次路过莫斯科时，他想想不甘心，于是又向苏联提出了签约的要求。苏联仍坚持原议，即不缔结互不侵犯条约，但可缔结中立条约，条件是日本必须把在库页岛获得的石油、煤炭权益交给苏联。

常言道，提姻亲如救火。松冈原先觉得要价高，是以为德国人还会替他斡旋。现在德国做了甩手掌柜，他没了后路，便反而觉得可以接受了。

1941 年 4 月 13 日，日苏双方政府代表在莫斯科签订了中立条约。按照条约规定，假如发生苏德战争，日本必须保持中立，而如果爆发日美战争，则苏联也要保持中立。

在中立条约签订之前，斯大林已经得到了德国即将进攻苏联的情报，并已从远

“日苏中立条约”签署现场，伏案签字者为日本外相松冈洋右，其背后站立者为苏联外长莫洛托夫（立于斯大林左首）。该条约签订后的直接受害国是中国，中国从此失去了苏联的官方援助，进入了抗战中最孤立无援、艰苦卓绝的阶段。

东抽出一些兵力送到西部地区。毫无疑问，他最怕的就是在苏德关系紧张的情况下被迫两面作战。这个时候，没有什么比松冈傻乎乎地投怀送抱，更令斯大林为之兴奋了。

在条约签订之后举行的宴会上，斯大林对日本大使馆海军武官说："这样一来，日本就可以放心地向南面推进了吧。"接着，在松冈即将从莫斯科启程回国的时候，他又突然出现在车站上为其送行，并且一边拥抱松冈，一边高兴地说了一句："我也是亚洲人！"

熟柿主义

时事如棋局局新，在松冈访欧的阶段，欧洲形势已与三国同盟时期大为不同。

按照德苏互不侵犯条约的规定，德国在巴尔干方面只有经济利益，没有政治权力，但是自德国发动闪电战后，巴尔干各国都相继加入德日意三国同盟，参加了所谓的轴心国阵营。

斯大林对巴尔干也有想法，希特勒这么做当然让他难以容忍。为了抵制德国在巴尔干的行动，苏联开始在苏德边境集结大军，同时对巴尔干的民族运动提供援助。

事实证明，巴尔干这个"一战的火药桶"绝非浪得虚名。到1941年春，德苏国境双方兵马云集、大战一触即发的消息已经见诸报端。

斯大林虽然调兵遣将，做好了应战的准备，不过他仰仗着与德国签有互不侵犯条约，并不认为德国会说打就打。苏联间谍佐尔格曾用无线电向莫斯科发来绝密情报，告知"德军即将发动进攻"，并断定进攻时间在6月20日左右，但还是被斯大林给忽略了。

6月22日，在事先未提出任何外交要求或最后通牒的情况下，德国采取它最为得意的闪电战方式，越过东部边界，向苏联发动突然进攻，时间与佐尔格情报中所说的基本一致。

战争爆发时，松冈正在歌舞伎剧场举行观剧会，以欢迎到访的汪精卫。听到报告后，他立刻离开会场，进宫晋谒天皇。在报告苏德开战的消息后，他向天皇建议："日本这时也许有必要与德国采取共同行动。"

松冈虽然促成了“日苏中立条约”，但他与军部一样，相信德国能够大胜，也因此主张日本应以三国同盟作为外交基础。简单点说，就是德国若跟苏联交好，那日本也犯不着得罪对方，而倘若德苏干架，则日本就要毫不犹豫地跟着德国人一道群殴老毛子。

天皇马上召见首相近卫。近卫说松冈的建议只是他个人的私见，他的内阁仍然遵守中立条约，不会骤然卷入战争中去。天皇听后这才松了口气。

当初缔结三国同盟时，近卫也是负责人和支持者，不过他不像松冈那样把三国同盟看得那么重，在他的概念中，缔约仅仅是个手段而已——德国人要是讲信用，真把日本当伙伴，为什么进攻苏联前事先不知会一声？

近卫和松冈的分歧，直接影响到了美日谈判。当时美国已公开宣布欧洲及美国西海岸是美国国防的前线，英国本土是前哨战，这实际上已把美国置于宣战参战的状态。也因此，美国方面想通过谈判使日本明确表态，即一旦美国参加欧洲战争，日本究竟站在哪一方，是中立还是为敌。

松冈要选择跟着德国，毫无疑问就是要与美国为敌。近卫觉得这种想法和做法简直太傻了：德国人吃馒头，我们帮他烧火？

在政府内部出现严重意见分歧的同时，军部内部“北进派”和“南进派”之间的争论也又一次加剧。

“北进派”采取类似于松冈的立场，主张不要管什么中立条约不中立条约，苏德开战就意味着北方苏联力量的削弱，此时应该趁机北上，配合德国攻打苏联，以消除隐患。

“南进派”说苏德开战的确是一个机会，不过不是夹击苏联的机会，而是能够从苏联的沉重压力下脱身的机会。

此时为了阻止日本继续南下，美国已率先对日本实施经济制裁，英国和其他在南洋拥有殖民地的西方国家也紧随其后，共同形成了对日本的政治经济包围。“南进派”认为，苏德战争的突然爆发，让苏联无暇分身，日本正好可以大胆南进，以便从东南亚取得石油、钢铁等战争物资，打破外界的经济封锁。

“南进派”在日本海陆军尤其海军中占据了上风。各方一致同意加快南进步伐，由越南北部开始入侵越南南部。尽管知道美国人对此会不高兴，但是他们认为，打仗是打仗，谈判是谈判，不会对日美谈判有任何影响。

6月24日，日军大本营综合各方意见，发布了由陆海军共同拟订的“帝国国策纲要”。“纲要”主要坚持“南进”，但也没有放弃“北进”，更准确一点的说法是，日本想用更讨巧更投机的办法来实施“北进”。

松冈和“北进派”说要与德国相呼应，立刻参加对苏作战。他们认为这是一种积极的态度，好像柿子还是涩的就要打下来吃，因此称作“涩柿主义”。

涩了的柿子好吃吗？当然不会好吃。“纲要”就此提出，不如坐山观虎斗，在德国打得苏联无力招架时再发动对苏的致命一击。

与“涩柿主义”的喻意相比，这就好像等待柿子成熟以后自动掉下来再吃一样，所以命名为“熟柿主义”。

关特演

柿子何时成熟得有一个客观标准。6月26日，参谋本部制定出了对苏战争的开战原则：估计到8月上中旬，由于德苏战争的牵制，苏联在远东的地面部队会削减一半，空军以及其他特种作战部队可望削减三分之一，这样，到9月上旬，即可对苏联动用武力。

在参谋本部内，对苏作战最积极的是作战部。他们进行了一项测算，经过测算，发现关东军届时至少要扩充到二十个至二十五个师团，才可以对苏联远东红军保持两倍的战斗力优势。

调集这么多部队到中国东北，需要进行大规模动员和运输，没个六七十天的时间进行准备是不现实的。基于这个理由，作战部主张从“国策纲要”发表之日起，就对拟调部队进行动员和集中运输。

然而这只是作战部一厢情愿的想法。陆军省的一些官员仍然反对扩充关东军，这些人坚持彻底的“熟柿主义”，也就是不见兔子不撒鹰，不到亲眼看着老毛子疲软下去的那一刻，一个兵都不能轻动。

要动员部队，就无法绕开陆军省，尤其是陆军省里负责基本动员的军事课。由于德国政府已两次要求日本夹攻苏联，作战部长田中新一开始显得有些急不可耐。

6月29日，他叫来陆军省军事课长真田穰一，对真田大声嚷道："马上实施真正的动员！"喊声之大，连隔壁房间里的人都能听见。

田中以为他的威风很大，气势很足，可人家真田也不是吃素的：你凶是吧？我不睬你，看你怎么去动员。

真田的强硬态度不是没有道理。德军虽然趁苏联不备，得以迅速歼灭对方的防卫军，以怒涛汹涌之势突入苏联境内，但还不足以形成完全的压倒性优势，离判定胜负的阶段更是相距甚远。

另外一个出乎意料的情况是，自苏德开战以来，苏联远东部队一直没有向西线进行大量调动。截至6月28日，一共只调动了十几个飞行中队、一个机甲军和三个狙击师。

除了陆军省，从海军、政府到天皇，在对苏作战上也都不是很热衷，眼前的这些数据更强化了他们的这一认识。在7月2日召开的御前会议上，天皇决定进攻越南南部，为此"不惜对英美一战"，对德苏战争则采取不介入的方针。

首相近卫一度非常害怕"北进派"的主张，会议开完他倒松了口气，说："因为7月2日的决定，对北方已经不担心了。"

与军部只将美日谈判当成一种手段不同，近卫内心是希望谈判能成功的。他还很天真地认为，只要谈判取得成功，军部方面他自有办法进行控制。

御前会议在肯定南进的同时，为了安抚"北进派"，又特地做出了一个补充决定："北方问题在适当时机给予解决。"这实际上就是给"熟柿主义"留下了后路。

性急的田中以此为由，只身跑到陆相官邸，和陆相东条英机一对一地喝起了老酒，以便劝说他对军队动员予以支持。东条果然和真田等人不同，对田中的话颇能听得进去。

经过东条的说合，陆军省和参谋本部达成一致，确定以战前训练的名义进行局部动员。这就是关东军特别演习，简称"关特演"。

假如与苏联爆发战争，日本最为忌惮的是苏军轰炸机对其本土进行轰炸。当时日本本土的防空力量极为薄弱，参谋本部得出的结论是，如果晚上有十几架，白天有二三十架苏军轰炸机，各对东京进行几个回合轰炸的话，那么东京将会化为一片灰烬。

为了解决这个问题，在“关特演”的名义下，统管指挥本土防空的防卫总司令部应运而生。

1936年，陆军中的一部分青年军官曾发动政变，对首相官邸发动袭击，还杀害了一批大臣。政变的第二天，天皇裕仁就下令予以镇压，这就是“二二六事件”。自此以后，裕仁一直竭力加强对陆军的控制，如今听说陆军又要成立一个新的作战指挥机关，心里马上就有了阴影。

7月3日，他问参谋总长杉山元：“现在是否需要特别成立这样一个机构？对外部的影响如何？望慎重考虑。”

正在进行春季训练的关东军士兵。“关特演”的实质是以此为掩护，对关东军进行大规模的兵员扩充。

杉山元赶紧将成立防卫总司令部的理由阐述了一遍。既然如此，裕仁也不便予以阻止，但是他又说：“这一机构的成立不公布吧，不对外公布吧。”

为什么不对外公布呢？裕仁的担心是：“这一机构成立之后，是否会乱用职权呢？陆军过去往往为所欲为，这一点需特别慎重。”

杉山元代表的就是陆军。他从皇宫出来后越想越不是滋味，不由得对着作战部长田中喟然长叹：“由此可见，自‘二二六事件’后，天皇对陆军是多么不信任啊！”

还敢不加以戒备吗

天皇的态度固然让人不爽，可毕竟也没有加以反对，这就不错了。7月7日，东条和杉山就军队动员一事正式上奏天皇，请其允诺。

当天正值七七事变爆发四周年纪念日，明治神宫举行了“祈祷圣战早日结束”活动，许多送夫送子上侵华战争前线的人都来到神宫，踏着石子路进行祈祷。

眼看着杉山承诺的两个月就可以结束的战争，拖到了四年还不止，天皇裕仁心里就不是个滋味，以至于一提军队动员就皱眉头。当着两位陆军大佬的面，他显得很不放心地说："这里也增兵，那里也增兵，就没有重点了。兵力过于分散不太好，而且兵力增强的结果，关东军更会乱插手了。"

裕仁内心不想增兵，更不想关东军翅膀长硬后不听使唤。可是从诺蒙坎战役的结果来看，如果不增兵，一旦对苏开战，关东军现有的兵力根本就做不成什么事。

思虑再三，天皇还是答应了陆军的要求。至此，"关特演"的一切必要手续都办完了。

就在日本军部下达第一次动员令之际，被派往德、意进行考察的军事代表团回到了日本。这个代表团以山下奉文为首。山下在谈到德苏战争的形势时，认为德国占绝对优势，并且还打着手势说："柿子虽然是涩的，但还是把它摇下来为好。"

据说，在场的东条小声说了一句："我能充分理解。"之后就转身走开了。

除山下外，日本驻苏使馆的预备役中将建川美次也说："莫斯科的陷落，只是时间问题。"

一个去过德国，一个常驻苏联，他们说的话自然要比其他人更具分量。参谋本部于是认定，苏联不可避免地要由远东向西线增兵，进攻苏联迫在眉睫。就连一向主张南进的海军都开始为对苏战争做准备，专门成立了第五舰队。

苏德战争开始时，德苏签署的互不侵犯条约也好，日苏签署的中立条约也罢，都没有过期，一方进攻另一方按道理是违约的。可是国际条约这东西，实际上也是防君子难防小人，而德、日、苏这三个国家哪一个也称不上君子。

互不侵犯条约尚且可以说撕毁就撕毁，比它低一个档次的中立条约就更加不保险了，何况签约方还是德国的轴心伙伴。德苏战争爆发的第一天下午，苏联远东军就在伪满东部边界上忙碌起来，他们动手把原本间隔达数百米，分散孤立的碉堡连接成了碉堡群，以进一步加强防御阵地。

此后，苏联驻日大使每隔十天就要拜访外相松冈一次，质问他日本到底能否遵守中立条约。

松冈是日苏中立条约的促成者，但他同时也是对苏开战的积极支持者——当初面对斯大林勒索时的应承有多爽快，如今咬牙切齿的表情也就有多难看。到第三次会见苏联大使时，松冈干脆说："我认为，日苏中立条约不适用于目前进行的战争。"

松冈这样回答，人家还敢不加以戒备吗？至 7 月 12 日，远东红军只调走了五个狙击师和五个坦克旅。与苏德战争爆发时的远东兵力相比，前者只占百分之十七，后者只占三分之一。

“关特演”是在极端保密的情况下进行的。动员令的传达一律禁止使用电报，连词句都特意进行了改动，比如“补充召集”改成了“临时召集”，“动员”改成了“临时编组”。原先对于应征的士兵，都要举行壮行会和送行会，现在也予以禁止。

日军挖空心思保密，苏军则使尽手段解密。尤其是“关特演”之后，苏联加强了对日的情报侦察工作，不仅派往伪满的地下情报人员显著增加，而且军用飞机的越境侦察活动也十分频繁。从 7 月到年末，苏联飞机的越境侦察多达三十次，是上半年的两倍。

在初步获悉“关特演”的内幕之后，苏联远东军又在碉堡群的基础上，重点加强了反坦克设施。日军坦克在诺蒙坎战役的表现其实只是一般，但是因为苏军在西部前线吃足了德军坦克的苦头，导致对坦克战特别敏感。如果不在远东挖上几道反坦克壕，设置上一些反坦克障碍物，他们自己心里都觉得不踏实。

在第四次诺蒙坎战役中，朱可夫曾选择星期天发动“八月大攻势”，并一举击垮了关东军。为了防止关东军如法炮制，一到星期天和节假日，苏联远东军地面部队都要采取严密的警戒措施，空军值班部队则要进入一级战备装态，也就是飞行员直接在飞机驾驶室里待命。

有如东京的夏雨

日本是一个感性的民族，岛国的政治家们在思维上也往往自相矛盾，缺乏必要的逻辑性。7 月 2 日的御前会议就是一个典型，天皇和近卫一样，本来都希望美日谈判继续进行并取得成功，但最后做出的南进决定却是南辕北辙。

美国方面很快就获悉了这些内容，他们立即断定日本对谈判毫无诚意，谈判形势由此极度恶化。

近卫没有反思一下自己的政策是否需要做出改变或调整，他把所有责任都归咎于松冈，认为正是松冈坚持要跟随德国对苏作战，才惹怒了美国。

自第二次近卫内阁组成以来，松冈到处上蹿下跳，使得内阁近乎已成为他一个人的活动舞台，这也使得身为首相的近卫十分不愤。

既然内阁已变成了“松冈内阁”，还要它何用？7 月 17 日，近卫步米内之后尘，呈请内阁总辞职，用这种类似于自行断腕的方式，将松冈摒出了局外。

这是近卫要的一个政治小把戏，而且非常成功。7 月 18 日，天皇再命近卫组阁，第三次近卫内阁成立。阁员大部分都未变动，除了倒霉的松冈，其外相一职被海军大将丰田贞次郎所取代。

近卫让丰田与日本驻美大使野村吉三郎合作，共同负责美日谈判，并由他自己亲自进行指导。

一方面，近卫试图以全新的姿态与美国谈判；可是另一方面，进攻越南南部的政策不但未被取消，而且被毫不犹豫地付诸实施。7 月 25 日，日本陆军占领西贡，紧接着，海军又占领了日俄战争期间俄国舰队曾停泊的金兰湾，并在附近修筑了一座大型飞机场。

金兰湾隔海与马尼拉、新加坡相望，陆上与泰国相毗连。日军在占领金兰湾后，

日军进入西贡。当时的西贡为法国维希政府所控制，是中国与外部世界接触的最后一个地区。在被日军占领之前，美国可从这里向中国运送军火、燃料及每月一万吨的援助物资。

英美荷在南洋的殖民地已全部处于其进攻范围之内。三国闻之既惊且怒，美日谈判几乎为之中断。

在苏德战争爆发之前，英美特别是英国在战略上比较被动，两国在跟日本打交道时多少还有点哄着对方的意思。恰恰是苏德战争改变了世界局势，形成了英美苏从东西两面包围德国的新格局。英美的负担迅速减轻，它们在向苏联提供大规模援助的同时，对日本的态度也更加趋于强硬。

7 月 26 日，美国宣布对日本实施冻结令，不仅冻结了日本商社在美国的资金，还停止了对日本的全部贸易，经济制裁迅速上升为真正的经济战。

英国、荷兰也采取了同样的措施。英美荷毫不留情的经济封锁，使得日本海外贸易在日军占领区之外完全失去了市场。

日本原来在美日谈判中的主要诉求，是希望美国不要参加欧战，这样一来，其中心不得不集中在如何恢复美日经济贸易之上。

南进不易，北进也没有能够启动的苗头。看上去占有绝对优势的德军在进展上远没有想象中那么快，他们的闪电战在苏联的斯摩棱斯克搁浅了，以至于到 7 月中旬以后，战线已呈胶着状态。

这是怎么说的呢？一帮“北进派”都被挫伤得不轻。在参谋本部“秘密战争日志”的字里行间，也逐渐出现一些充满悲观情绪的描述。有的埋怨德军不给力，“德苏战争的推移缺乏明快，有如东京的夏雨连绵不绝”。有的对苏军的抵抗能力感到吃惊，“斯大林政权的强韧性与预期相反，至少德军不打到最后，这场战争就不会结束”。

到 7 月底，连叫嚷得最凶的田中都改变了腔调，承认德军推进缓慢以及苏军抵抗十分顽强。

在参谋总长杉山进宫晋谒时，天皇满脸阴云地撂下一句：“‘关特演’给各国带来不良影响，如果这种情况继续下去，日本的处境只会越来越困难。”

他还对杉山说：“苏联远东军的西调不是越来越少了吗？这样一来，日本就难办了！关东军的动员是否也停止为好？”

从参谋本部这方面来说，并不打算就此停止“关特演”。一者充实关东军的力量，乃是他们多年来的目标，“关特演”正好是一个机会，机会错过就找不回来了。

二者，就算是南进与英美作战，充实关东军也没错，起码如果北方有动静，关东军还可立于不败之地。

御前会议的决定上有言："北方问题在适当时机给予解决。"眼看"柿子"迟迟无法"成熟"，参谋本部只得另寻"适当时机"。

可不要乱来呀

杉山上奏天皇，提醒说日军大规模向中国东北运兵的举动，很有可能会被苏军看成是日军已经开战的表示，从而先发制人，提前向日本发起进攻，特别是出动空军对日本进行空袭。

正常情况下，如果日本本土遭到空袭，日军战机完全可以不待钦命就实施反击和越境作战。杉山隐含的意思，其实是想让天皇给关东军的地面部队授权，让他们也可以像航空兵一样，不根据钦命就采取实质上的作战行动。

裕仁听后未做出任何明确表示，只是再三叮嘱："可不要乱来呀！"

天皇不表态，可以认为是默许，也可以认为是不满或不同意。过去天皇对重大问题保持沉默时，一般都是不满的意思，加上他此前几次三番，话里话外，都显露出对陆军某种程度的不信任，杉山推测，天皇不同意的可能性要更大一些。

杉山固然老奸巨滑，然而天皇也称得上是"个头不大心里俏"，愣是不给对方一丝一毫见缝插针的机会。

"苏军先发制人"只是参谋本部为"适当时机"找出的一个由头。不料仅仅几天之后，关东军情报主任参谋甲谷悦雄中佐就给参谋本部打来专线保密电话，报告中苏东部边境的苏军已停止使用无线电通信。

无线电不会无缘无故地静默，大多数情况下就是要动武的前奏。杉山这个乌鸦嘴！参谋本部收到报告后，简直把魂都惊散了。

到了晚上才证明是虚惊一场。原来这并不是苏军有意为之的军事行动，而是当天发生了太阳耀斑，电离层被激发后吸收短波，破坏了无线电通信，科技界称为"德林格尔现象"。

要说陆军的反应绝对算得上机智。关东军司令官梅津美治郎随后便给东京发来电报，询问苏军如果真的大举空袭，而他又来不及请示，关东军能不能“独断专行地发动进攻”。

接到这个电台，东京方面立即回电：“反击应以在国境线内为原则，中央希望关东军能慎重行事。”

关东军这边刚刚碰壁，那边参谋本部已跟捡到宝似的，伙同着陆军省有关负责人，连夜策划出“对苏态度案”，称如果苏联对日本发动大规模进攻，还是应不失时机地应战。

8 月 3 日，陆军把这一方案送交海军，希望海军能予以支持。海军尤其是其核心的军令部，这时正沉浸在准备不惜与英美决一死战的亢奋当中，最怕的就是陆军突然玩弄花招，拿着海军的拳头打海军的眼，把日本的进攻箭头重新拉向北方。

收到方案后，海军还没怎么认真研究，就没头没脑地甩过来一句：“陆军的事由陆军自己去干，单独上奏，请求圣命。”

在参谋本部看来，能主动跟海军商量方案，乃是抬举对方的表示，不料居然被海军拿来垫了舌头，这真是岂有此理。作战部长田中听到后忍不住怒气攻心，大发雷霆。

关上房门，海军在内部抓紧时间对方案进行了一番推敲，终于弄清楚原来“对苏态度案”不是求战，只是应战，如果苏联不先出手，日本就不能出手。

吃了橄榄回过味来的海军开始后悔因此得罪陆军。毕竟在他们的盘算中，以后要跟英美作战，有些时候还是少不了陆军的配合。为此，他们又赔着笑脸，向陆军表示亲近，并在“对苏态度案”的基础上，与陆军共同制订出了陆海军一致方案。

在一致方案中，相关内容被明确为：“针对苏联的进攻，从防卫出发，应不失时机地应战。”

一些激进的“北进派”认为“从防卫出发应战”过于消极，还不如“熟柿主义”。有人更是破口大骂：“这简直迂腐透顶。”可是实际上要通过这样的方案也不容易。

在大本营与政府的联络会议上，杉山因此遭到首相近卫、内相平沼、外相丰田等政府阁员的集中攻击。这个说“从防卫出发应战”乃是自明之理，弄个方案完全多余，那个说应战当然是必要的，但只能限定在遭受苏军空袭时。

内阁的这帮人个个口若悬河，牙如利剑，杉山左遮右挡，陷入了四面楚歌、穷于应付的境地。一位在议会上旁听的陆军部中佐在日记中记述道：“参谋总长当场出丑。”

好在近卫内阁对一致方案的看法基本和海军相似，认为这仅仅是个形式，翻不出多大的浪，所以方案最后还是未加任何修改就通过了。

8月6日，天皇批准了一致方案，并以“大陆命”的形式予以公布。

参谋本部以为“大陆命”可以令进攻苏联柳暗花明，却不料螳螂捕蝉，黄雀在后，一向被他们所不屑的政府内阁只轻轻一招，就让费尽周折鼓捣出来的“大陆命”成了镜中花、水中月。

顶缺填陷

原来在“大陆命”推出的同时，近卫内阁也拟订了一个“对苏外交谈判纲要”。“纲要”要求苏方严守中立条约，在远东不给日本造成威胁，其中就包括“停止对蒋介石提供援助，停止对中国共产党下达抗日命令和提供援助”。作为对等条件，日方承诺会同样遵守中立条约。

在讨论“纲要”的联络会议上，丰田提出，只要苏联遵守中立条约，日本也没有理由随意去攻打苏联。与会的陆军负责人一时无法表示反对，加上“纲要”中的各项条款都对日本有利，使得“纲要”非常顺利地在会上得以通过。

“纲要”通过的第二天，外相丰田即召见苏联驻日大使，明确告知对方：“日本将忠实地履行中立条约中所规定的各项义务。”

参谋本部完全没提防内阁还有这一手。苏联既然已经得到了日本的底线和保证，它又岂能在跟德国打得如火如荼的时候来踏雷区？在这种情况下，“大陆命”不是多余吗？

至于陆军方面，既然在联络会议上已同意“不无缘无故地发动对苏战争”的原则，如果还要在私底下再搞一些小动作，无论在国内国外都很难通过。

终日打雀儿，却也有被老鸦鸹了眼的时候，参谋本部真是哑巴吃黄连，有苦说不出，企图依据“大陆命”来擦枪走火的想法只能被束之高阁。

“涩柿主义”是没戏唱了，“熟柿主义”还有希望吗？苏德前线传来的消息再次给“北进派”泼来一盆冷水：在苏联红军的顽强阻击下，德国人已差不多止步不前了。与此同时，苏联远东军也一直未大量西调，所谓出兵苏联的“适当时机”始终无法出现。

参谋本部判断，德苏战争年内肯定无法结束。尽管他们制订过时间表，要在9月上旬进攻苏联，也曾誓言“不管德苏战争进展如何，都要在昭和十六年（1941年）内，解决北方领土”，可在现实面前，他们还是死心了。

8月9日，参谋本部决定：“在本年内对苏联不行使武力，无论德苏战争如何，日本将专心致力于南方。”

参谋本部从此一心一意专注于南方战线，也就是采取陆军省的方针。这一改变标志着“南进派”的主张已全面压倒“北进派”，日本海陆军都开始积极筹备向太平洋地区发动进攻。在当时通过的“帝国陆军作战要纲”中，就有这么一条：“对南方以11月末为目标，完成对英美的战备。”

在此之前，“关特演”一直在加快推进当中。经过接连两次大规模动员，大批二十五岁至四十五岁的预备役青壮年被征召入伍。这些新兵大部分被编入了关东军。满铁负责部队的运输，前后总共连续运了四十二天，单是满铁的牡丹江铁道局，每天到达的军用列车就有四十列之多。在中国东北的铁路车站、海港码头上，一时之间，到处都拥挤着刚刚入伍的日本兵。

在诺蒙坎战役时期，关东军只拥有两个直辖师团，诺蒙坎战役结束后不久，更是仅剩一个驻扎师团（重组后的第二十三师团）和六个独立守备大队。“关特演”使得关东军迅速膨胀起来，仅直辖师团就增加到十三个，其中多为番号在一百以内的甲种师团，再加上独立守备队、国境守备队和其他特种配属部队，总兵力共计七十万，占当时日本总兵力的四分之一。

这是关东军历史上最鼎盛的时期。心肥了之后，气焰通常也会跟着一道涨。曾经在诺蒙坎战役中输得一塌糊涂的关东军声言，如果让他们“对付北方敌人”，完全有把握打一个漂亮的歼灭战。

关键时刻，军部却对“关特演”喊了停，原本至少扩充二十个至二十五个师团的计划，才进行了一半就戛然而止。关东军司令部对此当然不开心、不高兴，可是也无可奈何。他们就像酒醉的螃蟹一样，全身都动不了，只能用眼睛死死瞪着对面的苏联远东军。

日本在中国东北的一举一动都能触及苏联的敏感神经。在这方面，超级间谍佐尔格和他的间谍网发挥了难以替代的作用，佐尔格间谍生涯末期最得意的情报，就是探知了7月2日御前会议中关于日军的南进内容。

当时松冈还在公开说南北方都将爆发战火，但佐尔格很有把握地向莫斯科报告：日本南进是确定无疑的，而北进只是虚张声势。

佐尔格的情况让斯大林松了口气，不过仍不敢从远东大量调兵，甚至在日本政府承诺会遵守中立条约以后还是如此。

9月14日，佐尔格再次报告莫斯科，认为日本不会进攻苏联，除非以下三种情况发生：莫斯科陷落、关东军的规模三倍于苏联在远东的军事力量、西伯利亚爆发内战。

10月中旬，佐尔格的间谍网暴露，他本人在东京被日本警察特高课逮捕，三年后遭到处决。

佐尔格被捕前的情报引起了苏联政府的重视。经过研判，他在情报中所说的三种情况暂时都没有发生的可能。正好这个时候莫斯科战役打响，苏军在西线急需大量兵力，苏联遂接连不断地从远东抽调部队，其中就包括曾参加过张鼓峰战役的步兵师。

在抽走老部队的同时，苏联又用“顶缺填陷”的办法向远东派遣了一批新编部队。这些部队的士兵没有任何军事基础，在到达目的地之后，才立即开始接受初步训练。

到1941年末，苏联远东红军估计有二十三个步兵师，总兵力达八十万左右，数量上比已经扩充的关东军还多十万。不过其中有八个步兵师，也就是二十多万兵力是新编部队。如果日苏当时发生战争，仅就兵员而言，日军并不处于下风。

邮票中的佐尔格形象。这位德俄混血儿是20世纪最著名的苏联间谍，具有出神入化的间谍技能，为莫斯科提供了许多日方的绝密情报。

关东军司令部仍期待着对苏联发动进攻，以报当年诺蒙坎落败之仇，然而局势的发展已不以他们的意志为转移。12 月 8 日，日本海军对珍珠港的偷袭获得成功，太平洋战争全面爆发，日军大本营的指挥重心也随之南移。

特殊大学

太平洋战争爆发后，新任日本外相东乡茂德向苏联驻日大使强调："日本将继续遵守日苏中立条约。"

这对斯大林来说无疑是个重大利好，但他又生怕日本言不由衷，在发动太平洋战争的同时偷偷进攻苏联。为此，在太平洋战争爆发的当天，苏联远东军的多数航空部队就进入了二级战备，飞行员们冒着严寒在飞机旁待命。地面部队更加不敢稍有懈怠，边界苏军阵地上的所有碉堡都进入了随时可以射击的临战状态。

日军大本营其实同样担心苏联从背后发动攻击。关东军接到的指示是："大体维持现状，加强防卫，严密警戒，尽量避免发生战争。"

虽然规定只能防不能攻，但关东军司令部一直没有忘记加强对苏作战的筹划。在日本陆军的南线作战暂告一段落后，关东军司令部新设了第一方面军、第二方面军、装甲军和第一军司令部，并任命山下奉文为第一方面军司令官，阿南惟几为第二方面军司令官。

山下因在马来新加坡战役中大败盟军而一战成名，被称为"马来之虎"。阿南之前任第十一军司令官，担负侵华正面战场上的指挥主责。二人的走马上任，很自然是加强对苏防卫的一个重大措施。

针对这一情况，莫斯科方面做出了相应调整。继远东军区被改组为远东方面军后，外贝加尔军区也被改组为外贝加尔方面军。按照苏联军事制度的规定，军区只是本区域内的驻防兵团，改组为方面军后，就成了作战兵团。

两个方面军原来都缺乏有作战经验的指挥人员。苏联政府采取换岗的办法，将远东部队的指挥员调到西线进行实战锻炼，他们的职位则由已同德国打过仗的将军和军官代替。

从苏联的整个布局来看，重点还是放在西线，东线能不抽兵就尽量不抽兵，但这也要视具定情况而定。苏德战争的第二年，也就是 1942 年，苏军迎来了他们最为艰苦的时期。5 月，德军发动新的攻势，苏军在从南到北的全部战场都遭遇了致命的失败。7 月，斯大林格勒战役打响，战役之初，德军进展顺利，苏军一直被对方逼到了伏尔加河岸边。

危急时刻，斯大林下达命令："绝不后退一步！"同时继莫斯科战役之后，再次从远东地区大量抽调兵力。据战后公布的资料，当时仅从远东方面军就抽走了八个步兵师。

这些抽走的步兵师有些就是原来的新编部队，只是经过训练，他们已经算是老部队了。实际上这个时候的远东地区已成为培训新兵的一个基地。苏联在战后发布的一份军事文件中称："对正在同德军作战的部队来说，远东是培养各种熟练干部的一所特殊大学。"

和上次一样，苏联还是一边抽调老部队，一边填充新编部队。经过补差，到 1942 年末，远东总兵力仍维持在七十五万人左右。

天自有安排处，不会着饿老鸦去吃草。一度被冰封的"熟柿主义"似乎又有了开启的可能，关东军的情绪也重新高涨起来。10 月 1 日，他们组编了关东军总司令部，由山田乙三出任总司令官。总司令部内新设第五课，以秦彦三郎出任机关长，主要负责对苏联开展情报工作。

在总司令部的作战室里，连对苏蒙军发动攻击的路线、作战态势图都描绘好了。第五课的工作之一，也是准备在关东军占领西伯利亚后，处理可能面临的经济、治安等问题。

大家眼巴巴地望着苏德战场，就等那里的柿子掉下来，好一齐动手。可是接下来的事实证明，他们还是想多了。

至 9 月底，德军一直打到了斯大林格勒附近，但随后就遇到了补给线过长所导致的补给困难，严寒的气候更令他们伤透脑筋。

借助于"冬将军"的发威以及从远东增加的大量兵援，苏军终于掌握了战场上的主动权。1943 年 1 月 31 日，进攻斯大林格勒的德国第六集团军全军覆灭，苏德战场的局势得以根本扭转。

以这次胜利为起点，苏军开始发动反攻，一路向西推进。由于战局好转，远东这所训练新兵的"特殊大学"的压力也逐渐减轻。1943 年上半年，苏联从远东调往西线的部队只有一个步兵师和三个骑兵师，其主要作用也已不是救急，而是扩大战果。比如派更多骑兵到西线，为的就是利用骑兵快速奔跑的能力，追歼正在败退的德军。

到同年下半年，苏军把成批兵力调往西线的情况就几乎再也看不到了。这一切都昭示着，“熟柿主义”里的柿子已没有成熟的可能。

曾经侥幸得手的冒险家们没有一个能跳得出天罗地网。在太平洋战场，日军也从初期的节节胜利中滑落下来，开始露出原形。1942 年 6 月，日本海军在中途岛战役中遭遇惨败，从此一蹶不振。

在此后的瓜岛战役中，日本陆军也被打了个稀里哗啦。第七师团第二十八联队是参加过诺蒙坎战役的部队，结果其遭遇比诺蒙坎时还要惨，首轮就差点被美军全歼。1943 年 2 月，以日军撤出瓜达尔卡纳尔岛为标志，美军终于转入了战略反攻。

关东军是一个庞大的兵源仓库。处于如此困境之下，日军大本营当然不会再为了防备苏联而让这个仓库闲着，于是一波接着一波的兵力抽调便开始了。

胆小如鼠

1943 年 10 月，陆军省将关东军所属的第二方面军、第二军、机甲军司令部调往南方。当时为了填补由于第二方面军调出而出现的空额，大本营还下令新设了第三方面军司令部，但是第二军和机甲军司令部的空额都未能得到补充。

11 月，又有八个单位以上的独立守备队、特种配属部队被调往南方战线，而且全部是有借无还，有抽无补。

关东军和南方陆军是一根绳上的蚂蚱，自无扣住兵力不放之理。可是兵力如此抽法，以后该如何对付苏联远东军呢？

关东军提出了一个新的口号：“保持沉静。”这一口号的基本含义是，不管如何抽兵，关东军在表面上仍要装出强大的样子，不能暴露自己的弱点，同时要谨慎从事，别说不能刺激对方，就算是受到对方的刺激，“叔可忍婶不可忍”的时候也得强迫自己一忍再忍。

所幸苏联暂时还没有想挑事的打算。在 1943 年底召开的德黑兰会议上，针对英美希望苏联加入对日作战的要求，斯大林表示了委婉的拒绝。他认为，苏联远东军的现有兵力用于防守是足够的，但如果要发动攻势，则必须把现有兵力再增加三倍，而后者只有在迫使德国投降的情况下才能做到。

斯大林并不会真的等到德国投降，才考虑对日开战。1944 年 6 月上旬，英美盟军在诺曼底成功实施登陆，从而开辟出了欧洲第二战场。第二战场开辟后，苏军很快越过国境线，杀入了东欧。从这时候起，苏联从远东运往西线的兵力逐渐减少，调到远东的兵力开始不断增多。

与此同时，太平洋战场的主动权完全转移到了美军手里。日军接连丢失了塞班岛、关岛等岛屿，菲律宾也岌岌可危。如此紧张的局势，使得日军大本营抽兵的手都不敢停，关东军又有几个精锐师团先后被调往南方。

一边在抽血，一边在补血，一边是谨小慎微，大气不敢稍喘，一边是我行我素，敢于也乐于制造出点麻烦。7 月至 8 月，苏联红军两次深入中国东北境内的日军阵地，关东军都未做出任何强烈反应。

大本营在得悉消息后，还怕关东军憋不住跳出来，又打电报过来重申："特别要坚持绝对不诉诸武力的方针，极力避免向这一方向调动兵力。"按照他们的指示，即便由国境警备队把守的后方高地被苏军占领，关东军也不能擅自反击。

想想三年前"关特演"的时候，参谋本部和关东军变着法都想找出一点对苏开战的理由，如今这帮人对苏联却连碰也不敢碰一碰，真的已经是胆小如鼠了。

7 月 13 日，由中国内地起飞的美军轰炸机对鞍山炼钢厂进行了突袭。9 月 8 日，又突袭了一次。关东军按捺不住，便打算出口气——借这个机会，让一直未对英美宣战的"满洲国"向英美宣战。

就这么一点近似于意淫的念头，大本营也以可能会给苏联造成过度刺激为由给否决了。

9 月 18 日，正值九一八事变纪念日。当天大本营给关东军下达了"对苏作战要点"，提出要利用"满洲"地域辽阔的特点，阻止苏军的进攻。倘万不得已，也一定要在"满洲"东南部至北朝鲜一带进行长期坚持。

与以往的对苏作战计划相比，新的计划来了个一百八十度的大转弯，其核心思想已经变成了"全面的持久战"。这样关东军就由进攻型转为了防御型。

正在检验步枪的日本女工。太平洋战争中后期，尽管日本动员了其国内的全部资源，但力不从心之状也已显露无遗。

就在关东军把自己缩成一团刺猬的时候，斯大林在对日开战方面又有了新的提法。10月，在同丘吉尔、美国驻苏大使哈里曼等人举行的会谈中，斯大林表示在德国投降三个月后，苏联将对日本发动进攻，条件是盟国必须提供足够的后勤物资，以及让苏联在中国获得相应权益。

以此作为背景，在十月革命纪念日到来的这一天，斯大林发表公开演讲，直斥日本为侵略国。这是自太平洋战争以来，斯大林第一次做此表示。日本参谋本部研判认为，此举实际上是在为苏联对日作战合法化制造“前奏曲”。

面对苏联的咄咄逼人，关东军能做的除了装孙子，还是装孙子。从1943年10月到1945年3月，在不到两年的时间里，关东军的部队已被调走大半，而且这些调走的部队大部分都是装备精良、训练有素的“精锐之师”。另外，关东军所贮备的军用物资有三分之一被调回国内，阿南、山下等一大批军事指挥官也都奉命离开了“满洲”。连内囊都空了，试问他们还能拿什么来跟人家斗？

牺牲小国

1945年1月，苏军从东，美英法盟军从西，对德军实施两面夹击，二战初期曾经不可一世的轴心国俨然已成十八层地狱的苦鬼。

眼看击败德国战败已经没有任何悬念，美英苏三国首脑在苏联克里木半岛的雅尔塔举行会晤，对一系列重大事宜进行协商，其中极为瞩目的一项议题就是对日作战问题。

太平洋战争后期的惨烈战况，令英美两国感到，如果没有苏联参战，要取得对日战争的胜利非常困难。根据预测，在德国投降后，美军至少要拖上十八个月，才能结束在日本本土的战斗，而且还将为此付出巨大的伤亡代价。

在会上，罗斯福和丘吉尔正是基于缩短对日战争时间，“减少美国士兵生命与金钱之损失”的需要，竭力劝说斯大林尽快对日宣战。

早在几个月前的会谈中，斯大林就透露了他的计划。雅尔塔会议对此进行了确认，即以德国被彻底击败为起点，苏军将在三个月后加入对日作战。作为报偿，英美首脑同意了苏联提出的三个条件：维持外蒙现状；恢复日俄战争中日本所取得的中国权益；南库页岛、千岛群岛割让给苏联。

从一战到二战，大国把小国拿出来议价并且牺牲小国的事例不胜枚举。中国在两次世界大战中都是战胜国，可是又都无一例外地被出卖了利益。由于这部分内容侵犯中国权益太大，会前除英美苏之外的其他国家对此都不甚知情，因此该部分内容也有“雅尔塔密约”之称。

“雅尔塔密约”还需要中国政府接受才可以最终成立，而蒋介石对其中侵害中国权益的条款自然是坚决反对。为了迫使蒋介石接受密约，斯大林一面让罗斯福做说客和施加压力，一面向中国政府明确表示，凡是苏军开进的地方（具体指东北），中国的行政机构都将由蒋介石建立。

斯大林实在是太了解中国的国情和蒋介石真正担心的东西了。在美苏双方的外交攻势下，除了对租借旅顺尚不能认可外，蒋介石已经基本默认了密约的全部条款。

在中苏正式谈判之前，作为谈判代表的宋子文曾估计，谈判的主要困难只会集中在对旅顺港的租借问题上。可是他过于低估了斯大林对远东的胃口和谈判手段。

斯大林会谈中完全撕下了与美英谈判时装绅士的一面，整个人都表现得十分狰狞可怕。谈判刚刚开始，他就把“雅尔塔密约”的文件往宋子文面前狠狠一掷，态度盛气凌人：“你看过这东西没有？你谈问题是可以的，但只能拿这个东西做根据！”

实际上，中苏当时对“雅尔塔密约”就有不同的理解。比如“维持外蒙现状”，苏方的理解是承认外蒙古独立，中方的理解则是，外蒙古虽然已经事实独立，而且那里只驻有苏军，没有中国军队，但在法律上，中国仍应作为外蒙古的宗主国。此外，在中蒙边界的划定、对旅顺港的管理、东北铁路的使用等问题上，双方也有较大分歧。

谈判进入了十分艰苦的阶段，中方代表反复讨价还价，也做出了一些重大让步，但始终没法满足苏联的要求。

在此期间，日本参谋本部也得到了苏联将对日宣战的情报。他们并不怀疑苏联会对日宣战这一点，所抱有疑问的主要是“三个月之后”这个时间——不可能这么快吧，“熟柿主义”让我们等了多久?

日本人由己及彼，猜测苏联可能会在日军被美军打到“瓜熟蒂落，不堪一击”的时候再对日宣战，而不会正好在德国投降后的三个月之内。

宣战的时间待定，但苏联正在一步步将日本向墙角处挤压，却已是一个不争的事实。雅尔塔会议结束后不久，苏联即通过西伯利亚铁路，将部署在欧洲的军队大批运往远东。据参谋本部侦察，西伯利亚铁路的运兵车每天至少有十列。

4月5日，苏联外长莫洛托夫通知驻苏大使佐藤，称苏联将不延长“日苏中立条约”。

中立条约于1941年4月签订，该条约的有效期为五年，如果不延长，条约就将在一年后失效。参谋本部认为，这是斯大林继指责日本为侵略国后，准备对日参战的第二个步骤。

5月8日，德国终于在无条件投降书上签字。至此，苏联对日参战就只剩下时间问题了。

从5月8日往后推三个月，就是8月。这是远东的雨季，其天气条件并不适合于大规模的军事行动。仅仅为了一个雅尔塔会议的承诺，苏军真的会在这样的不良天气条件下发动进攻?而且准备上也来不及啊!

经过研究，日军大本营继续保留了先前的推测。他们认为苏军不太可能在三个月后乃至年内对日本发动进攻，不过在8、9月份之间完成作战准备应该是能够做到的。

可以肯定，苏军已在为开战做准备，己方当然也不能含糊。5月30日，大本营命令关东军完全转入临战状态，同时拟订新的对苏作战要点，作为关东军备战的指导方针。

新要点相比于原要点又退了一步。它立足于日本本土决战，规定即使整个“满洲”放弃四分之三，关东军也要以持久战的方式，在中国东北与朝鲜交界的通化附近一带坚守。

梦是心头想

6 月 4 日，刚刚上任不久的参谋总长梅津美治郎根据天皇的命令，专程赶到大连，向关东军总司令官山田乙三、“中国派遣军”总司令官冈村宁次传达要点，同时就战局问题与他们交换了意见。

山田赶快奉命行动起来。6 月 14 日，他在位于长春（时称新京）的关东军总司令部召开了兵团长会议，敦促所属各部加紧备战。

改变作战部署，并不像在棋盘上摆棋子那么简单。多年来，关东军都是以进攻的姿态在中苏边境加强战备，突然要让他们把散布在“满洲国”东部、北部的部队撤到南部和西部，同时还要转移军需物资、重新修筑防守阵地，岂是一件容易的事。特别是最后一项，材料缺、人员缺，什么都缺，让总司令部倍感焦虑和不安。

经过一番筹划，山田决定对原关东军筑城部予以加强和改编，重新组建成关东军建设团，然后以建设团为主，在通化一带进行城防构筑，重点是修建最后抵抗阵地的复廊工事。

从 6 月末开始，关东军又动员了三万伪满洲国军，强抓了一批劳工，试图加快进展。人是有了，但建筑材料还是不足，加上期限实在太短，所以一直到 7 月末，这些工程中的大部分仍停留于纸面计划。

相对而言，兵力配备要比军事工程来得方便。大本营通过由中国关内战场抽调、重新组建和动员等措施，使原本已近乎于空壳的关东军扩充至七十五万人，师团有二十四个。

不过这些新组建部队不管编制还是装备、素质都极差，里面居然还有十几万人没有枪，新兵则不是年龄偏大，就是太小。按照陆军省的评价，其战斗力尚不及以前精锐师团的三分之一。如果加以换算，那二十四个师团也仅相当于过去的八个半师团。有人称他们是“用竹枪武装起来的不堪一击的纸老虎”。

与此同时，大批作战经验丰富的苏军劲旅被从西线调到东线。自 5 月起，苏联远东军的实力更呈直线上升之势，到 7 月末，关东军估计远东红军的总兵力与上一年相比，已差不多翻了一番，达到一百三十万人。部队全部进行了换装，装备有新式的 T−34 坦克和其他技术兵器。

二战结束后，一位苏军军官听到关东军的这个估计后，歪着头笑了："（苏联远东军的兵力数量）实际上比关东军估计的还要多。"

7 月 17 日，在柏林郊外的波茨坦，美英苏三国举行首脑会议，史称波茨坦会议。会议的一个重要成果是发布了《波茨坦宣言》。这个共同宣言劝告日本无条件投降，声明如不投降，将给予日本以最后的打击，使日本本土完全毁灭。

由于苏联当时尚未公开对日宣战，所以未在宣言上签名，最后确定由三国共同发表，即美英中三国——中国虽然没有参加这次会议讨论，但宣言发表前，已征得中国政府的同意。

《波茨坦宣言》发表后，日军大本营对苏联的态势重新进行了研究。尽管中立条约还有一年的有效期，然而鉴于西伯利亚铁路的军事运输越来越活跃，大本营估计苏联完全有可能伺机参加宣言，也就是对日开战。

原本以为苏军在年内不太可能发动进攻，现在"综合军政方面情况来看，今年秋天苏联极有可能对日本采取行动"。

出席波茨坦会议的三国首脑，自左至右，分别为英国首相艾德礼、美国总统杜鲁门和苏联人民委员会主席（也称"苏联总理"）斯大林。

秋天就要到 9 月份了，这说明大本营仍然不相信苏军会在 8 月份动手。他们认为过了雨季之后，天气较为干燥，那个时候更适合于苏军发动攻击。

相比于大本营，关东军的判断更为乐观。他们相信即便到了秋天，苏联的行动也只会限制于小打小闹，因为不等到 11 月，苏联远东军的后方部队不可能做到完全集结。

11 月，中苏边境已经冰封雪冻，同样是不适宜于打仗。照此推演，苏军的大规模进攻非得等到第二年（1946 年）春天开冻以后不可。

俗语道，梦是心头想。与其说这些都是关东军的推测，不如说是他们想要的推测更好。正如关东军参谋草地卓吾所言："我们还没有做好充分准备，如果苏联马上来打，我们真难以应付。倘若再过一段时间，（关东军）在编制、装备、训练上或有所改进。"

于是关东军的上上下下便只能心存侥幸："但愿苏军在今冬以前不来打！"

日军大本营和关东军都不会想到，斯大林所设定的对日开战时间就在 8 月份，即他们估计的进攻准备期内。

烧着了的老房子

7 月 16 日，波茨坦会议召开的前一天，杜鲁门在柏林接到了一份绝密电报："确诊尚未完成，但结果满意且超出预计。"这是事先设置的暗语，表明世界上第一颗原子弹已经试验成功。

苏联也正在加紧研制他们自己的原子弹，而且情报机构打听到了美国的进展程度。这就使得斯大林得以同时获悉了美国原子弹试验成功的消息。

本来苏联对日宣战是以中苏签约作为先决条件的，斯大林本人曾多次强调这一点。现在情况发生了变化，如果美国靠原子弹就能迫使日本投降，自然用不着苏联出兵了，如此一来，苏联在中苏谈判中也必然会处于较为被动的地位。

老谋深算的斯大林不得不决定提前开战。当天，他从波茨坦打电话到苏联远东军司令部，指名要华西列夫斯基元帅接听电话。

华西列夫斯基在苏德战争期间任苏军总参谋长。接到斯大林的电话时，他正作为远东苏军总指挥部的最高负责人，在远东秘密制订作战计划和进行作战准备。

在电话中，斯大林先是查问战役准备得怎么样，接着便征询对方的意见：能否提前十天完成战役准备。

在此之前，斯大林就曾要求华西列夫斯基想办法缩短准备期。当时华西列夫斯基得出的结论是：只有在不必把汽车调运到远东的情况下才能做到。

在与美国接洽后，美国同意像二战时那样支援大量汽车，并运至苏联的远东港口。这一难题这才得以迎刃而解。

现在斯大林还要缩短准备期，华西列夫斯基实在是想不出什么招了。他向斯大林报告说，部队的集中以及一切必备物资的调运都不许可这样做。

战争自有战争的规律，经历过苏德战争的斯大林对此非常清楚，他只得同意了华西列夫斯基的意见。

另一方面，斯大林又竭力装作对原子弹的事情毫不知晓。会议期间，苏联军事代表安东诺夫上将仍然向英美盟国表示，苏联出兵的具体日期要视中苏谈判的具体日期而定，意思是希望美国继续对中国施加压力，以迫使其接受谈判条件。

可是原子弹的试验成功已经完全改变了美国政府的想法，即对日战争必须在苏联的帮助下才能取得胜利。有了这张新冒出来的“王牌”，杜鲁门顿时精神大振，在整个波茨坦会议召开期间，他所担心的主要问题，都不再是苏联是否出兵，而是德国赔款和如何控制东欧。

杜鲁门一直忍着不向苏联人透露他的秘密。直到 7 月 24 日会议快结束时，他才故意装出漫不经心的样子走到苏联翻译面前：“请你告诉大元帅（指斯大林），我们已经制造出了威力很大的爆炸物，准备用来打日本，我们想用它来使战争结束。”

斯大林不动声色地回答说，他希望杜鲁门“会很好地利用它来对付日本”。

实际上，斯大林的内心早就急得像一座烧着了的老房子了。他最担心的一件事，就是在美国投下原子弹后，远东已不再需要苏联出兵介入，那将意味着他在远东两手空空，无利可图。

斯大林对日开战的心情变得非常迫切。7 月 30 日，《波茨坦宣言》发表后的第四天，华西列夫斯基被正式任命为远东苏军总司令。自 8 月 1 日起，所有远东红军皆归他一体指挥。

一步步去寻死路

这时的日本其实只有两条路可走，即要么向盟国无条件投降，要么承受毁灭性的军事打击，可是它却始终处于迷迷瞪瞪的状态。当然日本政府也不知道美国已经拥有了原子弹，这使他们对《波茨坦宣言》采取了漠视的态度，时任首相铃木贯太郎说："我认为这个宣告只是重复了《开罗宣言》，因此政府不必予以重视。"

军方认为苏军最早也要到 9 月份才会发动进攻，内阁和天皇更天真，居然还幻想得到斯大林的帮助，以苏联从中调停的方式，来与美国单独媾和。在天皇的建议下，日本政府向苏联提出，拟派近卫为特别代表赴莫斯科进行会谈。苏联外交部立即表示对近卫不予接待，并且说他们无法弄清日本所谓的和平建议条款。

吃了人家的闭门羹后，外相东乡还不甘心，仍打电话给日本驻苏大使佐藤尚武，让他再努把力，"促使苏联热情对待特使"，并且一再提醒对方："此事若是错过，可能铸成千年之恨。"

日本的选择，只应了那句老话"猪羊入屠户家，一步步去寻死路"。因为苏联对日本的求和表示，不仅装聋作哑，而且一个字都没有向英美中等盟国透露。盟国领袖们得出的印象就是，日本已经拒绝了《波茨坦宣言》。

杜鲁门认为："现在没有选择余地。"第一批投弹目标得到批准。8 月 6 日，名为"小男孩"的原子弹被投向广岛。

直到此时，日本政府仍没有意识到事情有多么严重，甚至铃木首相最初都不相信报告中所说的一枚炸弹会有多大的危害性。日本军部更是认定这种炸弹只是一种特异性炸弹，其效果并不如美方宣传的那样恐怖，"不足惧"。

倒是斯大林马上反应过来，判断在核武器的威慑下，日本很快就会投降。8 月 7 日，美国向广岛投入原子弹的第二天，斯大林向华西列夫斯基下达了从 8 月 9 日开始对日作战的命令。

当华西列夫斯基接到命令时，苏联远东军在军事上仍未做好充分准备。除了高级指挥人员尚未完全到位外，人员物资也还在集结中。事实上，直到远东战役开始后好几天，运送士兵、飞机、车辆、燃料和其他重型武器的列车，仍然在沿着西伯利亚铁路源源不断地开往远东。

可是这些已经不重要了，为了“不错过时机”，斯大林必须立即对日本开战。

莫斯科时间 8 月 8 日下午 5 点，求见一再遭拒的日本驻苏大使佐藤终于“有幸”被召至克里姆林宫会谈。佐藤走后，大使馆内的年轻人私下预测：假如今天的会谈时间较长，日苏关系还稍稍有保持的希望；若短时间结束，就一定要坏事。

5 点半稍过一点，佐藤就结束会谈乘车返回使馆。从使馆到克里姆林宫之间的行程约需十分钟，也就是说真正的会谈过程只进行了二十分钟。

佐藤带回来的也果然是坏消息。在见面时，苏联外长莫洛托夫只冷冰冰地向他朗读了宣战书：“苏联从明日即 8 月 9 日起，与日本进入战争状态。”

在中立条约尚未过期的情况下，苏联宣战的理由是“日本拒绝接受《波茨坦宣言》”，苏联对日作战可以尽可能快地结束战争。佐藤知道事情已无法挽回，于是特意追问道：“所谓自 8 月 9 日起为进入战争状态的时间，是否意味着 8 月 8 日是和平状态，自 9 日起为战争状态？”莫洛托夫答道：“是这样的。”

苏联外交部最初通知佐藤会面的时间是下午 8 点，临时改到 5 点，是为了与苏联远东军的进攻时间相一致：莫斯科时间 8 月 8 日下午 5 点，相当于日本时间 8 月 9 日零时。

在苏军发动进攻的前夜，华西列夫斯基给斯大林打电话，要对军队的准备情况进行汇报。斯大林的助手答复说，斯大林正在看电影，不能打扰，他要报告的话，也要晚一些时候再报告。

斯大林爱看电影，也经常看电影，新上演的影片尤其是战争片，几乎没有一部不看。可是现在是什么时候，大军马上就要开始进攻啦，还为了看一部电影而连三军司令的报告都不顾？

这或许可以说明一点，斯大林已别无选择。事到如今，不管你华西列夫斯基在准备上还有什么问题，都得给我上！

第十一章

反其道而行之

华西列夫斯基和朱可夫同属于苏联最具有代表性的新一代将领。在苏德战争中，华西列夫斯基曾策划并指挥了许多漂亮仗，不过在那个阶段以及之前的诺蒙坎战役中，还是要数朱可夫更为耀眼一些，后者属于舞台上的中心人物。

到了远东战役，聚光灯也该打到华西列夫斯基身上了。这位优秀的幕僚长除了对作战计划进行精心谋划外，还决定在远东打一场闪电战。

日军所受的主要是攻击训练，日军条令中明确规定，进攻是战斗行动的基本类型。不过当他们被迫进入防御时，士兵顽强坚定的作战意志和不一般的单兵作战能力却在战争中起到了更大的作用。到太平洋战争后期，美军在争夺关岛、冲绳岛等岛屿的过程中可谓伤透了脑筋。现在苏军也面临着同样的局面，你就算它关东军只有八个半师团的实际战斗力，但若能依托坚固工事死守，整件事也会变得相当麻烦。

华西列夫斯基采用闪电战的打法，就是要利用其奇袭和快袭的特点，在短时间内迅速打破敌方的持久防御，以避免与关东军陷入长久的对峙和消耗。

保密

闪电战的鼻祖是德国，但其实在以往的战史中，日本发动突袭的例子也并不鲜见。当年日俄战争中对俄国开战是这样，后来偷袭珍珠港更是如此。

不管德国还是日本，实施行动前都在政治和外交上打过烟幕弹。苏联同样具备这些条件，比如一直以来，苏联表面上都对美日太平洋战争持中立态度，又比如，斯大林还没有在《波茨坦宣言》上签字。

当然不是所有的东西都能包得住——你总不可能让西伯利亚铁路停下来，而苏联远东军实力飞速增长的数据也无法完全遮掩。日本人既不聋也不瞎，肯定能从中得出日苏战争不可避免这一结论。由此看来，苏军要达成闪电战的突然性似乎非常困难。

华西列夫斯基坚持要打闪电战，依据的还是苏德战争的例子：当时苏联也不是没有预料到会与德国人打起来，而且还做了战争准备，可是当德军发动闪电战时，苏军仍然感到措手不及。

玄机其实就在具体进攻时间的无法确定上。你一定要让对方相信，进攻他的时间是将来而不是现在，现在太平无事……

在开战前的那段日子里，苏联远东军照常在日军能观察到的地方割晒干草，军官照常疗养、休假，甚至于边境地带的居民也没有被内迁，总之关东军眼前所呈现出完全是一幅宁静和谐的画面。

华西列夫斯基还煞有介事地制订了一份 7、8、9 月的军事训练计划，然后让人广为散发，有意泄露给日军谍报人员。

在欺骗对方的同时，对自身的准备过程也进行了严格保密。华西列夫斯基专门制定了部队变更部署的特别规定，要求所属部队的指挥官对任何人都不得泄露军事行动的开始时间。

运到远东进行储备的军需物资，是日本参谋本部推断战争何时开始的一个重要依据。应苏联的要求，美国为苏联远东军提供了一定数量的燃料、粮食和汽车，它们直接从苏联在太平洋的港口运抵远东。这部分物资大大缩小了从苏联中心地区运输物资的时间和数量，当然也很容易让日本人判断不准远东储备品的实数。

华西列夫斯基很清楚这一点，他特地采用了非寻常的办法来集中和储备物资，从而使得日方只能把所有的决策依据都集中在西伯利亚交通干线。

西伯利亚毕竟只有一条铁路，就算是昼夜不停，其向远东提供物资的能力也是有限的。参谋本部算来算去，所有军需物资要储备就绪也得是秋天的事了，无怪乎他们会把战争开始的时间判断为秋天。

指挥人员及作战计划同样是保密的关键步骤。包括华西列夫斯基在内，参加指挥远东战役的几位苏军元帅全都奉令取下了元帅肩章。华西列夫斯基摇身一变，成了“瓦西里耶夫上将”，他的委任文书上写的也不是“远东苏军总司令”，而是“副国防人民委员”。

邮票上的华西列夫斯基元帅。华西列夫斯基历任苏军总参谋长、远东军总司令，在他任职期间，几乎经历了苏德战争中的所有重大战役。

除远东苏军总司令部外，在方面军范围内，只有方面军司令员、军事委员（即原来的政委）、参谋长和作战处长才被允许参加全部战役计划的拟制。到各兵种、各勤务部门，即便是最高指挥员也仅能参加所负责部分计划的拟制，而不能了解方面军的全部任务。

方面军对集团军下达命令需要通过书面指令，但接到书面指令的人员被严格限制于集团军司令员本人，后者接令后，再以亲自口述的方式对集团军发号施令。

所有作战计划、书面指令都有一个固定的存放地点，那就是方面军司令员和集团军司令员的个人保密柜。

苏军的保密工作不能说不细致不严苛，然而百密终有一疏，最后还是发生了一件非常严重的事件。

就在临开战前几天，苏军总参谋部作战部部长什捷缅科收到了从《红星报》编辑部转来的一封信。这封信是按通常的渠道送到报社的，信很薄，从外表看与几百封其他读者来信也没有什么不同，但是拆开之后，信的头几行字就让什捷缅科吃惊不小。

信是一位名叫彼得罗夫的老记者写来的。他在信的开头写道："非常情况促使我这个老头子给你们写这封信。7 月末，在有二十多名与军队无关的人员在场的一个公共场所，一位军衔为中校的红军军官十分卖劲地炫耀自己，同时还泄露了军队和国家的秘密！"

让人感到格外震惊的是，军官所泄露的正是远东战役的最高机密——"据他说，目前似乎正在加紧准备对日作战，并往远东派去了以华西列夫斯基元帅为首的一群总参谋部的军官……"

彼得罗夫耳闻目睹了这一切。作为一个苏联公民，其警惕性和责任感显然都非常强，他不仅给《红星报》写了人民来信，还在信中要求对泄密者给予必要的惩戒：

“要让他懂得，对我们普通人来说，我们国家的利益要比这个年轻人的个人幸福宝贵得多。”

此时正值苏军准备对日作战的最后时刻，作战计划、作战时间已经完全确定，所以什捷缅科比写信的老记者更清楚，如果这份情报被日方所掌握，给苏军造成的损失将有多大。

什捷缅科立即组织展开调查。信中所说的饶舌鬼很快就找到了，原来他是被选派到远东总司令部的一名工作人员。调查过程中同时查明，此人还在那个公共场所喋喋不休地大声讲了不少其他机密，比如他的直属首长的情况，以及苏军最高统帅部在准备对日作战方面采取的一些措施。

什捷缅科后来回忆，还觉得自已犹如经历了一场噩梦，因为他不知道所有这些机密是否已经传出去或到了日军谍报人员手里。

再进行调查，很幸运，除了当时的二十多个听众和老记者彼得罗夫外，饶舌鬼的话尚未能够传播到更大范围里去。

这样一个不守军队纪律、泄露最高机密的军官，别说无法再在远东苏军总司令部内找到容身之地，就算在军队的其他司令部或部门工作也不可能了。什捷缅科将他清除出了军队。

由于这件事牵涉到远东总司令部乃至华西列夫斯基，又尚未发现对苏军造成不利后果，所以总参谋部没有就此事向斯大林单独汇报。

开战的时刻日益迫近。据苏军侦察部门得到的情报，关东军的兵力数量还在继续增长，但没有任何其他异常的情况发生。什捷缅科松了口气，他确信关东军仍然被蒙在鼓里，行动的主动权始终被苏军牢牢地掌握在手中。

空袭

1945 年 8 月 9 日零点稍过，关东军总司令部就接到了驻牡丹江第一方面军的电话报告，电话中说：“牡丹江市遭到敌人空袭。”

半个小时后，关东军总司令部所在地长春的上空也出现了苏军轰炸机。

即便到这个时候，关东军仍未接到大本营的相关通告。苏联外长莫洛托夫在宣战后，虽然口头上同意日本大使馆可向东京报信，但实际上日本国内并没有能够从大使馆得到任何消息。有证据表明，是苏联政府无限期扣留了大使馆所发出的电报。

关东军在遭到空袭时，总司令官山田乙三正在大连出差，不在长春。为了做重新部署的准备，日军主力已撤离边境地区，驻扎在边境的军事力量只有先前的五分之一至六分之一，很多用来防御的炮兵部队也已经被调走。从这些事实可以看出，对苏军发动的这场名为“八月风暴”的攻势，关东军缺乏必要的准备。

关东军副参谋长松村知胜战后供述：“苏联在8月8日这天宣战（按莫斯科时间），对关东军指挥部来说是异常突然的。”同样感到“异常突然”的还有大本营，当他们通过专用军事电话得知这一消息时，顿时惊恐万状，狼狈不堪。

战前，远东地区分散的航空兵部队都被统一起来，组成了航空集团军。远东红军一共建立了三个航空集团军，当天首批执行轰炸任务的是第九航空集团军所属的第十九轰炸军团。他们一共出动七十六架伊尔-4轰炸机，对长春等地的军事目标进行了攻击。

如果仅从作战所依赖的天气条件上来说，8月份确实糟糕。月初以来，本来天气一直晴朗，但到8日晚，天却突然变了，东北地区电闪雷鸣，暴雨倾盆。尽管如此，空军总司令诺维科夫元帅仍然下令第九、第十二航空集团军和太平洋舰队的航空兵部队继续执行突击任务。

8月9日拂晓，在战斗机的掩护下，三百四十七架苏军轰炸机对东北地区的大批军事目标、铁路枢纽乃至朝鲜的部队目标实施了轰炸，给关东军造成极大损失，其中仅第十二航空集团军就破坏了九座车站建筑物，炸毁数列载有技术兵器的列车。

诺维科夫有与日军航空部队较量的足够底气。远东的三个航空集团军共拥有飞机三千八百架，再加上太平洋舰队的海基飞机一千五百架，苏军在整个远东地区的战机达到五千三百架。除此之外，另有从西线调来的五个飞行师作为加强部队。

关东军只有一千八百架飞机，苏军飞机是它的三倍以上。这还仅仅是比数量。质量上，经过二战特别是苏德战争洗礼的苏军在技术兵器上早已实现更新换代，远东航空军从战斗机到轰炸机，再到低空支援地面部队的强击机，不仅性能优越，而且经过了西线大空战的检验。反观日机，却并没有比诺蒙坎战役时期进步多少，机型全都陈旧不堪。

伊尔 –2 强击机。航空史上单产量最大的军用飞机，著名的坦克杀手，是参加远东战役的主要战机之一。

无论数量还是质量，苏军都优势明显，他们不怕空战。可是让诺维科夫感到不解的是，在第一天的空袭中，航空兵们在空中几乎没有遇到任何阻碍。

诺维科夫立即下令查明原因。数小时后，他得到报告："如果不算在哈尔滨、长春、沈阳、大连机场上的零星飞机，满洲实际上已没有日本飞机了。"

这就更奇怪了，难道在这一天时间里，那一千八百架飞机全像肥皂泡一样地消失啦？

又经过多方查证，诺维科夫终于弄明白，原来日军大本营为了进行本土决战，在远东战役开始的第一天，就将远东军部署在东北的几乎全部飞机都转移到了朝鲜南部和日本国内机场。

在对手缺席的情况下，苏军完全掌握了制空权，各航空部队开始为地面进攻部队提供空中直接支援。

向心进攻

关东军在东北边境上的防御部署上有一个特点，即"东强西弱"。这并不完全是关东军总司令官山田乙三的有意为之，更多是出于实际需要。

即将发生战事的内陆面积约有一百五十万平方公里，关东军需要防守的三面边界长达四千四百公里。如此宽广的防御面积和防御线，决定了山田不可能有足够兵力部署于每一个区域，而必须分出重点和主次。

在防御地形上，除最东面的滨海地区外，从东到西，地障越来越多：北面有小兴安岭、黑龙江；西北面有大兴安岭、伊勒呼里山的各条支脉；西面不仅有大兴安岭，还有戈壁沙漠。

沙漠、草原和山岭，都不利于大兵团运动，山田由此推断，苏军将主要从东部实施突击。既然东部可能是苏军攻击的重点，自然也就是日军防守的重点。

苏军习惯把永久性大型军事要塞称为筑垒地域。关东军十七个筑垒地域，有四个在朝鲜，一个在北萨哈林（北库页岛），其余十二个边境要塞中，有八个直接针对苏联滨海地区。

山田在东部防线设置了两个梯队的部队，第一梯队主要依托于筑垒地域对苏军的进攻实施拦阻和封锁。这些地域与当地的原始森林和山地相连接，每一个都深达四十公里以上，正面宽二十到一百公里。它们不但可以加强防御，还能为进一步集中和展开兵力创造有利条件——后面不远处就是第二梯队，必要时可以拉上去作战。

山田认为，有这两道保险阀，东部防线足可确保无忧。苏军高层在讨论作战计划时，也感到要突破东部防线特别是滨海防线会比较困难。

苏联远东军此时共有三支主力，分别是外贝加尔方面军、远东第一方面军、远东第二方面军。它们计划分别从三个战略方向实施向心突击，其中外贝加尔方面军自西部的外贝加尔，远东第一方面军自东部的滨海，远东第二方面军自北部的黑龙江沿岸。

有人建议采用“调虎离山”之计，由外贝加尔方面军首先实施突击，将日军兵力从滨海地区调开。如果这一方案能够付诸实施，根据幕僚们的计算，大致在战役开始后的第十天，日军就有可能将兵力从滨海调至外贝加尔。随后，远东第一方面军便可以从滨海地区顺利实施突击。

问题是，谁也不能担保日军一定会这么做。在内线的东北平原上，铁路和公路等交通线增强了关东军各部队的机动性。针对苏军“调虎离山”的方案，山田完全可以在不削弱滨海方向兵力的情况下，从其他方向调拨部队至外贝加尔。与此同时，在山田采取反突击措施后，苏军在滨海地区的行动也将失去突然性。

实际上，山田在战略上就包含了这一用意。按照关东军总司令部制订的防御计划，关东军应将三分之一左右的兵力配置在边境主要防御地段，依托筑垒工事和有利地形，抗击苏军的进攻，以掩护主力机动。其他三分之二的兵力作为战役机动部队，配置在纵深，随时准备前出至受威胁的方向，以反击苏军突破并阻止其进攻。这叫作“内紧外松”。

如果调换一下次序，先由滨海攻，再由外贝加尔攻呢？结果是差不多的，也就是山田都有办法将部队从一个方向调往另一个方向，从而依次击破各方面军的进攻。

要不把所有兵力集中起来，在外贝加尔、滨海或黑龙江沿岸的任何一点率先实现突破？这种一锤子买卖更不保险。关东军就算是守不住需要退却时，也可以继续从后方特别是朝鲜获得供应，预备队的到达更会加厚其兵力密度。这样一来，苏军就无法期望迅速结束战争，并很可能遭遇到与美军相仿的困境和尴尬。

经过研究，华西列夫斯基认为，三大方面军必须同时展开进攻，而且东西部最好实施相向突击——

关东军是在不得不与其他日军单位相对隔绝的情况下作战的。要把这种相对的隔绝变成彻底的隔绝，就要在主力实施突击的同时，设法切断关东军与其后方的联系。

若从外贝加尔突击，只能迫使关东军后退，达不到包围关东军和切断前后方联系的目的。不仅如此，外贝加尔方面军右翼还将面临日军在蒙古边境的筑垒地域的威胁。

基于这一考虑，外贝加尔的突击方向被改成了外蒙古境内。作战意图也进一步明确为：通过东西部的相向突击来孤立关东军，通过北部的正面突击来协助分割和消灭关东军。

8 月 9 日拂晓，三大方面军主力同时启动，怒涛般地向中苏边境席卷而来。

过去在西线，参战部队通常都是在相互衔接的情况下平行实施进攻，像远东战役中这样的进攻方式，自二战以来还是第一次。远东的情况异常复杂，各个方向的地理和作战状况又大不相同，在这种条件下要组织、保持和协调好各方面军之间的紧密协同，对任何一个会战指挥者来说，都是一个非常严峻的挑战。

后来战役的整个进展过程证明，华西列夫斯基在这方面表现得相当出色。

装甲拳头

从双方的布阵阵形来看，山田摆的是“东强西弱”，华西列夫斯基反其道而行之，把主攻方向选择在了关东军的西部防线，也就是外贝加尔方面军所处的外蒙古地段。

利用地形来达成进攻的突然性，是远东战役的一大特点。从地理条件上来看，外蒙古地段多为大山、原始森林和沙漠，步兵尚且难以通行，坦克就更不用说了，山田绝难想到苏军会从此处实施突击。

在西部外蒙古边界的很长一段距离内，关东军都没有构筑工事，也没有掩护部队设防。其中最为薄弱的一段，在外蒙古极右翼的张家口—北京方向，那里全是辽阔的沙漠，根本就没有日军。不过外贝加尔方面军司令员马利诺夫斯基元帅认为，如果他的部队在这一段展开进攻，除了与大自然的困难做无效斗争外，实际毫无所得。

马利诺夫斯基的经历很是传奇，他以士兵身份参加第一次世界大战，并作为“俄罗斯参战远征军”为法国征战。随着十月革命的爆发，法国不得已遣返俄军回国，只有少数特别勇猛的精兵才被允许留在“法国外籍兵团”继续助战，其中就包括马利诺夫斯基。他在外籍兵团的军事生涯一直维持到了一战结束，为此还得到了法国人颁发的勋章。

马利诺夫斯基一度在苏联伏龙芝军事学院担任总教官，专门教授作战课程。此后他赶上了苏联高级军事干部新旧交替的大好时机，开始迅速崭露头角。1941 年起，由少将升中将，两年后升上将，接着又荣升大将，直至 1944 年晋升为元帅，并荣膺苏联英雄称号。值得一提的是，在此期间，他始终在前线，分别担任过军司令员、方面军司令员等职。

德国投降后，马利诺夫斯基才奉命来到远东。他认为西线的指挥经验同样适用于远东，而按照西线经验，外贝加尔方面军就应该在最能取得战果的地方，或者说一定能够摧毁敌方主力的方向上实施突击。

在马利诺夫斯基看来，内蒙的索伦方向完全符合这一要求，于是他决定把索伦作为主攻击方向。

外贝加尔方面军辖四个诸兵种合成集团军，另配属有近卫坦克第六集团军、第十二航空集团军和苏蒙骑兵机械化集群。马利诺夫斯基最初计划将他的部队分成两个进攻梯队，其中坦克集团军被纳入第二梯队。

华西列夫斯基同意两个梯队的配置，但是不同意将坦克集团军列为第二梯队。他认为，这种配置将无法使坦克突击在闪电战中起到主导作用。具体来说，坦克军不仅在向东推进的速度上，会受到前面步兵的限制，同时，这一原本强大的装甲拳头也不能再支援步兵夺取和扼守要道。

坦克可掩护步兵，反过来，步兵却无法掩护坦克。华西列夫斯基设想了这样一种情境：后面的狭隘通道和山间道路上塞满了步兵及其辎重，使得坦克根本无法向前推进。

当然，马利诺夫斯基作如此配置也不是没有依据。在索伦方向的初始段，既没有又宽又深的黑龙江，也没有莽莽苍苍的原始森林，更没有为数众多的筑垒地域。部队所要经过的是大面积的戈壁滩，无论行军还是作战都相对要容易一些，但是进入纵深就不同了。那里有大兴安岭，坦克兵要越过这样的大山，肯定会比较费劲。

对于马利诺夫斯基所提出的问题，华西列夫斯基觉得不难解决。在他看来，有经验的坦克兵完全可以克服山地障碍，更重要的是，还可以凭借坦克集团军的强突击力、

T–34 坦克。苏军早期的 T–26 坦克和 BT 坦克的表现都不突出，原因是装甲防护脆弱，容易被反坦克武器所击毁。T–34 坦克专门为此而制造，它不仅拥有较厚的装甲，而且配备了强力火炮和可靠的传动装置。在苏德战争和远东战役中，苏军所使用的主战坦克都是 T–34。

高速度以及大纵深进攻的能力，出敌不意地击垮守军，从而顺利翻越大兴安岭。

从日军战史上分析，他们之前尚未抗击过大规模的坦克突击，即便是诺蒙坎战役，当时的场面和阵势也无法和现在相比。这使得日军习惯于敌方按部就班的行动和较慢的进攻速度，对不进行炮火准备就大量使用坦克进攻缺乏准备。

根据苏军所掌握的情报，关东军在大兴安岭尚未构筑好阵地，仅有少数部队占据着个别的野战工事。华西列夫斯基认定，只要让坦克兵先敌占领山间通道，则守军根本无力与坦克集团军进行对抗。

斯大林在看到华西列夫斯基代表远东总司令部所提交的意见后，认为他的理由有充分说服力，于是建议马利诺夫斯基重新考虑计划中有争议的部分。马利诺夫斯基对此表示同意，坦克集团军终于被列入了第一梯队。

联络机

8 月 9 日，凌晨零点 10 分，在不经炮火和航空兵火力准备的情况下，外贝加尔方面军的先遣支队和侦察支队以夜幕为掩护，同时在所有方向上跨过了国境线。

4 点 40 分，外贝加尔方面军各部从蒙古的塔布察格布拉克突击部出发，一齐向前推进。从作战态势上看，它们就好像是从一个中心点发出的无数箭头，这些箭头最后又形成了指向大兴安岭的一幅扇面。

那一带的沙漠和草原上从来没有出现过这么多军队和坦克车辆。由于进攻突然，而且日军在这一方向上缺乏抗击的准备，所以当方面军转入作战行动时，几乎没有遇到什么像样的抵抗，连敌人的防御工事也很少见到。

作战过程由此变得相当简单，只需 T-34 坦克冲上去给上几炮，或者机枪打几梭子。躲在工事里的日本兵不是被炮轰上天，就是被机枪扫死，能够侥幸跑出来的，也多数会被追上来的坦克碾成肉饼。

恶劣的自然条件可以说是苏军所必须面对的唯一大敌。这里有的是一遇刮风就像火山喷发那样烟尘滚滚的沙丘，有的是坎坷不平的盐碱地和一望无际的草原。战前，连熟悉远东地形的日本人和中国人都难以提供相应的地图，远东制图机构花了九牛二虎之力，才为指挥员制作出必要的地理资料。

由于沿途判定方位比较困难，苏军对行军路线都用特制的路标加以标志，山丘和高地上则专门设置从远处就可以辨认的方位标志，夜间还会放上灯标。

人在戈壁滩上行走，最重要的是还得有水，尤其苏军是在烈日当空的情况下实施高强度行军，官兵普遍口干舌燥，平均过上五到十分钟就想喝一次水。

如同诺蒙坎战役一样，苏日两军一上来比拼的就不是谁更能打，而是谁的后勤补给能力更强。关东军在诺蒙坎时期不注重后勤补给，后来也基本上毫无改观，其后勤部队的士兵往往都是刚入伍的新兵，或即将退伍的老兵。陆军大学的毕业生，一般都不愿意做后勤主任参谋，因为那太不显眼，也太让人看不起了。

苏军则不然，他们一直把保障后勤看成是战胜敌军的一项重要因素，且从不放松对后勤干部的培养和训练。仅在 1939 年到 1940 年的两年间，苏联就新建了有关后勤方面的军事大学和军官学校。

从战备阶段起，苏联远东军就十分重视作战部队和后勤部队之间的联系及平衡问题。为了解决可能遇到的缺水问题，从 6 月 10 日到 8 月 8 日，外贝加尔方面军的工程兵总共构筑了 1194 口水井，修复水井 322 口，其中仅在坦克集团军的集中和出发地域内，就挖了 200 多口水井，并准备了大量备用井架。

在方面军的行军路线上，每昼夜有 873 口水井供水，总供水量达到 15920 立方米，基本保证了官兵在行军中不会遇到用水困难。

战役第一天，外贝加尔方面军各部平均向前推进了五十至六十公里。坦克集团军最快，在日落之前，他们向纵深推进达一百五十公里，其先遣支队更已接近大兴安岭支脉。

苏军不管是进攻的规模、进攻的速度还是突击的方向，都在关东军的意料之外。关东军司令部判断，如果苏军以此速度继续前进，将于 8 月 14 日、15 日进入长春附近，换句话说，苏联人在一周之内就可以打到关东军的老巢。已经返回长春应急的山田只得又离开长春，前往设于通化的战斗司令部进行指挥。

苏军还在继续往前快速推进，尤以坦克集团军一马当先。按照“机械军在前，坦克军在后”的原则，近卫坦克第六集团军内部又分成两个梯队，其中近卫机械化第九军和机械化第七军为第一梯队。在近卫机械化第九军后面跟进的，是被列为第二梯队的近卫坦克第五军。

在飞机的指引和支援下，集团军的坦克洪流般汹涌向前。

战役一开始，坦克集团军就以疏开的行军队形前进，在十五至二十公里的沙漠地带，各军排成了四至六个平行纵队。为了帮助它们保持总的运动方向，航空部队派出了波 -2 飞机。

波 -2 飞机虽然一直难当大任，但它可以执行一些主力机型不方便完成的任务，比如在诺蒙坎战役中就被用作了袭扰机。这时它所扮演的角色是“联络机”，主要是利用了其起降距离短且能够进行超低空飞行的特点。

事实上，在坦克集团军的推进过程中，第十二航空集团军的约一千二百架战机一直在对其进行空中支援。坦克集团军中专门配备有航空兵代表和空军后勤先遣支队，他们负责为担负掩护和支援任务的航空兵准备驻扎机场。

有了驻扎机场，航空兵就可以在不脱离坦克兵团的情况下，一面根据需要对日军实施突击，一面迅速而及时地为坦克兵团提供必要的支援。

8 月 10 日，在空军的协同下，坦克集团军主力向前推进一百至一百二十公里，已接近大兴安岭的分水岭。

就在此时，集团军司令部突然进行了一个对调，即将近卫坦克第五军调到第一梯队，原来在坦克军前面的近卫机械化第九军被移至第二梯队。

最艰巨的一次行军

根据当时的气象预报，大兴安岭区域的天气将要恶化，集团军得加紧越过山岭，而近卫机械化第九军的燃料却已告不足。

对调的另外一个原因是，相对于机械化军，坦克军的山地越野能力要更强一些。

完成对调之后，集团军分三条行军路线通过大兴安岭：近卫坦克第五军、近卫机械化第九军沿同一道路，近卫机械化第七军则分成两条道路。

8月10日下午，近卫坦克第五军率先开始翻越大兴安岭。

先前设想过的困难都在翻越过程中一一出现了。例如山路有很多急弯和陡坡，有时坡度竟达30度，还有些区域，道路被大片水洼地所切断，即使履带车辆也难以通过。遇到这种情况，除了要求坦克兵必须具备熟练技能并集中全部精力外，主要还依赖于工兵的排障。

近卫坦克第五军拥有一个配属的集团军工兵旅。看到山路有急弯和陡坡乃至被阻断，工兵就用束柴和石头铺设道路。在山路越走越窄，成了羊肠小道的地方，他们会用炸药加宽路面，以保障坦克行进。

晚上11点，近卫坦克第五军先头旅到达查干达坂山口，而近卫坦克二十一旅已接近台日黑山口。

这是战役发起的第二天。当天关东军部署于西部防线的国境哨所被全部摧毁，野战部队的掩护兵力被驱散。外贝加尔方面军所属的各集团军全部已经进入东北境内，并突入边境防御的纵深。

虽然苏联早就对日宣战，但大本营迟迟下不了决心，到这时他们才回过神来。就苏联参加对日作战问题，陆相阿南惟几通过报界和电台发表谈话："纵使茹草啖泥，匍匐山野，只要坚决战斗，相信死地自有活路……莫烦恼，勇往直前！"

话虽是这么说，实际上从大本营到关东军都相当沮丧和"烦恼"。按照关东军"东强西弱，内紧外松"的防御计划，被用于边境及中间防御地区的部队只有八个步兵师团和八个步兵旅团，而且多由原来的边境守备队改编而成。西部防线也是如此，担负西部防务的第三方面军共有八个步兵师团、三个步兵旅团和一个坦克旅团，不过根据防御计划，只有两个师团（第一一九师团、第一〇七师团）分布于边境。

原来以为苏军会进攻东部防线，没想到攻的是西部防线，更没想到才两天时间，西部防线已被打到千疮百孔，边境地域的日军防御阵地不是被迂回就是被摧毁。

主力实施机动作战的前提，是边境守军先得扛上一把，否则就算调过去也是白给。

大本营给关东军下达命令："考虑到帝国整个战局，朝鲜是最后防线，需要绝对保住。满洲只是前进基地，在万不得已时可以放弃。"这实际上意味着日本以"王道乐土"为幌子炮制的"满洲国"，转眼之间就被不值一文地给抛弃了。

"满洲国"是关东军起家的基地，关东军总司令官山田当然不会轻而易举就予以放弃。他决定将主力集结于"满洲"纵深，在图们至长春、长春至大连的铁路线附近组织决战。

第三方面军司令官后宫淳大将与山田的认识基本一致。他也认为关东军作战准备不足，难以进行大本营想要的那种持久战，与其放弃现有阵地，还不如调动第三方面军的全部主力，在东北平原与从西部突进的苏军作殊死一战——管它有枣无枣，先打上三竿子再说，没准还有扭转局势的一线希望呢。

后宫命令方面军主力尽快赶到长春、沈阳参加决战。方面军司令部不再增派部队前去西线主动迎击苏军，而只以目前防线上的有限兵力迟滞苏军的进攻，以便为主力调动和集结赢得时间。

关东军要抢时间，苏军更要抢时间。从 8 月 10 日晚上 11 点起，近卫坦克第五军继续翻越大兴安岭。坦克兵们用了七个小时，越过四十公里的一段山路，平均每小时行进五至六公里。在这种地形条件下，又是夜间行动，能达到这么快的速度，是一件非常不简单的事。

就在坦克军下山时，气象预报的结果应验了，大兴安岭区域的天气迅速恶化，下起了倾盆大雨。暴雨使得河流泛滥，谷地里溢满积水，行军纵队的速度也因此慢了下来。

近卫坦克第五军的军长急于下山，他试图把部队分成两个纵队，以加快下山的速度，可是不但没有成功，队形还被插乱了，在一些狭窄地点坦克发生了堵塞。

分纵队不靠谱，靠谱的还是集团军工兵旅。工兵们冒着大雨，用准备好的桁架架设了通过山洪的桥梁，并在浸水的地段加固路面和构筑徒涉场。

8 月 11 日，近卫坦克第五军终于翻过了大兴安岭。

相比于履带车，轮式车的山地越野要逊色得多。近卫机械化第七军全部都是轮式车，在山地行进时速度较慢，因此直到第二天早上才下山。

轮到他们下山时，行动更加困难。第七军为此采取了一些新的办法，比如坦克在下山遇到陡坡便使用钢索：钢索两端索着两辆坦克，一辆在前，一辆在后，后面的坦克进行制动刹车，以免前面的坦克下滑。汽车则采取“连锁法”，即好几辆连在一起下山。

近卫坦克第六集团军是从西线调过来的装甲部队，名称中的近卫，是只有特殊功勋部队才能拥有的荣誉，说明曾在苏德战场久经战阵且立下过大功。以近卫机械化第七军为例，就凭借战功先后荣获过新乌兰克勋章、列宁勋章和红旗勋章。

近卫机械化第七军有过在各种地域条件下作战的经历，其中包括罗马尼亚、匈牙利、捷克斯洛伐克等地的山林地带，但是最令他们感到困难与自豪的还是此次翻越大兴安岭行动。在该军的作战日记中，对此有一段高度概括的记载：“1945 年 8 月 11 日这一天，我们这个军完成了它历史上最艰巨的一次行军。”

在近卫机械化第七军之后，近卫机械化第九军也下了山。到 8 月 12 日为止，整个集团军的全部人马都越过了大兴安岭，开始向东北平原挺进。

先遣支队

闪电战在二战中声名显赫，但它不是没有弱点，弱点之一就是由于地面部队特别是机械化兵团推进过快，补给线会被迅速拉长。对于这一点，坦克集团军很快就感受到了。

在以最快的速度越过大兴安岭以后，集团军距离原有的补给基地已有四百五十公里，加上地形复杂和天气变坏等原因，运送燃料的汽车难以跟上。

坦克兵团没有燃料，不亚于废铁一堆。下山后，近卫机械化第九军的二十三辆坦克、全部自行火炮和大量汽车被迫熄火，近卫机械化第三十旅只剩下七辆坦克和两个摩托化步兵连可以继续实施进攻，其他战斗单位的情况也大同小异。

坦克集团军不得不暂停前进。在这种情况下，如果敌方更刁钻一些，派兵截断集团军的补给部队，坦克兵团更会陷入进退维谷的窘境。德国人在苏德战争中的闪电战之所以弄得虎头蛇尾，并以惨败而告终，后勤供给线出现难以挽救的危机正是其主因之一。

幸好关东军在短时间内没有能力进行反击，也幸好坦克兵团拥有绝对的空中优势。

第十二航空集团军动用了两个航空兵师。在大雨、浓雾以及缺乏降落场地等不利条件下，两个航空兵师共出动飞机 1755 架次，向坦克兵团空投了约 2072 吨油料和 186 吨弹药。

经过补充，坦克集团军又重新具备了向前突击的能力。他们一昼夜推进 180 公里，进入了东北平原，沿途日军均未能进行有组织的抵抗。

就在坦克集团军翻越大兴安岭的时候，外贝加尔方面军的左翼部队——第三十九集团军和第三十六集团军已解决了阿尔山、海拉尔两大要塞。

在方面军的各支“箭头”中，有三支都是从西线对德战场上调过来的，除了坦克集团军外，还有第三十九集团军、第五十三集团军，这三支部队都被列入了突击集团。

第五十三集团军具有在战役纵深内机动作战的经验，它被作为第二梯队，在坦克集团军后面推进，以便在需要的时候扩大战果。第三十九集团军则因在苏德战争中多次充当先锋，所以被部署在了第一梯队。

第三十九集团军所要突破的阿尔山要塞是西部筑垒地域之一，整座要塞绵延近四十公里，包括阿尔山、五叉沟等多处抵抗枢纽部。诺蒙坎战役后，关东军进一步认识到阿尔山在对苏作战上的战略价值，遂又在要塞里添建了许多钢筋混凝土和土木质工事。

第三十九集团军以部分兵力对要塞进行封锁，主力则翻越大兴安岭，迅速向索伦开进。这样一来，驻守阿尔山要塞的第一〇七师团就被截断了后路。

如果第一〇七师团一根筋地决心要在要塞里打到光，对苏军而言绝不是什么幸事。关键时候，那位军司令官后宫君帮了忙，他下令第一〇七师团“向新京（即长春）转移”。

还未与苏军正面交战，第一〇七师团主力便奉命撤出要塞，苦心经营多年的防御工事没有派上半点用场。

远东战役时的关东军指挥官大多表现得手忙脚乱，顾此失彼。后宫也不例外，当他发现第三十九集团军还在向防线纵深推进时，又急忙令第一〇七师团暂停于索伦，并从中抽出近两个联队的兵力，在索伦附近迎击第三十九集团军的先遣支队。

苏联远东军在远东战役中的一个突出特点，就是在各部队中都建立了强大的先遣支队。第三十九集团军的先遣支队由集团军快速集群组成，支队成员搭乘汽车，并配属有轻重机枪、不同口径的火炮和迫击炮、火箭炮、自行火炮等技术兵器。显然，这些支队具有相当大的机动性和火力。

先遣汽车的汽车分为两种，一种为越野能力较强的履带车，一种为越野能力较差的轮式车。由于地形的原因，履带车远远地开在前面，而轮式车却逡巡不前或只能勉强开动，时间一长，战斗队形就拉开了。

机动性不足，就无法保证必要的前进速度。各军军长都在寻求解决办法，近卫步兵第五军军长想到了一个方案，这就是组织二号先遣支队。

勇士

二号先遣支队编成内的车辆，基本都是一些越野性能强的战车和运输车，其中每个师先遣支队都编有三个自行火炮连。值得一提的是，三个自行火炮连都是从各营抽出来的。

由于自行火炮营的燃料都已耗尽，而且远离后方，为了不因等待后勤而浪费时间，各营便临时搜罗其他战斗车辆的油料来保障一个连的需要，并把这些连编入了新的先遣支队。

二号先遣支队一夜行进八十公里，在第二天早晨投入了索伦附近的战斗。

第一〇七师团的战斗力还远不及诺蒙坎战役时期的二十三师团、第七师团，其武器装备更无法与苏军相提并论，后者仅靠几支“波波沙”冲锋枪横扫，往往就能压得一个小队的日本兵抬不起头来。

日军的长项之一是白刃战，但战场上通常的情况是，还没等他们端着刺刀靠近苏军，就已被冲锋枪给打成了窟窿。即便是到短兵相接，一定要肉搏的时候，苏军也不喜欢拼刺刀，而是爱用枪托砸，或者用匕首格斗——苏联兵几乎人手一把匕首。

与关东军掺了太多新兵和补充兵不同，第三十九集团军多为从西线调来的老兵。这些从残酷的苏德战争中厮杀出来的老兵，不仅个个凶狠善战，而且极富作战经验。他们在经过被子弹打倒的日本兵身边时，都会在日本兵身上补一刀，或是用枪再扫上一梭子。据说这时因为苏军在西线和德军作战时，起初经常背后挨黑枪，后来才总结出了这一套路。

经过两个小时的厮杀，日军不仅未能挡住先遣支队的前进，反而被打得死伤累累，最后只得退进索伦城内。

先遣支队的冲锋枪手坐上坦克兜后追击。坦克刚抵近城边，城外高地上的日军永备火力点就开了火。

坦克纵队连忙展开战斗队形，冲锋枪手成散兵线散开。在进攻分队发起冲锋之前，前来支援的炮兵通过精确射击压制了其中一个火力点，工兵则在坦克炮的掩护下，炸毁了另一个火力点。

趁日军火力减弱，各进攻分队向高地发起冲击，但是刚冲上高地，日军的永备火力点又恢复了。苏军纷纷被机枪打倒在地，冲锋只得暂时中止。

苏联士兵谢洛科索夫冲上高地，在甩掉手中的所有手榴弹后，用自己的身体堵住了射孔。这也是远东战役中出现比较早的一位舍身堵枪眼的勇士。

当天也就是 8 月 12 日下午，在经过短促而猛烈的炮火和航空兵火力准备后，第三十九集团军主力向索伦城发起进攻，一举占领该城。战斗中日军被打死三千多人，伪满洲国军骑兵师一部以师长为首缴械投降。

苏军在进入索伦城后，后勤已远远掉队，缺乏燃料的问题又严重起来，这使得他们不得不暂停进攻。鉴于第一〇七师团正在撤往新的防御地区，为加快进攻速度，近卫步兵第五军军长故技重施，决定将那些油料保障较好的部队抽出来，组成另一支先遣支队。

8 月 14 日，新先遣支队在洮儿河撵上了第一〇七师团，并阻断了其前进的道路。

第一〇七师团面临着被合围的命运。该师团组织四次冲击，在付出惨重伤亡代价后，才得以从唯一可以逃跑的北面突围。师团余部退入呼和浩特北部山区，十几天后向苏军投降。

在外贝加尔方面军左翼这一进攻段，第三十六集团军所经历的战斗更为激烈。

他们的先遣支队很早就突入了海拉尔市郊，但却迟迟无法冲破日军的要塞防线。

海拉尔要塞是西部最大的筑垒地域，按照设计要求，一旦苏军发动攻势，该要塞应能抵挡苏军的进攻七天至十天，以便为后方调整部署和调动军队赢得时间。

第三十六集团军主力决定分三路向海拉尔展开进攻，南路苏军准备从海拉尔河东越过伊敏桥，然后与北、中路的苏军一起完成对海拉尔的合围。

伊敏桥是当时海拉尔贯通伊敏河东西的唯一一座公路桥梁。在察觉苏军意图后，第八十独立混成旅团紧急派十名士兵赶往伊敏桥，炸毁了大桥两端的桥体。随后赶到伊敏河东岸的南路苏军望河兴叹，合围计划未能如期实现。

8 月 11 日，清晨 6 点，两架日军战斗机飞临海拉尔上空进行盘旋侦察。苏军见状，立即用分布各处的高射炮进行密集射击，两架日机随后仓皇逃离。

要进攻海拉尔要塞，就不能不争夺制空权。上午 10 点，苏军战机开始降临于海拉尔的东山机场。日军东山阵地的守军为此组织了多个敢死队，在隐蔽接近机场后，使用手榴弹、汽油燃烧瓶轮番对战机进行袭击。

苏军一架通信联络机被烧毁，另外一架也受到一定程度的损伤。接到报警，苏军地面部队迅速赶到机场歼灭了日军敢死队。

瓮中之鳖

在集团军司令员卢钦斯基中将的亲自坐镇监督下，下午 2 点，中路集团军主力对要塞各阵地同时展开猛烈攻击。仅在攻打敖包山的过程中，他们就连续击毁十五个永久性火力点和二十五个混凝土碉堡，打掉指挥所一座。

到了晚上，北路苏军同样取得进展，其中一部直插海拉尔，从而完成了对海拉尔要塞的全面合围。

尽管苏军攻势凶猛，但这一天并没有能够真正攻入要塞。在所有日军要塞中，海拉尔要塞完工最早，投入经费也最多，其结构之机巧和坚固可想而知。

海拉尔市区有五个较高山丘，五个抵抗枢纽部就围绕着这些山丘而筑成。之后，设计者又利用山丘之间的空隙高地，建立了十个辅助阵地。整座要塞以抵抗枢纽部为主，以辅助阵地和外围邻近的数十个独立支撑点为策应，从北到南，一共建立了五个抵抗区。

它们分别是：敖包山、河南台（又称北山）、松山、东樱台、伊东台。前面三个抵抗区俯视苏军的进攻方向，担任要塞前卫，后面两个抵抗区作为要塞的侧翼后卫。各抵抗区互相补充炮座死角，其中河南台的火炮更可覆盖要塞的全部阵地。

自从在诺蒙坎战役中吃了苏军坦克的亏之后，关东军对坦克的防御特别重视，他们不仅在要塞外围设置了大量的防坦克障碍物，还修建有数道反坦克壕。这些反坦克壕上宽五米，底深三米，与交通壕相交，基本上将苏军挡在了抵抗区的外面。

苏军连攻三天，始终无法进入要塞的核心区域，战事处于僵持不下的胶着状态。

打破僵局的唯一办法，就是大幅度提高攻坚能力。集团军司令员卢钦斯基决定组建多兵种配合的强大战役集群，参加这一战役集群的除各精锐步兵师外，还包括了加农炮团、榴弹炮团、迫击炮团、独立坦克营、航空师等各种类型的特种部队。此外，方面军预备队也调来一个炮兵师进行支援。

苏军再攻敖包山，在突破外围的反坦克壕和铁刺网后，逐渐逼至对方的核心阵地附近。日军利用工事的多层次配置，一直死守硬拼，到8月13日，苏军才突破防线，杀入了对方的主阵地。又经过了一番血腥的白刃战，日军终于溃败，残敌钻进了地下工事。

海拉尔要塞不仅有地上工事，还有地下工事。这些地下工事主要就集中在敖包山、河南台，它们多数在地下十八到二十米处，且建筑规模宏大，设施完备。

河南台的地下通道长约四千二百余米，面积一万余平方米，有大小房间五十五个，是海拉尔要塞的日军指挥中心。也正是因为是指挥中枢，所以河南台的日军兵力配备最强，双方的攻防也更为激烈。

苏军根据该抵抗区西部地形较为平坦的特点，先从背后发起攻击，接着再从西南部、南部和东部实施多路夹击，但是由于河南台得到了松山的炮火配合，苏军坦克一度受阻，约有十辆坦克被击毁击伤。

参与进攻的坦克既以营为单位，当然也不在乎损失区区十辆。更多的坦克从缺口处涌入，加上炮火猛烈，日军的地面火力点被一个接一个地彻底摧毁。于是河南台的日军残部也像敖包山那样，转入了地下工事。

为了对付河南台、敖包山的“瓮中之鳖”，苏军把炸药、爆破筒、集束手榴弹、

海拉尔要塞地下通道现存遗址（本图片源自网络）。

汽油等各种爆破燃烧手段都搬出来，以破坏地下通道的出入口，同时还让日俘喊话劝降，但效果并不明显。

与前两个抵抗区相比，松山、东樱台、伊东台因为没有地下通道，攻克难度要小一些，苏军甚至没有向东樱台发动正面攻击。

苏军不攻，东樱台的日军却也不敢乱动。这一抵抗区因处于伊敏河东，距其他抵抗区较远，又缺乏远程火炮，无法对其他阵地予以火力支援，所以只能眼巴巴地坐看同伴在苏军的进攻中灰飞烟灭。

熬到8月12日深夜，日军指挥官实在憋不住了，决定放弃阵地向南逃跑。可是两条小短腿又岂能跑得过坦克履带，苏军一路追击，最终在海拉尔东南约二十五公里处全歼了这股日军。

地下工事中的日军一直死守至8月17日清晨，在明白大势已去后，才挂出白旗投降。外贝加尔方面军预计在十日内攻克要塞，占领海拉尔。不计此后两三天的小型战斗，第三十六集团军共花了七天八夜。

虽然没有超出上级限定的时间范围，但苏军在海拉尔无疑打得相当吃力。仅仅一场攻坚战，就涌现了七个舍身炸碉堡的英雄，前后官兵伤亡估计在五千人左右，其中阵亡军官就有包括一名上校在内的一百四十五人。

由此可以想见，若苏军不发动闪电战，日军又都能这样依垒死守的话，苏军所要付出的代价不见得比太平洋战争中的美军更小。

救火队长

相对方面军中央和左翼而言，右翼部队的任务要轻松得多。这一侧苏军的作战对象主要是伪满洲国军和伪蒙军。这些军队装备陈旧，训练很差，大部分士兵也都是强征入伍或纯为混口饭吃的中国人，内心里根本不愿意为日本人卖命。

当第十七集团军、苏蒙骑兵机械化集群发动进攻时，守军不是一触即溃就是一打就降。

至8月14日，外贝加尔方面军主力指向关东军后方的道路被完全打通。近卫坦克第一集团军已前出至沈阳和长春附近，而苏蒙骑兵机械化集群则通过攻占东北与华北的交通线，切断了关东军和其关内战略预备队之间的联系。

在广阔战场的另一端，由远东第一方面军发动的攻势也在有条不紊地进行着。远东第一方面军的前身是苏军滨海集群，作为战斗单位，集群比集团军还小，能够由集群直接改编为方面军，所多出来的兵员、装备和物资大部分都来自于西线的调运补充。

担任方面军司令员的是梅列茨科夫元帅。梅列茨科夫曾作为加伦的助手，出任苏联远东军参谋长，这段经历使他成为对远东地区最为熟悉、经验也最为丰富的东调将领。

后来加伦和梅列茨科夫同回莫斯科参加会议，梅列茨科夫因患咽炎留在了莫斯科，没有再回远东，而加伦却在两年后卷入大清洗并成为了政治的牺牲品。

邮票上的梅列茨科夫元帅。梅列茨科夫资历较深，参加过俄国内战和西班牙内战，苏芬战争后曾在短期内被斯大林提拔为苏军总参谋长。

梅列茨科夫其实也险些人头落地。苏德战争爆发后，他突然被逮捕入狱。审讯人员为了逼他承认意图谋反的罪名，实施了严刑拷打。梅列茨科夫被打断数根肋骨，在地上滚来滚去，其状非常之惨。

以为自己免不了要步从前老上司的后尘，不料三个月过去，他突然又被释放了。斯大林在接见他时问道："梅列茨科夫同志，身体还好吗？"

随后梅列茨科夫才得知，德军正对列宁格勒发起猛攻。列宁格勒危在旦夕，斯大林要派他带兵去进行救援，而这恰恰救了他一命。

时事从来都诡谲难懂，比如这个时候，你能分得清谁是你的敌人，谁又是你的恩人吗？

无端被逮捕和审讯拷打的黑色经历，显然在梅列茨科夫的心中留下了阴影。在那个时候，要抓谁杀谁，都不过来自于斯大林的一句话。梅列茨科夫意识到，一定是自己不小心得罪了斯大林，从而引起了这位红色沙皇的疑忌。

教训哪！原来“当自己意见和斯大林不相同时，他就会生气”，生气了后果会很严重。那我何必还一定要坚持，乃至把自个的小命都搭上去呢？

从此，只要遇到斯大林下达指令，明明知道有些地方不切实际，梅列茨科夫也选择尽力执行。华西列夫斯基曾把他和朱可夫放在一起做对比，说梅列茨科夫决策非常“慎重”，而且一定要弄清楚“上层”的意见才会行事。

通过苏德战争，斯大林倒是对这位“救火队长”的军事指挥才能更加赏识。他非常看重梅列茨科夫在军队训练、密林地区进攻和突破永久筑垒地域方面的经验，在准备对日作战时，便决定将其调往远东。

斯大林说：“这个机灵的雅罗斯拉夫尔人一定有办法打败日本人，他并非头一次在森林区作战和突破筑垒地域。”雅罗斯拉夫尔当时是苏联的一个州，但梅列茨科夫出生于莫斯科，并不是雅罗斯拉夫尔人。

梅列茨科夫自己也搞不懂斯大林为什么要这么称呼自己，有人说这是因为斯大林认为雅罗斯拉夫尔这个地方的人都很精明，他可能认为梅列茨科夫的机灵配得上做一个“雅罗斯拉夫尔人”。

瞒天过海

早在二战之前，梅列茨科夫就已经是当时苏军仅有的五名大将之一，排名仅次于朱可夫。斯大林担心如果外界知道梅列茨科夫前往远东任职，就会在某种程度上暴露最高统帅部的意图，因此在梅列茨科夫动身前往滨海地区之前，特地建议他使用假名，并暂时自称大将以便隐蔽。

梅列茨科夫表示更宁愿冒充上将，他还开玩笑地说，自己从没有戴过上将这种军衔，正好过过瘾。至于假名，梅列茨科夫使用了“马西莫克夫”，因为滨海地区的确有一个叫马西莫克夫的人，而且也是一名指挥集团军的将军。这样，即便相关信息被日本间谍所掌握，对方也不会对情报产生怀疑。

在莫斯科接受任命后，梅列茨科夫即偕同幕僚，乘坐专列前往远东。为了进行保密，他对外自称“马西莫克夫上将”，从梅列茨科夫开始，凡方面军野战指挥部的工作人员，也一律以比自己的实际军衔低几级的军人名字相称。

原是特别快车的专列被伪装成了普通列车，到每一个车站前就提前挂上“票已售完”的牌子，而目的地也一直秘而不宣。除梅列茨科夫和他的少数高级幕僚外，其他随行人员都不知道要去哪里，大家只能在私下里胡蒙乱猜。

梅列茨科夫的副官每隔两小时就向他报告车里说法不一的推测：保加利亚、捷克斯洛伐克、德国。有意思的是，谁也没有提到远东。

直到专列开始转入西伯利亚，所有猜测才自生自灭，但是梅列茨科夫仍未宣布明确的目的地，自然谁也不敢多问他一声。

途中只发生了一起未遂事故。一名中校利用专列在车站停车之机，给家里打了一份电报，告诉妻子自己此刻正在何处。这份电报被有关人员截收了，此后再也没有发生过类似的事情。

利用专列上的空闲时间，梅列茨科夫做足上任前的功课。他温习了过去曾学过的有关远东战区的知识，重新回忆了当年在苏联远东军时的戎马生涯，又浏览了一遍从莫斯科带来的相应书籍，包括对滨海地区的介绍以及远东的历史、地理和风俗。

到了滨海之后，一位从前在远东和梅列茨科夫一起工作过的同事前来迎接，想要进行报告。趁着对方还没提到他的名字和军衔，梅列茨科夫赶紧出示了苏联统帅部签署的特别证件，上面有他的暂用军衔和姓名，事情这才没有穿帮。

第二天，梅列茨科夫给所有随他东调的军官换发了身份证，使大家名正言顺地成为“远东军人”。当天，他在滨海开了一个会，第一次向众人做自我介绍：“我叫马西莫克夫！”

会议刚一结束，就有一名军官走到“马西莫克夫”跟前问他：“您没听说人们都在谈论梅列茨科夫元帅到我们远东来了吗？”

“马西莫克夫”神色自若地回答道：“我没有听说过，而且我也从来没见过他！”

因为假身份所闹出的笑话和误会远不止一件。远东第二方面军司令普尔卡耶夫上将也是梅列茨科夫过去的老同事，两人刚见面时，他发现梅列茨科夫佩戴的是上将肩章，不由得吓了一大跳，还以为梅列茨科夫又犯了什么错误被降了级。

普尔卡耶夫急忙指着梅列茨科夫肩头上的这两块牌子，深表同情地问道："这是怎么回事？"梅列茨科夫见怪不怪，笑了笑答道："世间什么事都会有的。"然后便出示了特别证件。

普尔卡耶夫看了证件，才知道站在他面前的居然是"马西莫克夫"。他马上猜想到了是怎么一回事，也就什么问题都不再问了。

在大多数情况下，梅列茨科夫并不能随便出示证件。一天他在检查完一个团的装备之后坐下来吃晚饭，团长对他的身份倒是毫不怀疑，可是布置餐桌的团长夫人还有另外几位妇女总是不停地打量他们。这可能是因为二战前她们中有人曾在远东见到过梅列茨科夫，知道他长什么样。

饭后那位团长对梅列茨科夫的副官说："我妻子在笑我，因为她敢肯定，和我坐在一起的不是马西莫克夫将军，而是梅列茨科夫元帅。"

梅列茨科夫等人的瞒天过海之术对日军大本营和关东军的情报网起到了很大的迷惑作用。在远东战役的准备期间，虽然日本人也探听到了远东有一系列新的军人任命，但始终没能弄清这些化名者的真实身份。

苦力活

从远东战役的大方向上来说，当然是"上层"下达什么指令，梅列茨科夫尽可能予以服从，但具体到战役指挥，梅列茨科夫就显示出了他特有的认真和细腻。华西列夫斯基曾称赞梅列茨科夫擅长战役准备，而且有"预见性"。

在滨海地区的日子里，梅列茨科夫每天的工作日程都排得非常满。他一般会先派一批参谋去即将作战的地域进行现场勘察，以便方面军司令部从一开始就能对军队将在何处和如何展开行动，有一个清楚的了解。在此之后，就会亲自驱车去熟悉部队和地形，出发前，他一般只穿便服或边防军士兵的服装，如遇必要，才随身戴上相应的肩章。

滨海的许多地方道路崎岖，所乘的吉普车往往不听使唤。这时候车上的人就只得全部下车，把绳索套在自己身上，拉着车吭吭哧哧地走上几公里。

梅列茨科夫做将军已经很多年了，很少有机会碰到这种苦力活，自然是累得够呛。有一次大家在山里发现了一座小木屋，主人非常好客，请梅列茨科夫在高板床上休息。梅列茨科夫一则不愿打搅主人，二则也实在太累了，把一件毡斗篷往身上一裹，就躺在地板上呼呼大睡。

根据副官计算，那几天他们一共走了三百公里山路。

为了让自己对作战地域能有一个更好的了解，不管道路多么崎岖难行，梅列茨科夫都要尽量多走访几支部队。有些地方，他在二战前就曾经工作或到访过，当地一些不认识他的兵团指挥员惊奇地发现，这位无人知晓的“马西莫克夫将军”对地形竟然如此熟悉——他能够告诉司机哪里好走，车可以开得更快一些。

远东第一方面军的官兵主要来自于两部分，一部分是原滨海集群的远东军人，另一部分是苏德战争的东调人员。在梅列茨科夫看来，二者各有优缺点，战前都需要予以积极纠正。

前者长期待在滨海，熟悉敌情和对方的防御体系，对远东战区的地形、天气等情况也有比较深入的了解，但是由于未能参加苏德战争，导致他们普遍缺乏足够的作战经验。另一方面，主力之前被牵制在苏德战争的现实，也让他们在作战意识上偏重于防御，而不是积极主动地实施进攻。

梅列茨科夫特地腾出一段时间，向原远东人员介绍了苏军在西线取得的作战经验，并且通过训练，着重增强他们在更复杂的情况下实施主动进攻的意识和能力。

新的技术装备配置到各兵团后，有些远东军官对在滨海地区使用重型技术兵器抱有怀疑态度，首先遭到质疑的便是坦克，他们认为滨海地形复杂，坦克没有太多的发挥余地。

梅列茨科夫除了亲自做报告，介绍坦克兵在北极等困难地域的作战经验外，还进行了有坦克部队参与的演习，用实践打消军官们的顾虑。

演习过程呈现出两极分化。凡是进行了周密准备，并仔细研究了地形和相关机械保障的坦克乘员组，在推进上都没有问题，证明坦克兵在滨海同样有用武之地。

不过也有一些准备工作做得比较差的坦克乘员组，坦克开得非常慢，有时甚至落在步兵后面。看到这种情况，梅列茨科夫就会毫不犹豫地让这些坦克兵从头进行准备，再来一轮演习。

东调人员在西线同德军的作战中取得了丰富的经验，而今可以巧妙地运用于滨海，这是长处，而他们的不足之处也正好是原远东人员所长，即对当地情况和敌情不够熟悉。

梅列茨科夫采取的办法，是让具有丰富远东经历的军官给东调人员上课，帮助他们了解日军的装备、战术和防御特点。组织授课的同时，方面军司令部根据滨海地区的地形、天气等特殊条件，抓紧进行了连、营、团、旅、师、军的各级演习，重点演练对筑垒地域的突破。

到远东战役开始之前，远东第一方面军沿边境线进攻的部署已经基本就绪。

如何攻坚

三大方面军的会战，系以外贝加尔方面军、远东第一方面军为主，远东第二方面军为铺，而从作战难度上来说，远东第一方面军则又居于首位。

在 1943 年以后，由于苏德战场的形势急转直下，关东军开始将筑垒地域改为纵深梯次配置，但在此之前，筑垒地域主要供展开进攻集团使用，而且一般都位于国界附近。

关东军在滨海前线的工事构筑最为完备，那里有八个筑垒地域，其中七个直接就在中苏交界处。这些筑垒地域大多修筑于复杂或起伏较大的地貌之上，建有永备火力点、土木火力点和地道，此外还有带掩蔽部的观察所和指挥所——只要想一想海拉尔要塞，就知道远东第一方面军承担的任务有多艰巨了。

梅列茨科夫说当他了解到滨海地区的这些敌情时，第一感觉就是“我真走运”，当然这里说的是反义。

对于方面军乃至整个远东苏军司令部而言，有关于关东军筑垒地域的情报可谓价值千金，而这些情报中的相当一部分，都来自于中国旅侦察分队。

中国旅的前身就是东北抗日联军（抗联）。二战爆发后，关东军使用四十万兵力对抗联进行“围剿”，致使抗联遭到严重损失。到 1940 年冬，抗联主力被迫暂时退入苏联境内过冬。

本来抗联准备先避开关东军的“围剿”，利用冬季整训的机会补充装备和给养，等解冻后再回东北继续抗战。可是因为当时苏联正忙于对德作战，而且不久又和日本缔结了中立条约，所以抗联的请求不仅没能得到批准，到后来甚至连人身自由都受到了限制。他们被严禁靠近中苏边境地区，怕的就是被边境上的日本人看到，从而贻对方以口实。

太平洋战争的爆发终于让抗联看到了希望。因为这场战争，苏联在远东地区面临的对日战争危险得到部分解除，苏联政府开始重新评估抗联的价值。

1942 年 7 月，斯大林做出批示，决定给予抗联以“苏联远东红旗军第八十八独立步兵旅”的番号，这就是通常所称的中国旅，或称国际旅，抗联内部也称之为东北抗联教导旅。

中国旅的兵员总数为一千五百人，下辖四个步兵营，其中包括一个朝鲜营三个中国营，朝鲜营的营长就是后来的朝鲜领导人金日成。中国旅被列入了苏联远东军编制，官兵统一授予苏军军衔，由苏军发给军饷和装备。

也就从这时候起，苏联方面开始对中国旅进行系统军事训练，其中的一部分抗联战士还被抽调出来，接受了无线电收发、照相、测绘、跳伞等专业侦察训练，以后就组成了侦察分队。

在“八月风暴”之前，按照中国旅旅长周保中的命令，侦察分队的二百八十人组成二十多支特遣队，携带电台，秘密空降至东北敌后进行战前侦察。在这些英勇无畏的特遣队员的努力下，中苏边境防线以及关东军十七个筑垒地域的情况，都无一遗漏地被传送至中国旅情报中心。

中国旅部分干部合影。前排左四为周保中，左五为金日成。

根据中国旅情报中心等各方面汇集整理的情报，苏军最高统帅部印制并下发了日军在东北的防御体系资料，上面详细标明了日军防御工事的结构、位置、坚固程度、火力配备等诸多细节，远东红军连以上干部人手一册。

正是通过这些珍贵的情报资料，梅列茨科夫发现了敌人的弱点——关东军的滨海防线看上去几乎绵亘不断，但并非无隙可乘，实际上在筑垒地域和抵抗枢纽部之间，都有一些未设防的“间隙地”。显然，这些“间隙地”就是攻坚时可以利用的地方。

如何攻坚，是梅列茨科夫在战前需要考虑的核心内容。远东第一方面军有三十一个步兵师，比外贝加尔方面军还多四个，但快速师只有一个骑兵师。换句话说，外贝加尔方面军重在发挥机动性，追求一个快字，而远东第一方面军要的不是快，是通，其主要目标就是竭尽全力打开进攻路线。

与之相应，两个方面军在摆兵布阵上也有所不同。外贝加尔方面军是将坦克集团置于第一梯队，第一方面军是将坦克集团（具体指第十机械化军）放在第二梯队。梅列茨科夫解释他这么配置的理由：根据地形条件和敌人的防御编成，想马上有效地使用机械化部队是不可能的，因此只能用于扩大第一梯队的胜利。

第十二章 打蛇打七寸

如同外贝加尔方面军一样，远东第一方面军也辖有四个诸兵种合成集团军。梅列茨科夫将其中的红旗第一集团军、第五集团军组成方面军突击集团，以求迅速击破关东军边境防线以及筑垒地域。

8月8日，各集团军在出发点休息并等待进攻命令。按照计划，梅列茨科夫准备采用柏林战役的经验，在深夜发动攻势。到时苏军会先用探照灯的灯光扰乱日军的视线，接着实施猛烈的炮火准备，最后再进行全面攻击。

远东地区的天气状况非常复杂。同一天，大兴安岭、沈阳一带还是晴朗无云，可是在哈尔滨、松花江平原直至滨海地区，天就好像突然裂开了一个口子一样，转瞬之间雷电交加，暴雨如注。

干涸的山地河川和溪谷变成了奔腾的洪流，到处伸手不见五指。这一突发情况不仅增加了突击部队在行进中的困难，而且也打乱了方面军的既定计划。

随着夜幕降临，在梅列茨科夫所在前线指挥所周围已布满了军队，所有军事人员及技术兵器也都做好了充分准备。一句话，大家全都动起来了。

成千上万的人凝神注视着漆黑的夜空，并不时观看手腕上的表针，他们在等待着攻击的信号。这无疑是最令战役指挥者焦虑，同时也是最考虑其意志和决断力的时刻：究竟开火还是不开火？

如果能够再搜集一些补充情报，或是向气象部门咨询滨海下一步的天气变化情况，决策上显然会更有把握一些，但这些都来不及了。梅列茨科夫只能根据已有的资料来进行判断，而这些资料都在告诉他：不要迟延！

沉思片刻，梅列茨科夫发出了攻击令。

攻其不备

当攻击令下达时，在两三公里外的边境线上，日军正在筑垒地域中的选定支撑点里进行正常休息。7~8 月，滨海防线的日军曾接收到上级和友邻部队传来的情报，显示日苏之间的态势不容乐观。可是来自关东军总司令部的指示却相当乐观，说是不到明年春天，老毛子决不会轻动。

既然总司令部都这么说，大家也就都不愿咸吃萝卜淡操心了。前方如此，后方也一样，军官们正在开长达五天的冗长会议和桌上推演。

8 月 8 日这天晚上，边境日军更加懈怠：外面大雨倾盆，谁吃饱了饭没事做，会半夜三更地来敲门打户哇？

日军的懈怠只会持续几个小时，因为很快天就要亮了。不过对于先遣支队来说，已经足够。

以夜色为掩护，红旗第一集团军所属先遣支队率先越过国境线，沿着兴凯湖以西突进。在突进过程中，先遣支队端掉了日军的国境哨所，击退了几小股敌人，接着就一头闯入了原始森林。

防守兴凯湖西部的是关东军第一二六师团，其防线长达一百公里，要想做到逐段防守是不可能的。先遣支队所进入的原始森林，纵深达十二至十八公里，不仅地形起伏很大，而且到处是茂密的树木、沼泽、沟壑和溪流。此外还有一片片稠密的灌木丛，灌木丛被藤葛和野葡萄缠在一起，对步兵的运动形成了很大阻碍。

这样的地方，别说是大兵团，小部队也会视之为畏途，自然而然成了被日本人忽视的“间隙地”。

可是梅列茨科夫要钻的恰恰就是这个空子，如果用中国的孙子兵法来概括，这就叫“攻其不备，出其不意”。

红旗第一集团军成立于 1938 年 7 月，成立不久就参加了张鼓峰战役，具有一定的对日作战经验。不过在远东战役打响的第一天，他们最主要的任务却不是与日军面对面捉对厮杀，而是在原始森林中开辟出一条通向成功的道路。

这其实比作战更为艰辛，也需要做非常精心的准备和安排。以步兵三〇〇师为例，该师成立了一个由一个步兵营组成的先遣支队，并部署于师行军纵队的最前列，以便先行开出一条急造军路。

由于仍有敌情顾虑，开路的同时还得做好随时打仗的准备，师部专门为先遣支队配属了五辆 T−34 坦克、两个冲锋枪连和一个工兵排。开路时，主要由坦克兵推倒树木，工兵和普通步兵在冲锋枪手的掩护下，对道路进行清理。

与其他地方相比，在原始森林中清理道路要费事得多——森林里的土质是黏性的，越往前走越泥泞，尤其行军路线上的一些沼泽地段更是令人望而生畏。

为了供重型技术兵器通过，先遣支队在清理路面后，还必须再用小原木和树枝对路面进行改善。在三〇〇师的地带内，一共铺设了十一公里以上这样的急造军路。

对于开路工程而言，这仅仅只是一个开始，工程工兵营上来了。

工程工兵营隶属于集团军道路工程队。整个工程队编有四支工程工兵营，第一支工程工兵营在到达自己筑路地段的终点后，就停下来拓宽指定的急造军路。

三〇〇师铺设的急造军路有五米宽，工程工兵营将其加宽到七米。另外他们还要在矮灌木丛中构筑束柴路，以及在有水面的地方修筑桥梁。

在先遣支队后面，会陆续跟进三个纵队，每个纵队里都会配属一支工程工兵营。他们负责进一步改进路面和对薄弱地段进行加固，同时还要帮助被陷住的运输车辆通过。

沿着急造军路，顶着骤雨，穿过原始森林、沼泽和山岭，红旗第一集团军在进攻的第一天向敌境推进了 5~6 公里，主力前出至石头河西岸。

关东军负责东部防御的是第一方面军，下辖第三军、第五军以及其他三个师团，司令官为喜多诚一大将。苏军发动进攻的时间、气候状况乃至进攻的渗透方式，都大大出乎喜多等人的意料。第五军司令官清水规矩事后证实："我们没想到俄国人会进行这种闪电式的进攻，而且没有想到俄国军队（指苏军）会穿越原始森林。"

在突击集团的攻击前方，各筑垒地域掩护着几个最重要的战役方向，要想全部通过间隙地迂回过去是不可能的。位于突击集团左翼的第五集团军充当了夺取筑垒地域的箭头，8 月 9 日凌晨 1 点，在未做炮火准备的情况下，第五集团军先遣支队即向绥芬河悄悄接近。

支撑点

绥芬河要塞是东北边境最坚固的筑垒地域之一，对中东铁路起着掩护作用。它沿绥芬河南北的主要交通线展开，正面约四十公里，纵深三十至三十五公里。整个要塞总计有五十八个混凝土掩蔽部，二百九十五个混凝土碉堡，一百四十五个土木碉堡，六十九个装甲炮塔，二十九个指挥和观测点，五十五个火炮阵地。

内部结构上，绥芬河要塞由五个抵抗枢纽部组成。每个抵抗枢纽部又包含了三到六个支撑点。支撑点通常都建在高地，上面密布混凝土或土木构筑的反坦克炮、机枪及火炮发射点，并配有暗设的地下入口。各支撑点之间挖有大量的交通壕以便联系。

依照苏军的预计，每个抵抗枢纽应有一个满员师团。理论上，关东军也认为，起码应以一个联队防守一个抵抗枢纽，可是实际上他们并没有这么多兵力可用，整个绥芬河要塞一共只有第一二四师团的两个步兵大队加一个中队。

于是日军只好退而求其次，选择集中兵力固守其中两个最主要的抵抗枢纽：一个大队守北面的观月台，一个大队守东北面的绥芬河。还有一个中队，被安排守南面的鹿鸣台。

在大队防守的抵抗枢纽中，一般以中队守支撑点，以小组、班和小队负责前沿和小火力点。虽然兵力上降了不少档次，但以要塞工事之坚固，仍不难建立起有效的防御。

梅列茨科夫对各个集团军的实力和行动特点都有清晰了解。第五集团军是方面军中唯一一个整建制的东调部队，官兵的战斗素质很高，尤擅长于攻坚。在西线的东普鲁士战役中，该集团军曾接连突破两座由德军把守的重要筑垒地域。可以说，安排他们对绥芬河要塞进行突破，就是要发挥其特长。

第五集团军先遣支队迅速推进至北面的观月台。对突破观月台，各分队一个盯一个，均有相应的任务分配。比如谢尔巴科夫连的任务就是对观月台的一个强固支撑点发起强袭。该支撑点的周围布有铁丝网、地雷场等障碍，附近还设有警戒哨，攻击难度不小。

从 8 月 8 日清晨起，连长谢尔巴科夫大尉就开始为晚上的行动做精心准备。他和排长们一起研究地形和通往支撑点的道路，并专门指定了观察员监视日军的动静。

通过观察察明，日军的警戒哨位离营房和一个设防高地很近。谢尔巴科夫决定在暗夜掩护下，尽可能接近日军警戒哨位和主要阵地，然后从三面发起夜袭，以夺取支撑点。

按照他的计划，连里在近似实战的条件下，进行了隐蔽接近攻击目标和迅速发起冲击的预先演练。

出击之前，官兵的军上衣和船形军帽上都缝有一块白布，以此作为最简单的联络信号和识别标志。此外，各排还各自补充规定了本排使用的信号。

下暴雨虽然是个意外，但连里也早就做了备案，那就是规定另外一种信号——每个官兵在听到问“谁”时，均应回答：“彼得罗夫。”

谢尔巴科夫连从8月9日凌晨1点起开始向支撑点运动。当时估计要用两个小时才能到达支撑点，这倒不是由于路远的缘故，而是夜间运动必须极其谨慎小心，一着不慎，就可能令行动失败。

行进时，居前的侦察兵通过指北计导引探路，同时铺设电话线，以引导后面的步兵。后续的步兵呈纵队跟进，彼此靠得很紧，且互相拉着手，以免在黑暗和雨中掉队。

凌晨3点，全连到达支撑点附近。观察人员在白天早已发现了日军在地雷场上留出的通路，工兵来到通路上并迅速剪开了铁丝网。

各排随后无声无息地穿过通路。3点15分，他们包围了支撑点。

谢尔巴科夫连和其他连一样，全连都进行了伪装。每个官兵配备了装有三百发子弹的“波波沙”冲锋枪、六至八枚手榴弹和一把匕首，这样的装备非常适于实施突袭行动。

手握匕首的侦察兵悄悄向最近一所营房外面的日军哨兵摸去。这名哨兵刚刚用日语朝他们喊了一声，就被侦察兵刺倒在地。

房子里的日本兵听到喊声，赶紧向门窗扑去，但从屋外扔进来的手榴弹让他们根本就没有一点反击的机会。第一间营房的战斗在3分钟之内便得以解决。

其他营房和高地堑壕里的日军闻声继续抵抗。一名日军机枪手还隐藏在房屋的角落里，企图在苏军靠近时从侧面开火，苏军发现后向窗子里扔了一颗手榴弹，就把他给报销了。

经过一个半小时的夜战，谢尔巴科夫连终于攻下支撑点，保障了其他分队从清晨起扩张战果。

滨海地区的暴雨从午夜时分一直延续到清晨五六点钟，夜色也因为雷雨而变得更浓。这些都为先遣支队的行动提供了掩护，当苏军发起进攻时，部分日本兵尚在营房里酣睡未醒，还没来得及进入战斗工事就被予以歼灭。在战斗的头一个小时，甚至只有零星的机枪声和手榴弹所发出的爆炸声偶尔会打破沉寂。

缺口

惊醒过来的日军通过暗道和交通壕到达射击阵地，准备对苏军进行阻击，然而此时先遣支队早已插入其侧翼和后方，并完成了对观月台各永备火力点和土木质火力点的封锁。

担任突击任务的先遣营开始大显身手。这些先遣营都配属了护送火炮和自行火炮，两类火炮几乎是在抵近的情况下进行直接瞄准射击。个别时候，自行火炮的车体还被用来挡住日军火力点的射孔。

在主要突击方向上，莫斯卡列夫营战果尤为显著。该营地段上有水洼地，导致自行火炮无法使用，本来这对进攻是不利的，但有“苏联英雄”称号的营长莫斯卡列夫大尉找到了替代办法。

苏军 SU-5 自行火炮。自行火炮使用车辆底盘自备动力，无须其他车辆牵引，且有轻装甲保护。图中的 SU-5 自行火炮搭载了 152.4 毫米榴弹炮，火力极强。

他们大量使用炸药包、火焰喷射器、燃烧瓶、发烟手榴弹乃至汽油箱，火力点和带掩盖的交通壕里的敌人不是被熏出就是被烧死。最后，莫斯卡列夫营成功地攻占了鸟青山（也称 630 高地）。

鸟青山和大石砬子是观月台的两个主要支撑点（日军称为中核阵地），其中大石砬子更是关键阵地，能控制十至十二公里内的地区。日军在高地的花岗岩峭壁层上构筑了几十个永备火力点，可用火炮进行射击，尤为不利的是，在发现己方遭到攻击后，日军已事先进入了大石砬子的所有火力点。

双方的争夺战打得特别激烈，夜间对此处实施攻击的先遣营一直未能得手。清晨 7 点，格拉祖诺夫少校指挥一个营重新发起进攻。在经过十分钟炮火的急袭射击后，苏军采用正面和侧翼迂回相结合的办法，一口气攻占了四个永备火力点，这才将大石砬子收入囊中。

8 月 9 日清晨，观月台的主要阵地都已遭到突破，由绥芬河要塞所构成的防线被打开了缺口。日军曾想对缺口进行封闭，但是前去增援的分队均有去无回。

缺口一开，主力就可以闪亮登场了。

身为苏军远东总司令的华西列夫斯基曾主张在战役的初期阶段，只限于使用先遣支队，而不动用方面军主力。按照他的建议，远东第一方面军主力应根据外贝加尔方面军的推进情况，在战役开始五至七天后才实施作战行动。

针对华西列夫斯基的建议，苏军总参谋部做了仔细研究并用各种计算方法做了检验。检验结果表明，不管多么强大的先遣支队，都未必能单独进行五至七天的昼夜战斗。

于是华西列夫斯基的建议遭到了否决。实战中，先遣支队与方面军主力一前一后发起突击，先遣支队负责扫清道路，方面军主力负责拓展胜利。

8 月 9 日上午 8 点 30 分，以先遣支队为先导，集团军主力展开进攻。当主力投入作战时，先遣支队不仅已从观月台打开了缺口，而且摧毁了很多地段的日军防御体系。这样一来，主力就没有必要再在突破地段进行全线的火力准备，炮兵为支援步兵和坦克，也只需对个别支撑点和永备工事进行轰击。

10 点至 12 点，先遣营和主力的第一梯队攻占了日军的边境工事，第一梯队的先遣支队开始向敌境纵深推进。

在梅列茨科夫的兵力配置中，第三十五集团军、第二十五集团军被作为辅攻部队，它们一个在主攻部队的北侧，一个在主攻部队的南侧，用于保护主攻部队也就是突击集团的侧翼。

8 月 9 日凌晨 1 点，在第三十五集团军的进攻地段内，苏联边防军率先展开行动。边防官兵们乘坐着消音汽艇和小船，在渡过乌苏里江和松阿察河之后，袭击了日军国境哨所。到凌晨两点，整个边境线都已掌握在苏联边防军手中。

与此同时，经过十五分钟的炮兵急袭射击，集团军主力的第一梯队对松阿察河展开抢渡。

渡过河并不难，难的是上岸。松阿察河对岸是开阔的沼泽地，只有绕薄藤条的柞树和槭树林遮蔽着这片不毛之地。在突击集团的进攻地段内，9 日当天才下雨，但松阿察河一带已经连下了三天大雨。大雨不仅淹没了小路，而且灌满了松阿察河的整个河谷，这使得沼泽地之外再也找不到一条可以用来行军的道路。

学习红旗第一集团军是唯一的办法。集团军指挥部立即从第一梯队中抽调四个工程兵营和五个步兵营，用于开辟急造军路。

在开路的同时，集团军炮兵对预计要攻克的虎头要塞进行射击，航空部队也出动战机对要塞内的工事轰炸了足足两个小时。

第二十五集团军的动手时间更早。8 月 9 日零点，他们即对东宁要塞的日军观察哨发动突袭，随后以坦克旅为先遣队向前推进。

最先遭到攻击的日军观察哨几乎瞬间就被摧毁，其余日军在遭到损失后也都奉令后撤。

到 8 月 9 日中午为止，由于很多防御要点与后方的联系被苏军迅速切断，日军的各级指挥官纷纷陷入混乱。东宁一带系由关东军第三军防守，但在中午之前，军司令部仍不知道边境线上究竟发生了什么，也弄不清楚各部队的所在位置。这种状况使得指挥官们无法从最初的震惊中恢复过来，更做不到在接下来的战斗中有效应对苏军的进攻。

第五军负责东部大部分地区的防御，除了东宁外，其他三个区域遭到攻击的部队都隶属于第五军。军司令官清水在上午接到了电话报告，报告中说边境地区战斗激烈，而且苏军正在猛攻虎头要塞。

在向方面军进行汇报后，清水召开了由集团军参谋长和师团长共同出席的会议。他在会议上告诉部下，第五军正在组织炮火反击，但是“他们（苏军）的步兵好像已突破边境”。

火力密度

清水这时才想到应该怎么办。第五军的防御计划以确保关东军第一方面军司令部所在地牡丹江市为核心。这个“满洲国”东部唯一的中心城市，不仅是日军从东面掩护哈尔滨方向的防御屏障，同时也是重要的交通枢纽和日军预备队的集结地。从战略意义上来说，牡丹江是苏军从东部进入中国东北腹地的第一关。

第五军事先在牡丹江前面设置了三道防线。第一道防线为边境筑垒地域，绥芬河要塞、虎头要塞、东宁要塞即在其中。在第一道防线的穆棱河以西高地上，日军构筑了野战工事，此为第二道防线。第一道防线再往后，即为以牡丹江为中心的第三道防线。

现在清水希望首先通过第一道防线延缓乃至挫败苏军的推进，为关东军总司令部调动机动部队实施反击争取时间。会议一结束，与会的各师团长就赶紧通过电话，将作战命令传达给所属师团的作战参谋，然后自己也离开军司令部，到前线进行指挥。

这时在第一道防线上，绥芬河要塞虽然已在观月台段被打开缺口，但也仍可以起到牵制苏军的作用——第五集团军在继续往纵深推进的同时，不得不留下部分兵力，以彻底肃清要塞的其他抵抗枢纽部及其支撑点。

梅列茨科夫认为，当需要攻克非常关键的筑垒地域时，必须不惜工本，否则就难以取得战斗的胜利。对处于主要突击方向的第五集团军，他在兵力和火力上都给予了特别的加强和倾斜，并要求在突破地段高度集中军队和技术兵器。

第五集团军编成内的步兵有 4 个步兵军，12 个步兵师。特种部队包括 5 个坦克旅，6 个重型自行火炮旅，22 个炮兵旅，4 个工兵旅，1 个防空师和大量其他特种支援部队。全集团军总计拥有 692 辆坦克和自行火炮，2945 门火炮和迫击炮，432 门喀秋莎火箭炮。这里面，仅火炮数量就接近于方面军火炮总数的一半。

集团军由此在各个突破地段都可以形成相当大的密度：每个师总共只在三公里宽的地带段内发动进攻；炮兵密度可达到每公里正面不少于 200 门，个别地段 250 门，在山地条件下，这样大的火力密度在整个二战中都是空前的。

喀秋莎火箭炮，又称卡秋莎多管火箭炮，二战中带有传奇色彩的苏军技术兵器。它的射击火力凶猛，杀伤范围大，轰炸范围可以达到8000平方米。

实战时，集团军为步兵部队的团、师、军都配属了重型火炮和火箭炮，用以组成炮兵摧毁群，以“软化”坚固防御点。每个步兵军还额外配属有一个炮兵摧毁群和长射程炮兵群，后者用以对纵深目标进行火力覆盖和打击。

远东航空军各有配属，配属给远东第一方面军的是第九航空集团军，梅列茨科夫命令他们集中为第五集团军提供空中支援。在“软化”的同时，第九航空集团军出动轰炸机一千六百多架次，在强击机群的掩护下，对要塞进行了四轮毁灭性轰炸。

苏军虽然也强调旺盛的斗志，但它不同于日本陆军的重要一面，是在任何情况下，都把有效使用武器看成是作战的根本原则。在反复“软化”和飞机轰炸下，绥芬河要塞被削去大约十几米厚的土层，钢筋水泥地堡近三米厚的四壁也被炮弹炸开。后来有日军军官形容这种协同作战的威力：“它使人有一种感觉，就好像沉重的压路机在隆隆声中冲破一切向前推进一样。”

火力准备结束后，按照常规判断，日军支撑点应该已遭到完全摧毁，但永备工事的牢度以及日军抵抗的顽强程度，仍大大出乎苏军的意料之外——当坦克和步兵冲到火力点附近时，才发现火力点里的日军仍有抵抗能力。

原因是这一火力点的地面阵地虽然已被摧毁，但是日军仍可以集中到地下工事继续作战。这些地下工事的顶盖全是清一色的钢帽盖，也就是用钢铁铸成的顶盖，所以此类地下工事又称钢帽堡。炮弹落到钢帽堡上，往往只能在表面上炸出一个小坑，下面完好无损。

逐一攻坚是解决问题的唯一途径。步兵七十二军的某加强步兵连奉命封锁并消灭其中的一个永备火力点。该连配属了一辆自行火炮和一个工兵排，连长命令自行火炮向钢帽堡及其出入口开火，炮弹准确命中地堡，但未能击毁目标。

而后趁日军实施射击的短暂间隙，工兵冲上火力点，用沙袋堵住了地堡的射孔，开始进行爆破。

第一次在钢帽盖的中央爆炸了二百五十公斤炸药，未能收到预期效果。原因是钢帽盖上面有近两米厚的土层，能够承受这种打击。

第二次装药量加到五百公斤，钢帽盖终于被炸毁。

可是苏军仍然冲不进去。为此又埋放了三个重量各为五百公斤的炸药包：地堡底层入口处放两包，剩下一包放在顶部。

炸药炸开了缺口，苏军冲进火力点，消灭了顶层残存的日军。

令人震惊的是，底层还在向外开火，而且没有人主动投降！

瓦西里的壮举

苏军相信，守卫绥芬河要塞的日军都是从“深受反苏教育的最反动、最狂热的官兵”中挑选的。否则的话，无法解释他们为什么在如此绝境下都不肯举手投降。

无奈之下，苏军加强连只得在工事内的弹药库上面又放了四百公斤的炸药包。这次爆炸才彻底摧毁了火力点，消灭了里面的守军。

经过三天的连续攻坚，要塞的抵抗枢纽部和支撑点越来越少，最后只剩下了天长山阵地。

天长山阵地是绥芬河抵抗枢纽部的主支撑点。山上有各种形状的永固堡垒近一百余座，这些堡垒基本都是半地下结构，混凝土的厚度均在一米以上，有的达到一点五米厚。如果用一般小口径火炮进行射击，炮弹落在上面只会留下一个白点，足见其坚固程度。

天长山上只有第二七一联队第三大队的三百名士兵和二百名退伍兵，外加一百五十名逃难的日本平民。尽管人很少，但他们依靠坚固的堡垒以及一门榴弹炮，不但守住了阵地，还给前来围攻的苏军造成了很大伤亡。

苏军希望减少损失，于是决定派人上山与守敌进行谈判，让他们放下武器。

当时苏军已占领绥芬河并在当地设立登记处，对俄侨进行登记。登记处的军官询问谁会说日俄两种语言，众人便推荐了一个叫嘎丽娅的姑娘。

嘎丽娅出生在绥芬河，她的父亲是中国人，母亲是白俄后裔。嘎丽娅上学的时候，正值伪满统治时期，学校里都教习日语，因此嘎丽娅会说中、俄、日三国语言。

嘎丽娅由苏军军官陪同，前后三上天长山，为双方担任翻译。在前两次谈判中，日军本已答应放下武器投降，但第三次谈判的时候突然翻脸，苏军军官被打死，嘎丽娅也被扣押关在了地下仓库里，后又遭到杀害。

据说这是嘎丽娅仅存于世的一张照片，左边是她的哥哥张树列。有学者认为，嘎丽娅是二战期间亚洲战场上出现的唯一一位非军人女性和平使者。

见劝降失败，苏军开始集中火箭炮对天长山阵地进行猛烈轰击。在前两次陪嘎丽娅上山谈判的过程中，一名苏军军官暗中仔细观察了要塞的堡垒位置并绘制出了详细的坐标图，从而为炮击提供了准确的依据。

在天长山阵地被包围的第六天，苏军步兵和坦克冲进了已遭到毁灭性摧毁的阵地，阵地上仅有二十六名日本兵投降，其余均被杀或自杀。

鉴于第五集团军在绥芬河受到牵制，梅列茨科夫决定变更作战部署，他将第五集团军的部分炮兵和步兵集团配属给第二十五集团军、红旗第一集团军，从而使得后两个集团军变身成为进攻方向上的两把尖刀。

8 月 10 日，第二十五集团军完成对东宁和东兴要塞的迂回封锁，集团军主力前出至东宁—图们铁路线。部分兵力在太平洋舰队舰炮的支援下，强渡珲春河和图们江，突击了靠近朝鲜边境的日军工事。

日军指挥机构原本指望第一道防线能够起到较大作用，使苏军主力受到重创，或至少受阻若干时间。如此，关东军总部和第一方面军才能够腾出手来，从牡丹江、汪清一带准备并实施强有力的反击。

在苏军主力绕过绥芬河、东宁等要塞之后，这一打算已完全落空。当天晚上，日军第一方面军司令官喜多下令将方面军司令部移往牡丹江市西南的敦化，敦化与原驻地牡丹江相距多达一百七十公里。

第五军司令官清水也急忙调整部署。他分别调来第一二六师团、第一三五师团，在牡丹江以东仅五公里处的掖河（即今铁岭河）附近增设了一道防线。

眼看日军正面的抵抗能力已大为削弱，红旗第一方面军司令员决定加大任务纵深，以便争取在最短的时间内强渡穆棱河。8 月 10 日拂晓，苏军对密山要塞展开进攻。战斗中，工兵瓦西里奉命消灭一个永备火力点。在扔完手中的集束手榴弹后，他突然扑过去，用胸膛堵住了射孔。

瓦西里的壮举被认为是苏军攻下密山要塞的一个重要因素，事后他因此被授予了"苏联英雄"的称号。事实上，苏军士兵舍身堵枪眼的例子在远东战役中并不少见，有西方学者研究认为，这与苏军嗜饮伏特加且战前也要喝酒有关——在苏德战场上，苏军士兵就常常仗着几百克伏特加的酒劲，以极其无所谓的态度迈向死亡，当时连德军都对此感到惊愕不已。

抛开舍身堵枪眼的行为，是否真的会对整个战斗过程具有决定性作用不谈，西方的这种分析显然对苏联红军作为党军的特点，做了有意无意的忽略。在过去的沙俄军队中，率领部队前进的是现役军官，在部队中这些军官越多，它的战斗力越强。苏军则不同，站在部队前头的已经不是现役军官，而是共产党员和共青团员。这样苏军呈现出的特点就是党团员越多，战斗力越强。

根据苏联公布的资料，苏联远东军中党团员人数超过八十八万，占全军总人数的一半以上，舍身堵枪眼的"苏联英雄"也几乎都是清一色的党团员。

雪上加霜

苏军的狂飙突进和己方军事部署的临时调整，令前线日军更加慌乱。一乱就特别容易出错，正在穆棱构筑防线的第一二四师团长椎名正健为了阻挡苏军的进攻，急急忙忙地下令炸掉了穆棱河的大桥。结果，从绥芬河要塞逃出的日军残部无法过河，从要塞转移出来的一批重型装备都只能扔在东岸，其中包括防守时急需的几门新式榴弹炮。

同样的情况也发生在牡丹江重炮联队。清水将这支特种部队临时配属给第一二四师团使用，可是重炮联队没有牵引车可运送大炮。害怕大炮落入苏军之手，联队不得不忍痛将所有的六门重炮予以炸毁。

相比于苏军，日军的火力本来就偏弱，一下子又损失了这么多大炮，真可谓是雪上加霜。

第一二四师团的炸桥之举并没有能够使红旗第一集团军放慢进攻节奏。8 月 10 日下午，进展最为顺利的步兵第二十六军新编了一个军先遣支队。先遣支队由坦克旅、自行火炮连、冲锋枪连和工兵排编成，行动极为迅速。他们很快就渡过穆棱河，在摧毁一个日军支撑点后，突入了穆棱东北郊。

日军从第一二六师团调动了约一个步兵联队的兵力，凭借已有的防御阵地进行抵抗。此时，苏军的轰炸机部队开始发威。

由于日军的火炮口径远远比不上苏军，其仅有的高射炮阵地事先已被摧毁，加之空中又缺乏日军航空兵的保护，这使得苏军轰炸机如入无人之境，可以随心所欲地对地面火炮、防御工事实施打击。

先遣支队的 T−34 坦克亦不遑多让，轰炸机料理不到的空白之处，都由它们来填补，日军的火力点逐一被其击毁。

城外的防御阵地守不住，日军只得撤入城内。晚上 8 点，苏军的另外两支师属先遣支队也兵临城下。

一个小时后，苏军从东、北、南三面同时发起攻击，从而一举拿下了穆棱。在穆棱之战中，士兵齐甘科夫的表现最为出色。当时他正作为一名冲锋枪手，搭乘一辆 T−34 坦克往前推进，途中，他和战友遭到了一个小队的日军的袭击。

齐甘科夫以抵近射击的方式，用冲锋枪近距离射杀六名日本兵。之后子弹打光了，他又拔出随身携带的芬兰刀，在肉搏战中独自格杀了三名日本兵。战后齐甘科夫被授予列宁勋章，所使用的冲锋枪和芬兰刀也被苏联符拉迪沃斯托克博物馆予以收藏。

8 月 11 日，步兵第二十六军主力逼近穆棱，军先遣支队则开始沿着仙洞会让站的道路，向第一二六师团的退却部队进行追击。

第二天，先遣支队到达会让站附近的无名高地，随即便遭到了高地上日军的阻击。经过激战，苏军成功地压制住高地日军，夺取了会让站。

之后先遣支队的二五七坦克旅一马当先，向桦林车站开进。

此时，从密山和绥芬河要塞撤出的日军以及日军指挥部临时调集的防守部队，都在奉命向牡丹江集中，其中不仅包括第五军所属的第一二四师团、第一二六师团、第一三五师团，还有警卫部队、铁路警备队和各种后勤部队。桦林车站乃是各路日军撤向牡丹江的必经之路，按照集团军司令部的命令，步兵第二十六军必须马上攻下并坚决守住这里。

步兵第二十六军能担负快速机动任务的部队是先遣支队，先遣支队里速度最快、火力最强的机动部队又只有二五七坦克旅。尽管明知要挡住日军几个后撤的师团，兵力过于单薄，但二五七坦克旅还是不打一点折扣地执行了上级命令。

为了守住桦林车站，日军在苏军必经的山口设下了包围圈。在坦克旅进入包围圈后，日军特攻队员突然从藏身洞中冲出，使用反坦克手雷向坦克发起攻击。坦克旅原有二十五辆 T-34 坦克，被一下子炸掉六辆，只剩下了十九辆坦克。

坦克旅旅长阿尼希克中校见势不妙，急忙率领全旅冲出了包围圈。

坦克旅穿过沼泽，冲上公路，前面出现了一座日军兵营。吃了亏的坦克兵们正好没处撒气，他们开着坦克冲过去，推倒了兵营的围墙。

兵营院子里只有几个日本兵，在胡乱放了几枪之后，便都各自逃命去了。阿尼希克等人下车一检查，原来这是一座日军的大型仓库，里面约有四十多座库房，其中就包括油库。

几天下来，所有坦克都已经出现了油料不足的问题，油库的出现，可谓是喜从天降。

加满油料，坦克旅重新抖擞精神，全速向桦林车站开去。

走廊

桦林车站及其沿线很忙，因为有太多的日军需要打这里通过。还未到达车站，坦克旅就通过袭击铁路上的一辆军列，活捉了车上的一名日本兵。

通过审讯，阿尼希克得知，第一二五师团调往牡丹江的一个步兵大队即将从附近的公路上经过。第二天早上，他们在公路边进行伏击，结果没有打着步兵，打的是一个装载弹药的日军运输车队。车上的弹药被坦克炮引燃，在巨大的爆炸

火线入党，苏联红军中经常可以见到的情景。图中坦克部队的党组织正在审议坦克手的入党申请。

声和冲天大火中，日军车队灰飞烟灭。

当坦克旅冲进桦林车站时，车站里已空无一人。桦林镇离牡丹江大约只有十公里。因为不再担心油料不足，阿尼希克决定一不做二不休，直接杀向牡丹江。

不料在镇口的两座小桥上，坦克旅又遭遇了日军的顽强阻击。经过一番恶战，全旅仅剩七辆坦克，继续进攻的力量已感不足。阿尼希克只得下令退出战斗，撤到桦林车站南线进行防御。

大约一个小时后，一列日军列车从牡丹江方向开了过来，车上满载着第一三五师团所属部队。隐蔽在铁路两侧的苏军坦克立即开火，第一阵轰击就使列车中弹着火。从车上跳下来的日本兵或死于枪炮之中，或丧身于履带之下，只有少数躲藏在车站附近高粱地里的士兵才得以逃命。

仅仅二十分钟过后，又有一列日军军列开了过来。看到前面燃起大火，列车员连忙采取紧急刹车的措施。坦克旅虽连续开炮，但由于离得太远，只炸毁了列车上的几节车厢。

日军从车厢里推出几门反坦克炮，朝苏军坦克进行射击，有两辆坦克中弹起火。同时，大批日军从车上跳下来，对坦克旅实施包围。

阿尼希克果断下令突围。在他的指挥下，坦克兵们冲出敌阵，将坦克开到车站附近的一座小山包上，随后一字排开，摆出防御阵形。日军连攻数次，都因为地形不利而攻不上来。

坚持到第二天早上，铁路上驶来第三列军列。机会到了就不可放过，阿尼希克亲自用坦克炮瞄准了机车。

随着一声爆炸，机车颤抖了一下，立刻冒出了浓烟：阿尼希克射出的炮弹不偏不倚，正中机车的锅炉。

军列的车头和车厢全部出轨倾覆。军上装的是日军一个重炮兵联队，有二十四门重炮和大量弹药。

日军急红了眼。“肉弹战术”再次上演，许多日本兵抱着反坦克手雷往上冲，想要与坦克同归于尽。坦克兵们相互支援，用机枪抵近射击和履带碾压的办法，拦阻日军的疯狂进攻，一直撑到步兵第二十六军主力到达。

在桦林战斗中，苏军二五七坦克旅不仅占领车站，为主力部队打通了进攻牡丹江的通道，而且独立阻击了四辆装载日军步兵或技术兵器的军列。事后统计，整个先遣支队共击毁六辆机车、一百四十三节车皮、二十四门火炮、三十辆汽车、二十四台拖拉机和近一百挺机枪，歼灭日军近九百人。

8 月 13 日，红旗第一集团军、第五集团军几乎同时展开对牡丹江的进攻。部队沿铁路、公路运动，在穆棱以西突破日军防御阵地，从而形成了一个宽五至七公里的“走廊”。

在“走廊”的各个地段，日军组织小队至大队的兵力，多次对苏军实施反击。反击受挫后，日军指挥部又调来大量炮兵，对狭窄的“走廊”进行轰击。

到 8 月 14 日，日军已在牡丹江建立了一个兵力超过四个步兵师团的防御集团，苏军的推进变得越来越困难。

此时，第二十五集团军起到了震慑日军军心的作用。当天，该集团军前出至汪清，牡丹江同北朝鲜港口的铁路联系因此遭到破坏，而其通向敦化、吉林的最重要的山垭口亦被苏军所控制。这意味着自此以后，牡丹江防御集团将无法再从其大本营获得任何支援。

早在诺蒙坎战役时，苏军即认为日军实际没有现代战争的经验。到了远东战役特别是牡丹江攻防战，日军在这方面不但没有多大改进，而且又暴露出其他方面的一些弱点，比如指挥不够稳定，害怕暴露侧翼，又比如，士兵虽然大多悍不畏死，但缺乏稳定性，对苏军所使用的坦克、火箭炮、冲锋枪等现代化战斗装备非常畏惧。

此消彼长的结果，使得日军在牡丹江攻防战中损失惨重。据关东军第一方面军副参谋长提供的数据，仅第五军就伤亡了三万人左右，占其战斗兵员的一半以上。第三军在苏军插入汪清时就被打散了，损失高达三分之二。当然，还有比它们更惨的——机动第一旅团担任了第一方面军的预备队，最后几乎全军覆灭。

强渡

苏军远东第二方面军的前身是苏联远东方面军，司令员为普尔卡耶夫上将。在三大方面军中，第二方面军处于辅攻位置，其主要任务是配合其他两个方面军作战。

在第二方面军对面总长2130公里的战线中，需要展开积极行动的地段只占520公里，即便在这520公里的地段，进攻也只计划在个别地方实施。换句话说，大部分时间都不用打仗。

也因此，在兵力配置上，第二方面军是三个方面军里最少的，步兵师只有十一个，没有整编制的机械化集团军。

可是普尔卡耶夫战前要费脑子的事却并不比其他方面军少。为了构筑出发阵地，从4月至7月，方面军共新修道路266公里，整修道路1417公里，桥梁则加固到能负重三十至六十吨。

他的另一个使命，是确保部队强渡成功。按照远东总司令部的部署，远东战役一打响，第二方面军就必须强渡黑龙江和乌苏里江。

普尔卡耶夫采取了大量措施。仅在第十五集团军的进攻地段内，他就下令修筑了三个渡河地段，并为集团军配备了必要的器材和工程人员。

黑龙江是中俄界河。战役开始后，第十五集团军先遣支队首先登上阿穆尔区舰队的舰艇，以黑夜和大雨为掩护，占领了进攻地带内的所有岛屿。

在扫除障碍的前提下，部队开始强渡黑龙江。渡河时，步兵可以直接乘坐舰艇，坦克和汽车则要麻烦得多，需使用门桥。那天刚刚下过大雨，河水暴涨。本来一个航次计划用一个半到两个半小时就可以完成，但实际用了四到五个小时。按照这样的速度，一个坦克旅全部过河需要两至三个昼夜，有的要四个昼夜。因此之故，旅后勤一直都落在后面。

登岸之后就要顺畅多了，苏军地面兵团先是连克鹤岗、同江，接着直趋松花江下游的富锦、佳木斯。

8月11日，清晨7点，阿穆尔区舰队第一支队沿着已成为方面军行动轴线的松花江逆流而上，到达富锦地域。日军当即用火炮和迫击炮对舰艇进行轰击。

第一支队拥有“孙中山号”“列宁号”“红色东方号”等浅水重炮舰，具备强大火力。经过三十分钟的炮战，岸上的炮火都被压制了下去。

在重炮舰的支援下，搭乘舰艇的步兵突击部队在河岸上建立了登陆场，但由于遭到日军永备火力点和炮楼的射击，登陆场没能得到扩大。

上午 9 点，沿江岸进攻的第十五集团军先遣支队也逼近富锦，对守敌形成夹击之势。

在整个松花江河谷，关东军建立了许多抵抗枢纽部，富锦、佳木斯都是其中比较重要的部分。富锦城郊有许多永备火力点，县城周围又建立了钢筋混凝土结构的炮楼、钢帽堡，其射孔可供重机枪环射。

如果说富锦防御的不足之处，主要还是驻军不多。整个富锦县城和富锦筑垒地域，只有关东军松花江舰队江防步兵大队的一个中队和一个地方守备中队驻守，再外加一些没有什么战斗力的伪满洲国军。

兵力如此薄弱，是因为日军指挥部已将许多主力部队从松花江下游撤回东北平原，而为什么要在这节骨眼上撤兵，则又与另一侧苏军越来越猛烈的攻势有关——远东第一方面军已进至牡丹江一线，楔入了在松花江下游作战的日军集团的后方。

对富锦的突破战，主要由先遣支队发起。先遣支队一边攻击日军的防御阵地，一边向城内缓慢推进。在这一过程中，坦克兵发挥了很大作用，他们用装甲掩护步兵，压制日军的永备火力点，同时以直接瞄准射击的方式来支援突击组的前进。

夺取富锦筑垒地域的战斗打得非常艰苦，双方逐屋争夺，反复进行肉搏，一直打了三天，战斗才告结束。不过在 8 月 11 日黄昏前，先遣支队还是占领了富锦县城，也就此打通了前往佳木斯的道路。

截至 8 月 15 日，远东第二方面军各部在强渡黑龙江、乌苏里江之后，已基本击破松花江下游和黑河的日军集团，进而向哈尔滨和齐齐哈尔方向发起进攻。

远东战役的第一阶段就此结束。在持续六天的攻防战中，仅被击毙的日军就接近七万人，还有相当一部分日军被围困在虎头、东宁、孙吴等边境筑垒地域。

原子弹的威力

8月14日午后，关东军总司令部留在长春的一名情报参谋给司令官山田打来电话："东京似乎要做出某一重大决定，务请总司令官回新京（长春）一趟。"

当天傍晚，山田即率幕僚由通化返回长春。深夜，大本营又发来一份电报，内容是："明天（8月15日）将有重要广播，务请注意收听。"

第二天下午，在长春的关东军总司令部，凡有收音机的房间里都挤满了官兵，众人全以立正的姿势恭恭敬敬地收听着广播。

广播的内容令人震惊：天皇亲自宣读了停战诏书！

长崎被原子弹轰炸后的惨景，所有可识别建筑物中，只剩下了一座被摧毁的罗马天主教教堂。

就在远东战役开始的几个小时之前，美国又向长崎投下了第二颗原子弹，毁灭性的火球使近七万人死亡，伤六万余人，城市中心被完全夷平。与苏军势不可当的进攻相比，原子弹的威力无疑更令日本人感到震颤。

在天皇主持召开的御前会议上，外务省认为，除了接受《波茨坦宣言》外别无选择。陆相阿南表示反对，他说他无法接受"皇军"还必须"投降"的结果。

首相铃木见状，只得以此事无先例可循为由，把皮球踢给了会议主持人："请求天皇陛下发表意旨。"

按照"明治宪法"，天皇对于御前会议只能点头或摇头，并无直接发表意见这一程序，更不能对大臣们提出任何忠告或建议。阿南反应很快，马上抓住这一点，抗议铃木的做法涉及违宪。

美国对日本的轰炸已经持续了很长时间，部分皇宫都已经在空袭中被烧毁。天皇裕仁整天过着“冰水浇臂、毒火烧心”般的日子，哪里管得了什么违宪不违宪。铃木的皮球一踢过来，他赶紧顺势接住，然后用他那几乎毫无表情、尖细的声音，对“旷日持久的流血和暴行”进行了谴责。

裕仁的内心当然也不愿意接受《波茨坦宣言》，尤其对宣言中“解除日本军队，惩罚战争领导人”的条款颇感不安。可是他比阿南之辈更清楚，事到如今，已不是你愿不愿意接受的问题，而是必须接受，否则下场只会更惨。

于是裕仁为会议拍板：“时间已到，我们不得不容忍不可容忍的事情。”

此后，日本政府首先正式通告接受《波茨坦宣言》的诸项条件，接着天皇通过无线电广播发布了停战诏书。他们的这一决定算是很及时，因为美国很快又拿出了两颗原子弹，准备在得不到满意答复的情况下扔到日本本土。得知日本人已经服软，航空兵才没有投下原子弹或其他燃烧弹，而是在东京上空撒了传单。

虽然天皇在停战诏书中只字未提“投降”二字，但谁都明白，这不过是为了保住面子的一种好听说法而已。自此，这个号称建国两千五百多年且从未遭受过亡国命运的岛国终于自食其果，被迫向盟国宣布无条件投降。

据说在关东军总司令部人员收听广播的过程中，除了收音机里传出的声音外，很多房间的室内都异常静寂，连眼泪啪嗒啪嗒掉在地上的声音都能听见。

美国政府对日本的答复表示满意，麦克阿瑟被指定为盟军最高统帅和接受日本投降的全权代表。8 月 15 日，麦克阿瑟与日本政府建立了无线电联系，同时发布对日停止军事行动的训令。在莫斯科的美国军事使团团长迪恩少将把这一训令转交给斯大林，希望苏军也停止军事行动。

这个时候且用这种方式实现停战，并不是斯大林想要的。事实上，通过发动远东战役，他已经在国际博弈场上重新占据了主动。

偏是小能降大

波茨坦会议尤其是美国投放原子弹之后，在美国的支持下，蒋介石的腰杆一度硬了起来。在中苏尚有六个问题议而未决的情况下，他指示中国代表团停止谈判，并坚持要在以下几点上与苏方达成一致：划定外蒙的边界；旅顺海军基地成立中苏军事委员会；向大连委派一名中国港务员。

看到蒋介石的这些表示，连杜鲁门对中苏谈判能否最终达成协议都“不抱太大的希望了”。

正是苏军在东北的迅速推进，大大增强了斯大林在谈判桌上的优势地位。中苏谈判很快就得以恢复，中国代表团在谈判中最感忧虑不安的是，以苏军的进军速度，如果不马上签约，以便在条约内对苏军的行动有所限制，那么一旦苏军占领整个东北，后果可能比不签约更糟。

斯大林紧紧抓住中方要害，在远东战役开始后的第二天，他就不无威胁地对宋子文说：“中国最好快些达成协议，不然的话中国共产党将要进入满洲……”

让中共势力在东北得到发展，显然比让苏联在东北夺取权益，更让蒋介石坐卧不安。8 月 14 日，他在无可奈何的情况下，被迫批准签约。这就是基本按苏联意愿签订的“中苏友好同盟条约”。

虽然依靠在抗战中的努力，中国一度被美国推为“世界四强”，但终究难改自身弱国的本质，面对强国的逼迫，能够供其回旋的余地很小。美国则不然，在原子弹爆炸成功后，其对苏态度开始趋于强硬，而且毫不动摇。有西方学者甚至把它作为冷战的开端：“（原子弹的爆炸）与其说是第二次世界大战的最后军事行动，不如说是对苏冷战的最初的主要作战之一。”

中苏谈判开始之前，杜鲁门曾拒绝蒋介石要求美国干预中苏谈判的建议。此后他却一改初衷，对中苏谈判提出了一些干涉性意见，其中包括“反对把大连港划归苏联军事区或把它作为苏联海军基地”。与此同时，他还要求苏联在“满洲”开放问题上做出保证。

月明还有亏缺时，何况这世事人心又哪里会有沙糖到底的。美苏两国首脑其实从结盟的那一天起，就都对此有所预料，他们也一直在暗中斗法，比拼彼此的实力。到二战即将结束时，依靠“原子外交”这一利器，美国终于占到了上风——说起来真是让人吃惊，一百多万苏联红军紧赶慢赶，还是没快得过那两颗原子弹，这大概就叫作“金刚钻钓雷瓮，偏是小能降大”吧。

苏联政府机关报《消息报》为此专门刊载了关于日本停战的评论。评论中以酸溜溜的语气说道："只把原子弹视为战胜日本的原动力，这是毫无道理的。"更重要的是下面这句话："战争的结束，是由各盟国的共同努力所取得的。"

苏联要保留在日本战后问题上的发言权，因为它与利益紧紧相连。在波茨坦会议上，美苏已就海空军行动区域达成协议。双方确定以内蒙古南部、北京、长春、朝鲜半岛东北部、日本海北部三分之一处、宗谷海峡中部作为边界；鄂霍次克海和白令海为美苏共同行动区；太平洋为美军行动区。

在远东战役第一阶段结束时，苏军三大方面军的进展状况分别为：外贝加尔方面军越过大兴安岭，进入东北平原；远东第一方面军占领了牡丹江地区的大半；远东第二方面军尚未到达佳木斯。

进展不可谓不快，但是离苏军能够到达的区域还有不小距离，也就是说仍可以继续往前面伸展。按照苏联领导人的个性，他们在这方面通常是绝不会做丝毫让步的——自己打的兔儿，哪有白白送上门给别人吃的道理？

另外，按照"雅尔塔密约"，苏联将取得南库页岛、千岛群岛，但当时苏军对南库页岛的进攻还没有取得最终结果，而对千岛群岛的登陆战更是尚未启动。

苏军总参谋部为此发表声明，称天皇发布的停战诏书只是"关于无条件投降的一般性宣言"，而且日军仍在抵抗，因此苏联政府和军方可以认定日本没有真正投降。

从苏联的利益出发，战争还应该继续下去。于是自 8 月 15 日起，远东战役的第二阶段开始了。

特攻战术

外贝加尔方面军已经把作为第二梯队的第五十三集团军使用到了一线，并要求各集团军在所有战役方向上向前迅猛推进。

在日军第三方面军将主力都撤至长春、沈阳后，其外围部队实际已无法组织积极有效的抵抗。苏军一路上只需驱散零星小股日军即可，反而是行军过程中出现了许多难以想象的困难。

第十七集团军奉命向赤峰挺进，沿途多为沙丘地，而且天气异常炎热，气温一度升至48摄氏度。在这种情况下，人对水的需求也迅速上升，一昼夜每人要用水二百克至三百克，每匹马接近五升（相当于五公斤）。由于执行急行军命令，后勤很快不继，缺水问题非常严重，人人唇干舌燥，疲惫不堪。

近卫坦克第六集团军沿铁路路基向沈阳推进。路基两旁全是泥泞的沼泽水洼，不仅轮式车，就是履带车也开不过去。坦克只能碾着枕木逐个前进，一步都离不开铁路，加上燃料奇缺，连集团军先遣支队的前进速度都下降至每昼夜四十五至五十公里。

远东第二方面军所经历的战斗则很是激烈，尤以牡丹江方向的攻守战况十分紧张。

进攻线过长必然会影响坦克部队的后勤保障，而如果让坦克停下来等待供应，又要大大降低前进速度，这始终是坦克部队在实战中所面临的一个两难选择。

早在8月14日晚，山田已经收到了大本营发来的一份电报。电报以参谋总长和陆相的名义发出，上面指示山田停战，但同时又说，如果还没有接到其他命令，仍然应继续执行以前的任务。

这份电报的意思实际就是告诉山田，如果苏军不进攻，你就不要打，但假若对方不肯停手，则也不能甘于束手就擒。

8月15日，日军动用上千名特攻队员发动反击，红旗第一集团军先遣支队被迫后撤。第五集团军方面，已经频频打到白刃格斗的程度，这才勉强往前推进了四至十六公里。

日军的顽强抵抗，尤其特攻战术给方面军司令员梅列茨科夫留下了深刻印象。在日军发动的磨刀石车站反击战中，特攻队员们身上缠着炸药包和手雷，在密集的高粱地里匍匐前进，当看到苏军坦克时，便一跃而起，扑到坦克下面，争取与之同归于尽。

除了充当“活地雷”外，有时特攻队员还会故意先把苏军放过去，再在背后打黑枪，用这种办法来使苏军遭受损失，并挫伤其进攻锐气。

不过梅列茨科夫同时也发现了一个颇可玩味的现象，即凡是近处有日军大兵团作战的地方，特攻队的活动就特别频繁和活跃，但如果该地域的日军兵团已被肃清，则特攻队的气焰就会一落千丈。

梅列茨科夫由此认为，一个人不管属于哪个民族，集体行动都会对他起到鼓动作用。作战时，当他感觉到有别人支援的时候，自然就会提起精神，而一旦发现自己孤立无援，那劲头马上就落了下去。

日本是一个集体主义至上的民族，士兵在战斗中具有“特殊性格”和行为更是毫不奇怪。梅列茨科夫确信，问题不在民族特点上，不是说日本兵就比别的民族和国家的士兵更不怕死，实际取决于他们被愚弄和洗脑到了何种程度。

审问日俘的结果也表明，文化程度高、有相当学问的日本军人更能用批判的态度来对待本国的政策，表现狂热的仅仅是那些文化程度低、原有经济和社会地位也不高的军人。

就梅列茨科夫自己所见，在远东战役中，他几乎没有碰到过有日本军官特别是指挥官剖腹自杀的事。

显然，要遏制特攻队气焰和劲头的办法，就是打蛇打七寸，用整体压上，首先击溃其主力兵团的抵抗。

鉴于牡丹江以东日军的抵抗越来越剧烈，梅列茨科夫下令第五集团军在继续组织正面强攻的同时，分出骑兵部队，从南面迂回牡丹江。这样一来，日军的掖河防线无形中就失去了作用。

红旗第一集团军也向牡丹江方向增强了攻击力量。就在太阳落山之前，他们击破了日军的当面防线，部分日军与其主力隔绝，被驱入偏僻山区各个歼灭。

6 月 15 日晚，红旗第一集团军已经兵临城下。为了阻止苏军强渡牡丹江，日军被迫炸毁了两座铁路桥、爱河车站至牡丹江公路上的一座混凝土桥。

泣不成声

8 月 16 日，清晨 7 点，红旗第一集团军所属的步兵第二十六军开始对牡丹江发动进攻。

担负牡丹江城防的，除了作为日军第一方面军预备队的第一二二师团外，还有已经被击溃的第一三五师团、第一二六师团、第一二四师团残部，以及其他部队、为数众多的特攻队。牡丹江市的防御也堪称严密，日军不但以牡丹江这条大河为天然障碍，而且又环绕城市建立了两道防线，设有大量机枪火力点。每个防御阵地前沿，均掘有宽约五米、深约三米的反坦克壕。在第一道防线的阵地前沿，更设置了地雷场和五列桩铁丝网。

即便如此，也没能挡得住苏军的凌厉攻势。上午 9 点，步兵第二十二师从牡丹江北部和西北市区着手，径直插入江左岸日军侧后，使得这场攻坚战的结果立刻定局。

在攻击正面，步兵第三〇〇师对爱河车站发起冲击。坦克七十七旅冲在最前面，守卫车站的日军用火炮和机枪对行进中的坦克进行了猛烈射击。坦克兵安东年科所驾驶的坦克遭到重创，坦克炮、车载机枪均中弹被毁，车长、炮手和机枪手受重伤，只有作为驾驶员的安东年科幸免。

安东年科有着苏联士兵特有的那种坚韧，他索性独骑闯关，一个人驾驶坦克向日军射击阵地直冲过去。这一冲不要紧，阵地上的数个炮班都被驱散一空，还有一些逃得慢的炮手被坦克履带给碾死了。

安东年科是第一个冲进爱河车站的坦克兵。随后坦克被日军团团包围，安东年科拒绝投降，他从舱口扔出几颗手榴弹，又用冲锋枪射击进行回答。

见活捉苏军坦克兵无望，日军只好点火焚烧。安东年科咬着牙在灼热的坦克里坚持，一直等到旅主力赶到才得以获救。

第三〇〇师攻克爱河车站后，其先头分队到达牡丹江边，在被炸毁的桥梁地域实施了强渡。

随着各个方向的苏军不断涌入市区，日军不得不逐步向市中心收缩兵力，同时逐区逐屋地与苏军展开巷战。

在这次激烈的巷战中，苏军采取了一些新的机动作战方式，其中运用得最好的一种，是用小群冲锋枪手渗透迂回日军防御分队的侧翼，以此迫使其仓皇撤退。其中，苏军士兵罗戈夫一人就用冲锋枪打死了二十多名日本兵。

在迅速打垮抵抗的关东军之后，苏联红军的坦克出现在中国东北的大街小巷。

下午5点，市区日军被全部肃清。此后，苏军兵分两路，红旗第一集团军向西北哈尔滨总方向发起进攻，第五集团军向西南宁古塔、敦化、吉林总方向发起进攻。

其他两个集团军也分别取得进展。第三十五集团军前出勃利地域，切断了日军松花江集团与牡丹江集团之间的联系。第二十五集团军已穿过吉林，深入朝鲜半岛东北部，其左翼部队在太平洋舰队的协同下，占领了北朝鲜的重要港口清津。

虽然手中持有大本营相当于可以便宜行事的电令，但面对苏军一浪高过一浪的凶猛攻势，关东军总司令部的决策者们也是如坐针毡。8月16日，关东军总参谋长秦彦三郎主持召开幕僚会议，以研究今后应采取的措施。

会上出现了两种意见。一派持“继续抗战论”。理由是，一旦接受《波茨坦宣言》，日本的国体也就完了，而维护国体是关东军这些“臣下”的必行之道。

与之截然相反的是“谨依圣诏论”。主张这一意见的幕僚认为，既然天皇都已经决定停战，就没有必要唱反调，遵旨执行就是。

主持会议的秦彦三郎站在“谨依圣诏论”一边。为此，他特地搬出明治天皇颁布的军人敕令，敕令中明确：“朕乃汝等军人之大元帅”“军人的本分是为天皇尽忠守节”。

日本陆军的“幕僚政治”把一群幕僚都娇惯到了不成体统。秦彦三郎已经把话说到这个份儿上，居然仍有二愣子不服。他们紧握着军刀，一个劲地嚷嚷着要跟苏军拼到底。

眼见会上争论激烈，意见难以统一，秦彦三郎站了起来，他声泪俱下，泣不成声地说："我等作为军人，除了服从天皇陛下的命令外，没有其他的忠节之道。不遵从陛下圣命者，将永为乱臣贼子。主张抵抗到底的人，请把我的脑袋砍掉，然后再去干吧！"

此言一出，全场鸦雀无声，二愣子们一阵沉默，随即便呜呜咽咽地哭了起来。

作为关东军司令官，与会的山田即席做出裁决："谨依圣旨，立即停战。"

从"九一八"到诺蒙坎战役，关东军从来都算不上"谨依圣诏"的乖娃娃，一切服从天皇云云，很多时候不过是拿来压制对立派或摆脱束缚的一个借口。如今当然也还是借口——因为他们实在糊弄不下去了，巴不得乘"圣诏"之便赶紧把自己解脱出来。

在远东战役第一阶段中，与苏军交战的关东军只是一部分，其主力尚未投入作战。如果据此推断，似乎关东军确实还能继续打下去，然而这仅仅只是表象。

但凡头脑尚算清醒的人，都不难从前期作战尤其牡丹江防御战的过程中看出，关东军和苏军的实力差距到底有多大。试想一下，东北平原上可是连边境的筑垒地域都没有，在那样的地形条件下与苏军决战，又能有多少胜算呢？

起码有一点可以提前预见：苏军一旦把机械化部队全部推上来，关东军遭遇失败的速度，很可能就是"如冰山崩倒""如雪点洪炉"。

山田、秦彦三郎对此心知肚明，所以这回他们再也不想听幕僚们鬼扯了。

强者公理

幕僚会议刚刚开完，东京的最新指示也到了。8月16日，下午4点，关东军总司令部收到了大本营关于立即停止作战的正式命令。

山田接到命令后，立即通过长春的广播，向苏联远东军总司令华西列夫斯基请求停战。

关东军想停，苏军却还是不能立即收手，因为仍未能够达到他们的既定目标。斯大林当天给杜鲁门发去亲笔信，表明了苏联想占领北海道北半部的意图。他的理由是："日军从 1918 年到 1922 年占领了全部苏联远东地区，如果苏军不占领一部分日本本土，将有伤于苏联国民的舆论。"

斯大林说的这一段已不是日俄战争的典故，那是在日俄战争以后，一战末期发生的事。当时协约国派遣军队在俄国远东海岸登陆，以支援受到红军威胁的俄国政府，史称"西伯利亚干涉"。日军当时也参加了这一军事行动，且出动兵力占总兵力的百分之八十。

斯大林的意思明摆着，就是要为当年日本出兵西伯利亚进行报复。不过他的这一动议遭到了杜鲁门干脆利落的否决。杜鲁门在记者招待会上声明："不准备将日本像德国那样分成若干个占领区，它将完全处于美国的管制之下。"

同是总统，有了原子弹，杜鲁门连说话的气势都跟罗斯福不一样了。可这就是强者公理，即便你有天大的理由，海样的依据，到了最后，其实还是谁拳头够硬谁说了算。

好在斯大林本人从来就服这一套，一如他后来所说的："胜利者是不受谴责的，不能谴责胜利者，这是一般的公理。"

虽然不能与美国共同占领日本，但已经谈妥的好处还是一个都不能少。8 月 17 日，华西列夫斯基根据斯大林的命令，用无线电回答了山田关于停战的请求，要求关东军于 8 月 20 日 12 点以后停止战斗行动。

之所以不要求关东军立即停战，用意很明显，就是要最大限度地利用停战协议达成以前的这段时间，尽可能地扩大苏军占领区。

山田自然是急于停战，他赶紧派秦彦三郎赶赴哈尔滨，通过当地的苏联总领事馆，向华西列夫斯基正式提出停战交涉。

紧接着，山田又把正在同苏军交战的各方面军、总司令部直辖部队的参谋长召至长春，对他们下达了停战以及解除武装的命令。

这一期间，苏军各部还在持续往前推进。8 月 17 日，远东第二方面军在阿穆尔舰队的协同下，攻占了重要的铁路和公路枢纽、内河港口，同时也是日军松花江舰队的基地佳木斯。

8 月 18 日，远东第二方面军发起对千岛群岛的登陆战役。在太平洋舰队的配合下，苏军在千岛群岛北部的占守岛实施登陆。

在登陆战上，苏军明显不如太平洋战场上的美军有经验：登陆时电台被海水浸湿，其登陆部队在指挥上出现失灵；武器装载考虑不周，加之缺乏登陆工具，从而导致火炮和武器弹药不能及时缺载；舰队意图用炮火进行支援，但是由于日军炮兵都隐蔽在伪装得很好的混凝土工事里，舰炮的射击效果也不佳。

苏军在岛上的战斗打得非常艰苦，占据的高地曾三度易手，最后他们被压缩在了一块狭小范围内。驻岛的日军第九十一师团本来还准备动用师团主力发动全面反攻，但此时师团司令部接到了“暂停战斗，限做防御战”的命令，于是日军便暂时停止反攻，转为防御作战。

为了尽快控制协议区，苏联人几乎都想驾着筋斗云飞了。苏联远东军总司令华西列夫斯基对三大方面军下达命令，要求在道路不通的情况下，必须专门编组和派出快速支队，用快速支队来占领长春、沈阳、哈尔滨等重要城市，而不要怕快速支队“离自己的主力太远”。

就算是主要由坦克兵、汽车兵组成的快速支队，也还是嫌慢。于是又组建了若干个空降群，这些空降群由坦克集团军所属的摩托化步兵部队和分队人员组成，每个空降群五十至五百人，负责在日军驻防的重要城市实施空降。

远东第一方面军副参谋长谢拉霍夫少将被任命为方面军特命全权代表，同空降兵第一梯队一起出发，任务是向关东军提出投降条件，同时占领哈尔滨地面重要目标。

巨炮

8 月 18 日，谢拉霍夫所乘坐的运输机在哈尔滨机场上空转了个弯便开始着陆。当飞机低空降落时，可以清楚地看到矮个子的日本兵在朝机场跑来。

随机的空降兵第一梯队共有约一百二十名空降兵。在飞机着陆后，其中的自动枪手立即肃清了飞机场上的日本兵，飞机库、修理厂和靠近机场的砖石建筑物也很快被予以占领。

下午 5 点 03 分，谢拉霍夫向方面军司令员梅列茨科夫发出了第一份无线电报：“空降兵在哈尔滨机场着陆，并开始执行任务。”半小时后，谢拉霍夫在机场办公室会见了日本关东军参谋长秦彦三郎。在会面时，他建议秦彦三郎乘坐苏军飞机前往远东第一方面军的战斗司令部，以便商谈关东军投降事宜。秦彦三郎接受了这一建议。

8 月 19 日上午，外贝加尔方面军的军使乘飞机到达长春机场。空降群立即占领了关东军总司令部，同时下令解除长春驻军的武装。

下午，外贝加尔方面军所属的第六坦克军约二百五十名官兵空降于沈阳机场。“满洲国皇帝”溥仪及其日本顾问正准备飞往日本，但还没来得及飞走就当了苏军的俘虏。

溥仪（右）和一名苏军军官。准备出逃前夕，溥仪（右）已宣读“满洲国”皇帝退位诏书，宣告满洲国正式解体。

这天，秦彦三郎被苏军飞机从哈尔滨送到了谈判地点。苏军参加谈判的将帅主要有远东军总司令华西列夫斯基、远东第一方面军司令员梅列茨科夫、远东空军总司令诺维科夫。梅列茨科夫注意到，秦彦三郎剃着光头、目光阴郁，而且衬衣领口一直敞开着，就好像喘不过气来的样子。谈判过程中，这位旧日的对手总是不由自主地紧锁着双眉，皮肤松弛的脸上显露出疲倦的神情。

在谈判中，华西列夫斯基提出了投降程序的要求，并指定了受降的集合点、行动路线和时间。对这些条件，秦彦三郎都全部予以接受，甚至于苏方代表每说一句话，他和其他日方人员都连连点头，显见得心理上相当消极沮丧。

谈判结束，秦彦三郎等人即乘坐苏军飞机返回长春。

在 8 月 20 日 12 点以后，除通信联络中断的部队外，关东军已全部解除武装。当天，苏军三大方面军的快速支队陆续进入长春、沈阳、哈尔滨、齐齐哈尔、旅顺、大连以及北朝鲜的平壤。

刚刚进驻长春的许多苏军官兵脸上都有被牛虻刺伤的痕迹，看得出路上吃了很多苦头，但是这些官兵毫不介意，其顽强的表现和冲破自然障碍的能力，令一些日军军官都为之赞叹。

8 月 21 日，防守占守岛的第九十一师团奉命与苏方签署停火协议。8 月 22 日，防守南库页岛的第八十八师团也奉命与苏军签署了相同的协议。

在山田向关东军各部下达停战以及解除武装的命令后，虽然各部为了尽快把命令传达下去，已经是绞尽脑汁，但由于激战和通信联络的中断，一些部队并没有能够顺利接到命令，最典型的就是虎头和东宁要塞的日军。

虎头要塞建于虎林县虎头镇周边的高地丘陵之中。在关东军的所有边境要塞里，虎头要塞的炮火力量是最强的。“关特演”期间，日本军部曾将东京湾的 410 毫米大口径榴弹炮拆下来，运至虎头，又将从法国购进的 240 毫米口径加农列车炮调给虎头守军。两大巨炮，前者最远射程是二十公里，后者最远射程可达到五十公里。当时的用途是为了一旦进攻苏联，可用以击毁对面的苏军军事基地，并断绝苏军的运输线。

不过与苏军的炮火力量相比，虎头要塞毕竟还是多有不如。第三十五集团军为了突破要塞，特地建立了一个集团军炮兵群，其中包括破坏炮兵分群、对敌炮战分群，无论是火炮数量还是整体威力，都要远远压过要塞守军。

由于战前进行了详尽的侦察，苏军的炮击非常准确，命中率很高，要塞的地面工事、交通要道、通信设施、军营、仓库、车站都遭到了严重破坏。开战不久，要塞就与其上级机关以及关东军总司令部失去了联系。

虎头要塞内有接近一千九百名日本人，其中的四百多人是士兵家属、满洲铁路公司员工和一些耕种组成员，实际战斗兵员为一千四百四十二人，隶属于由第五军直接指挥的第十五边防卫队。

在遭到苏军的猛击后，边防卫队不仅没有崩溃或者准备投降，而且由于他们的负隅顽抗，虎头之战持续时间之长、战斗之惨烈，都将大大超出人们的预期。

全员玉碎

虎头要塞由猛虎山、虎东山、虎北山、虎西山、虎啸山等六个抵抗枢纽部组成，另外还包括三个独立支撑点。在它的每公里正面，总计共有七个炮兵永备火力点、十二个机枪永备火力点、八个机枪土木质火力点、六个观察所、两个钢帽堡、六个掘开式炮兵阵地。

第三十五集团军对虎头要塞实施了立体攻击战。他们首先利用空中优势，调动近百架战机对各支撑点实施了长时间的轮番轰炸和低空扫射。接着，在炮兵掩护下，又以步兵集团展开地面进攻。进攻过程中，双方殊死搏杀，尤以对虎北山阵地的争夺最为激烈，两天时间内，阵地九次易守。

发现急切之下难以攻克，第三十五集团军当时便留下第一〇九筑垒地域部队，集团主力则绕过要塞，继续按计划向前推进。

筑垒地域部队由长于攻坚的步炮兵和工兵组成，专门用于对要塞进行封锁和攻克。8 月 13 日，苏军攻上猛虎山，但是日军已经钻入了地下工事。

虎头要塞的地下工事距地面二十米左右，里面不仅建有指挥所、弹药库、兵舍、医务所、浴池、厕所、地下水道、水井等各种设施，还配备了发电所，架设着电线电灯用以照明及通信联络。

在地下工事的重要部位，钢筋混凝土覆盖厚度达到三米。苏军一时有无从下手之感，于是便找到地下工事的烟囱、通气口，向里面投掷手榴弹或液体炸弹。地下工事内顿时浓烟滚滚，许多日军因此窒息死亡。

8 月 14 日，苏军又攻占了虎东山及其巨炮阵地，后者在实战中所起到的作用并没有比地下工事更大。

第十五边防卫队原本已经得到了关东军投降的消息。8 月 15 日，他们从收音机里收听了天皇宣读停战诏书，但代理队长大木正大尉以骗局为由，喝令关掉了收音机。

大木正这个被洗脑过度的家伙叫嚷着要血战到底。苏军很体贴地在第一时间把机会部分赐予了他——当天，一个日军炮兵中队全部被歼。

8 月 16 日，筑垒地域部队组成突击组，对要塞的北部抵抗枢纽部虎北山展开进攻。独兵炮兵九十七营的一个炮兵连接到命令，要以直接瞄准射击的方式，摧毁虎北山上的永备火力点。

射击阵地与日军的堑壕只隔三百米，一门炮在进入射击阵地的瞬间，牵引车驾驶员便中弹身亡。火炮倒拖着失去控制的牵引车，顺坡滑向堑壕，停在了胸墙附近。

日军向火炮投掷手雷和炸药包，想予以炸毁。在其他火炮的支援下，炮兵连连长菲利莫诺夫上尉率领一组士兵发起冲锋，与日军展开白刃格斗，结果在占领堑壕之后，又将火炮拖了回来。

炮兵连进行了连续两个小时的火力准备，终于摧毁了永备火力点。苏军一鼓作气攻克了虎北山，但日军仍继续固守西猛虎山、中猛虎山、东猛虎山等支撑点。

8 月 17 日，苏军将两门 203 毫米火炮运至虎头地域乌苏里江右岸，使直接瞄准永备火力点射击的大威力火炮达到三十四门。一天激战下来，苏军陆续占领了虎北山西北各无名高地，虎头地域的态势得到进一步改善。

大木正已经到了歇斯底里的程度。他在中猛虎山的地下工事内下令“全员玉碎”，也就是全体自爆死亡。按照他的命令，日军在自己的栖息地放置炸药五十公斤，一百四十多名伤员率先“玉碎”。

8 月 18 日，苏军下达最后通牒，敦促其投降。下午 4 时，被苏军俘虏的虎头港务局长森与一被作为军使，前去猛虎山主阵地劝降，不料竟被大木正的副官、一个同样冥顽不灵的疯子用军刀给劈死了。

日军死不肯降，苏军只得继续奉陪。8 月 19 日，他们将所有可投入作战的火炮包括火箭炮都集中起来，对猛虎山进行不留一点缝隙的覆盖式轰击。边防卫队本部、中猛虎山和东猛虎山守军以及日军的炮兵部队全部被消灭。三天后，西猛虎山的守军也集体步入黄泉。

一名苏军士兵正在为投降缴械的日军士兵进行武器登记。从表情上看，这些日本兵都很轻松。不过虎头、东宁要塞的日军显然不在此列。

事情还没有完。在要塞后方的虎啸山山洞里，仍然躲着七十余名日军。8 月 24 日，这些日本兵伺机向苏军炮兵阵地连续发射了三颗炮弹。

这正是“天堂有路你不走，地狱无门偏闯进来”，苏军立即予以还击，炮弹如雨点一般倾泻过去。一众捣蛋分子被吓破了胆，急忙如游鱼脱网抱头而去。

8 月 26 日，苏军将虎啸山团团包围。虎啸山守军或弃阵而逃，或束手就擒，虎头之战方告收官。

日军第十五边防卫队除五十五人（五十三人被俘虏，两人逃回日本）生还外，其余 1387 人全部葬身要塞，在此避难的四百多日本平民亦在要塞内窒息死亡。

有人认为虎头之战是远东战役也是二战的最后一战，中国政府后来也在猛虎山上建立了一座“第二次世界大战终结地纪念碑”，但若以战斗结束的时间论，东宁其实才是二战最后的战场。

土行孙都想不到的法子

在关东军十二个边境要塞中，东宁要塞拥有两个“之最”：规模最大，驻军最多。

自 1934 年起，关东军逼迫十七万中国劳工，在东宁县正面宽约一百一十公里，纵深约五十公里的地域内，构筑了庞大的军事要塞群。到 1937 年底，其主体工程方告竣工，而配套和附属工程直至日本战败投降也未能最后完成。实际上，东宁要塞也是当时亚洲最大的军事要塞。

“关特演”时期，东宁要塞最多时驻有三个师团、一个旅团、两个国境守备队，兵力超过十三万。太平洋战争爆发后，关东军大量被抽调南下，要塞守备兵力锐减，但仍驻有第三军所属的三个师团和一个机动旅团。

可是两个“之最”其实并没有能够起到相得益彰的作用，尤其是第一个“之最”，使驻防兵力被极大稀释，除了几个主要的守备区外，其余阵地的日军都相当薄弱。

在远东战役的头两天，苏军第二十五集团军就突入第三军的防御纵深，对东宁要塞实施了迂回和封锁。此后，集团军兵分三路，开始围攻日军的各个抵抗枢纽部。

北路苏军进攻的是庙沟阵地。部署在庙沟的日军为第一三二独立混成旅团第七八六步兵大队，仅有六百六十名士兵，另外与之协同的还有东宁重炮兵联队第六中队，该中队拥有两门 300 毫米口径的榴弹炮。

庙沟配有巨炮和严密的防御设施，虽然人少仍可一守，但苦的是外部没有机动防御兵力与固守阵地的日军相配合。在地面和空中浓密炮火的攻击下，苏军得以突破防线，进入要塞内层。

日军全都钻入了地下工事，苏军没有土行孙的本事，无法跟着追进去，不过他们自有土行孙都想不到的法子——就像虎头要塞那样，苏军向地下工事的通风孔、排烟孔灌入了大量汽油，然后点火燃烧，同时各出入口也被投放了大量炸药。

日本兵也是真能熬。一直到 8 月 16 日，庙沟防御才最终瓦解，除逃出约三十人之外，其他近一千余人抛尸庙沟，其中相当一部分死于汽油燃烧过程中的一氧化碳中毒。

中路苏军在突破防线后，迅速攻入东宁县城。因为要完成方面军交代的战略任务，主力部队未做过多停留，就继续往前推进。

南路苏军奉命进攻胜洪山阵地。胜洪山阵地隐蔽性很强，苏军没有找到阵地在哪里，而驻守此处的第一三二旅团第七八三大队倒也乖觉，没有向苏军开火。苏军以为胜洪山已无敌情，便随集团军主力一道离开了。

在远东战役中，苏军对每个绕过的要塞都不敢放过，怕的就是里面的日军会在适当时候跳出来袭击其后勤，乃至于配合其正面部队对突前的苏军进行迂回包围。第二十五集团军在主力绕过东宁要塞的同时，留下了第一〇六筑垒地域部队负责肃清余下日军阵地。

针对东宁要塞较为坚固的特点，集团军为筑垒地域部队配备了独立大威力榴炮二二三旅、独立特大威力炮兵三十四和一〇〇营，这两支部队中有两个大威力炮兵营专门实施直接瞄准射击，以摧毁要塞内特别坚固的工事。此外，为压制日军的支撑点，第九航空集团军还派来了两个轰炸航空师，对各支撑点进行周期性轰炸。

在得到这样多方面加强的条件下，筑垒地域部队组织突击队，有步骤地肃清了各支撑点和防御枢纽部的日军。从 8 月 15 日至 25 日，苏军一共摧毁了日军永备火力点八十二处。

胜洪山的阵地及其驻守日军起初一直未被发现。直到 8 月 11 日，当地的一位中国农民发现了日军出没的踪迹，遂向驻扎在附近石门子的苏军进行了报告。

视野范围内居然还有漏网之鱼，而且鱼还不小，苏军听了大吃一惊，赶紧对胜洪山阵地展开围攻。

战利品

第七八三大队凭借地上地下相结合的工事进行顽抗抵抗，而苏军则主要通过炮兵实施集中攻击，有时一天发射炮弹竟达三千发。日军阵地上硝烟弥漫，因长时间呼吸浓烟，有不少日本兵都出现了中毒现象，头晕目眩乃至不思饮食，有的还必须当场进行急救。

炮击期间，胜洪山山体的岩石被削平一米多，最深的弹坑炸出十米多深，整座山几乎都已经变形了，但是苏军始终都无法顺利夺取对方阵地。

当时第七八三大队的无线电台和收音机都坏掉了，自然不知道日本已经宣布投降的事，苏军多方劝降也白搭，双方就这样一直僵持着，持续了十八天之久。

后来有人打听到，日军第三军后勤参谋河野贞夫中佐曾在东宁待过，于是就用飞机将他从牡丹江接了过来。河野打着白旗走上胜洪山，向第七八三大队长斋藤俊治大尉出示天皇的终战诏书，并传达了停止战斗向苏军交出武器的命令，日军这才完全放弃抵抗。

8 月 30 日，斋藤俊治率大队余部缴械投降，这是日本正式宣布投降后的最后一次战斗，东宁要塞也由此成为名副其实的“第二次世界大战终结地”。

根据战后苏联情报局发布的数据，在远东战役中，苏联红军共消灭关东军 8.4 万人，俘虏 59.3 万人（包括投降在内），苏军自身损失 3.2 万人。

一群苏联士兵站在松花江边的哈尔滨银行前庆祝胜利，左胸上佩戴的勋章展示着他们在远东战役中所获得的军功。

在参加远东战役的 157 万苏联红军中，有 92 人获得“苏联英雄”的称号，所有官兵都获得了“战胜日本”奖章。另外，战功卓著的部队也被授予特别称号，比如远东第一方面军中就有十六支部队被冠以“乌苏里”称号，十九支部队被冠以“哈尔滨”称号。

9 月 2 日，日本在无条件投降书上签字。当天，斯大林在莫斯科发表了对日战争胜利的演说，宣布第二次世界大战结束，世界反法西斯战争取得了完全胜利。

然而，在光荣和正义的背后，也混杂着一些与主题不协调或不一致的声音。

早在“中苏友好同盟条约”签订之前，斯大林就提出了“战利品”问题。当宋子文询问“战利品”所指为何时，他又王顾左右而言其他，借故推托了过去。

等到苏军占领整个东北三省，他们开始用实际行动回答宋子文询问的“战利品”问题。抵达东北工业区的苏军不仅有系统地对粮食和其他储存物资进行没收，并且从 1945 年 9 月起，就对工业机器进行有选择的搬运。

按照中苏条约的补充记录，斯大林保证苏军会在日本投降后三周内撤退，最晚也不会拖过三个月，谈判中，苏方代表莫洛托夫口头明确为 1945 年 12 月 3 日以前。不料撤军期限将至，原外贝加尔方面军司令员、时任驻东北苏军总司令马利诺夫斯基突然派顾问斯莱特考夫斯基进行交涉，要求中苏联合经营东北百分之八十的重工业。

中方答复说，中苏在东北的经济合作问题，只有在苏军完全撤退后才能开始讨论。

12 月 7 日，斯莱特考夫斯基通知中国政府，称所有的东北工业企业均为苏军的“战利品”。马利诺夫斯基则说，如果留下这些设备，苏联要求得到这些企业的股票，并在重工业股份中占百分之五十一，在轻工业股份中占百分之四十九。他甚至还要挟说，在苏方的要求未获满足之前，不能预料苏军的撤退日期。

中苏之间不得不再次展开关于东北经济问题的拉锯式谈判。最后在国际干预和中国舆论的压力下，苏联才于 1946 年 5 月撤出东北，而这已经是日本投降 8 个月以后的事了。

在这一期间，苏联不顾中方反对，仍然从东北运走了大批的工业设备和其他资产。蒋介石得到的一份报告显示，苏联运走的资产占东北电力设备的百分之六十五和钢铁工业设备的百分之八十，而抚顺、本溪、阜新、北票的煤矿设备则被洗劫一空，其吃相之难看，令人震惊。

1946 年 12 月，联合国调查团做出报告，估计东北因此蒙受了 8.58 亿美元的经济损失，如果要对被破坏的工业企业进行恢复和重建，费用更是高达二十亿美元。

苏军占领东北期间另一个广被垢病的事，便是因军纪败坏而导致的对民间的骚扰，尤其是抢掠财物、强奸妇女两项，几乎成了当地老百姓的噩梦。这也让自“九一八”起，已经被迫当了十四年亡国奴的东北民众颇有“才出狼窝，又入虎口”之感。

喧嚣之后是云烟

在日本人看来，苏联对日宣战则更像是一场有预谋的报复。

斯大林在他的对日战争胜利演说中，分别提到了日俄战争、“西伯利亚干涉”、哈桑湖事件（也即张鼓峰事件），特别强调“日俄战争的失败，在我国人民的心中留下了悲痛的记忆，给我国染上了污点”。

斯大林把对日战争胜利，与“污点”联系起来，并且宣布，“洗去污点的日子”终于来到了，扬扬得意之情溢于言表。

就在斯大林发表演说之后不久，苏联远东军总司令华西列夫斯基率领梅列茨科夫、马利诺夫斯基、诺维科夫等人，分乘几列汽车前往旅顺俄国军人公墓，对日俄战争中战死的俄国军人进行凭吊。哀乐声中，众人全体肃立默哀，还向纪念碑敬献了花圈。

四十年前的那场战争可以肯定是不义战争，斯大林领导的苏维埃政权对此曾有明确表述，而且在过去相当长一段时间内，苏联红军和沙俄白军都是不共戴天、你死我活的“阶级敌人”关系。如今正值反法西斯战争胜利的当口，他们却突然要向自己的“阶级敌人”致敬，这就让外界有了很多猜测和重新解读的空间。

日俄战争结束后，日本虽然获得了胜利，但非常害怕沙皇俄国进行报复。在日本政府 1907 年制定的国防方针中，就规定俄国为第一“想定敌国”。苏联成立后，对被其打倒推翻的沙皇俄国持否定态度，在它交给国际联盟的备忘录中甚至称日本在日俄战争中是反侵略的一方，“（日俄战争）从政治上看，起于沙皇俄国的对日侵略政策，日本预感危险而先发制人，予敌一击”。

苏联摆出这样的姿态，顿时让日本对遭到过去敌国报复的恐惧心理消除了不少。1923 年，日本政府修改国防方针，从“假想敌国”中去掉了苏联。

可是人心巧伪，难以济度，国与国之间也是如此。苏联做出过的那些表示，最终被证明不过是说说而已，或者是它在翅膀还未长硬之前的一种伎俩——我负责卖酒，你负责喝醉。

一些日本史学家认为，斯大林的所作所为暴露了他的真实想法，就是要为当年的日俄战争复仇。

与“复仇”相联系的是“割让”。南库页岛原为俄国领土，日俄战争后，由俄国割让给日本，改称为南桦太岛。在庆祝战胜日本的公告中，斯大林声明，日本签署无条件投降书就意味着要把南库页岛归还给苏联。

1946 年 2 月，美苏两国同时发表“雅尔塔密约”，密约中的各项秘密交易第一次暴露在光天化日之下。密约公布不久，苏联政府即宣布，南库页岛和千岛群岛已划归苏联。

苏日对千岛群岛所属岛屿有不同理解。日本认为南千岛群岛，也就是国后岛、择捉岛、齿舞群岛以及色丹岛四岛并不在“雅尔塔密约”所规定的千岛群岛之列，自然也不应该被划归苏联。上述四岛亦被称为北方四岛，由此苏日两国之间产生了至今仍极富争议的北方四岛问题。

除了“复仇”“割让”，让日本人对苏联恨恨不已的，还有“西伯利亚滞留问题”。从1945年9月起，苏军以一千人为单位，将俘虏的关东军和日本侨民编成劳动大队，通过铁路用货车分期分批运往西伯利亚劳改营进行强迫劳动。

根据日本政府统计的数据，被运到苏联的日本人总数为 57.5 万（其中包括 45.2 万日军战俘）。在冰窖一般的西伯利亚，许多人病倒、冻死，甚至因不堪折磨而自杀。在大赦国际的不断要求下，到 1947 年底，苏联将所有外国战俘遣送回国，但大约只有一半的日本人能返回故乡。

可怜之人必有可恨之处，对于那些参加了侵华战争的关东军人尤其如此。

1898 年，沙皇俄国强迫中国清政府签订《旅大租地条约》《续订旅大租地条约》，旅顺、大连成为俄国的租借地，并被俄国单方面定名为“关东州”。

1905 年，根据日俄战争后签订的《朴次茅斯和约》，日本又取代俄国占领了“关东州”。为了对“关东州”进行管理，日本设立了关东都督府和满铁守备队，这就是最早的关东军前身。

关东军的发展史就是一部侵华史。从“九一八”到“关特演”，在贪欲和野心的驱使下，关东军的势力不断得以膨胀，但是喧嚣之后是云烟，到头来他们还是没能逃脱作茧自缚，“毁人者自毁、侮人者自侮”的下场。

历史终究是公平的。